VINCENT VAN GOGH

Portrait de Vincent van Gogh
1886
John Peter Russell
(1858-1931)
Huile sur toile
60×45 cm
Van Gogh Museum
Amsterdam
(Vincent van Gogh
Foundation)

Fondation Pierre Gianadda
Martigny Suisse

Van Gogh

Commissaire de l'exposition et auteur du catalogue:
Ronald Pickvance

21 juin au 26 novembre 2000
Tous les jours de 9 h à 19 h

Cette exposition est placée sous le haut patronage de

Monsieur Adolf Ogi,
Président de la Confédération suisse

Une contribution de CREDIT SUISSE PRIVATE BANKING à la culture

Quand le rêve devient réalité

Il y a quinze ans déjà, en novembre 1985, j'étais reçu à Otterlo par Johannes van der Wolk, conservateur du Musée Kröller-Müller.

C'était en vue d'une exposition Van Gogh.

M. Van der Wolk m'avait aimablement suggéré de m'entourer des conseils d'une personne compétente, disponible… et incontestée, bref d'un commissaire d'exposition. Il avait évoqué le nom d'un certain Ronald Pickvance:

– Quelqu'un d'un peu difficile mais expert en la matière puisqu'il a été mandaté pour la mise sur pied des deux expositions Van Gogh du Metropolitan Museum of Art de New York: *Van Gogh à Arles* en 1984 et *Van Gogh à Saint-Rémy et à Auvers* en 1986.

Une année plus tard, le 5 décembre 1986, invité à un dîner donné à la Galerie Schmit à Paris à l'occasion de l'inauguration du Musée d'Orsay, j'entendis prononcer le nom *Pickvance.*

Le lendemain matin, j'avais un rendez-vous à l'Hôtel Lutétia.

Le Professeur Pickvance ne connaissait pas la Fondation Pierre Gianadda, mais le contact fut positif. Il trouva certainement un peu fou le projet d'une exposition Van Gogh à Martigny, et sûrement davantage encore son interlocuteur. Néanmoins, il me demanda un temps de réflexion.

Et un jour, il me proposa:

– Pourquoi ne pas d'abord organiser une exposition Degas? Vous avez d'excellentes relations avec le Museu de Arte de São Paulo qui possède l'une des rares séries complètes des 74 sculptures de Degas. Je pourrais présenter une exposition autour des thèmes de la sculpture de Degas: danseuses, baigneuses, chevaux… En 1993 par exemple.

Ronald Pickvance et Léonard Gianadda le 13 septembre 1998 au bord du Rhône à Arles (Photo Robert Leroy)

Si l'expérience est concluante, et si vous êtes toujours décidé, on pourrait imaginer une exposition Manet deux ou trois ans plus tard, en 1996 peut-être. Ensuite, après deux ans, en 1998, pourquoi ne pas songer à Gauguin? Et, enfin, rêvons de Van Gogh, pour entrer dans le troisième millénaire…

Quel programme!

Et c'est ainsi que les choses se sont passées.

Tout n'a pas toujours été aussi simple et c'est souvent dans la douleur que ces expositions ont été enfantées. Ronald n'est pas facile, m'avait-on prévenu, moi non plus. Malgré son flegme légendaire, il change difficilement d'idée. Il est certain qu'une solide amitié s'est instaurée entre nous pendant ces quinze années. Grâce à Ronald, nous avons pu mettre sur pied des expositions exceptionnelles, qui relevaient de l'utopie pure et qui ont drainé à Martigny – ville de 14 000 habitants – plus d'un million de visiteurs.

Il y a trois ans, Ronald a eu le chagrin de perdre son épouse Gina, qui le secondait si efficacement dans ses recherches. Il en est résulté entre nous une complicité encore plus forte, qui surprend ses amis et les miens. Ensemble, nous avons vécu de beaux moments: ainsi cette soirée du 2 février 1989 à Arles au Restaurant L'Olivier, la veille du vernissage de son exposition *Van Gogh et Arles*. Nous étions une quinzaine de convives autour de la table et, lors des présentations, je m'aperçus que la majorité d'entre eux s'appelaient *Van Gogh*, tous descendants de l'«Ingénieur», le fils de Théo. Et que de souvenirs lors de nos nombreux voyages dans toute l'Europe, en Russie, en Israël ou aux Etats-Unis, à la chasse aux trésors!

Je me souviens aussi tout particulièrement d'une promenade à Arles, le 13 septembre 1998, à la recherche de l'endroit précis (voir reproductions n°s 69 et 70 du catalogue) où se trouvait Van Gogh pour peindre le Rhône… ce Rhône qui passe à Martigny.

Aujourd'hui, j'aimerais à nouveau dire un grand merci à Ronald mais également exprimer ma profonde gratitude à tous ceux qui nous témoignent leur confiance depuis tant d'années.

Léonard Gianadda
Président de la
Fondation Pierre Gianadda

Remerciements

La Fondation Pierre Gianadda et les organisateurs de l'exposition tiennent à exprimer leur vive reconnaissance aux musées, institutions, fondations, galeries et collectionneurs privés qui, par leur générosité, en ont permis la réalisation:

Allemagne

Cologne
Wallraf-Richartz-Museum
Dr Rainer Budde, Director

Munich
Staatliche Graphische Sammlung
Dr Tilman Falk, Director
Dr Gisela Scheffler, Chief Curator

Argentine

Buenos Aires
Museo Nacional de Bellas Artes
Professeur Jorge Glusberg, Directeur

Belgique

Bruxelles
Musées Royaux des Beaux-Arts de Belgique
Mme Eliane De Wilde, Conservateur en chef
Mme Gisèle Ollinger-Zinque, Chef du département Art Moderne

Liège
Cabinet des estampes et des dessins de la Ville de Liège
Mme Régine Rémon, Conservateur

Tournai
Musée des Beaux-Arts de Tournai
Baron Serge Le Bailly de Tilleghem, Conservateur

Brésil

São Paulo
Museu de Arte de São Paulo, Assis Chateaubriand
M. Julio Neves, Directeur-Président
M. José Ermirió de Moares Filho, Président du Conseil
M. João da Cruz Vicente de Azevedo, Directeur
M. Luiz Hossaka, Conservateur en chef
Mme Eugênia Gorini Esmeraldo, Coordinatrice des prêts

Espagne

Madrid
Fundación Colección Thyssen-Bornemisza
M. Tomàs Llorens, Chief Curator
Mme Lucia Cassol, Registrar
Mme Marián Aparicio, Assistant Registrar

Etats-Unis

Chicago
The Art Institute of Chicago
Dr Douglas W. Druick, Searle Curator of European Painting, Prince Trust Curator of Prints and Drawings
Mme Barbara Mirecki, Exhibition Coordinator
Mme Suzanne Folds Mc Cullagh, Curator of Earlier Prints and Drawings
M. Larry J. Feinberg, Curator

Dallas
Dallas Museum of Art
M. Jake Lane, Director
D[r] Dorothy Kosinski, Curator of European Art
D[r] Charles Venable, Deputy Director
M[me] Gabriela Truly, Associate Registrar

Houston
The Menil Collection
M[me] Julie Bakke, Registrar
M[me] Susan Davidson, Collections Curator

New York
Cooper-Hewitt, National Design Museum, Smithsonian Institution
M[me] Dianne H. Pilgrim, Director
M[me] Marilyn Symmes, Curator of Drawings and Prints
Mme Cordelia Rose, Registrar

Richmond
Virginia Museum of Fine Arts
Mme Katherine C. Lee, Director
M. Malcom Cormack, Curator of European Painting

San Antonio
The Marion Koogler McNay Art Museum
M. William J. Chiego, Director
Mme Heather Lammers, Collections Manager

France
Paris
Bibliothèque d'Art et d'Archéologie (Fondation Jacques Doucet)
Mme Françoise Lemelle, Directeur
Musée d'Orsay
M. Henri Loyrette, Conservateur général, Directeur
Mme Caroline Mathieu, Conservateur en chef
Musée Rodin
M. Jacques Vilain, Conservateur général du Patrimoine
Mme Claudie Judrin, Conservateur en chef

Grande-Bretagne
Londres
The National Gallery
M. Neil MacGregor, Director
M. Christopher Riopelle, Curator
Tate Gallery
M. Nicholas Serota, Director
M. Jon Astbury, Loans Director
Dover Street Gallery
M. Richard Nagy

Manchester
The Whitworth Art Gallery
Dr Alistair Smith, Director

Oxford
Ashmolean Museum
Dr Christopher Brown, Director
Dr Catherine Whistler, Acting Registrar

Hongrie
Budapest
Szépmüvészeti Múzeum
M. Miklós Mojzer, Director
Mme Judit Geskó, Curator of Drawings and Modern Prints

Japon
Tokyo
Galerie Nichido
M. Tokushichi Hasegawa, President
Kasama Nichido Museum of Art

Liechtenstein
Vaduz
Fondation Socindec
Professeur Walter Ryser, Président

Pays-Bas

Amsterdam
Stedelijk Museum
M. R. H. Fuchs, Director
Dr J. A. Poot, Curator of Drawings
Stichting Collectie P. en N. de Boer
Mme H. de Boer-Venverloo
Van Gogh Museum
M. John Leighton, Director
M. Aly Noordermeer, Registrar
Mme Monique Hageman, Research and Documentation
Dr Anita Vriend, Library

Rotterdam
Museum Boymans-Van Beuningen
M. Chris Dercon, Director
Dr Manfred Sellink, Curator at the Drawings Cabinet
M. Louis Damen, Restorer

Suisse

Fondation Corboud

La Chaux-de-Fonds
Musée des Beaux-Arts
M. Edmond Charrière, Conservateur

Lausanne
Fondation Jean et Suzanne Planque
M. Florian Rodari, Conservateur

Zurich
Fondation Collection E. G. Bührle
Kunsthaus Zürich
Dr Felix Baumann, Directeur

ainsi qu'à tous les collectionneurs qui ont souhaité garder l'anonymat

Leurs remerciements s'adressent également à:

Mme Hortense Anda-Bührle, Zurich
M. Christian Bührle, Zurich
M. Ernst Aufseesser, Genève
M. et Mme Gérard et Nicole Berrut, Paris
M. Jon Bischoff, Lausanne
M. David Blayney Brown, Londres
M. Marc Blondeau, Paris
M. Marcel Bonnet, Saint-Rémy
Mme Blandine Bouret, Paris
M. Claude Bouret, Paris
M. Dominique Bourger, Genève
Mme Janet Briner, Genève
Mlle Anne Bury, Christie's Londres
Mme Françoise Cachin, Paris
M. Henri Cartier-Bresson, Paris
Mme Paula Casajus, Buenos Aires
Mme Catherine Christen, La Conversion
M. et Mme Gérard et Marisol Corboud, Vevey
M. Han van Crimpen, Amstelveen
Mme Francine Dawans, Liège
M. et Mme Jean et Maguy Delrieux, Saint-Rémy
M. Pascal Deroche, Asnières
Mme Elfy Dieffenbacher, Zurich
M. Alain Disch, Genève
Dr Roland Dorn, Zurich
Mme Monique Doyen, Paris
M. Roland Dreyfus, Paris
Mme Stéphanie Dufau, Paris
Mme Françoise Dumont, Liège
Mme Anne Faggionato, Londres
Mme Adrienne Fontainas, Anvers
Mme Evelyn Franck, Gstaad
Mme Martine Franck, Paris
M. Thomas Gibson, Londres
Mme Isabelle Gonzales, Eyragues
M. et Mme Bernhard et Mania Hahnloser, Berne

M. et Mme Paul et Margrit Hahnloser, Fribourg
M. Thomas Hahnloser-Recke, Küsnacht
Mme Ann Harper, Broad Campden
M. Yves Hémin, Paris
Mme Désirée Hermet, Buenos Aires
M. et Mme Dominique et Françoise Janssens, Paris
M. Guy Jennings, Sotheby's Genève
M. Philippe Knecht, Genève
M. Eberhard W. Kornfeld, Berne
M. Georges Kosztelitz, Paris
Mme Hildegard Küpper, Cologne
M. et Mme Peter et Marianne Lauper, Langnau
M. et Mme Robert et Jacqueline Leroy, Saint-Rémy
M. et Mme Max Beat Ludwig, Berne
M. John Lumley, Christie's Londres
Mme Daniella Luxembourg, Genève
Mme Françoise Malartre, Asnières
M. Daniel Malingue, Paris
Mme Thérèse Marlier, Bruxelles
M. Daniel Marchesseau, Paris
Mme Sara Mayer
Mme Maria Angélica Méndez de Bignone, Buenos Aires
M. et Mme Werner et Gabrielle Merzbacher, Küsnacht
Mme Claude Millon, Auvers-sur-Oise
M. Richard Nagy, Londres
Dr Peter Nathan, Zurich
Dr Joy Newton, Glasgow
Mme Monique Nordmann, Genève
M. Philippe Nordmann, Genève
Mme Simone Nordmann, Genève
M. David Norman, Sotheby's New York
M. François Odermatt, Bal Harbor, Floride
M. Hervé Odermatt, Paris
Mme Martha Op de Coul, La Haye
Mme Sonia de Otto, Venise
M. Paul Pfister, Zurich
Mme Claudine Planque, Epalinges
M. Simon de Pury, Genève
M. Jean-Louis Prat, Saint-Paul
M. Andrew Preston, Londres
M. et Mme Sydney et Jean Preston, Sevenoaks, Kent
M. Jussi Pylkkänen, Christie's Londres
Mme Françoise Raison, Broad Campden
Mme Maria Reinshagen, Christie's Zurich
M. Pierre-Lin Renié, Musée Goupil, Bordeaux
M. David Revasch, New York
M. James Roundell, Londres
M. André Roussard, Montmartre
M. et Mme Mitsua Sasaki, Auvers-sur-Oise
M. Thomas Seydoux, Christie's Genève
Mme Christine E. Stauffer, Berne
M. Gerard Stora, New York
M. Michel Strauss, Sotheby's Londres
M. Sam Szafran, Paris
Baron et Baronne Hans Heinrich Thyssen-Bornemisza, Madrid
M. et Mme Gérard et Elisabeth Vallotton, Martigny
M. Roger Veluzat, Vevey
M. Rémi Venture, Arles
Mme Eduarda Vessel de Crociani, Rome
Mme Françoise Viatte, Paris
M. Erik W. Wentges, Rotterdam
M. Daniel Wildenstein, Paris
M. Hugues Wilhelm, Paris
M. Ully Wille, Feldmeilen
M. et Mme Emmanuel et Mady Winter, Paris

Vincent van Gogh (1853-1890)
Biographie

Van Gogh est probablement l'artiste du XIXe siècle pour lequel existe la documentation la plus abondante. Pourtant, sa vie a été courte: à sa mort, il n'avait que 37 ans. Il se trouve qu'il appartient à une véritable «lignée» d'artistes morts à 37 ans ou dans leur 37e année: Raphaël, le Parmesan, le Caravage, Watteau, Toulouse-Lautrec. Difficile de trouver une telle série chez les compositeurs, les musiciens, les acteurs (excepté Rachel), les écrivains, les dramaturges ou les poètes (Rimbaud serait le plus proche). Ce fil qui relie Raphaël à Toulouse-Lautrec soulève d'intéressantes questions: mort lente due à une maladie constitutionnelle, fin brutale provoquée par une affection soudaine, décès lié à des pulsions destructrices? Et comment leur œuvre a-t-il alors été perçu? Infinis regrets devant un génie inaccompli, ou émerveillement devant la perfection atteinte?
La brève vie de Van Gogh a fait l'objet d'études plus nombreuses que toute autre. Il pourrait être intéressant de la replacer dans un contexte historique plus large. Telle qu'elle est racontée ici, cette courte existence est, par endroits, volontairement résumée. La période hollandaise (1880-1885) est carrément abrégée. J'insiste sur les séjours anglais (1873-1876) en me référant à mon catalogue *English Influences on Vincent van Gogh* (1974), jamais traduit en français. J'ai délibérément choisi d'explorer plus en détail sa vie, de la fin du séjour en Arles (octobre 1888) jusqu'à sa mort à Auvers-sur-Oise (juillet 1890). Cette partie s'appuie aussi sur des travaux déjà publiés: les deux catalogues du Metropolitan Museum of Art de New York, *Van Gogh in Arles* (1984) et *Van Gogh in Saint-Rémy and Auvers* (1986). Le premier a été traduit en français (Skira, 1986), mais pas le second.
C'est à dessein que j'ai développé de manière détaillée les séjours de l'artiste à Saint-Rémy et à Auvers. Cela devrait permettre, à tout le moins, de libérer Van Gogh du mythe de l'artiste fou, isolé, non reconnu. Cela devrait apporter de vraies lumières sur sa condition médicale. Cela devrait mettre en évidence la correspondance avec Théo et sa femme, Jo, mais également avec d'autres membres de la famille Van Gogh, notamment sa mère et sa sœur Wil, et souligner la persistance de ses liens avec Gauguin et Bernard – et aussi avec les amis d'Arles, plus modestes, Ginoux et Roulin. Cela devrait montrer que, loin d'être confiné dans sa cellule à l'asile, Van Gogh reste très au fait de l'actualité plus large du monde parisien des arts, qu'il conserve un intérêt très vif pour la critique artistique (et pas seulement pour Aurier), qu'il choisit de lire Shakespeare peu après avoir été interné. Et nous bénéficions aussi d'un commentaire continu sur son œuvre: complexe, riche, parfois contradictoire, toujours en éveil, suprêmement intelligent, toujours en quête et en questionnement. Et, par-dessus tout, avec les extraits de ses lettres, certains lecteurs seront amenés à découvrir ou redécouvrir par eux-mêmes l'un des plus grands épistoliers de tous les temps.

Dans les légendes des photographies, la mention Musée Van Gogh, Amsterdam fait référence au Van Gogh Museum Amsterdam (Vincent van Gogh Foundation).

Portrait de Vincent van Gogh
à 13 ans. Photographie prise par
B. Schwarz, photographe à
Bruxelles, 1866.
Musée Van Gogh, Amsterdam

Chronologie

1853
30 mars: Naissance à Groot-Zundert (Brabant-Septentrional) de Vincent Willem van Gogh, aîné des enfants survivants de Theodorus van Gogh (1822-1885) et Anna Cornelia Carbentus (1819-1907). Son père, pasteur de l'Eglise réformée néerlandaise, s'occupera des paroisses de Groot-Zundert (1849-1871), Helvoirt (1871-1875), Etten (1875-1882) et Nuenen (1882-1885), toutes situées dans le Brabant. Sa mère est la fille de Willem Carbentus, relieur de la cour à La Haye.

1857
1er mai: Naissance du frère de Vincent, Théo, après Anna (1855-1930). Viendront ensuite Elisabeth Huberta (1859-1936), Wilhelmine Jacoba (1862-1941) et Cornelis Vincent (1867-1900).

1864
1er octobre: Part pour l'internat de J. Provily à Zevenbergen, où il restera en pension jusqu'à l'été 1866.

1866
3 septembre: Fréquente dès cette date le collège d'Etat Willem II à Tilburg.

1868
Mars: Quitte le collège de Tilburg et passe apparemment les quinze mois suivants chez lui.

Theodorus van Gogh.
Musée Van Gogh, Amsterdam

1869
30 juillet: Rejoint à La Haye la succursale des marchands d'art Goupil & Cie.

1872
Juillet (?): Première lettre à Théo. Visite du Salon de Bruxelles.

1873
Mars: Visite Amsterdam, voit les tableaux hollandais destinés à l'Exposition internationale de Vienne. Apprend son transfert prochain à la succursale londonienne de Goupil & Cie.

12 au 17 mai environ: A Paris, visite Goupil & Cie, le Salon, le Louvre, le Luxembourg.

17 ou 18 mai: Arrive à Londres, venant de Paris.

19 mai: Commence sans doute chez Goupil, 17 Southampton Street, dans le Strand. Son chef s'appelle M. Obach. On ne connaît pas l'adresse de son premier logis, qu'il partage avec trois pensionnaires allemands.

1er juin: Intéressante excursion en compagnie des Allemands.

Anna Cornelia van Gogh-Carbentus.
Musée Van Gogh, Amsterdam

9 juin: Visite Box Hill, près de Dorking dans le Surrey, en compagnie de M. Obach.

Juillet: Visite la Royal Academy.

5 août: Visite la Dulwich Picture Gallery.

10 au 17 août: Va canoter sur la Tamise en compagnie de deux Anglais.

Vincent van Gogh à 19 ans, 1873.
Musée Van Gogh, Amsterdam

Fin août: Emménage au 87 Hackford Road, Brixton, où Mme Sarah Ursula Loyer, une veuve de 51 ans, et sa fille Eugénie (née en avril 1854) tiennent un petit externat.

Noël: Agréablement passé en compagnie des Loyer.

1874

Janvier: Ecrit à Théo: «J'ai un bon logement et c'est une joie pour moi de découvrir Londres, le style de vie anglais et les Anglais eux-mêmes.»

Avril: S'émerveille des arbres londoniens en fleurs: lilas, aubépine, cytise. Sème dans un petit jardin coquelicots, pois de senteur et résédas. Aime aller à pied à son travail, un trajet d'environ trois quarts d'heure.

Mai (?): Déclare son amour à Eugénie Loyer. Son refus le blesse profondément.

Juin: Visite la Royal Academy. Reprend le dessin, mais écrit que cela ne ressemble pas à grand-chose.

27 juin au 15 juillet environ: Séjour en famille en Hollande. C'est la première fois depuis son départ pour Londres en mai 1873. Ses parents le trouvent «maigre, silencieux, déprimé – une autre personne». Sa mère écrit: «Vincent a fait beaucoup de beaux dessins: la fenêtre de la chambre et la porte d'entrée, toute cette partie de la maison, et aussi un grand croquis des maisons qu'il voit de sa fenêtre, à Londres; c'est un merveilleux talent, qui pourra lui être précieux.»

Juillet: Retourne à Londres avec sa sœur Anna, qui cherche un emploi de gouvernante.

3 août: Visite avec Anna la Dulwich Picture Gallery.

Août: Quitte les Loyer et s'installe en meublé à Ivy Cottage, au 395 Kennington New Road. Arrête le dessin, mais lit beaucoup.

28 août: Visite le cabinet d'estampes du British Museum.

Octobre: Transféré, contre son gré, à la succursale parisienne de Goupil, où il restera jusqu'à Noël.

Noël: Passé en famille au presbytère de Helvoirt.

1875

Janvier: Retour à Londres et au 395 Kennington New Road.

Février: Visite l'Exposition d'hiver à Burlington House. Lit Michelet, Renan, Heine, *Adam Bede* de George Eliot.

24 avril: Assiste presque certainement à la vente Mendel chez Christie's, qui comprend *Chill October* de Millais.

Mi-mai: Muté à la succursale parisienne de Goupil & Cie, s'installe à Montmartre (adresse inconnue).

Juin: Voit la collection Gavet de dessins de Millet à l'Hôtel Drouot.

Octobre: Est rejoint à Montmartre par Harry Gladwell, 18 ans, fils d'un marchand d'art londonien, apprenti chez Goupil. Ils partagent petits-déjeuners, promenades, visites de galeries, achat de gravures et lecture de la Bible.

Noël: Passé en famille à Etten.

1876

Janvier: Retour à Paris. La maison Goupil lui signifie son congé avec trois mois de préavis. Lit *Felix Holt* de George Eliot.

Février: Lit *Scènes de la vie du clergé* de George Eliot.

Mars: Lit *Kenelm Chillingly* de Bulwer-Lytton. Visite la galerie Durand-Ruel, où il achète une gravure d'après *L'Angélus* de Millet.

31 mars: Quitte Goupil et fait ses adieux à Gladwell. Passe une agréable quinzaine à Etten avec ses parents.

14 avril: Quitte Etten pour Ramsgate.

16 avril: Arrive à Ramsgate pour enseigner au pensionnat de M. Stokes,

Anna van Gogh, sœur de Vincent. Musée Van Gogh, Amsterdam

au 6 Royal Road. Il ne reçoit pas de salaire, seulement le gîte et le couvert. Il enseigne l'arithmétique, le français et l'allemand élémentaires, et fait faire des dictées à 24 garçons de 10 à 14 ans «issus des marchés et des rues de Londres». Après deux mois à Ramsgate, l'école est transférée à Isleworth, un village sur la Tamise à quinze kilomètres à l'ouest de Londres.

12 juin: Quitte Ramsgate à pied pour aller à Londres par Canterbury et Chatham. Arrive le jeudi soir, passe deux nuits à Londres (dont une à Lewisham chez le père de Gladwell), puis marche jusqu'à Welwyn pour rendre visite à Anna. Passe sans doute une nuit à Welwyn, puis rejoint à pied Isleworth et M. Stokes.

Fin juin: Visite Hampton Court pour voir les jardins, le palais et les tableaux. «C'est un plaisir de revoir des tableaux.» Il effectue deux ou trois démarches à Londres dans l'espoir de devenir un des pasteurs de la ville, mais on le refuse car l'âge minimal requis est de 24 ans.

Début juillet: Quitte l'école de M. Stokes pour rejoindre un autre collège de garçons tenu par le révérend T. Slade Jones, pasteur de l'Eglise congrégationiste de Turnham Green. L'école occupe une belle maison Queen Anne à Holme Court, Twickenham Road, Isleworth. Vincent loge dans une chambre à l'arrière, à l'étage, donnant sur un jardin d'acacias d'où il contemplera souvent le soleil levant.

6 août: M. Jones et sa famille rentrent de vacances. Les élèves arrivent peu après. Vincent leur apprend l'histoire biblique. Il se promène au bord de la Tamise: «Un ciel tel que Ruysdael ou Constable l'auraient peint.»

17 août: Quitte à pied Isleworth à 11 h pour rejoindre Lewisham. Arrive à 17 h. La famille Gladwell vient juste de rentrer de l'enterrement de leur fille, âgée de 17 ans. Retourne en train jusqu'à Richmond, puis suit la Tamise à pied jusqu'à Isleworth.

Vers le 19 septembre: Van Iterson, un ancien collègue de La Haye, lui rend une visite surprise.

23 septembre: Quitte Isleworth à 4 h du matin, arrive à Hyde Park au point du jour, à Kennington à 7 h et «me repose un peu dans une église où je suis allé tant de fois le dimanche matin»; est reçu par des amis à Londres et visite la Galerie Goupil où il remarque des dessins apportés de La Haye par Van Iterson.

Début octobre: M. Jones lui annonce qu'il enseignera moins à l'avenir, mais travaillera plus pour la paroisse de Turnham Green, notamment en visitant les habitants.

2 octobre: Prend la parole lors de la prière à la chapelle méthodiste de Richmond où il se rend tous les lundis soir.

4 octobre: Fait une longue promenade jusqu'à un village situé à une heure d'Isleworth.

7 octobre: M. Jones lui demande de collecter les pensions dues par les élèves de l'Est londonien. En chemin, il visite les galeries de peinture autour du Strand, dont la French Gallery (M. Wallis) et celle de Cottier, où travaille un ami hollandais, Van Wisselingh, où il voit des esquisses pour deux fenêtres d'église. Il rentre en bus à Turnham Green, y visite une église catholique, puis marche jusqu'à Isleworth en traversant un parc sombre, d'où il aperçoit au loin les lumières d'Isleworth, l'église All Saints couverte de lierre, le cimetière et les saules pleureurs sur les berges de la Tamise. Il s'agit de Syon Park qu'il traversera souvent, appréciant ses allées d'ormes et les cygnes du cours d'eau qui le sillonne.

9 octobre: Prend à nouveau la parole lors de la prière à l'église méthodiste de Richmond.

13 octobre: Donne des leçons d'allemand aux filles de M. Jones et leur lit *La Reine des neiges* d'Andersen.

5 novembre: Prononce son premier sermon à l'église méthodiste de Richmond. En envoie une copie à Théo. Le manuscrit existe encore.

6 novembre: De nouveau à Richmond. «J'ai fait récemment de très belles promenades, une libération après l'enfermement de mes premiers mois ici.»

12 novembre: Dirige l'école du dimanche à Turnham Green.

18 novembre: M. Jones lui demande à nouveau de collecter l'argent des élèves. Il quitte Isleworth à 4 h du matin, traverse Hyde Park à 6 h 30, puis gagne Whitechapel, Chancery Lane, Westminster. Il rend visite à Mme Loyer, aux Obach et aux Gladwell à Lewisham, d'où il écrit à Harry Gladwell à Paris. Puis il rentre en métro.

19 novembre: Passe la matinée à Turnham Green, et assiste à une réunion des professeurs où il est décidé «d'accepter M. Vincent van Gog *[sic]* comme collaborateur». Dans la soirée, il marche de Turnham Green à Richmond puis à Petersham, où il prêche dans la petite chapelle méthodiste.

4 décembre: Assiste à une réunion des professeurs à l'église de Turnham Green où il est décidé que «les Professeurs peuvent choisir de visiter leurs propres élèves ou de les faire visiter par M. Vincent». La résolution suivante est: «M. Richardson a proposé, appuyé par M. Stanham, qu'on fournisse à M. Vincent tous les noms et adresses des élèves de l'école et qu'il fasse le tour de toutes les classes pour noter ceux qu'il faut visiter.»

Vers le 20 décembre: Retour à Etten pour Noël. La décision est prise qu'il ne retournera pas en Angleterre.

1877

Janvier à mars: Travaille à la librairie Blussé et Van Braam à Dordrecht.

Mai: S'installe à Amsterdam chez son oncle Jan, directeur des chantiers navals, et entame des études de théologie. Il trouve l'étude difficile, notamment le latin et le grec.

1878

Janvier à mai: Poursuit ses études, mais rencontre de plus en plus de difficultés.

Mai: Rentre chez lui à Etten et y passe un mois, préparant l'école d'évangélisation de Bruxelles.

15 juillet: Visite Bruxelles avec son père et le révérend Jones.

Août: Entre à l'école d'évangélisation de Laeken, à Bruxelles.

Novembre: Après une période d'essai de trois mois, il échoue dans ses études et rentre à Etten.

Décembre: Part pour le Borinage, région minière du sud de la Belgique, afin d'y travailler comme évangélisateur laïque.

1879

Janvier: Est évangélisateur à Wasmes, où il vit frugalement dans la maison d'un ouvrier.

Juillet: Est licencié pour excès de zèle évangéliste et négligence dans son habillement et son apparence.

Août: Départ pour Cuesmes, où il reste isolé pendant près d'une année.

1880

Août: Décide de devenir artiste.

Octobre: Quitte le Borinage pour Bruxelles, afin d'y suivre des études artistiques.

Novembre: Rencontre le peintre hollandais Anton van Rappard (1858-1892), qui deviendra son ami et un correspondant régulier pour les cinq années à venir.

Anton van Rappard.
Musée Van Gogh, Amsterdam

1881

Janvier à avril: Continue de dessiner, notamment d'après Millet et Bargue.

Avril: Retour chez ses parents à Etten.

Eté: Rencontre sa cousine Kee Vos (1848-1918), une jeune veuve. Il lui avoue son amour, mais est éconduit.

Novembre: Séjour à La Haye. Il prend quelques cours d'aquarelle et de nature morte dispensés par son cousin par alliance, Anton Mauve (1838-1888).

Noël: A la suite d'une querelle avec son père, il quitte Etten pour La Haye.

1882

Janvier: Vit au 138 Schenkweg.

Fin février: Rencontre une prostituée, Clasina Maria Hoornik (1850-1904) surnommée Sien, enceinte de plusieurs mois. Elle s'installe chez lui.

Mars: Son oncle Cor («C. M.»), marchand d'art, lui commande douze dessins, des vues de La Haye.

Juin: Passe trois semaines à l'hôpital pour une maladie vénérienne.

1er juillet: Quitte l'hôpital.

2 juillet: Sien met au monde un garçon.

6 juillet: Ils s'installent dans la maison voisine, au 136 Schenkweg.

Août: S'essaie sérieusement à la peinture à l'huile.

Septembre: Découvre de nouveaux modèles, des vieillards de l'hospice du quartier. Dans les mois qui suivent, il en dessinera plus de cinquante portraits.

Novembre: Produit une petite série de lithographies et fait des dessins.

1883

Janvier à juillet: Continue de dessiner, prenant souvent pour modèles Sien et sa famille. Il tente de nombreuses compositions à plusieurs personnages au format double carré (50×100 cm).

Août: Comme au mois d'août précédent, il reprend la peinture à l'huile. A partir de là, dessin et peinture iront généralement de pair.

Septembre: Après bien des états d'âme, il décide de quitter Sien.

11 septembre: Quitte La Haye pour la Drenthe, une province assez désolée au nord-est du pays, et s'installe d'abord à Hoogeven.

Début octobre: Part pour Nieuw-Amsterdam.

22 novembre: Visite Zweeloo et dessine la vieille église.

Début décembre: Décide de quitter la Drenthe, et rejoint ses parents à Nuenen.

1884

17 janvier: Sa mère s'est cassé la jambe: il s'occupe d'elle pendant sa convalescence. Il travaille selon diverses techniques à une série de tisserands.

Mars et avril: Dessine une série de paysages.

Le presbytère de Nuenen, 1883-1884. Musée Van Gogh, Amsterdam

Elisabeth Huberta van Gogh, sœur de Vincent. Musée Van Gogh, Amsterdam

Mai: Van Rappard vient dix jours en visite.

Août: Amoureuse de Vincent, sa voisine Margot Begeman tente de s'empoisonner.

Septembre: Travaille à des panneaux décoratifs pour la maison d'un orfèvre en retraite, à Eindhoven, ville toute proche.

Octobre: Nouvelle visite d'une dizaine de jours de Van Rappard.

Décembre: Il rencontre Anton Kerssemakers (1846-1924), tanneur et peintre amateur, qui devient son ami, son élève, et écrira plus tard ses souvenirs de Van Gogh.

1885

Janvier et février: Projette de peindre cinquante têtes de paysans, une série déjà entamée en décembre.

26 mars: Décès subit de son père, à la suite d'une crise cardiaque.

Avril: Travaille aux *Mangeurs de pommes de terre*, qu'il expédie à Théo à Paris le 5 mai.

Mai: Quitte le presbytère et s'installe dans l'atelier du village qu'il avait occupé un an auparavant.

Juillet et août: Produit une série de dessins sur la moisson.

Septembre: Commence une série de natures mortes: nids, pommes, pommes de terre, ustensiles de cuisine.

Octobre: Passe trois jours à Amsterdam, surtout pour visiter le Rijksmuseum récemment ouvert (Hals, Rembrandt, Ruysdael).

24 novembre: Quitte Nuenen pour Anvers, où il découvre les estampes japonaises.

Décembre: Admire Rubens; peint des têtes et dessine des scènes citadines.

1886

18 janvier: Est admis comme élève de Verlat à l'Académie. Il rencontre le peintre anglais Horace Mann Levens (1862-1936), qui dessine son portrait.

Fin février: Ayant longtemps projeté un séjour à Paris pour étudier avec Cormon, il quitte subitement Anvers, abandonnant la plupart de ses travaux.

54, rue Lepic, Paris.
Musée Van Gogh, Amsterdam

PARIS
Début mars 1886 - 19 février 1888

1886

Début mars: Arrivé d'Anvers sans s'annoncer, il envoie un mot à Théo depuis la gare, proposant un rendez-vous au Salon Carré du Louvre. Il s'installe chez Théo, au 25 de la rue de Laval.

Mars et avril: Utilisant toujours la sombre palette hollandaise, il peint natures mortes et autoportraits. Il commence à fréquenter l'atelier de Cormon (ce n'est pas sûr: certains experts pensent qu'il ne l'a fait que de septembre à novembre).

1er mai au 30 juin: Visite certainement le Salon.

15 mai au 15 juin: Visite la huitième et dernière exposition impressionniste. Il admire Degas, mais sa peinture ne traduit aucune influence de Gauguin ou de Guillaumin, encore moins de Seurat, Signac ou Pissarro.

Vers le début juin: Théo prend un logement plus grand à Montmartre, au 54, rue Lepic. Vincent subit une intervention de chirurgie dentaire lourde, liée à une affection gastrique.

15 juin au 15 juillet: Ve Exposition Internationale de Peinture et de Sculpture à la galerie Georges Petit. Première vraie rencontre avec des œuvres de Monet et de Renoir.

Juin et juillet: Peint une série de natures mortes avec fleurs.

Juillet: Théo part en vacances en Hollande.

Août: Un ami hollandais de Théo, Andries Bonger (1861-1934), déjeune souvent avec eux au 54 de la rue Lepic.

21 août au 21 septembre: IIe Exposition de la Société des Artistes Indépendants. Seurat et Signac sont au nombre des exposants.

Septembre et octobre: Travaille à une série de paysages d'automne sur la butte Montmartre.

«Le Vieux Montmartre» – Le Moulin de la Galette vu de la rue Lepic – 1886 – N° 15 –

Photographie d'Henri Daudet. Bibliothèque nationale, Paris

Octobre: Visite déjà la boutique du père Tanguy, 14, rue Clauzel, ce qu'atteste une lettre à Charles Angrand (1854-1926) du 25 octobre 1886, dans laquelle il demande à échanger un tableau qu'il a vu chez Tanguy, *Les Poules dans la basse-cour* (1884), aujourd'hui à la Ny Carlsberg Glyptotek, Copenhague.

Novembre: Le peintre australien John Russell (1858-1931) fait le portrait de Vincent (voir frontispice).

1887

Janvier: Peint le premier portrait de Tanguy (F 263; Ny Carlsberg Glyptotek, Copenhague). Peut-être début d'une relation suivie avec Agostina Segatori, propriétaire du Café du Tambourin, 62, boulevard de Clichy. Il rencontre sans doute Signac chez Tanguy.

Janvier, ou un peu plus tard: Commence à fréquenter la boutique de Siegfried Bing, un marchand d'art oriental, surtout pour étudier des estampes japonaises, les acquérir ou les vendre à la commission. Il encourage Bernard et Anquetin.

11 mars: Théo écrit à leur jeune frère Cor que Vincent travaille bien, a du talent, mais qu'il est quasiment impossible de s'entendre avec lui à cause de son caractère difficile.

14 mars: Dans une lettre à sa sœur Wil, Théo s'exprime de la même façon au sujet de Vincent.

Mars et avril: Vincent organise au Tambourin sa première exposition d'estampes japonaises, qui influencera Bernard et Anquetin.

26 mars au 31 mai: IIIe Exposition de la Société des Artistes Indépendants: les néo-impressionnistes s'y montrent en force, avec des œuvres d'Angrand (4), Cross (6), Luce (10), Lucien Pissarro (8), Seurat (10), Signac (10).

7 avril: Théo vend un premier tableau de Monet, et un second le 23 avril.

9 avril: Gauguin et Laval quittent la France pour Panamá, puis la Martinique.

25 avril: Théo écrit à Wil que lui et Vincent sont réconciliés.

Avril et mai: Vincent commence à peindre régulièrement à Asnières, sur la Seine au nord-ouest de Paris. Cette «campagne de printemps» joue un grand rôle dans sa peinture de paysages. Signac l'accompagne de temps en temps, avant de partir le 23 mai pour le Midi.

1er mai au 30 juin: Salon de 1887.

8 mai au 8 juin: VIe Exposition Internationale de Peinture et de Sculpture. Y figurent Monet, Renoir, Sisley et Pissarro.

15 mai: Théo écrit à Wil que les teintes de la peinture de Vincent s'éclairent et «qu'il essaye d'y mettre plus de couleur et plus de soleil», référence évidente aux peintures d'Asnières. Un peu plus tard, Vincent écrira aussi à Wil que ses tableaux montrent plus de couleur qu'auparavant (W 1).

Juin: Lucien et Camille Pissarro contactent Théo, mais ce n'est que le 8 août que ce dernier achètera un tableau de Camille. A dater de là, Théo va régulièrement acheter la peinture de Pissarro.

11 juillet: Théo quitte Paris pour des vacances en Hollande. Il revient le 22 juillet.

Mi-juillet: Vincent met fin à ses relations personnelles et commerciales avec Agostina Segatori.

Juillet et août: Peint sur la butte Montmartre, notamment deux grands paysages (F 316; F 350, cat. n° 25).

Septembre: Vincent travaille avec Bernard à des portraits du père Tanguy dans l'atelier construit par la grand-mère de Bernard dans le jardin de ses parents à Asnières.

Octobre: Echange avec Lucien Pissarro une nature morte contre une série de gravures sur bois.

Novembre: Organise une exposition de peintres du «Petit Boulevard» au Grand Bouillon, Restaurant du Chalet, 43, avenue de Clichy. Il expose cinquante à cent œuvres, surtout des portraits et des natures mortes. Parmi les autres exposants figurent Bernard, Anquetin, Koning. Bernard vend son premier tableau, Anquetin une étude.

Pissarro, Guillaumin et Seurat visitent l'exposition. Mais le visiteur le plus marquant est Gauguin, récemment revenu de la Martinique, qui échange des œuvres avec Vincent. Peu après, il rencontrera Théo, qui deviendra son marchand, achetant ses œuvres et organisant de petites expositions dans sa galerie.

10 novembre au 20 décembre: Exposition Puvis de Chavannes à la galerie Durand-Ruel; Vincent s'y rend certainement, car il mentionne plus tard dans ses lettres d'Arles des œuvres qu'il y a vues.

Décembre: Théo organise, dans la galerie du boulevard Montmartre, une petite exposition rassemblant trois peintures et cinq céramiques de Gauguin, trois éventails et des peintures de Pissarro, ainsi que des travaux de Guillaumin. Vincent visite l'atelier de Guillaumin au 13, quai d'Anjou.

1888

Début janvier: Vincent expose au moins un tableau dans la salle de répétitions du Théâtre Libre d'Antoine, 96, rue Blanche, où Seurat et Signac ont aussi accroché des toiles.

Janvier: Un rude hiver parisien, noyé souvent d'un brouillard digne de Londres, attaque la santé de Vincent déjà fragilisée par le tabac et la boisson. Il peint très peu.

4 janvier: Théo achète un tableau de Gauguin et, le 12, il acquiert *Poudre-de-Riz*, de Toulouse-Lautrec, les deux toiles étant destinées à la collection personnelle des frères Van Gogh et non à la galerie Boussod, Valadon et Cie.

Février: Gauguin quitte Paris pour Pont-Aven.

Théo et Vincent ont de fréquentes discussions avec les deux Pissarro et Guillaumin au sujet du «Petit Boulevard» et de l'organisation d'une association d'artistes.

19 février: Quelques heures avant son départ pour Arles, Vincent visite l'atelier de Seurat avec Théo.

Départ pour Arles, après presque deux ans passés à Paris.

ARLES
20 février 1888 - 8 mai 1889

1888

20 février: Après un voyage de 15 ou 16 heures, Vincent arrive en Arles pour trouver la ville couverte de neige. Il prend une chambre à l'Hôtel-Restaurant Carrel, au 30 de la rue Cavalerie, près des remparts nord et de la place Lamartine.

21 février au 9 mars: Il gèle à pierre fendre, c'est l'hiver le plus froid qu'Arles a connu depuis 1860. Vincent peint deux paysages de neige, une scène de rue, le portrait d'une Arlésienne, trois natures mortes (dont deux de branches d'amandiers en fleur dans un verre).

Début mars: Il rencontre le peintre danois Christian Wilhelm Mourier-Petersen (1858-1945); ils se tiendront souvent compagnie au cours des deux mois suivants.

Mi-mars: A l'aide d'un cadre perspectif, il peint trois paysages: un pont-levis (F 397), un petit pont de pierre enjambant un canal (F 396) et un pont de chemin de fer (F 398). Les deux derniers figurent dans l'exposition (voir cat. n°s 42 et 41).

18 mars: Reçoit une lettre de Gauguin, de Pont-Aven. Il écrit à Toulouse-Lautrec et à Bernard. Il lit *Pierre et Jean* de Maupassant.

24 mars: Achève sa première toile de verger en fleurs, des abricotiers. Jusqu'au 20 avril, il en fera une série.

30 mars: Vincent a 35 ans.

1er avril: Assiste à l'ouverture de la saison des courses de taureaux dans les arènes romaines.

Avril: Expose aux Indépendants deux vues de la butte Montmartre, avec la nature morte aux livres *Les Romans parisiens*.

Mi-avril: Songe à regrouper ses tableaux de vergers en fleurs en une série de triptyques, peut-être jusqu'à douze toiles, à poursuivre si nécessaire au printemps 1889.

20 avril: Termine son dernier tableau de verger en fleurs. «J'ai maintenant dix vergers, sans compter trois petites études et une grande d'un cerisier que j'ai éreintée.»

Entre le 21 avril et le 7 mai environ: Par souci d'économie, il décide d'arrêter de peindre et travaille à un ensemble de dessins à la plume de roseau.

22 avril: Reçoit la visite de Dodge MacKnight (1860-1950), peintre américain résidant au village voisin de Fontvieille.

1er mai: Théo a 31 ans.

La Maison Jaune. Photographie de Gustave Coquiot. Musée Van Gogh, Amsterdam

Vincent loue quatre chambres à 15 francs par mois au 2, place Lamartine, dans la fameuse Maison Jaune, qui fait face aux remparts nord et donne sur un grand jardin public.

7 mai: Après s'être disputé avec Carrel à propos du règlement de sa note, il prend une chambre au Café de la Gare, 10, place Lamartine, tenu par Joseph et Marie Ginoux. Il y reste jusqu'au 17 septembre, conservant la Maison Jaune comme atelier et remise.

Il rassemble son premier lot de tableaux pour Théo à Paris – «toutes les études que j'ai, à l'exception de quelques-unes que j'ai détruites, mais je ne les signe pas toutes. Il y en a une douzaine que j'ai ôtées des châssis et il y en a quatorze sur châssis.» Il s'attaque à une nouvelle série de toiles.

8 mai: Achète deux chaises et une table, et «de quoi pouvoir faire un peu de café ou de bouillon chez moi».

10 mai: Expédie la caisse de tableaux à Théo.

Après une interruption de plus de deux semaines, pendant laquelle il s'adonne au dessin, il reprend la peinture. Un de ses premiers paysages est *Vue d'Arles avec iris et prairie* (voir cat. n° 52).

Mi-mai: Achève deux autres paysages, dont l'un est *Le Pont de Langlois* (voir cat. n° 53).

Il signale une nette amélioration de son état de santé, due en partie aux repas pris au restaurant de Mme Venissac, 28, place Lamartine, près du Café de la Gare.

20 mai: Achève deux natures mortes, dont l'une (F 410) célèbre le récent achat d'une cafetière et de vaisselle.

Théo suggère que Vincent envoie des dessins pour l'exposition prochaine de l'Association des graveurs hollandais à Amsterdam.

22 mai: Mourier-Petersen part pour Paris, où Vincent pense qu'il aimerait peut-être séjourner chez Théo.

23 au 26 mai: En réponse à la demande de Théo, il réalise une série de sept dessins à la plume de l'abbaye de Montmajour, qu'il lui envoie à Paris.

27 mai: Dessine une grande vue d'Arles à partir de Montmajour (F 1452). Il décide de faire repeindre la Maison Jaune, à l'intérieur comme à l'extérieur.

28 mai: Pluie et tempête le confinent à l'intérieur. Il écrit des lettres, encouragé par un courrier de Théo, contenant 100 francs, lui indiquant qu'il a reçu la caisse de tableaux et les sept dessins de Montmajour; qu'il a vu les toiles d'Antibes dans l'atelier de Monet; que Koning part pour la Hollande dans quelques jours; et que Boussod et Valadon parlent de l'envoyer en mission à New York où ils ont ouvert une filiale en octobre 1887.

Vincent répond par une lettre de dix pages: il se propose d'accompagner Théo à New York; lui conseille de relier ses dessins en album, comme le font les artistes japonais; lui écrit que sa santé s'est beaucoup améliorée ces dernières semaines et qu'il espère se rendre aux Saintes-Maries-de-la-Mer pour voir enfin la Méditerranée.

Il rédige une seconde missive, dans laquelle il répond à la préoccupation de Théo d'alléger les soucis financiers de Gauguin. Il y joint le brouillon d'une lettre à Gauguin qu'il lui soumet, ébauchant le projet que celui-ci vienne en Arles: restent à régler les questions du prix du voyage de Pont-Aven à Arles, des dettes de Gauguin, de l'achat de deux lits, et de l'instauration d'un versement mensuel (il propose 250 francs), en échange de quoi Gauguin s'engagerait à fournir à Théo un tableau par mois.

Au bout du compte, il envoie à Gauguin un courrier où il s'en tient à une simple discussion de travail et exprime son regret qu'ils soient si éloignés.

29 mai: Expédie à Théo son grand dessin de Montmajour (F 1452), et y joint une lettre d'adieu à Koning. A tous deux il écrit «demain matin de bonne heure je pars pour Stes Maries…».

30 mai: A 7 h du matin, il emprunte la diligence des Saintes-Maries pour un trajet de cinq heures à travers la Camargue.

Koning quitte l'appartement de Théo et retourne en Hollande, emportant la lettre de Vincent du 29 mai.

30 mai au 3 juin: Saintes-Maries-de-la-Mer. Vincent écrit le 2 juin à Théo qu'il reste un jour de plus pour faire d'autres dessins. Il repart le dimanche après-midi, au bout de cinq jours, ayant achevé trois toiles et huit dessins, et espérant retourner aux Saintes-Maries aussitôt que possible.

3 ou 4 juin: Lettre de Théo contenant 50 francs; Mourier-Petersen loge chez lui à Paris.

Vincent paie son loyer (15 francs) et fait repeindre la Maison Jaune dans la semaine.

Il expédie à Théo un rouleau de dessins des Saintes-Maries, mais conserve trois croquis de maisonnettes pour de futurs tableaux.

5 juin: Vincent travaille à deux peintures de chaumières aux Saintes-Maries (voir cat. n° 57) d'après deux dessins (voir cat. n° 56). Il écrit à Théo en joignant une deuxième lettre pour Gauguin. Il lit un ouvrage sur Richard Wagner. Il demande à Théo d'envoyer de l'argent pour le dimanche 10 juin, car il pourrait ainsi retourner aux Saintes-Maries et y passer la semaine.

Vers le 7 juin: Visite d'une journée à Tarascon, mais le soleil torride et une poussière abondante l'empêchent de produire quoi que ce soit.

Lettre de Gauguin en réponse à son courrier du 28 mai.

9 juin: Répond à Gauguin et réalise de nouveaux dessins, dont deux avec des rehauts d'aquarelle (F 1425,

F 1483), ainsi que deux ou trois études à l'huile.

10 juin: Vincent espère 50 francs de Théo pour un deuxième séjour aux Saintes-Maries. Mais le loyer (15 francs), la peinture de la maison (10 francs) et d'autres dépenses indispensables compromettent le voyage. A la place, il entreprend sans doute sa première toile de 30 (72×92 cm), *La Moisson* (F 412).

11 juin: Ayant reçu un mandat télégraphique de 50 francs de Théo, il achète une quantité assez importante de toiles.

12 juin: Il ne reste que 20 francs du mandat de la veille.
Théo prépare une exposition Monet; il n'a pas écrit depuis le 2 ou le 3 juin. Vincent, tout aussi occupé, n'a pas donné de nouvelles depuis une semaine. A présent, il raconte à Théo son échange de lettres avec Gauguin, qui l'a informé avoir reçu 50 francs de Théo.

13 juin: Travaille à une autre peinture de moisson, «une ferme et des meules, qui sera probablement le pendant [de *La Moisson*]» (F 425). «Dans tout il y a maintenant du vieil or, du bronze, du cuivre diraiton, et cela avec l'azur vert du ciel chauffé à blanc.»

15 juin: Après à nouveau deux semaines de silence, lettre de Théo. Son exposition Monet, dix toiles d'Antibes, est lancée. Au nombre des visiteurs, Maupassant, dont Van Gogh vient de lire *Des Vers* (1880). Théo joint la réponse de Gauguin à la proposition plus précise élaborée par les deux frères.
Vincent envoie à Théo un troisième brouillon de lettre pour Gauguin, et poste trois dessins (F 1425, F 1483, F 1478). De *La Moisson*, il écrit: «Ça tue tout le reste que j'ai, à l'exception d'une nature morte travaillée avec patience. MacKnight et un de ses amis qui est allé en Afrique aussi, la voyaient aujourd'hui, cette étude, et disaient que c'était la meilleure que j'avais faite.» L'ami de MacKnight est très vraisemblablement l'artiste belge Eugène Boch (1855-1941): c'est la première mention d'une rencontre de Boch avec Van Gogh.
Vincent se fait raser la tête et la barbe à peu près à cette époque.

16 juin: Vincent peint sans doute *La Roubine du Roi avec lavandières*, un paysage du soir.
Il lit *Madame Chrysanthème* de Pierre Loti (1887), qui «contient des observations intéressantes sur le Japon».

17 juin: Envoie une lettre à Russell avec un croquis du *Semeur* et d'une gamine des rues qu'il a observée l'après-midi alors qu'il peignait *Le Pont de Trinquetaille* (voir cat. nº 59).

18 juin: Envoie une lettre à Bernard avec un croquis du *Semeur* (F 422) et du *Soir d'été* (F 465). Il lui dit qu'il donne des leçons de dessin – avec son cadre perspectif – à un sous-lieutenant de zouaves nommé Milliet.

21 juin: Vincent remercie Théo de lui avoir envoyé la critique de Gustave Geffroy dans *La Justice* du 17 juin, concernant l'exposition des toiles d'Antibes de Monet.
Il décrit sa semaine de «travail serré et raide dans les blés en plein soleil», notamment pour *Le Semeur*. Il mentionne aussi les séances de pose avec le zouave et «la pluie torrentielle de ces deux derniers jours».

22 juin: Il pleut. C'est la journée la plus froide de juin. Le zouave pose dans son atelier.

23 juin: Il pleut toujours. Vincent écrit le matin à Théo, et lui envoie un dessin du zouave (F 1443).
Il écrit le soir à Bernard, disant «qu'ayant dessiné et peint depuis trois ou quatre jours avec un modèle – un zouave – je n'en peux plus».

24 juin: Nouvelle lettre à Bernard. Vincent passe la matinée dans les champs. Il achève une autre peinture de moisson et fait sept études de champs de blé.

25 et 26 juin: Ces deux journées se passent à retravailler entièrement *Le Semeur*.

29 juin: Théo écrit que Gauguin accepte leur proposition de séjour en Arles. Vincent rédige une réponse à Gauguin mais l'envoie à Théo. Il écrit aussi à Russell, proposant un échange de tableaux.
Il retouche légèrement toutes ses toiles avant de les expédier à Théo. Il espère passer deux ou trois jours en Camargue pour dessiner.

30 juin: Il ne part pas en Camargue, car le vétérinaire qui devait l'y emmener s'est décommandé. «Cela m'est assez égal, vu que je n'aime que médiocrement les taureaux sauvages.»
Il continue sans doute à retoucher ses tableaux.

2 juillet: Vincent peint certainement «un coin de jardin avec des buissons en boule et un arbre pleureur», son premier tableau d'un des trois jardins de la place Lamartine (voir cat. nº 64).

4 juillet: Observe un coucher de soleil à partir d'une lande pierreuse, avec à l'arrière-plan Montmajour, et en rapporte une étude (F 466).
Il lit *César Birotteau* de Balzac (1837): «Je crois que je vais relire le tout de Balzac.»

5 juillet: Commence sans doute une grande toile du Christ à Gethsémani. Il écrit à Théo, un peu déprimé par son échec à se faire des amis ou à intéresser les amateurs d'art arlésiens, par un sentiment de solitude. «Un grand nombre de journées se passent donc sans que je dise un mot à personne, que pour demander à dîner ou un café», et par la conviction que même Marseille, jusqu'alors pour lui une Mecque artistique, «ne pourrait bien être qu'une illusion».

7 juillet: Nouvelle visite de Montmajour. Il réalise deux grands dessins à la plume, avec l'intention d'en produire six (voir cat. nº 68). C'est sans doute à cette période qu'il efface toute sa toile du Christ à Gethsémani, convaincu qu'il ne doit pas peindre de personnages aussi importants sans modèle.

8 juillet: Lettre de Théo avec 50 francs, pleine de nouvelles de Paris: le père Tanguy affirme que Vincent lui doit 80 francs de couleurs et de toiles; Guillaumin a vu et apprécié les dernières toiles de Van Gogh; le marchand d'art Georges Thomas a acheté *Le Paysan* d'Anquetin pour 100 francs; Théo se demande s'il pourrait être persuadé d'en faire autant pour Van Gogh et Gauguin. Théo envoie aussi le numéro du 7 juillet du *Paris Illustré*, avec quatre illustrations de Toulouse-Lautrec.

Voulant rendre visite à Boch et MacKnight à Fontvieille, Vincent découvre qu'ils sont partis en voyage pour une semaine en Suisse.

9 juillet: Passe la journée à Montmajour avec le zouave Milliet: «Nous avons alors à nous deux exploré le vieux jardin, et y avons volé d'excellentes figues.» Il réalise un troisième grand dessin (F 1446).

Il écrit à Russell (qui n'a pas répondu à sa lettre du 29 juin), proposant à nouveau un échange de tableaux, et espérant qu'il achètera une peinture de Gauguin.

Il a «une femme de ménage, qui pour 1 franc me balaye et lave la maison deux fois par semaine».

13 juillet: Vincent envoie par la poste un rouleau contenant cinq grands dessins de Montmajour à la plume. Il espère que le marchand parisien Thomas en achètera deux à 100 francs pièce, pour financer une partie du séjour de Gauguin en Arles.

Dévoré par les moustiques et contraint de lutter contre «cette agaçante contrariété du mistral continuel», il a «passé les journées dehors avec un peu de pain et de lait, cela étant trop loin pour retourner à tout moment à la ville».

Il écrit sans doute à Gauguin.

15 juillet: Journée passée à dessiner dans l'atelier et à sa correspondance. Lettre de Théo, avec 100 francs.

Il commence six dessins d'après ses peintures, comptant les envoyer à Bernard pour échange.

Il écrit à Bernard que Gauguin (qui a été très malade) passera probablement l'hiver suivant en Arles; il envoie les six dessins et en promet d'autres.

17 juillet: Envoie à Bernard neuf autres dessins d'après des études peintes, des «esquisses de la Provence» qui lui font peut-être penser à Cézanne.

19 juillet: Lettre de Théo mentionnant la santé déclinante de leur oncle Vincent. Dans sa réponse, il dit avoir retiré une trentaine de peintures de leur châssis et les avoir clouées sur les murs de l'atelier pour les faire bien sécher. Il passe une grosse commande de couleurs et de toiles.

Il complète un nouveau dessin à la plume d'un jardin empli de fleurs (F 1455) et deux études peintes du même jardin (F 429, F 430).

Pas de signe de Russell, qui a quitté Paris pour Belle-Ile, au large de la Bretagne, où il bâtit une maison.

De retour de Suisse, MacKnight et Boch lui rendent visite: «Toujours silence glacé pour le travail quand ils viennent.»

21 juillet: MacKnight «a hier un peu rompu son silence, en disant qu'il aimait beaucoup mes deux dernières études [le jardin en fleurs], et en causant très longtemps».

22 juillet: Lettre de Théo, avec 50 francs.

Vincent se rend probablement à Fontvieille, où il voit les peintures de Boch pour la première fois. «Le village où ils restent est du *vrai Millet*, de petits paysans, rien que cela, absolument *agreste* et intime.»

23 juillet: Bernard envoie dix dessins en échange des quinze qu'il a reçus.

24 juillet: Vincent reçoit une lettre de Russell, écrite le 22 juillet à Belle-Ile, en réponse aux siennes des 29 juin et 9 juillet: il ne peut acheter de tableau de Gauguin.

25 juillet: Termine *La Mousmé*: «une mousmé est une jeune fille japonaise, provençale dans ce cas, de 12 à 14 ans». Cela lui a pris une semaine entière; il a été malade, sinon il aurait aussi peint des paysages.

26 juillet: Lettre de Gauguin en réponse à celle de Vincent des alentours du 13 juillet. Il confie à Théo: «Heureusement, il retrouve sa santé.»

Il répond sans doute à Gauguin, joignant un dessin d'après *La Mousmé* récemment achevée, que Gauguin collera plus tard dans son manuscrit *Noa Noa* (Musée du Louvre, Paris).

28 juillet: Mort de l'oncle Vincent. L'ancien marchand de tableaux avait guidé les premières années de Van Gogh comme apprenti chez Goupil & Cie à La Haye, Londres et Paris, de 1869 à 1876. Depuis longtemps détourné de Vincent, il s'est davantage intéressé à Théo, et est susceptible de lui laisser un héritage.

Premiers indices indiquant une rencontre avec Joseph Roulin (1841-1903), responsable du courrier à la gare. «Une grosse figure barbue, très socratique. Républicain enragé comme le père Tanguy. Un homme plus intéressant que bien des gens.»

Il commence sans doute son premier portrait de Roulin.

30 juillet: Vincent travaille au portrait de Roulin.

Nouvelle visite de MacKnight à l'atelier. Il apprécie *La Mousmé*, et répète qu'il aime le *Jardin en fleurs*.

31 juillet: Naissance de la fille de Roulin, Marcelle (voir cat. n° 71).

Une lettre de Wil annonce la mort de l'oncle Vincent.

Van Gogh a terminé huit des douze dessins prévus pour Russell.

3 août: Il est fort probable qu'il termine les quatre derniers dessins pour Russell, et lui envoie la douzaine à Belle-Ile.

Il écrit sans doute à Koning.

Il ne peut pas régler son loyer, parce que Roulin, qui refuse d'être payé

Wilhelmine Jacoba van Gogh, sœur de Vincent. Musée Van Gogh, Amsterdam

pour poser, «coûte plus cher en boire et en manger». Il offre à Roulin un exemplaire de *La Lanterne*, journal fondé par Henri Rochefort (1868).
Théo retourne en Hollande pour les obsèques de l'oncle Vincent.

6 août: Vincent fait des dessins pour Théo, avec l'intention d'en terminer une douzaine, pratiquement sur les mêmes motifs que ceux envoyés récemment à Russell.
Il écrit à Théo: «Je vais aujourd'hui probablement commencer l'intérieur du café où je loge, le soir au gaz.»

8 août: Envoie à Théo trois grands dessins de jardins (F 1455, F 1456, F 1457) et cinq petits d'après des études peintes (F 1492, F 1441, F 1451, F 1430b, F 1431).
Il a récemment «fait avec quelqu'un, qui connaît le pays, une tournée dans les fermes très intéressante».
MacKnight lui rend régulièrement visite.

9 août: Poursuit un *Portrait de Patience Escalier*, et envoie un grand dessin d'après cette toile à Théo (F 1460), avec un autre dessin grand format d'après le *Portrait de Joseph Roulin* (F 1459).

13 août: Lettre de Théo, qui a reçu un héritage de l'oncle Vincent.
Vincent écrit à Théo qu'il vient de terminer quatre petits paysages (F 445 à F 447; l'un d'entre eux a disparu), et qu'il donne des leçons de dessin à Milliet.
Il passe la soirée avec Milliet, qui va apporter à Théo un rouleau de ses toiles, à Paris.

14 août: Travaille au tableau du quai avec des hommes déchargeant des bateaux de sable (F 449). Il effectue un dessin du même motif (voir cat. nº 69).
Il songe à rejoindre Gauguin à Pont-Aven, si ce dernier ne vient pas en Arles.

15 août: Vincent envoie un télégramme à Théo, lui annonçant l'arrivée de Milliet vendredi matin avec un rouleau de toiles.
Wil arrive à Paris et rend visite à Théo.

17 août: Milliet livre trente-six peintures à Théo.

17 et 18 août: Lettre de Théo, avec 100 francs, promettant le soutien financier nécessaire à la venue de Gauguin en Arles.
Dans sa réponse, Vincent suggère que Théo lui prête d'emblée 300 francs, remboursables en envoyant à l'avenir seulement 200 francs par mois au lieu des 250 actuels. Cela lui permettrait d'acheter deux lits et du mobilier pour la Maison Jaune.
Il acquiert pour 20 francs une veste en velours noir d'assez belle qualité et un nouveau chapeau.
Il prend la décision définitive de ne pas se rendre à Pont-Aven.
Il ne reçoit aucune nouvelle directe de Gauguin pendant près d'un mois.
Une lettre de Bernard lui signale qu'il vient de rejoindre Gauguin à Pont-Aven.
Il répond à Bernard qu'il a l'intention de décorer son atelier de six tableaux de tournesols, «une décoration où les chromes crus ou rompus éclateront sur des fonds divers... Des espèces de vitraux d'église gothique.»

21 et 22 août: Ecrit à Théo qu'il a trois tableaux de tournesols sur le chevalet (F 453, F 456, F 459) destinés à décorer l'atelier – sans doute fera-t-il une douzaine de panneaux.
Il s'y attelle tous les matins dès le lever du jour.
Koning lui annonce par lettre qu'il va s'installer à La Haye.
Il reçoit une missive de Gauguin, la première depuis près d'un mois: celui-ci espère venir dans le Midi «dès que l'occasion se présentera»; Bernard a constitué un album avec les dessins de Van Gogh.

24 août: Travaille à un quatrième tableau de tournesols (F 454).

25 août: MacKnight quitte Fontvieille et rentre à Paris.

26 août: Vincent passe la soirée avec Boch.

27 août: Lettre de Théo, avec 50 francs.
Vincent projette un deuxième portrait du «vieux paysan», Patience Escalier.

29 août: Deux ou trois journées superbes, très chaudes et sans vent. Le raisin mûrit.
Il termine le deuxième *Portrait de Patience Escalier*.
Toujours pas de réponse de Russell au sujet des douze dessins.

1er septembre: Vincent est déprimé: Gauguin risque de trouver Arles trop isolée; les modèles sont difficiles à trouver; il regrette constamment que son travail ne se vende pas, et qu'il ne puisse donc pas rembourser Théo; sa vie est «agitée et inquiète»; ne pas parler le patois provençal est pour lui un handicap terrible; il hésite souvent avant de se lancer dans un tableau à cause du prix des couleurs; mais il reprend des forces et ses troubles gastriques disparaissent.
Il lit *L'Immortel* de Daudet (1888).
Il envoie à Théo trois volumes de Balzac.

2 septembre: Passe la journée avec Boch. Il ne fait pas beau, mais ils partent en promenade et assistent à une course de taureaux. Boch pose pour une étude, *Le Poète* (F 462).

3 septembre: Termine *L'Immortel* de Daudet.

Il fait exécuter deux cadres en chêne pour le *Portrait de Patience Escalier* et le *Portrait d'Eugène Boch* qui décoreront la Maison Jaune.

4 septembre: Tôt le matin, il écrit une longue lettre à Théo en attendant de faire ses adieux à Boch, qui quitte Arles pour Paris, et ensuite le Borinage.

Il ne lui reste plus de couleurs; en attendant, il fera des dessins.

Il se demande si Gauguin viendra en Arles. Il lui écrit, ainsi qu'à Bernard. Il commence *Le Café de nuit* (F 463) et travaille toute la nuit.

5 et 6 septembre: Continue *Le Café de nuit*, peignant la nuit et dormant le jour.

8 septembre: Une lettre de Théo lui apporte 300 francs. Il peut enfin meubler la Maison Jaune. Il achète deux lits, douze chaises rustiques, une table en bois blanc, un miroir et divers objets de première nécessité.

Camille Pissarro, qui a vu son deuxième envoi de peintures, apprécie *La Mousmé*.

Il reçoit une lettre de Milliet, en permission dans le nord de la France; celui-ci rendra visite à Théo en passant par Paris sur le chemin du retour vers Arles.

Vincent peint une copie à l'aquarelle (F 1463) du *Café de nuit* à l'intention de Théo.

9 septembre: Envoie sa copie à l'aquarelle du *Café de nuit*.

Dans ce même café qu'il vient de peindre, il rédige une longue lettre à Théo. Il y décrit ses derniers achats, ses projets de décoration et d'aménagement de la Maison Jaune. Il souhaite entreprendre une série de peintures d'automne.

10 septembre: Une lettre de Russell confirme qu'il ne peut pas acheter de tableau à Gauguin, mais il invite Vincent à Belle-Ile. (Il est peu probable que celui-ci ait répondu. C'est leur dernier échange de lettres en Arles. Leur correspondance ne reprendra qu'en janvier 1890 à Saint-Rémy.)

11 septembre: Reçoit des lettres de Bernard et de Gauguin. Ce dernier est moins certain de venir en Arles, ses dettes s'accumulant.

12 septembre: Vincent répond à Gauguin, proposant un échange. «S'ils veulent, écrit-il à Théo, j'aimerais tant avoir ici le portrait de Bernard par Gauguin et celui de Gauguin par Bernard.»

Il peint une étude de vieux moulin (F 550).

13 au 16 septembre: Continue de meubler la maison, achète un matelas pour 30 francs.

Il peint l'extérieur d'un café, la nuit (F 467); un autoportrait (F 476) à l'aide du miroir qu'il vient d'acheter, et le premier de ses jardins d'automne (F 468), inspiré des jardins de la place Lamartine.

Il fait «une promenade magnifique dans les vignes, à moi seul aujourd'hui».

Il dort pour la première fois dans la Maison Jaune.

17 septembre: Lettre de Théo, avec 50 francs: Gauguin lui a écrit en proposant de baisser ses prix afin d'attirer les acheteurs.

Une lettre de Bernard: il pourrait venir en Arles cet hiver.

Vincent est enchanté d'habiter enfin la Maison Jaune. Le temps est splendide.

Il termine un autre jardin de la place, puis commence une deuxième toile du même jardin (F 471). Avec ses derniers tubes de couleur, il crée du vert en mélangeant bleu de Prusse et jaune de chrome.

Le soir, il écrit à Théo, évoquant Dante, Pétrarque et Boccace. Il intitulera certains de ses jardins d'automne *Le Jardin du poète* (F 468, F 1465, F 479).

Sa première journée entière dans la maison et sur la place d'à côté est une vraie fête. Mais couleurs, toiles et bourse sont «épuisée *[sic]* aujourd'hui complètement».

Il se contentera de dessins jusqu'à l'arrivée des couleurs.

19 et 20 septembre: Lettre de Théo, avec 100 francs.

Retour de Milliet qui lui apporte, de la part de Théo, des estampes japonaises, des lithographies de Delacroix, Géricault et Daumier, un exemplaire du périodique *Le Japon artistique*, une photographie de sa mère.

Vincent efface une seconde toile représentant le Christ à Gethsémani.

24 septembre: Journée d'orage et de pluie. Il reste à l'intérieur et écrit une longue lettre à Théo, autour de *Ce que je crois*, de Léon Tolstoï (1882-1884); de l'accrochage dans l'atelier des estampes japonaises et des lithographies françaises; de Monticelli; des Arlésiennes; de l'art japonais; du livre de Bing et d'un article sur Wagner. Il n'évoque pas ses tableaux, seulement son désir de croquer des personnages d'hiver en quelques traits, avec des proportions exactes. «Entre-temps que je t'écris cette lettre, j'en ai bien dessiné une douzaine.»

26 septembre: Peint *Champ labouré* (F 574), et en joint un croquis à une lettre pour Théo.

Le *Portrait de Milliet* (F 473) est commencé.

27 septembre: De 7 h à 18 h, il travaille à un nouveau tableau de jardin d'automne (aujourd'hui disparu). Il joint un petit croquis de cette œuvre (F 1465) à une lettre pour Théo. «J'ai une lucidité ou un aveuglement d'amoureux pour le travail actuellement.»

29 septembre: Une lettre de Gauguin lui décrit la *Vision après le sermon: Jacob luttant avec l'ange*, croquis à l'appui. Gauguin «paraît bien triste et dit que dès qu'il aura

fait une vente, certes il viendra». Vincent fait suivre la lettre à Théo avec sa propre réponse.
Lettre de Théo, avec 50 francs. En retour, il lui annonce qu'il a terminé le *Portrait de Milliet*; il y joint deux petits croquis de *La Nuit étoilée* (F 474) et de *La Maison Jaune* (F 464), qu'il vient de peindre.

2 octobre: Lettre de Boch, à présent dans le Borinage. Vincent lui répond sur-le-champ, faisant le point sur ses dernières peintures, avec deux croquis rapides, et précisant: «Votre portrait est dans ma chambre à coucher avec celui de Milliet le zouave que je viens de faire.»
Il passe la journée à peindre une vigne proche de Montmajour – «toute pourprée jaune-vert sous le ciel bleu» (F 475).

3 octobre: Reçoit «une bien remarquable lettre de Gauguin», décrivant son autoportrait *Les Misérables*. Il la transmet tout de suite à Théo.
Il reçoit aussi un courrier de Bernard, proposant l'échange d'œuvres entre Vincent, lui-même et trois autres peintres de Pont-Aven.
Il termine la *Vigne verte* (F 475), «toujours pour décorer la maison». Dans l'après-midi, il rédige ses réponses à Gauguin et à Bernard: il parle à Gauguin de son propre *Autoportrait* (F 476) et de la *Vigne verte*; de l'idée qu'il se fait de Gauguin chef d'atelier, nouveau poète du Midi; de la décoration de l'atelier avec *Le Jardin du poète*; de la possibilité d'échange de peintures avec les artistes de Pont-Aven. Avec Bernard, il reprend le projet d'échange, mentionnant plusieurs tableaux, proposant d'ajouter au lot les *Barges à sable* (F 449), s'il sèche suffisamment au soleil le lendemain pour être roulé.
Il peint un coucher de soleil.

4 octobre: Reçoit un colis de Pont-Aven contenant des autoportraits de Gauguin et de Bernard, et *Au Bordel* de Bernard, poème illustré de dix dessins.
Il écrit à Bernard, accusant réception des autoportraits et annonçant en échange l'envoi de ses peintures à Pont-Aven.
Théo mentionne dans une lettre qu'il a vendu plusieurs céramiques de Gauguin pour 300 francs. Vincent ne poste pas de réponse.

5 au 8 octobre: Le jeudi, il se retrouve à court d'argent, essentiellement parce qu'il a commandé trop de cadres et de châssis. Il avait demandé à Théo de l'argent avant le vendredi. Durant ces quatre jours, il ne lui donne plus de nouvelles, ne prend que deux repas, et vit de vingt-trois tasses de café et de pain, qui restent impayés.
A partir du samedi, un mistral impitoyable l'empêche de peindre en plein air. Pas d'indication s'il a dessiné ou même lu: quatre jours «perdus».

9 et 10 octobre: Peint une étude de bordel pour Bernard.
Il reçoit une lettre de Gauguin, qui a été souffrant et appréhende le voyage pour Arles, mais viendra «avant la fin du mois». Vincent achète une commode pour 14 francs.
Il termine un autre *Jardin public* (F 566).

11 octobre: Ecrit à Gauguin.

13 octobre: Théo envoie un mandat de 50 francs.
Vincent lui écrit au sujet de quatre toiles qu'il vient de peindre; il joint à sa lettre des croquis de ces œuvres.
Il se plaint d'avoir les yeux très fatigués.
Depuis mi-août, il a terminé quinze toiles de 30.

14 octobre: Lettre de Gauguin, qui a envoyé à Théo des toiles et des études.
Bernard lui annonce la réception à Pont-Aven des sept toiles de l'échange. Il va envoyer «une autre étude en échange».
Vincent se plaint d'être à demi mort de fatigue à cause du travail de la semaine passée: «Je viens de dormir seize heures d'un trait, ce qui m'a fait revenir à moi considérablement.» Il pense «être remis le lendemain de cette mauvaise passe».
Le mistral souffle avec violence.

16 octobre: Quoique ses yeux soient toujours fatigués, il se lance dans une peinture de sa chambre à coucher (F 482), dont il joint un croquis à une lettre à Théo.

17 octobre: Une lettre de Gauguin annonce qu'il vient d'envoyer sa malle et arrivera en Arles «peut-être dès le vingt». En réponse, Vincent décrit *La Chambre à coucher* à Gauguin, et lui en envoie une esquisse.
Il fait installer l'éclairage au gaz dans l'atelier pour 25 francs – pour avoir «de la bonne lumière en hiver».
Il termine *La Chambre à coucher* dans l'après-midi.
Il lit *Césarine* de Jean Richepin (1888).

21 octobre: Reçoit une lettre de Théo, avec 50 francs.
Il termine le quatrième *Jardin du poète* (F 485), destiné à la décoration de la chambre de Gauguin.
«Je ne suis pas malade, mais je le deviendrais sans le moindre doute si je ne prenais pas une forte nourriture, et si je ne cessais pas de peindre pour quelques jours.»
Il a un besoin désespéré de 50 francs.

22 octobre: Réitère sa demande de 50 francs.
Bien qu'il se soit juré de ne pas travailler, il termine une autre toile de 30, un jardin d'automne, *Parc à Arles* (F 472).
L'automne est là: les arbres jaunissent, les feuilles commencent à tomber.
Vincent attend Gauguin «d'un jour à l'autre».

23 octobre: Après avoir quitté Pont-Aven le dimanche 21 octobre, Gauguin arrive en Arles avant l'aube. Il se rend au Café de la Gare, où Ginoux le reconnaît d'après son autoportrait *Les Misérables*.

Une lettre de Théo du 22 octobre, envoyant à Gauguin 500 francs pour la vente de sa toile *La Danse des quatre Bretonnes*, arrive à Pont-Aven après le départ de Gauguin.

24 octobre: Lettre de Théo, avec 50 francs.
En réponse, Vincent écrit de Gauguin: «Il est très intéressant comme homme, et j'ai toute confiance qu'avec lui nous ferons des tas de choses. Il produira probablement beaucoup ici, et peut-être j'espère moi aussi.» Les ventes récentes de Gauguin le rendent cruellement conscient de son propre échec; il espère qu'un jour ses peintures vaudront plus que le prix des couleurs; il souffre énormément qu'elles n'aient pas de succès, et sent «jusqu'à en être écrasé moralement et vidé physiquement le besoin de produire… J'ai eu un moment un peu le sentiment que j'allais être malade, mais la venue de Gauguin m'a tellement distrait que je suis sûr que cela se passera. Il faut que je ne néglige pas ma nourriture pendant un certain temps, et voilà tout et absolument tout.»
Leur intention est d'utiliser des couleurs moins chères, et de préparer leurs propres toiles.
«Gauguin a apporté une magnifique toile, qu'il a échangée avec Bernard, des Bretonnes dans un pré vert blanc, noir vert, et une note rouge et les tons mats de la chair.»

25 octobre: Gauguin raconte au peintre Emile Schuffenecker son arrivée en Arles et la vente, par Théo, de *La Danse des quatre Bretonnes.*

27 octobre: Théo envoie un mandat de 50 francs. Il écrit que Tasset enverra sous peu couleurs et toiles, et que les tableaux de Bretagne de Gauguin ne sont pas encore arrivés.

28 octobre: Théo envoie à Vincent une lettre avec 50 francs. Celle à Gauguin du 22 octobre contenant 500 francs arrive de Pont-Aven. Gauguin accuse réception des deux missives, espérant que ses toiles bretonnes plairont à Théo quand il les verra.
Vincent écrit à Théo. Il est surpris d'apprendre que Gauguin a été marin: «Cela me donne pour lui un terrible respect et dans sa personne encore une plus absolue confiance»; Gauguin travaille à des peintures d'une femme noire et d'un grand paysage; Vincent a peint deux études d'un semeur et d'«un champ labouré avec la souche d'un vieil if» (F 573), tous deux esquissés dans sa lettre: «Je me sens encore le cerveau fatigué et sec mais je me porte mieux cette semaine que la quinzaine précédente.»
Le peintre hollandais Jacob Meyer de Haan (1852-1895) vient loger chez Théo.

29 octobre: Dans la semaine, Gauguin dépense presque 100 francs dans l'achat d'une commode, de différents ustensiles de ménage et de 20 mètres de toile très solide, dont Vincent se sert pour peindre deux vues automnales des Alyscamps.

1er novembre: Milliet quitte Arles pour l'Afrique. Vincent écrit à Théo: «Il a une étude de moi pour le mal qu'il s'est donné pour porter les toiles à Paris, et Gauguin lui a donné un petit dessin en échange d'une édition illustrée de *Madame Chrysanthème* [de Pierre Loti].»

2 novembre: Le vent et la pluie retiennent vraisemblablement Vincent et Gauguin à l'intérieur.
Il est très probable qu'ils rédigent ensemble une lettre à Bernard – premières nouvelles de Van Gogh à Bernard depuis l'arrivée de Gauguin. Vincent a lu *Le Rêve* de Zola (1888); il pense que l'avenir de la peinture se trouve sous les tropiques; «Gauguin a dans ce moment en train une toile du même café de nuit que j'ai peint aussi, mais avec des figures vues dans les bordels»; lui et Gauguin ont visité les bordels; Milliet, parti en Afrique, voudrait que Bernard lui écrive; Vincent a fait «deux études d'une chute des feuilles dans une avenue de peupliers et une troisième étude de l'ensemble de cette allée entièrement jaune». Gauguin ajoute en post-scriptum qu'il y a deux études de feuilles d'automne dans sa chambre, peintes sur de la toile très épaisse mais de qualité, qui lui plairaient beaucoup.

4 novembre: En promenade le soir, ils voient «une vigne rouge, toute rouge comme du vin rouge. Dans le lointain elle devenait jaune, et puis un ciel vert avec un soleil, des terrains, après la pluie, violets et scintillant jaune par-ci par-là où se reflétait le soleil couchant.»

5 novembre: Van Gogh travaille sans doute à *La Vigne rouge* (F 495) et Gauguin à «des femmes dans une vigne, entièrement de mémoire», œuvres inspirées par leur promenade du dimanche soir.

6 novembre: Lettre de Théo, avec 100 francs: il confirme qu'il a bien reçu les peintures de Bretagne de Gauguin.
Vincent répond que Gauguin travaille à des femmes dans une vigne et à «une toile du même café de nuit que j'ai peint». Lui-même travaille à *La Vigne rouge* (F 495); il annonce aussi, triomphant: «J'ai enfin une Arlésienne (F 489), une figure (toile de 30) sabrée dans une heure.»
«Gauguin et moi allons dîner aujourd'hui chez nous, et nous sentons sûrs et certains que cela nous réussira autant de fois que cela nous paraîtra préférable ou meilleur marché.»

7 au 12 novembre: Ils poursuivent leur travail sur leurs tableaux respectifs.
Van Gogh termine *La Vigne rouge.* Il écrit à Théo: «Je crois que tu pourras mettre cette toile à côté des paysages de Monticelli»; il a fait «une pochade de bordel», avec l'intention de peindre une scène de maison close.
Gauguin finit ses «vendangeuses»; il a presque achevé son *Café de nuit.*

Vincent décline une invitation du critique d'art Edouard Dujardin à exposer dans les bureaux de *La Revue indépendante.*
Gauguin «sait faire la cuisine *parfaitement*, je crois que j'apprendrai cela de lui, c'est bien commode. Nous nous trouvons fort bien de faire des cadres avec de simples baguettes clouées sur le châssis et peintes, ce que j'ai commencé.»
«Il fait un temps de vent et de pluie ici [surtout le vendredi 9], et je suis bien content de ne pas être seul. Je travaille de tête les jours mauvais, et cela si j'étais seul n'irait pas.»

13 novembre: Théo a organisé une petite exposition des peintures bretonnes de Gauguin chez Boussod & Valadon, 19, boulevard Montmartre. Il écrit à Gauguin que ses tableaux ont beaucoup de succès; il les a montés dans «un très beau cadre blanc de bois naturel»; Degas, enthousiaste, a l'intention d'acheter un paysage de printemps; deux autres paysages ont été vendus pour respectivement 375 et 225 francs; un troisième, *La Ronde des petites Bretonnes*, pourrait aussi être vendu si Gauguin accepte de le retoucher.

14 et 15 novembre: Gauguin répond par retour de courrier à Théo: il est enchanté des ventes et des louanges de Degas; il va retoucher le tableau. La vie domestique se passe très bien; lui-même et Van Gogh font leur propre cuisine et déjeunent à la maison; mais le temps maussade et pluvieux les empêche de travailler dehors; à la place, ils se consacrent à «la peinture de chic», en peignant de mémoire; c'est ainsi que Vincent crée «un bon jardin de Hollande que vous connaissez avec votre famille», et Gauguin «une pauvresse bien ensorcelée en plein champ de vignes rouges»; il espère que d'ici à un an sa santé se sera rétablie et qu'il pourra retourner sous les tropiques. Gauguin relate également à Bernard ses succès parisiens, et joint une commande de couleurs pour Tanguy.

16 et 17 novembre: Vincent répond à une lettre de Théo contenant 100 francs.
Il écrit aussi à sa sœur Wil: il a reçu les toiles de l'échange avec Pont-Aven, un paysage marin de Bernard et un autoportrait de Laval; il vient de recevoir une lettre de Jet Mauve sur la peinture du verger dédiée à Anton Mauve (F 394); Gauguin travaille à une femme dans le foin; lui-même peint deux toiles, *Souvenir du jardin à Etten* (F 496) et *La Liseuse de roman* (F 497), qu'il décrit en détail; Gauguin lui donne «courage d'imaginer et les choses d'imagination certes prennent un caractère plus mystérieux».

19 au 23 novembre: *La Ronde des petites Bretonnes* de Gauguin arrive de Paris; Vincent rapporte à Théo qu'«il l'a très bien changée» et que Gauguin va lui envoyer *Misères humaines* (ou *Les Vendanges*) et *Dans le foin*. «Ses deux dernières toiles, que tu vas voir, sont très fermes dans la pâte, il y a du travail au couteau même. Et ça enfoncera ses toiles bretonnes un peu, pas toutes mais certaines.»
Van Gogh travaille à deux toiles de 30: «Une chaise en bois et en paille toute jaune sur des carreaux rouges contre un mur (le jour). Ensuite le fauteuil de Gauguin, rouge et vert, effet de nuit, mur et planches rouge et vert aussi, sur le siège deux romans et une chandelle. Sur toile à voile à pâte grasse.»

23 novembre: Gauguin écrit à Schuffenecker qu'on l'a invité à exposer dans les bureaux de *La Revue indépendante*; dès qu'il recevra de l'argent de Théo, il en enverra à sa femme à Copenhague.

25 novembre: Lettre de Théo, avec 100 francs.
En réponse, Vincent écrit qu'il est très heureux du succès durable de Gauguin dans la vente de ses tableaux; «Le temps ici est froid mais on voit néanmoins de très belles choses. Ainsi hier soir un coucher de soleil citron malade – mystérieux d'extraordinaire beauté – des cyprès bleu de Prusse, des arbres à feuilles mortes de tous les tons rompus là contre»; il travaille à un semeur (F 450), dont les couleurs font en partie écho à ce coucher de soleil; parle de Rembrandt et de la lumière, à propos de deux photographies de dessins de Meyer de Haan que Théo lui a envoyées.

4 décembre: Lettre de Théo, contenant 100 francs.
Les deux peintres travaillent «toujours, le soir nous sommes éreintés et nous allons au café, pour nous coucher de bonne heure après! Voilà l'existence. Naturellement ici aussi nous sommes en hiver, quoiqu'il continue toujours à faire fort beau de temps en temps. Mais je ne trouve pas désagréable de chercher à travailler d'imagination, puisque cela me permet de ne pas sortir. Travailler dans la chaleur d'une étuve ne me gêne pas, mais le froid ne fait pas mon affaire comme tu sais. Seulement j'ai raté cette chose que j'ai faite du jardin à Nuenen, et je sens que pour les travaux d'imagination il faut aussi l'habitude. Mais j'ai fait des portraits *de toute une famille*... l'homme, sa femme, le bébé, le jeune garçon et le fils de 16 ans.» Cela l'a certainement occupé durant les dix jours précédents. La famille en question est celle de Roulin (voir cat. n° 71 et n° 72).
La lettre de Théo était nettement élogieuse au sujet du nouveau *Semeur* (F 450). Vincent répond: «De temps en temps, une toile qui fait tableau, telle que le semeur en question, que je crois moi aussi mieux que le premier»; il va envoyer à Théo un lot de peintures, «mettons *dans un mois*», mais veut qu'elles soient bien sèches. «Gauguin travaille beaucoup, j'aime beaucoup une nature morte à fond et avant-plan jaune [aujourd'hui disparue]; il a en train un portrait de moi que je ne compte

pas dans ses entreprises sans issue; il fait actuellement des paysages et enfin il a une toile bien de laveuses, même fort bien à ce que je trouve»; Gauguin a été invité à participer à l'exposition des XX à Bruxelles.

11 décembre: Plein d'admiration pour ses dernières peintures, Schuffenecker écrit une lettre enthousiaste à Gauguin.

Vers le 12 décembre: Gauguin joint la lettre de Schuffenecker à un courrier pour sa femme Mette à Copenhague, dans lequel il lui parle de son invitation à l'exposition des XX à Bruxelles, et lui envoie 200 francs.

14 et 15 décembre: Gauguin écrit à Théo qu'il se sent obligé de rentrer à Paris: «Vincent et moi ne pouvons absolument pas vivre côte à côte sans trouble par suite d'incompatibilité d'humeur.»
Gauguin écrit aussi à Schuffenecker, lui demandant s'il peut le loger à Paris.

16 et 17 décembre: Vincent écrit à Théo: il le remercie pour sa lettre et les 100 francs, ainsi que pour le mandat de 50 francs; il pense que Gauguin «s'était un peu découragé de la bonne ville d'Arles, de la petite maison jaune où nous travaillons, et surtout de moi»; il espère que celui-ci va changer d'avis: «J'attends qu'il prenne une décision avec une sérénité absolue.»

17 ou 18 décembre: Gauguin et Van Gogh passent la journée à Montpellier pour voir la collection Alfred Bruyas et ses nombreuses œuvres de Delacroix et de Courbet au musée Fabre.

18 et 19 décembre: Gauguin écrit à Théo: il lui dit de considérer son retour à Paris comme chose imaginaire, et sa dernière lettre comme un mauvais rêve; il est heureux des succès de Théo dans ses dernières ventes; il aimerait que celui-ci accepte son portrait de Van Gogh peignant des tournesols; lui-même et Van Gogh ont visité Montpellier. Vincent, lui aussi, raconte à Théo la visite de la veille à Montpellier, notamment celle de la collection Bruyas. «Gauguin et moi causons beaucoup de Delacroix, Rembrandt, etc. La discussion est d'une *électricité excessive*, nous en sortons parfois avec la tête fatiguée comme une batterie électrique après la décharge… Gauguin me disait ce matin lorsque je lui ai demandé comment il se sentait ‹qu'il se sentait revenir sa nature ancienne›, ce qui m'a fait bien plaisir. Moi venant ici l'hiver passé, fatigué et presque évanoui cérébralement, avant de pouvoir commencer à me refaire j'ai un peu souffert intérieurement aussi.»

23 décembre: Van Gogh travaille à *La Berceuse* (F 508).
Théo envoie 100 francs.
Après une violente querelle avec Gauguin, qui décide de passer la nuit à l'hôtel, Vincent apparaît à 23 h 30 «à la maison de tolérance N° 1, demanda une certaine Rachel, et lui remit son oreille avec ces mots: ‹Conservez ceci très soigneusement.› Puis il disparut.» (*Le Forum républicain*, 30 décembre 1888.) En fait, Van Gogh ne s'est pas coupé toute l'oreille, seulement la partie inférieure du lobe. Après l'avoir donnée à Rachel, il retourne se coucher chez lui.

24 décembre: La police trouve Vincent dans son lit, «ne donnant presque pas signe de vie». On l'admet à l'Hôtel-Dieu, l'hôpital d'Arles, où le Dr Félix Rey (1867-1932) le prend en charge.
Averti par un télégramme de Gauguin, Théo arrive de Paris. C'est sans doute lui qui va trouver Frédéric Salles, pasteur de l'église protestante réformée, 9, rue de la Rotonde, tout près de l'hôpital.

25 décembre: L'état de Vincent est jugé critique.

26 décembre: Théo rentre à Paris, presque certainement accompagné de Gauguin. «Il n'y a pas beaucoup d'espoir», écrit-il à sa fiancée, Johanna Gesina Bonger (1862-1925). «S'il faut qu'il meure, eh bien qu'il en soit ainsi, mais mon cœur se brise à cette pensée.»

27 décembre: Mme Roulin rend visite à Vincent à l'hôpital. Après son départ, il a une crise grave, passe une très mauvaise nuit. On le place en chambre isolée.

28 décembre: On n'autorise pas Joseph Roulin à voir Vincent, qui refuse de s'alimenter et de parler. Il est question de le transférer à l'asile d'aliénés d'Aix.
A Paris, Gauguin assiste à une exécution.

31 décembre: Après une semaine de crise, le pasteur Salles écrit à Théo: «Je l'ai trouvé causant avec calme et ne déraisonnant pas le moins du monde. Il s'étonne, il s'indigne même (et cela suffirait pour le faire tomber dans une crise) qu'on le tienne aussi enfermé et qu'on le prive entièrement de sa liberté.» Vincent est très étonné que Théo n'ait pas écrit.

1889

2 janvier: Vincent écrit à Théo qu'il espère rentrer sous peu à la Maison Jaune. Le Dr Rey ajoute une note rassurante: «Je crois fort qu'il sera remis dans quelques jours.»

3 janvier: Roulin écrit à Théo: «Mon ami Vincent est complètement guéri… Maintenant, il est libre dans l'hospice, nous avons promené plus d'une heure dans la cour, il est très sain d'esprit.»

4 janvier: Roulin écrit de nouveau à Théo: «Je suis vraiment content aujourd'hui. Je suis été à l'hospice chercher l'ami Vincent pour lui faire prendre un peu l'air. Nous sommes été à sa maison, il a revu ses tableaux avec plaisir; nous sommes resté quatre heures ensemble, il est complètement guéri, c'est vraiment surprenant. Je regrette beaucoup mes lettres alarmantes.»
Depuis la Maison Jaune, Vincent griffonne deux notes au crayon à Théo et à Gauguin, avant de retourner à l'hôpital.

Théo van Gogh, frère de Vincent, 1889. Musée Van Gogh, Amsterdam

7 janvier: Quitte l'hôpital et rentre à la Maison Jaune, d'où il écrit dans la matinée à Théo: le Dr Rey «est venu voir la peinture» avec deux collègues médecins, «et eux au moins comprennent bigrement vite ce que c'est que des complémentaires».
Plus tard dans la journée, il écrit trois pages rassurantes à sa mère et à sa sœur Wil.
Dans la soirée, il rédige une seconde lettre à Théo: «Je vais me mettre au travail demain, je commencerai à faire une ou deux natures mortes pour retrouver l'habitude de peindre. Roulin a été excellent pour moi et j'ose croire que cela restera un ami solide, dont j'aurai encore assez souvent besoin… Nous avons dîné ensemble aujourd'hui.»

8 janvier: Se remet à peindre, et espère faire un certain nombre de portraits dont celui du Dr Rey.

9 janvier: Reçoit une première lettre de Johanna Bonger, qui lui annonce ses fiançailles avec Théo.
Retourné à l'hôpital pour un nouveau pansement, il se promène une heure et demie en compagnie du Dr Rey.
Il écrit à Théo: «Physiquement je vais bien, la blessure se ferme très bien et la grande perte de sang s'équilibre puisque je mange et digère bien.»

10 janvier: Espère recevoir un mot de Théo. Il se voit obligé d'emprunter 5 francs. Théo ne lui écrira que le 17 janvier; le pasteur Salles, le Dr Rey et Roulin n'écriront pas à Théo durant cette semaine.
Vincent reçoit la première lettre de Gauguin depuis sa crise. Il n'y est pratiquement question que de peinture.

17 janvier: Lettre de Théo, contenant 50 francs. Dans la réponse de douze pages qu'il lui écrit sur-le-champ, Vincent fait une chronique de la semaine écoulée: Roulin lui a souvent tenu compagnie; le 8 janvier, à court d'argent, il a dû emprunter 5 francs à Ginoux du Café de la Gare, et a pris dix repas à crédit (7.50 francs): ces sept jours se sont révélés «un jeûne des plus rigoureux, à plus forte raison douloureux que mon rétablissement ne pouvait se faire dans ces conditions-là». Il a néanmoins repris le travail et a déjà «trois études faites à l'atelier, plus le portrait de M. Rey [F 500] que je lui ai donné en souvenir». Ce jour même, il a recommencé à travailler à «ma chaise vide, une chaise de bois blanc avec une pipe et un cornet de tabac» (F 498); il a un nouvel autoportrait (F 529) pour Théo. Sa lettre traite essentiellement du caractère, du comportement et des motivations de Gauguin, avec une objectivité et une perspicacité remarquables.

18 janvier: Reçoit une autre lettre de Gauguin, qui lui demande de lui renvoyer son carnet de croquis, ses masques et ses gants d'escrime, mais de ne pas se soucier de ses études peintes. Sur les conseils et sous les auspices de Théo, il a entrepris une série de lithographies; il fait aussi un portrait de la famille Schuffenecker. Vincent ne répond pas tout de suite.

19 janvier: Ecrit à Théo: «Je suis encore très faible et j'aurai du mal à reprendre des forces si le froid continue. Roulin est sur le point de partir. Son salaire était ici de 135 francs par mois, élever trois enfants avec ça et en vivre, lui et sa femme!»

21 janvier: Roulin quitte Arles pour un nouveau poste à Marseille.

22 janvier: Lettre de Théo contenant 50 francs. Vincent répond qu'il vient de terminer une nature morte: «un panier d'osier avec citrons et oranges, une branche de cyprès et une paire de gants bleus [F 502]»; il travaille aussi au portrait de la femme de Roulin, commencé avant de tomber malade. C'est la première fois qu'il mentionne *La Berceuse* (F 508).
Il écrit une réponse à Gauguin, lui annonçant que Roulin est parti pour Marseille, et décrivant en détail *La Berceuse*, à laquelle il s'est «remis ce jour».
Il fait une nouvelle description de *La Berceuse* dans une lettre à Koning.

27 janvier: Le commissaire de police lui rend visite «très amicalement».
Le soir, il se rend au Théâtre des Folies-Arlésiennes pour voir un noël ou une pastorale, «une réminiscence de théâtre de moyen âge chrétien».

28 janvier: Raconte à Théo: «Je travaille sans répit du matin au soir»; il vient de terminer deux copies (F 455, F 458) de deux des *Tournesols* d'août 1888 qui ornaient la chambre de Gauguin (F 454, F 456), ainsi que deux copies de *La Berceuse*.
Venu pour la journée en Arles, Roulin est très satisfait du portrait de sa femme.

30 janvier: Vincent reçoit une «lettre très amicale de Gauguin», à laquelle il répond sur-le-champ.
Il travaille à une troisième copie de *La Berceuse*.
«Il a fait aujourd'hui un temps magnifique sans vent, et j'ai tellement le désir de travailler que j'en suis épaté, n'y ayant plus compté.»

3 février: La veille ou deux jours plus tôt, il a reçu une lettre de Théo avec 100 francs. Il tarde à répondre, «étant très fatigué… le médecin ayant ordonné de [se] promener sans travail mental… J'ai des moments où je suis tordu par l'enthousiasme ou la folie ou la prophétie comme un oracle grec sur son trépied.»
Il travaille à une quatrième version de *La Berceuse*.

7 février: Le pasteur Salles informe Théo que Vincent a de nouveau été conduit à l'hôpital dans l'après-midi; depuis trois jours, il imaginait qu'on voulait l'empoisonner. Sa femme de ménage a prévenu les voisins. Ils ont averti le commissaire de police, qui l'a fait surveiller; on l'a isolé dans une chambre.
Un rapport médical du 7 février du Dr Albert Delon au commissaire de police confirme que Van Gogh a des hallucinations (il entend des voix pleines de reproches) et qu'il a en permanence peur d'être empoisonné. On le garde dix jours à l'hôpital.

13 février: Le Dr Rey adresse un télégramme à Théo: « Vincent beaucoup mieux. Espérant le guérir nous le gardons ici. Soyez sans inquiétude pour le moment.»

17 février: Vincent écrit à Théo: «Je viens aujourd'hui de retourner provisoirement chez moi, j'espère pour de bon. Il y a tant de moments où je me sens tout à fait normal, et justement il me semblerait que si ce que j'ai n'est qu'une maladie particulière au pays… Il paraît que les gens d'ici ont une légende, qui leur fait avoir peur de la peinture, et que dans la ville on a causé de cela.»
Ses voisins s'inquiètent de son retour à la Maison Jaune, malgré le fait qu'il prend ses repas et dort à l'hôpital. Trente habitants signent une pétition au maire, arguant que Van Gogh ne maîtrise pas ses facultés mentales, qu'il boit trop et qu'il représente une menace pour les femmes et les enfants. Il doit donc soit retourner dans sa famille, soit être placé à l'asile d'aliénés. Le maire transmet la pétition (non datée, sans doute entre le 18 et le 25 février) au commissaire de police, qui fait immédiatement conduire Vincent à l'hôpital, probablement le 25 février. La police ferme sa maison.

26 février: Le pasteur Salles informe Théo des derniers événements.

27 février: Le commissaire de police interroge cinq des pétitionnaires, qui réitèrent leurs accusations. Le rapport d'enquête du 3 mars conclut: «Vincent van Goghe *[sic]* est atteint d'aliénation mentale et qu'il pourrait devenir dangereux pour la sécurité publique; sommes d'avis qu'il y ait lieu de séquestrer cet aliéné dans un asile spécial.»

1er et 2 mars: Plusieurs jours d'affilée, le pasteur Salles écrit à Théo. Le personnel de l'hôpital est bien disposé envers Van Gogh. «Après tout, ce sont les médecins, et non le commissaire, qui doivent être juges en pareille matière.» Néanmoins Vincent, isolé dans une cellule, est privé de pipe, de livres et de peinture.

16 mars: Informé de la situation par le Dr Rey et le pasteur Salles, Théo écrit à son frère que le peintre pointilliste Paul Signac (1863-1935) doit se rendre bientôt dans le Midi et viendra le voir.

18 mars: Après une visite à Van Gogh, le pasteur Salles écrit à Théo: «Je l'ai trouvé raisonnant parfaitement juste, et ayant pleine conscience de son état… Il a lu [votre lettre] en ma présence.» Salles conseille que Vincent quitte la Maison Jaune et s'installe dans un autre quartier.

19 mars: Après presque un mois de silence, Vincent écrit à Théo: «Me voici de longs jours enfermé sous clefs et verrous et gardiens au cabanon, sans que ma culpabilité soit prouvée ou même prouvable.» Ce n'est pas la faute du Dr Rey, qui a été lui-même souffrant tout ce temps. Il est très fâché de la pétition des voisins, et voudrait envoyer ses toiles à Théo, mais «tout est sous clefs, verrous, police et garde fous».

22 mars: Répond à une autre lettre de Théo. Le pasteur Salles est en quête d'un nouveau logement. «Pour autant que j'en puisse juger, je ne suis pas fou proprement dit. Tu verras que les toiles que j'ai faites dans les intervalles sont calmes et pas inférieures à d'autres. Le travail me *manque* plutôt qu'il me fatigue. Cela me ferait certes plaisir de voir Signac, s'il faut que quand même il passe par ici. Il faut alors qu'ils me laissent sortir avec lui pour lui montrer mes toiles.»

23 mars: Signac rend visite à Van Gogh, et ils vont ensemble à la Maison Jaune. La police en a endommagé la serrure et refuse que Signac force la porte, ce qu'il fera quand même. Van Gogh lui offre un tableau représentant deux harengs (voir cat. n° 73).
Vincent achète *Ceux de la glèbe* (1889) de Camille Lemonnier: «Voilà pour la première fois depuis plusieurs mois que je prends un livre en main.»

24 mars: Avant le départ de Signac pour Cassis, il fait une promenade avec lui.
Il raconte à Théo la visite de Signac; lui rapporte l'opinion du Dr Rey «qu'au lieu de manger assez et régulièrement, je me suis surtout soutenu par le café et l'alcool. J'admets tout cela, mais vrai restera-t-il que pour atteindre la haute note jaune que j'ai pu atteindre cet été, il m'a bien fallu monter le coup un peu.» Il espère reprendre bientôt la peinture, avec une nouvelle série de vergers, et envoie à Théo une commande de couleurs.
Signac écrit à Théo: «J'ai trouvé votre frère en parfait état de santé physique et mentale.»

27 et 28 mars: «Je suis sorti en ville pour chercher de quoi travailler.»
«J'ai fait venir encore quelques livres pour avoir quelques idées

solides dans la tête. J'ai relu *La Case de l'oncle Tom*, tu sais le livre de Beecher-Stowe sur l'esclavage, *Les Contes de Noël* de Dickens, et j'ai donné à M. Salles *Germinie Lacerteux*.»

29 mars: Recommence à peindre et entreprend une cinquième version de *La Berceuse*.

30 mars: Vincent a 36 ans.

Théo part pour Amsterdam préparer son mariage. Il ne pense pas rentrer avant le 21 avril.

Début avril: Roulin rend visite à Van Gogh; c'est leur dernière rencontre. Vincent travaille à «un verger de pêchers au bord d'un chemin, avec les Alpines dans le fond» (F 514).

Vers le 10 avril: Signac lui envoie une carte postale de Cassis. Il lui répond: «Je vais bien maintenant et je travaille à l'hospice et dans les environs. Ainsi je viens de rapporter deux études de vergers» (F 514, F 515).

Mi-avril: Vincent écrit à Théo qu'il a «six études du printemps, dont deux grands vergers». Il a pris un logement de «deux petites pièces (à 6 ou 8 francs par mois, eau comprise) *qui sont à M. Rey*. C'est certes pas cher, mais beaucoup moins bien que l'autre atelier.»

Il enlève ses meubles de la Maison Jaune et les remise au Café de la Gare.

Il achète un nouveau costume pour 35 francs et six paires de chaussettes pour 4 francs.

17 avril: Théo épouse Johanna Bonger en Hollande.

19 avril: Le pasteur Salles prévient Théo que Vincent ne se sent pas capable de quitter l'hôpital et de prendre un logement en ville, et qu'il préfère passer deux ou trois mois dans un asile.

21 avril: Lettre de Théo avec 100 francs.

Vincent répond: «A la fin du mois, je désirerais aller encore à l'hospice à Saint-Rémy… Voilà de ces jours-ci, en déménageant, en transportant tous mes meubles, en emballant les toiles que je t'enverrai, c'était triste.»

29 avril: Lettre de Théo contenant 100 francs.

Van Gogh répond: «J'enverrai ces jours-ci, petite vitesse, deux caisses de tableaux dont il ne faudra pas te gêner d'en détruire pas mal.»

30 avril: Envoie à Théo ses vœux d'anniversaire pour le 1er mai. «Aujourd'hui je suis en train d'emballer une caisse de tableaux et d'études. Il y en a une, sur laquelle j'ai collé des journaux, qui s'écaille, c'est une des meilleures et je crois qu'en la regardant tu verras plus clairement ce qu'aurait pu être mon atelier qui a sombré. Cette étude ainsi que quelques autres a été gâtée par l'humidité durant ma maladie. L'eau d'une inondation a monté jusqu'à quelques pas de la maison et à plus forte raison la maison, étant dans mon absence restée sans feu, en y revenant, l'eau et le salpêtre suintaient des murs.»

Il raconte aussi à Wil: «Je vais… aller pour trois mois dans un asile à Saint-Rémy, pas loin d'ici. En tout j'ai eu quatre grandes crises où je ne savais pas le moins du monde ce que je disais, voulais, faisais. Sans compter auparavant que je me suis évanoui trois fois sans raison plausible et ne gardant pas le moindre souvenir de ce que je sentais alors.» Il décrit deux toiles qu'il vient d'achever, une d'une salle de l'hôpital (F 646), l'autre de la cour (F 519); annonce qu'il a peint quatre vergers ce printemps.

1er mai: Théo a 32 ans.

2 mai: Vincent expédie par train de marchandises deux caisses de peintures à l'adresse de Théo: «Il y a un tas de croûtes dedans, qu'il faudra détruire… J'y ai ajouté des masques d'escrime et des études de Gauguin.» Il travaille à une vue d'allée dans le parc (F 517).

3 mai: Reprend le travail à la plume de roseau «ainsi les vues de Montmajour de l'année passée… Aujourd'hui, j'ai fabriqué un de ces dessins, qui est devenu très noir et assez mélancolique pour du printemps» (F 1468).

Il lit *Le Médecin de campagne* de Balzac (1833).

4 au 7 mai: Fait ses bagages et prépare le départ pour Saint-Rémy.

SAINT-RÉMY 8 mai 1889 – 16 mai 1890

1889

8 mai: Van Gogh quitte Arles par le train, accompagné du révérend Frédéric Salles, pasteur de l'Eglise réformée, pour l'asile Saint-Paul-de-Mausole à Saint-Rémy-de-Provence, à vingt-quatre kilomètres au nord-est. Le 10 mai, le pasteur écrit à Théo: «Notre voyage à Saint-Rémy s'est effectué dans d'excellentes conditions. M. Vincent était parfaitement calme et a expliqué lui-même son cas au directeur, comme un homme qui a pleine conscience de sa situation. Il est resté avec moi jusqu'à mon départ et quand j'ai pris congé de lui, il m'a chaleureusement remercié et a paru quelque peu ému à la pensée de la vie toute nouvelle qu'il allait mener dans cette maison. Faisons des vœux pour que son séjour lui soit vraiment salutaire et que sous peu il soit jugé capable de reprendre son entière liberté. M. Peyron m'a assuré qu'il aurait pour lui toute la bienveillance et tous les égards que comporte son état.»

Le Dr Théophile Zacharie Auguste Peyron (1827-1895), directeur de l'asile depuis 1874, est décrit par Van Gogh comme un «petit homme gouteux – veuf depuis quelques années, et qui a des lunettes très noires. L'établissement étant un peu stagnant, l'homme ne paraît s'amuser à ce métier qu'assez médiocrement et d'ailleurs il y a de quoi.»

9 mai: Dans le registre des internés volontaires, le Dr Peyron, vingt-quatre heures après l'arrivée de Van Gogh, remarque que, «en traitement à l'hopital [d'Arles, le patient] a été atteint de manies aïgues avec hallucinations de la vue et de l'ouïe qui l'ont portées à se mutiler en se coupant l'oreille. Aujourd'hui il paraît être revenu à la raison, mais il ne se sent pas la force et le courage de vivre en liberté. Il a demandé luimême son admission dans la maison. J'estime en conséquence de tout ce qui précède que M. Van Gogh est sujet à des attaques d'épilepsie fort éloignées les unes des autres, et qu'il y a lieu de le soumettre à une observation prolongée dans l'établissement.»

Reçoit des lettres d'encouragement de Théo et de son épouse, Jo. Théo écrit à son frère: «Je ne considère pas ton aller à Saint-Rémy comme une retraite comme tu dis, mais simplement comme un repos d'un moment pour revenir bientôt avec des forces nouvelles.» Il fait référence aux peintures du Salon, et parmi elles «deux buveurs d'absinthe et le portrait de deux jeunes filles en blancs... sont peut-être les meilleurs portraits du Salon», tous deux par Raffaëlli. «A part cela, il y a peu de choses intéressantes dans tout ce bazar.» De son côté, Jo décrit leur nouvel appartement, 8, cité Pigalle, à Montmartre, et indique comment les tableaux sont accrochés. La plus grande *Moisson* (F 412), d'Arles, est accrochée au-dessus du piano dans le salon. «La salle à manger est pleine de peintures, mais Théo est encore insatisfait de l'accrochage. Tous les dimanches matin il passe son temps à mettre les tableaux à une autre place, et à tout disposer autrement.» Elle relate la visite de différents artistes: «La soirée dernière, par exemple, il y avait presque une réunion: Pissarro et son fils Lucien, Isaäcson et le jeune Nibbrig... et mon frère [Andries Bonger].» Cela fait trois semaines que Jo et Théo sont mariés.

10 mai: Le pasteur Salles écrit à Théo à propos de la journée à Saint-Rémy.

Vue aérienne de l'asile Saint-Paul-de-Mausole avec les Alpilles en arrière-plan. Carte postale, vers 1940.
Collection Jean Delrieux

15 mai: Vincent écrit sa première lettre à Théo et à Jo depuis l'asile. (Le délai d'une semaine est sans doute dû au fait qu'il sait que le pasteur Salles a déjà écrit à Théo.) D'abord en «voyant la *réalité* de la vie des fous ou toqués divers dans cette *ménagerie* je perds la crainte vague, la peur de la chose». Le Dr Peyron pense qu'il a eu une sorte d'attaque épileptique à Arles. Vincent commence l'étude de deux motifs pris dans le jardin: des iris violets (F 608) et un buisson de lilas (F 579).

16 au 20 mai: Van Gogh continue de peindre dans le jardin de l'asile.

21 mai: Théo répond à la lettre de Vincent. Il espère que ce séjour à Saint-Rémy ne sera que pour un «temps de peu de durée». Il voudrait trouver des gens qui pourraient le soigner tout en lui laissant entière liberté: «Si tu ne craignais pas de revenir à Paris, ou les environs, je tâcherais de trouver une pension dans ce genre.» Il interroge Vincent sur la manière dont il est traité, sur la nourriture, les autres patients, et s'il a pu voir quelque chose du pays. Les peintures envoyées d'Arles viennent d'arriver sans avaries. Dans cet envoi important, Théo préfère sept œuvres et tout particulièrement deux d'entre elles: *La Berceuse* et le *Portrait de Roulin* (F 432). Ils ont de la «vigueur» et avec «le temps cela deviendra très beau comme pâte et certainement un jour elles seront appréciées».

Théo a vu récemment Gauguin, qui s'est mis à la sculpture, et veut partir pour Pont-Aven en Bretagne rejoindre Jacob Meyer de Haan, l'artiste hollandais. Pour le prochain Salon des Indépendants, Théo demande à son frère quelles peintures (quatre au maximum) il souhaite exposer.

Travaillant toujours dans le jardin, Vincent dessine «un très grand papillon de nuit assez rare, qu'on appelle la tête de mort [F 1523], d'une coloration d'un distingué étonnant,

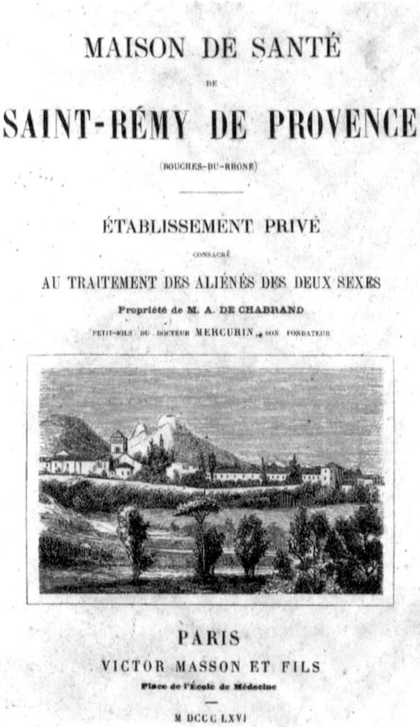

Prospectus pour l'asile Saint-Paul-de-Mausole, 1866. Collection particulière

noir, gris, blanc nuancé et à reflets carminés ou vaguement tournant sur le vert olive il est très grand. Pour le peindre [F 610] il aurait fallu le tuer et c'était dommage, tellement la bête était belle.»

22 mai: Nouvelle lettre de Théo. Ses questions sur la santé de Vincent, l'asile, et ses commentaires de la vie artistique parisienne entraînent une réponse de sept pages enrichie de croquis, dont celui de *La Berceuse* entourée de deux toiles de tournesols, formant ainsi un triptyque de telle sorte que «les tons jaunes et orange de la tête reprennent plus d'éclat par les voisinages des volets jaunes». Il demande à Théo de donner une version de *La Berceuse* à Gauguin et une autre à Bernard.

Vient de finir une nouvelle toile de 30, encore du jardin, avec «de gros troncs d'arbres couverts de lierre, le sol également couvert de lierre et de pervenche, un banc de pierre et un buisson de roses pâles à l'ombre froide» (F 609). «Depuis que je suis ici, le jardin désolé, planté de grands pins sous lesquels croît haute et mal entretenue, une herbe entremêlée d'ivraies diverses, m'a suffi pour travailler et je ne suis pas encore sorti dehors. Cependant le paysage de Saint-Rémy est très beau et peu à peu je vais faire des étapes probablement.»

Il décrit sa chambre: «J'ai une petite chambre à papier gris-vert avec deux rideaux vert d'eau à dessin de roses très pâles, ravivé de minces traits de rouge sang. Ces rideaux probablement des restes d'un riche ruiné et défunt, sont fort jolis de dessin. De la même source proviennent probablement un fauteuil très usé, recouvert d'une tapisserie tachetée à la Diaz ou à la Monticelli, brun, rouge, rose, blanc, crème, noir, bleu myosotis et vert bouteille; à travers la fenêtre barrée de fer j'aperçois un carré de blé dans un enclos, une perspective à la Van Goyen, au-dessus de laquelle le matin je vois le soleil se lever dans sa gloire. Avec cela – comme il y a plus de trente chambres vides – j'ai une chambre encore pour travailler.

»Le manger est comme ci comme ça. Cela sent naturellement un peu le moisi, comme dans un restaurant à cafards de Paris ou un pensionnat. Ces malheureux ne faisant absolument rien (pas un livre rien pour les distraire qu'un jeu de boules et un jeu de dames) n'ont d'autre distraction journalière que de se bourrer de pois chiches, d'haricots et de lentilles et autres épiceries et denrées coloniales par des quantités réglées et à heures fixes…

»… la *peur* de la folie me passe considérablement en voyant de près ceux qui en sont atteints, comme moi je peux dans la suite très facilement l'être.» Deux fois par semaine, il prend un bain où il reste deux heures. Son «estomac va infiniment mieux» que l'année précédente en Arles. Il veut se remettre tranquillement et saura mieux à la fin de l'année ce qu'il veut et peut faire. Travaille sur quatre toiles du jardin (F 608, F 579, F 609, F 734) et à deux ou trois dessins. La veille, a dessiné un papillon de nuit qu'on appelle la tête de mort. Pour *La Chambre à coucher* (F 484), qui est abîmée, Gauguin peut donner l'adresse d'un rentoileur. Il joint une commande pour des peintures, et s'interroge sur son état: «… J'observe chez d'autres qu'eux aussi ont entendu dans leurs crises des sons et des voix étranges comme moi, que devant eux aussi les choses paraissaient changeantes. Et cela m'adoucit l'horreur que d'abord je gardais de la crise que j'aie eue, et que lorsque cela vous vient inopinément ne peut autrement faire que de vous effrayer outre mesure.»

23 mai: Sans doute inquiété en recevant la lettre de Vincent, Théo écrit au Dr Peyron pour obtenir son diagnostic sur la santé de son frère et se rassurer. (La lettre est perdue.)

25 mai: Le Dr Peyron, notant ses observations («Certificat de Quinzaine») sur le registre de l'asile, remarque que Van Gogh «a montré une amélioration notable de son état, mais doit rester dans l'établissement pour continuer son traitement».

26 mai: Le Dr Peyron répond à la lettre de Théo du 23 mai: «J'ai la satisfaction de vous dire que M. Vincent est parfaitement calme depuis son entrée dans la maison, et qu'il observe tous les jours que sa santé s'améliore. Au début, il était sujet à des cauchemars pénibles qui l'inquiétaient, mais il remarque que ces rêves pénibles tendent à disparaître et diminuent d'intensité, donc il résulte pour lui un sommeil plus paisible et plus réparatoire; il mange aussi de meilleur appétit. En somme, il s'est fait depuis son entrée une légère amélioration dans son état et qui lui fait espérer pour l'avenir une guérison complète.
»Il s'occupe à dessiner toute la journée dans le parc où il se trouve, mais comme je le vois parfaitement tranquille, je lui ai promis de le laisser sortir pour aller prendre des points de vue en dehors de l'établissement.
»Vous me demandez mon avis sur les suites probables de sa maladie; je dois vous dire que je réserve pour le moment mon pronostic, mais je crains bien qu'il ne soit grave, car j'ai tout lieu de penser que l'accès qu'il a eu ne soit dans la dépendance d'un état épileptique, et si cela venait à se confirmer il faudrait se préoccuper de l'avenir.
»Je compte aller à Paris dans le courant du mois de juin. J'aurai l'honneur de vous voir et de vous entretenir de votre malade mieux qu'on ne peut le faire par lettre.»

Vers le 2 juin: Vincent écrit à Théo après une interruption d'environ onze jours, bien qu'il soit au courant de la lettre de son frère au Dr Peyron, et de la réponse de celui-ci: «il ne me dit rien et je ne lui demande rien, ce qui est le plus simple.» Il demande l'envoi de ses brosses, raconte que le temps est beau et que sa santé est bonne. Il dit aussi à Théo devenir plus sceptique quant à l'apport de l'impressionnisme, croyant plus que jamais à l'«éternelle jeunesse» de l'école de Delacroix, Millet, Rousseau, Dupré et Daubigny, et autant en celle d'aujourd'hui. «Ce matin j'ai vu la campagne de ma fenêtre longtemps avant le lever du soleil, avec rien que l'étoile du matin, laquelle paraissait très grande. Daubigny et Rousseau ont fait ça cependant avec l'expression de toute l'intimité et toute la grande paix et majesté que cela a, en y ajoutant un sentiment si navrant, si personnel. Ces émotions-là je ne les déteste pas.»
Cela fait près d'un mois qu'il est à l'asile, mais jusqu'à présent il n'a vu que le jardin et ce qu'il peut apercevoir à travers sa fenêtre. Dès qu'il aura reçu les toiles et les couleurs, il envisage de sortir de l'asile et d'en explorer les environs pour «voir un peu la campagne». En effet, «puisque c'est juste la saison où il y a beaucoup de fleurs et par conséquent des effets de couleur, il sera peut-être sage de m'envoyer encore 5 mètres de toile en plus». Il demande à Théo s'il a lu le roman de Guy de Maupassant *Fort comme la mort* (1889). Il suggère de montrer conjointement au Salon des Indépendants *La Nuit étoilée sur le Rhône* (F 474) et le «paysage aux verdures jaunes» (aujourd'hui perdu).
Gauguin se rend à Pont-Aven.

9 juin: Le Dr Peyron écrit à Théo, reconnaissant avoir reçu l'argent de la pension de Van Gogh (sans doute pour le mois suivant) et confirmant l'arrivée des «toiles, pinceaux, couleurs, etc., qu'il attendait avec impatience». Le Dr Peyron poursuit: «Votre malade se trouve mieux et constate tous les jours que l'amélioration s'accentue de plus en plus; depuis quelques jours il sort de la maison pour aller prendre des points de vue dans la campagne. Depuis qu'il est ici, il ne perd pas son temps, il a fait plusieurs tableaux qu'il se propose de vous expédier.»
Il est probable que Vincent a aussi écrit à Théo le même jour. Il le remercie pour les toiles, les peintures, les brosses, le tabac et le chocolat. Vincent lui dit que depuis plusieurs jours il travaille en dehors de l'asile, tout particulièrement sur deux paysages, des toiles de 30, des vues prises dans les collines (F 611 et F 581).
N'a pas reçu de lettre de Théo depuis le 21 mai.
Vient de lire un article sur l'Exposition universelle à Paris et a été fasciné par la maison égyptienne construite par l'architecte Jules Garnier (1847-1889). A aussi lu l'annonce d'une exposition qui doit se tenir au Grand Café des Beaux-Arts, un café sur le Champ-de-Mars appartenant à l'Italien Volpini, juste en face du pavillon des arts de l'Exposition universelle. Il y aura notamment des œuvres de Gauguin, de Bernard et de Louis Anquetin.

Est allé, toujours accompagné, une nouvelle fois au village: «Rien que la vue des gens et des choses me faisait un effet comme si j'allais m'évanouir et je me trouvais fort mal.» Envoie à Théo une seconde commande de peintures pour «faire de meilleurs tableaux qu'auparavant» et parce qu'il est «tenté de recommencer avec des couleurs plus simples, les ocres par exemple».

16 juin: Le matin, tandis que certaines toiles sèchent au soleil, Vincent écrit à sa sœur Wil sa première lettre depuis son arrivée à Saint-Rémy. Lui dit avoir terminé deux paysages: l'un d'un champ d'oliviers (F 715), l'autre d'un champ de blé (F 719); il décrit aussi un autre paysage de champ de blé terminé précédemment (F 611). Il compare le comportement des paysans locaux avec la manière de cultiver des Hollandais: «Les gens d'ici travaillent moins que les paysans chez nous; du bétail on n'en voit guère et presque toujours la campagne a l'air déserte davantage que chez nous... Ici les fermes pourraient rendre le triple qu'ils ne font si c'était bien tenu, et les terrains si on y mettait de l'engrais.» Il fait de l'esprit sur le thème de «l'amour (comme) bacille». Théo ne lui a pas écrit depuis plus d'un mois, mais «il m'a envoyé des couleurs et de la toile la semaine dernière».
Au même moment, Théo écrit à Vincent sa première lettre depuis le 21 mai. Il reconnaît l'avoir remise plusieurs fois «mais je ne pouvais pas formuler mes idées». Il continue de discuter le dernier envoi des peintures d'Arles qui sont puissantes par les couleurs et cherchent le symbole à force de torturer la forme. «Comme ta tête doit avoir travaillé et comme tu t'es risqué jusqu'à l'extrême point où le vertige est inévitable!» Il conseille à Vincent, dans l'intérêt de son rétablissement, de ne pas «te risquer dans ces régions *mystérieuses* qu'il paraît que l'on peut effleurer mais non pénétrer impunément». Théo commente d'une manière sarcastique l'exposition du Café Volpini (car y exposer a «un peu l'air d'aller à l'Exposition universelle par l'escalier de service»). Gauguin est parti pour Pont-Aven depuis quinze jours, «il n'a donc pas vu tes tableaux». Mais Isaäcson qui les a vus a été très impressionné. Théo va lui renvoyer *La Chambre à coucher* (F 482) pour que Vincent en fasse une copie, puis la renvoie afin de la faire rentoiler.

Vers le 18 juin: Vincent répond à Théo, le remerciant de sa «lettre d'hier». Il va bien, ayant vécu sobrement depuis six mois; et il précise que le travail, loin de l'éreinter (comme Théo a pu le craindre), l'aide en l'occupant et en le distrayant. Il est moins critique que Théo quant à la participation de Gauguin et de Bernard à l'organisation de l'exposition du Café Volpini: «... sont des artistes qui puissent avoir l'air de chercher aller à l'Exposition universelle par des escaliers de service». Il rappelle ses propres efforts, en 1887, pour organiser deux fois des expositions dans des cafés parisiens. Il achève «un paysage avec des oliviers [F 712] et aussi une nouvelle étude de ciel étoilé [F 612]». Et, bien que n'ayant pas vu leurs toiles récentes, il considère que ces deux dernières études «sont dans un sentiment parallèle» à ceux des œuvres de Gauguin et de Bernard. Il n'a plus de tube de peinture blanche. Il demande à Théo de faire rentoiler la toile abîmée de *La Chambre à coucher* avant de la lui envoyer. Il veut lire Shakespeare, et demande à Théo de lui fournir une édition bon marché, comme la collection *Dick's Shilling Shakespeare.* Il envoie un rouleau de dessins: deux d'Arles (F 1467, F 1468), le reste de Saint-Rémy, *Champs* (F 1543) et *Oliviers* (F 1555), et «les autres sont des études hatives prises dans le jardin». Une nouvelle fois, il rassure Théo sur son œuvre: «Ne crains pas que jamais de ma propre volonté je me risquerais sur des hauteurs vertigineuses, ... Mais avec tant de précautions que maintenant je prends, je retomberai difficilement, et j'espère que les attaques ne reprendront plus.»

25 juin: Vincent écrit à Théo. Il joint une commande de couleurs remplaçant celle de la lettre précédente (vers le 9 juin). Par ces journées de belle chaleur, il a maintenant douze toiles de 30 en cours, dont deux de cyprès (F 613, F 620). Il a reçu, probablement de l'une de ses sœurs, le roman d'Edouard Rod *Le Sens de la vie* (1889). Il vient de relire de Voltaire *Zadig ou la Destinée* (1748). A fini un champ de blé (F 617), «très jaune et très clair, peut-être la toile la plus claire que j'aie faite». Dessine dans la lettre une rapide esquisse d'une des peintures de cyprès, et promet d'envoyer les dessins des deux toiles de cyprès avec deux autres dessins. Il espère expédier de nouveaux dessins la semaine prochaine.

1er juillet: A Paris, vente de la collection Secrétan qui comprend *L'Angélus* (1855-1857; Musée d'Orsay, Paris) de Millet.

2 juillet: Vincent écrit à Théo, joignant une lettre qu'il a reçue de sa mère, maintenant âgée de 70 ans, dont l'écriture ferme et régulière l'impressionne, ainsi que la «sérénité intérieure et le calme contentement» qui lui ont été apportés par le mariage de Théo. Il remercie son frère pour l'envoi des couleurs et du Shakespeare – dont il lit les pièces historiques *Richard II*, *Henry IV* et *Henry V*. Il envoie une dizaine de dessins, tous réalisés d'après des toiles en train. Le dernier est *Le Moissonneur* (F 617); il y a aussi un champ de blé avec cyprès (F 717). Il a envie de retourner en Arles, tout particulièrement pour prendre les toiles laissées là-bas le temps de sécher.

Apparemment ému par la lettre de sa mère, Vincent lui écrit après une interruption de sept mois. Il lui redit, en embellissant, ce qu'il vient d'écrire à son frère sur son écriture ferme, son rajeunissement, sa satisfaction du mariage de Théo. Il prend aussi part de manière compatissante à sa tristesse liée au départ imminent (mi-août) de son plus jeune fils, Cor, pour le Transvaal. Connaissant son amour de la nature, il décrit comment il a peint dans les champs de blé: «Par la grande chaleur du jour, j'ai peint dans les champs de blé sans être sérieusement gêné. Mais on voit bien au fait que le blé jaunit rapidement, que le soleil a passablement plus de force… Il y a de très jolis champs d'oliviers, qui sont d'un gris vert argenté, comme les saules têtards chez nous. … les collines d'ici sont pleines de thym et d'autres plantes odorantes, très jolies; et, grâce à la transparence de l'air, on voit tellement plus loin que chez nous, quand on est sur une hauteur.» Mais «on ne voit jamais non plus de ces toits tout moussus, comme dans les granges ou sur les chaumières de chez nous; pas non plus de taillis de chênes, pas d'espargoute, et pas de haies de hêtres avec leur feuillage d'un brun rouge et leurs vieux troncs blanchâtres en forme de croix».

Ecrit une troisième lettre, à sa sœur Wil, la remerciant du roman de Rod et lui disant avoir envoyé à Théo une douzaine de dessins d'après les toiles en cours. Il lui dit que Gauguin et d'autres ont organisé une exposition au Café Volpini, et que la veille, à la vente Secrétan, *L'Angélus* de Millet a été payé plus d'un demi-million de francs. La lecture de Shakespeare continue de l'absorber: depuis qu'il a écrit à Théo, plus tôt dans la journée, il a fini *Henry V* et a commencé *Henry VI*.

5 juillet: Jo écrit à Vincent afin de lui annoncer qu'elle attend un enfant pour février: ce sera, elle en est presque certaine, «un joli petit garçon»; ils l'appelleront Vincent. Elle reconnaît n'avoir initialement pas été contente de cette nouvelle, car elle craignait d'avoir un enfant faible, ni elle ni Théo n'étant en bonne santé. Mais le médecin a été très rassurant. Elle poursuit en décrivant leur vie. Théo rentre toujours déjeuner. Souvent, le soir, ils ont des visiteurs: Isaäcson, de Haan ou les Pissarro. «Généralement nous sommes très fatigués le soir et nous nous couchons de bonne heure – pourtant je trouve que Théo n'a pas du tout bonne mine mais il a eu beaucoup de fatigue avec cette vente Secrétan, et puis la chaleur est tellement accablante!»

Van Gogh lit *Mesure pour mesure* et *Henry VIII* de Shakespeare.

6 juillet: Vincent répond à la lettre de Jo, accueillant favorablement la nouvelle de sa grossesse («Sachez que l'enfant des Roulin leur est venu souriant et très bien portant, alors que les parents étaient aux abois»), et la rassurant sur la santé de Théo («Sa santé est, comme d'ailleurs la mienne, plutôt changeante et inégale, que faible.»)

Le matin, il a parlé avec le Dr Peyron, qui confirme ce qu'il avait déjà pressenti: qu'il faut attendre un an avant de se croire guéri «puisqu'un rien pourrait faire revenir une attaque». Le Dr Peyron lui propose, «pour que nous n'ayons pas de double frais», de stocker à l'asile ses meubles qui sont actuellement dans le café des Ginoux en Arles. Il espère pouvoir s'y rendre le lendemain. Il constate avoir vécu sobrement et frugalement depuis six mois; auparavant il buvait trop. Son actuelle sobriété, intentionnelle, le pousse à «peindre plus gris» par opposition à «peindre coloré».

La lecture de Shakespeare lui fait espérer lire enfin Homère. Il compare le déclin du Midi avec celui du Nord: «Dehors les cigales chantent à tue-tête, un cri strident, dix fois plus fort que celui des grillons, et l'herbe toute brûlée prend de beaux tons de vieil or. Et les belles villes du Midi sont à l'état de nos villes mortes le long du Zuyderzee, autrefois animées. Alors que dans la chute et la décadence des choses, les cigales chères au bon Socrate sont restées. Et ici elles chantent encore du vieux grec.»

Vincent termine sa lettre en réaffirmant sa joie à la nouvelle de la grossesse de Jo.

7 juillet: Accompagné du surveillant de l'asile, Vincent retourne en Arles, principalement pour y chercher ses tableaux. Il veut aussi discuter avec les Ginoux du devenir de ses meubles, et voir le pasteur Salles, le Dr Rey et son ancienne femme de ménage. Malheureusement, le pasteur est en vacances pour deux mois, le Dr Rey n'est pas à l'hospice. Vincent termine la journée avec ses anciens «voisins ainsi que sa femme de ménage et quelques autres».

8 au 13 juillet: Ayant rapporté huit toiles d'Arles, Van Gogh les passe en revue avant de les envoyer à Paris: «Ayant encore retenu une grande étude de verger [F 511] qui avait été fort difficile… je me suis mis à la retravailler de mémoire et je m'y suis retrouvé pour exprimer mieux l'harmonie des tons [F 512].» Tout en s'intéressant à ses toiles d'Arles, il travaille sur trois nouveaux sujets pris dans et autour de l'asile: une étude d'un tronc couvert de lierre (F 746), une «vue de montagnes avec en bas une cabane noirâtre dans des oliviers» (F 622), et un «lever de lune sur un champ… où les meules remplacent les blés» (F 735).

Vers le 14 juillet: Vincent écrit trois lettres: une à Théo, qu'il expédie, une à Gauguin (la lettre est perdue), qu'il joint à une seconde lettre pour Théo. Dans la première missive à son frère, il raconte sa visite en Arles et prévient qu'il va envoyer le lendemain un rouleau de onze

toiles, dont quatre sont des peintures (deux d'Arles et deux de Saint-Rémy) et sept «plutôt des études d'après nature que des motifs de tableaux» (quatre d'Arles et trois de Saint-Rémy). Le prochain envoi, qui suivra bientôt, comprendra surtout des champs de blé et des vergers d'oliviers. Il a reçu le second paquet de toiles et de couleurs.
«Quelle histoire cette vente Secrétan! Cela me fait toujours plaisir que les Millet se tiennent. Mais combien désirerais-je voir davantage de bonnes reproductions de Millet, pour que cela aille au peuple. L'œuvre est surtout sublime considérée dans son ensemble et de plus cela deviendra difficile de s'en faire une idée, alors que les tableaux se dispersent.»
La lettre de Van Gogh à Gauguin est la première de l'artiste à son ami depuis son arrivée à Saint-Rémy. Il a choisi ce moment pour lui écrire pour plusieurs raisons: il se sent plus calme, il peut rendre compte de son déplacement en Arles, discuter de l'exposition du Café Volpini, et parler de ses propres œuvres. Il joint à sa lettre un croquis du *Moissonneur* (F 617) qu'il a en train.
Dans la seconde lettre pour Théo, il explique ce qu'il a écrit à Gauguin. Il est aussi impatient de connaître les émotions de Théo à propos de sa future paternité. Il rend compte de deux toiles en cours (F 735, F 746). Son rétablissement doit être «lent et patient», et il espère avoir assez de forces pour supporter le prochain hiver, d'autant plus qu'il espère retoucher de nombreuses études faites en Arles l'année dernière. Il demande à Théo s'il a reçu les paquets de dessins, et joint une esquisse de cigale décrite dans une précédente lettre. Il évoque leurs souvenirs de ce vieil Hollandais des bruyères dont la vie contraste avec celle de son frère à Paris en sa qualité «d'exilé et d'étranger et de pauvre». «... les circonstances de vivre dans des états de choses si éloignés de nos conceptions de jeunesse de la vie d'artiste, nous rendraient frères quand même, comme étant à maint égard compagnons de sort.» La santé de Théo, sa force et son bonheur iront croissant avec sa paternité. C'est l'anxiété de la grossesse de Jo, et non, comme Vincent l'avait imaginé, l'inquiétude quant à son propre état, qui a été «la cause de ce silence relativement assez long».

Vers le 15 juillet: Van Gogh envoie le rouleau de onze toiles à Paris.

16 juillet: Théo répond, après un mois de silence: «J'ai été absolument incapable de t'écrire plus tôt, la chaleur était accablante et je me sentais si faible, que tout me fatiguait extrêmement. Maintenant je suis remis à peu près, pour de bon j'espère.»
Il remercie Vincent de ses lettres, ainsi que de ses dessins. Il préfère ceux faits d'après nature à ceux d'après les tableaux qui «ont l'air d'être faits en furie».
Le dernier envoi d'Arles a été vu par des artistes et des amis: les Pissarro, Tanguy, le peintre norvégien Werenskiold et Octave Maus, secrétaire du groupe Les XX, les artistes bruxellois d'avant-garde. «[Maus] venait demander si tu voulais exposer à leur exposition prochaine. Il y a encore le temps... Je lui ai dit que je croyais que tu n'y verrais pas d'inconvénient... Généralement on aime l'effet de nuit [F 474] et les tournesols [F 454, F 456]. Un des tournesols j'ai mis dans notre salle à manger contre la cheminée. Il fait l'effet d'un morceau d'étoffe brodé de satin et d'or, c'est magnifique.»
Théo a donné son congé de l'appartement du 54, rue Lepic pour le 15 juillet et a loué dans la maison du père Tanguy une petite pièce pour entreposer une partie des toiles de son frère.
De Haan qui était encore récemment à Paris a maintenant rejoint Gauguin en Bretagne, laissant son ami Isaäcson «tout dépaysé». Gauguin a écrit la semaine dernière pour demander l'adresse de Vincent. Il vient de publier un article dans *Le Moderniste*, un périodique dirigé par Georges Albert Aurier (1865-1892), dont Théo joint une copie. Théo regrette que Vincent n'ait pu voir ni le révérend Salles, ni le Dr Rey en Arles, mais il a reçu une lettre de Salles (la lettre est perdue). Avant de recevoir le message de Vincent suggérant d'envoyer à Salles la gravure de Rembrandt *Les Pèlerins d'Emmaüs*, Théo lui avait déjà fait parvenir la lithograhie d'après *L'Angélus* de Millet.
Les parents de Jo viennent à Paris la semaine prochaine.
Théo joint un bon de poste de 100 francs, «car n'ayant pas trouvé M. Salles tu as peut-être besoin de quelque chose».
C'est probablement ce jour-là que Van Gogh est terrassé par «une nouvelle crise... [qui] m'a pris dans les champs et lorsque j'étais en train de peindre par une journée de vent. Je t'enverrai la toile, que j'ai achevée quand même» (F 744).
Cette première attaque à Saint-Rémy durera cinq semaines. Le Dr Peyron n'informera pas immédiatement Théo. Croyant son frère encore bien, Théo lui écrit le 29 juillet, un peu inquiet de n'avoir pas eu de réponse à sa lettre du 16. Il confirme avoir reçu le dernier envoi de peintures qu'il trouve «extrêmement beau», et lui dit que le Dr Peyron, dans une récente lettre (aujourd'hui perdue; datant probablement de la mi-juillet), trouve satisfaisant l'état de Van Gogh. Théo, quant à lui, «a l'air d'un cadavre», mais une consultation du Dr Louis Rivet a fait cesser sa toux.

Vers le 1er août: Toujours sans nouvelles de l'état de Vincent, Théo envoie un télégramme, qui entraîne une réponse (elle aussi perdue) du Dr Peyron, reconnaissant que Van Gogh est malade depuis un jour ou deux, mais qu'il récupère un peu.

4 août: Théo envoie un petit mot d'encouragement à Vincent en hol-

Cornelis Vincent van Gogh, frère de Vincent. Musée Van Gogh, Amsterdam

landais et non en français, probablement pour plus de confidentialité. Il lui rend compte de la lettre du Dr Peyron, puis raconte à Vincent que leur «petite chambre d'invités… a été inaugurée l'autre jour par la mère de Jo», et qu'elle est toujours disponible pour lui. Il ajoute que sa toux a disparu grâce aux remèdes de Rivet. Il rassure Vincent: «Dans ta dernière lettre, tu me dis que nous sommes frères pour plus d'une raison. C'est aussi ce que je ressens, et bien que mon cœur ne soit pas aussi sensible que le tien, je peux comprendre ton sentiment d'être étouffé par tant de pensées qui ne peuvent aboutir. Ne perds jamais courage, et souviens-toi combien j'ai besoin de toi.»

16 août: Jo écrit une courte lettre, également en hollandais. Elle remercie Vincent pour sa lettre à Cor (aujourd'hui perdue), qui lui a été remise ce matin à son arrivée à Paris, en route pour Southampton puis le Transvaal. Théo, dit-elle, «a été un peu déçu qu'il n'y ait pas le moindre mot pour lui; écris-lui bientôt, même un tout petit mot car nous sommes si anxieux d'avoir de tes nouvelles personnellement et de savoir comment tu vas, et nous souhaitons de tout notre cœur que tu te sentiras bientôt mieux.»

22 août: Vincent écrit, au crayon, une courte lettre à Théo, répondant ainsi à la demande de Jo du 16 août. Affligée par la survenue d'une autre attaque, sa tête est très «dérangée». Il demande à Théo d'écrire au Dr Peyron pour lui dire que «le travail à mes tableaux m'est un peu nécessaire pour me remettre, car ces journées sans rien faire et sans pouvoir aller dans la chambre qu'il m'avait désignée pour y faire ma peinture, me sont presque intolérables». (Le Dr Peyron est probablement peu disposé à l'autoriser à peindre à nouveau, dans la mesure où, au cours de ses crises, il a essayé de manger ses tubes de peinture qui sont un poison.)
En date du 19 août, Roulin a écrit de Marseille. De même que Gauguin: «Une bonne lettre [aujourd'hui perdue], toujours un peu vague et obscure, mais enfin je dois dire que je leur donne bien raison d'avoir exposé entre eux [au Café Volpini].»
Il a reçu un exemplaire du catalogue de l'exposition, sans doute de la part de Gauguin.
«Durant bien des jours j'ai été *absolument égaré* comme à Arles, tout autant sinon pire, et il est à présumer que ces crises reviendront encore dans la suite, c'est *abominable.* Depuis quatre jours je n'ai pu manger ayant la gorge enflée.»
Il est content de savoir que son envoi de paysages du début juillet est arrivé. Il remercie Théo de l'envoi d'une gravure d'après le tableau de Rembrandt *L'Ange Gabriel*, vendu le 6 juin à Paris, et lui demande d'en envoyer un exemplaire à Gauguin. Il le remercie aussi du «bien intéressant» catalogue de l'importante exposition des œuvres de Claude Monet et Auguste Rodin à la galerie Georges Petit, à Paris.
Mère et Wil ont écrit une «lettre fort bien».

Vers le 30 août: Dit à Théo qu'il va mieux et que, la veille, il a recommencé à travailler un peu «une chose que je vois de ma fenêtre [F 625]. Le travail me distrait infiniment mieux qu'autre chose… Il y a de belles choses à faire. Ainsi les vignes, les champs d'oliviers.» Il espère être bientôt autorisé à sortir de l'asile pour «aller dans les montagnes peindre des journées entières».
Il est de bien mauvaise humeur. N'a guère confiance dans la direction de l'asile, qu'il trouve très cher. Il a maintenant peur des autres patients et voudrait, en cas de guérison, revenir à Paris ou aller en Bretagne. Malgré cela, il est reconnaissant de la bonté à son égard du Dr Peyron.
Il doit écrire à leur mère et à Wil qui vont bientôt déménager de Breda à Leyde. Wil lui a demandé d'envoyer une peinture à leur mère pour son 70e anniversaire, et il en ajoutera une pour leur sœur Lies qui en a aucune.
A lu le catalogue de l'exposition Monet-Rodin, mais n'est pas d'accord avec la préface d'Octave Mirbeau en ce qu'il dénigre Meissonier et a une vision sommaire de Rousseau.
Il est content que le Dr Rivet ait débarrassé Théo de sa toux. Comme pour lui-même, «ce que j'avais dans la gorge tend à disparaître, je mange encore avec quelque difficulté, mais enfin ça a repris».
Sur la dernière page de cette lettre, le Dr Peyron ajoute quelques mots rassurants: «[Vincent] est à la fin de sa crise, … il a repris toute sa lucidité et… s'est remis au travail de la peinture comme il faisait avant. Ses idées de suicide ont disparu, il ne reste plus que des rêves pénibles qui tendent à disparaître et dont l'intensité est moins grande. L'appétit est revenu et il a repris sa vie habituelle.»

Vers le 2 septembre: Commence une autre lettre pour Théo, lui ayant promis dans la précédente de lui

écrire à nouveau très bientôt. Quatre lettres de Théo et de Jo sont arrivées pendant sa crise. Il répond maintenant à celle du 16 juillet. Il a bien noté que Théo a loué chez Tanguy une chambre pour entreposer certaines de ses peintures. Il accepte de participer à la prochaine exposition des XX à Bruxelles, «tout en sentant mon infériorité à côté de tant de Belges qui ont énormément de talent».
Il travaille dans sa chambre «d'arrache-pied, ce qui me fait du bien et chasse, à ce que j'imagine, ces idées anormales». Il a refait une toile de *La Chambre à coucher* (F 482), qui devra tôt ou tard être réentoilée.
Il travaille à deux autoportraits: l'un, (F 626) commencé le jour où il s'est «levé»: «J'étais maigre, pâle comme un diable. C'est bleu violet foncé et la tête blanchâtre avec des cheveux jaunes, donc un effet de couleur»; l'autre (F 627), commencé depuis lors, est «de trois-quarts sur fond clair». Il est aussi occupé à «retoucher des études de cet été – enfin je travaille du matin jusqu'au soir».
Il interrompt cette longue lettre car «je l'écris peu à peu dans des intervalles quand je suis las de peindre». La continuant une nouvelle fois, il raconte à Théo qu'il retravaille sur *Le Faucheur* (F 617) commencé début juin et qu'il a l'intention de reprendre sur une nouvelle toile (F 618).
Après une autre interruption, il retourne à sa lettre (page 4): «Je laboure comme un vrai possédé, j'ai une fureur sourde de travail plus que jamais. Et je crois que cela continuera à me guérir.» Aux XX, il exposera *Le Faucheur* dans les blés jaunes et l'*Autoportrait* (F 627). Déjà en septembre, l'hiver approche; il espère continuer à travailler intensément jusqu'à Noël, «puis si la crise revient nous verrons». Il pense retourner dans le Nord, mais pas dans l'immédiat. «Quitter maintenant alors que je juge probable une nouvelle crise en hiver c'est-à-dire dans trois mois, ce serait peut-être trop imprudent.»
Il est anxieux à l'idée de s'aventurer à nouveau à l'extérieur: «Il y a six semaines que je n'ai pas mis le pied dehors, même pas dans le jardin, [la] semaine prochaine lorsque j'aurai fini les toiles en train, je vais cependant essayer.»

Vers le 3 septembre: Commence un portrait de Trabuc (aujourd'hui perdu), le surveillant en chef de l'asile; c'est pourquoi il ne continue apparemment pas sa lettre.
Inauguration à Paris, le 3 septembre, de la cinquième exposition de la Société des Artistes Indépendants, où Van Gogh expose *La Nuit étoilée* (F 612) et les *Iris* (F 608).

Vers le 4 septembre: Poursuit à nouveau sa lettre et décrit, en page 5, son travail de la veille, le portrait de Trabuc dont il espère faire une répétition pour Théo.
A lu il y a quelques jours dans *Le Figaro* «une histoire d'écrivain russe [Dostoïevski] qui a vécu avec une maladie nerveuse dont il est mort tristement d'ailleurs, qui lui causait des attaques terribles de temps en temps». Le seul remède pour une telle maladie «est de travailler avec ardeur». Il espère que l'*Autoportrait* qu'il vient de terminer rassurera Théo et «dira mieux que ma lettre comment je vais». Il achève de copier *Le Faucheur* (F 618) et promet à Théo douze toiles de 30 pour la fin du mois, «mais il y aura deux fois les mêmes à peu près, l'étude et le tableau définitif».
Dans le roman des Goncourt *Manette Salomon* (1867), un des personnages dit: «Ce qui restera c'est les paysagistes.» Van Gogh soutient que le portrait est aussi important que le paysage, sinon plus. «La volonté que j'ai de faire du portrait de ces jours-ci est terriblement tendue, enfin Gauguin et moi nous causions de cela et d'autres questions analogues de façon à nous tendre les nerfs jusqu'à l'extinction de toute chaleur vitale.» Rappelant la lettre reçue de Gauguin (cf. 22 août), il se demande quel «bon travail» se fait en Bretagne. Il prie Théo de lui envoyer 10 mètres de toile et un approvisionnement de tubes et de pinceaux.
Le Faucheur est terminé.

Vers le 5 septembre: Ayant déjà, en plusieurs fois sur trois jours, écrit une lettre de huit pages, Vincent ajoute maintenant un post-scriptum de vingt-quatre lignes sur les deux faces d'une demi-feuille. Il aimerait refaire *Le Faucheur* pour sa mère «sinon, je lui ferai un autre tableau pour son anniversaire» (le 10 septembre). Une nouvelle fois, il demande à Théo de lui envoyer de la toile dès qu'il pourra car il veut en faire d'autres répétitions pour ses sœurs (Lies et Wil), et il désire avoir trois versions du *Faucheur*, comme de *La Chambre à coucher*, des *Oliviers* et du *Champ de blé et cyprès*. Il ajoute que cela fera même *quatre*, «car alors j'ai encore une autre personne pour qui j'en ferai un aussi [peut-être son petit neveu?]... Je prends les meilleurs qu'il y ait dans douze motifs, donc ils auront toujours des choses un peu étudiées et choisies.»
Enfin Vincent signe cette lettre qui a traîné en longueur et la met sous enveloppe.
Dans l'après-midi, il continue de travailler au portrait de Trabuc «qui avance». Puis il voit le Dr Peyron pour la première fois depuis six jours. Il reprend encore une fois sa lettre, y ajoutant deux pages pour raconter à Théo sa conversation avec le docteur qui a l'intention d'aller à Paris en septembre. Puis il évoque à nouveau sa visite à Montpellier avec Gauguin en décembre 1888, lorsqu'il fut particulièrement frappé par les «demi-tons» des peintures de Delacroix. «Il est temps, conclut-il, que je fasse partir enfin cette lettre – je pourrais te dire en deux pages ce qu'elle contient, c'est-à-dire rien de neuf, mais enfin je n'ai pas le temps de la refaire.»

Commence un mot pour sa mère et pour Wil, mais «n'a pas la tête à écrire».
A Paris, Théo répond à la lettre de Vincent de fin août. Il aime «la vue de ta fenêtre dont tu donnes le croquis» (F 625), et il reprend le refrain familier aux deux frères sur le contraste entre la ville et la campagne, citant l'œuvre de Bodmer et de Théodore Rousseau dont il a vu, pour ce dernier, des tableaux à l'Exposition universelle. Il donne à Vincent des nouvelles de Pissarro, qui vient de perdre sa mère et a dû se faire opérer d'un œil; il loue les qualités de rusticité de ses dernières œuvres. Il lui parle aussi de l'artiste hollandais Weissenbruch, et de l'envoi par Gauguin de nouvelles toiles de Bretagne qui ne lui semblent pas aussi bonnes que celles de l'année précédente, à l'exception de *La Belle Angèle* (1889; Musée d'Orsay, Paris). Le Salon des Indépendants est ouvert; Vincent y expose les *Iris* et *La Nuit étoilée*. Chaque artiste n'a pu y accrocher que deux œuvres. Théo mentionne celles de Toulouse-Lautrec, Seurat, Signac et Hayet. Il assure qu'il se porte bien, qu'il ne tousse presque plus, que Jo va bien aussi, et que leur mère a eu des nouvelles de Cor.

6 septembre: Reçoit la lettre de Théo du 5 septembre. Il y répond immédiatement parce que c'est la première de Théo depuis son rétablissement, qu'elle est inhabituellement longue et instructive. Sa réponse discute du Midi par rapport au Nord, de la question de rester à Saint-Rémy ou de retourner dans le Nord, à Paris ou dans ses environs, ou même à Pont-Aven. Son engagement toute la journée à peindre «à présent me fait manger comme deux, travailler fort, me ménager dans les rapports avec les autres malades de peur de retomber – enfin je cherche à guérir à présent comme un qui aurait voulu se suicider trouvant l'eau trop froide, cherche à rattraper le bord». En dépit de tous les avantages du Midi – la lumière plus pure, les analogies avec le Japon, le soleil plus fort, les couleurs du prisme –, il éprouve «le désir terrible... de revoir les amis et de revoir la campagne du Nord».
Ses crises, ressent-il, «tendent à prendre une tournure religieuse terrible», résultant peut-être de «vivre tant de mois à l'hospice d'Arles et ici dans ce vieux cloître». Il est désappointé par les religieuses qui administrent l'asile, mais il reconnaît que, dans la souffrance, des pensées religieuses le consolent beaucoup. Au cours de sa récente crise, la lithographie de la *Pietà* de Delacroix a été abîmée en tombant dans l'huile. Attristé par cet incident, il s'est occupé à en faire une copie (F 630). Le portrait de Trabuc est terminé; il en a fait une répétition pour Théo (F 629).
Hier, quand il a vu le Dr Peyron pour la première fois depuis six jours, il lui a demandé à brûle-pourpoint: «Puisque vous allez à Paris, que diriez-vous si je vous proposais de vouloir bien me prendre avec vous alors? Il a répondu d'une façon évasive – que c'était trop vite, qu'il fallait t'écrire auparavant.»
Dans son empressement à retourner dans le Nord, Vincent suggère que Camille Pissarro le prenne chez lui, dans sa famille, à Eragny-sur-Epte, un petit village à 40 km au nord-ouest de Paris.
Il demande de nouveau à Théo de lui envoyer rapidement la toile réclamée dans sa précédente lettre, ainsi que dix tubes supplémentaires de blanc de zinc. Il parle de Gauguin («J'espère toujours faire son portrait»), de Delacroix, des portraits, d'Eugène Fromentin (1820-1876) («Le premier à établir des rapports entre Rembrandt et le Midi, entre Potter et ce que lui il voyait») et de son souhait de faire des répétitions de certaines de ses toiles d'Arles.
Cela fait maintenant près de deux mois qu'il n'est pas allé en plein air: «En vain je voudrais m'efforcer de descendre...» «Dès le premier jour j'ai refusé de prendre cette nourriture et jusqu'à ma crise, je n'ai mangé que du pain et un peu de soupe... Après cette crise, M. Peyron m'a donné du vin et de la viande, que ces premiers jours j'accepte volontiers mais ne voudrais pas faire exception au règlement longtemps, et il est juste de considérer l'établissement d'après leur régime ordinaire.» Le Dr Peyron doit bientôt aller à Paris et rencontrera Théo.

7 au 19 septembre: Après ces trois lettres extrêmement longues et pleines d'informations, Van Gogh reprend son souffle, s'enferme dans son atelier et n'écrit plus rien jusqu'au 19 septembre. (Il oublie même d'envoyer des vœux pour le 70e anniversaire de sa mère le 10 septembre.) Ce qui fait que le détail de son activité picturale des derniers jours d'août et du début de septembre n'est pas connu. Toutefois, des trois lettres écrites le 19 septembre, on peut supposer qu'il a continué de travailler à ses répétitions de toiles de l'été comme le *Champ de blé avec cyprès* (F 615), et, plus certainement, qu'il a commencé ses copies d'après les *Travaux des champs*, une série de dix gravures sur bois en noir et blanc d'après les peintures de Millet. Mais on ne peut déterminer quels sont les sept tableaux terminés pendant ces jours, ni dans quel ordre ils ont été peints.
Il achève d'après nature un portrait (aujourd'hui perdu) de Mme Trabuc qu'il offre au modèle et dont il fait une répétition pour Théo (F 631). Il travaille à une copie de taille plus réduite du *Faucheur* (F 619) et probablement à une autre de la *Pietà* pour Wil (F 757); il reçoit sans doute une lettre de Wil, et refuse toujours de sortir, même dans le jardin. Il

n'y a pas de preuve qu'il ait vu le Dr Peyron durant cette période.

18 septembre: Théo explique dans une lettre qu'il a essayé de prendre contact avec Pissarro à propos de la possibilité d'un séjour de Vincent à Eragny. Il espère rencontrer Pissarro à son prochain passage à Paris, mais il a le sentiment qu'il y a peu de chance que Vincent puisse aller vivre chez lui (de Haan avait voulu y aller l'année précédente, mais cela n'avait pu se faire).
Théo conseille à son frère de manger plus, particulièrement de la viande, à la fois pour se fortifier le corps et pour essayer de chasser ces «idées noires»; il insiste sur le fait qu'il doit rester sous la surveillance d'un médecin; il lui demande pourquoi il reste enfermé au lieu de prendre l'air («Une vie assise ne vaut rien pour toi»); et enjoint à Vincent de répondre *«catégoriquement»* et de dire s'il veut aller, pour l'hiver, dans une maison de santé à Paris ou dans ses environs, puis, au printemps, retourner à la campagne pour peindre.

19 septembre: Ecrit à sa mère, lui adressant tardivement ses vœux à l'occasion de son 70e anniversaire, et promettant un tableau d'ici peu (*Le Faucheur*, F 619). Il lui donne raison d'avoir, après le départ de Cor pour l'Afrique du Sud, quitté Breda pour Leyde. Il la rassure sur sa santé, et lui explique qu'il «travaille presque du matin au soir et tous les jours», s'enfermant dans l'atelier pour ne pas être distrait. «Aussi souvent que j'en ai l'occasion, je travaille à des portraits dont je pense parfois que cela sera plus sérieux et meilleur que le reste de mon travail.» Il aimerait bien revenir à Paris ou dans ses environs, ayant grande envie d'être près de ses amis, de travailler dans le Nord et, bien sûr, de revoir Théo ainsi que de rencontrer Jo.
Il écrit aussi à Wil, sa première lettre pour elle depuis son rétablissement. Deux fois, mais sans succès, il a essayé de répondre à ses lettres. Il lui explique ses copies de la *Pietà* (F 757) d'après Delacroix et d'après les *Travaux des champs* de Millet: «… je n'aime pas trop à voir dans ma chambre à coucher mes propres tableaux, donc j'en ai copié un de Delacroix et quelques-uns de Millet.» Il décrit aussi le portrait de Mme Trabuc, qu'il a fini l'autre jour, ainsi que ses deux autoportraits. Il se propose d'envoyer quelques toiles pour elle et leur mère, «probablement un champ de blé et un verger d'oliviers avec cette copie d'après Delacroix».
Il fait un temps splendide, mais il n'est pourtant pas sorti de sa chambre depuis deux mois, car «depuis ma maladie le sentiment de solitude s'empare de moi dans les champs d'une façon si redoutable que j'hésite à sortir. Avec le temps cela changera cependant encore. Ce n'est que devant le chevalet en peignant que je sens un peu la vie.»
Vers la fin de cette lettre, il dit à Wil qu'il en a, «au moment même», reçu une de Théo. C'est celle du 18 septembre à laquelle Vincent répond immédiatement. Il tient à redire à Théo son désir de quitter le Midi et de retourner dans le Nord; cette volonté est renforcée par les crises qu'il a, comme en aurait un superstitieux «dans un moment d'exaltation religieuse»; il est néanmoins assez calme pour attendre encore afin de voir si une nouvelle attaque se produit en hiver. Mais il pense, au moment où il écrit: «Je veux sortir d'ici»; Théo doit agir sans délai. Il rend compte de ses copies d'après la *Pietà* de Delacroix et les *Travaux des champs* de Millet, aussi bien que des deux portraits de Mme Trabuc. Il a en train une copie du *Tondeur de moutons* de Millet (F 634), «dans une gamme allant du lilas au jaune», et a l'intention d'envoyer à Théo l'*Autoportrait* (F 627) ainsi que neuf autres tableaux, auxquels il ajoutera une étude de fleurs.

20 au 27 septembre: A Paris, le Dr Peyron rend visite à Théo.
Vincent est occupé par de petits tableaux pour sa mère et Wil, des copies de plus petite taille de ses tableaux de cet été ainsi que de *La Chambre à coucher* (F 483).

28 septembre: Ecrit à Théo, d'abord pour décrire le contenu du rouleau de toiles qu'il envoie. Les quatre ou cinq petites toiles destinées à sa mère et à Wil sont en train de sécher et seront envoyées bientôt. Il a besoin de plus de peintures car il ambitionne de saisir les beaux effets d'automne, particulièrement les oliviers.
Le Dr Peyron est revenu de son séjour à Paris «et a causé avec moi de ce qu'il t'avait vu et disait que sans doute ta lettre m'apprendrait tous les détails de la conversation qu'il avait eue avec toi. Que dans tous les cas le résultat était qu'il serait sage d'attendre encore ici. Ce qui étant aussi mon avis, va sans dire. Néanmoins si une attaque revient, je persiste à vouloir essayer un changement de climat et retourner même pour un pis-aller dans le Nord.»

29 septembre au 4 octobre: A l'heure qu'il est, Vincent a maîtrisé sa crainte de se risquer dehors. Il observe déjà les oliviers, même s'il ne les peint pas encore. Sa première description de nouvelles peintures en *plein air* ne concerne pas des oliviers. Il a peint «entre autres un mûrier tout jaune sur un terrain pierreux, se détachant sur le bleu du ciel [F 637], dans laquelle étude je crois que tu verras que j'ai trouvé la trace de Monticelli». A aussi «une étude de deux peupliers jaunis sur vue de montagnes [F 638].»

5 octobre: Reçoit une lettre de Théo datée du 4 accusant réception de la dernière expédition d'œuvres. Théo écrit que l'artiste et critique d'art J. J. Isaäcson aimerait consacrer un article à l'œuvre de Vincent dans la revue hollandaise *De Portefeuille*. Il promet de lui envoyer certains des articles d'Isaäcson en

même temps que les reproductions d'après Millet qu'il a demandées.
Au cours de sa récente visite à Paris, le Dr Peyron a dit à Théo qu'il ne croyait pas que Vincent était fou: les crises, a-t-il dit, sont de nature épileptique; la dernière, en juillet, a été provoquée par son voyage en Arles. Théo a parlé avec Pissarro qui lui a recommandé quelqu'un à Auvers «qui est médecin et qui fait de la peinture dans ses moments perdus. Il me dit que c'est un homme qui a été en rapport avec tous les Impressionnistes. Il croit que chez celui-là tu pourrais probablement rester. Il doit aller le voir et lui parler de l'affaire.» Ce médecin, dont le nom n'est pas cité, est le Dr Paul Ferdinand Gachet (1828-1909).
Bernard doit venir le lendemain voir les tableaux de Vincent.
Celui-ci répond immédiatement. Il récapitule les peintures achevées au cours de la semaine écoulée; exprime son grand étonnement qu'Isaäcson veuille écrire sur son œuvre et l'engage à attendre, car «il n'y a pas encore… ce que j'espère atteindre»; est reconnaissant de savoir que le Dr Peyron a discuté de son état avec sympathie, mais ne pensait pas que son médecin soupçonnait «un rapport entre mon voyage précédent et la crise qui le suivit de près». Néanmoins, il a grande envie d'aller en Arles car «il y a quelques personnes [les Ginoux] que je sentais et sens de nouveau le besoin de revoir». Il pense devoir rester à Saint-Rémy jusqu'au printemps.
Il mentionne pour la première fois Auvers à la suite de la recommandation du Dr Gachet par Pissarro: «Ce que tu dis d'Auvers m'est néanmoins une perspective très agréable… Si je viens dans le Nord, même en supposant que chez ce Docteur il n'y eût pas de place, il est probable que celui-là trouverait sur la recommandation du père Pissarro et de la tienne, soit un logement dans une famille, soit tout bonnement à l'auberge. La chose principale est de connaître le médecin, pour qu'on ne tombe pas en cas de crise dans les mains de la police, pour être transporté de force dans un asile. Et je t'assure que le Nord m'intéressera comme un pays neuf.»
Il se reproche d'être en retard dans sa correspondance, particulièrement vis-à vis d'Isaäcson, de Gauguin et de Bernard; il aimerait voir ce que Gauguin et Bernard ont rapporté (ou envoyé) de Bretagne; il a repéré de «très beaux motifs pour demain – dans les montagnes».

6 au 11 octobre: Vincent continue de travailler dehors, à la fois dans le périmètre de l'asile et au-delà. Il commence probablement des lettres pour Gauguin, Isaäcson et Bernard.

12 octobre: Vincent raconte à Théo qu'il a achevé au cours de cette semaine cinq paysages: *Champ clos au paysan* (F 641), *Entrée d'une carrière* (F 635), deux vues du jardin de l'asile (F 642, F 643) et *Le Ravin* (F 662). Il a aussi fait une copie de *L'Homme est en mer* de Virginie Demont-Breton (1859-1935), «presque tout violet» (F 644). Il voudrait faire d'autres études des Alpilles, dont une au coucher du soleil, mais il n'a pas le droit d'être dehors à cette heure-là. Il va «faire une longue course dans les montagnes pour chercher des sites». Il n'a plus de toile et espère que Théo va lui en envoyer bientôt.
«Pour moi la santé va bien de ces jours-ci; je crois bien que M. Peyron a raison lorsqu'il dit que je ne suis pas fou proprement dit, car ma pensée est absolument normale et claire entre-temps et même davantage qu'auparavant. Mais dans les crises c'est pourtant terrible et alors je perds connaissance de tout. Mais cela me pousse au travail et au sérieux comme un charbonnier toujours en danger se dépêche dans ce qu'il fait.» Il joint trois autres lettres et charge Théo de les réexpédier à Isaäcson, Bernard et Gauguin. Seule celle envoyée à Bernard subsiste: il a su par Théo que Bernard, qui vient d'arriver de Bretagne, doit venir le samedi 5 octobre voir les toiles de Vincent peintes pendant l'été et récemment expédiées. «Je n'ai guère la tête à la correspondance, mais je sens un grand vide de ne plus être au courant de tout ce que Gauguin, vous et d'autres font.» Il a une douzaine d'études qui seront probablement plus du goût de Bernard que celles de cet été. Il les expédiera à Théo en novembre. Parmi celles-ci, il décrit l'*Entrée d'une carrière* et le *Champ clos au paysan.*
Il souhaite pouvoir saisir l'essence de l'olivier – «c'est de l'argent sur terrain orangeâtre ou violacé, sous le grand soleil blanc» –, quelque chose que ni lui ni aucun peintre n'a encore fait.
Il demande à Bernard de lui envoyer «un croquis avec la couleur de la maison égyptienne primitive» présentée à l'Exposition universelle de Paris.
Il travaille à une grande toile représentant un ravin (F 662).

13 au 19 octobre: Aucune lettre ne subsiste de cette semaine. Cette interruption fait suite à l'intense activité picturale des jours précédents ainsi qu'à l'envoi de plusieurs lettres. Sans toile, et avec peu de couleurs, Vincent est dans l'impossibilité de peindre dehors, ce qui l'oblige désormais à poursuivre sa série d'effets d'automne. Au lieu de cela, il «fait de longues courses, en tous sens à travers le pays». Avec le peu de couleurs qui lui reste, il retravaille une grande étude de la salle des fiévreux de l'hôpital d'Arles (F 646), et met probablement la touche finale à la série des copies réduites destinée à sa mère et à Wil; il travaille aussi au portrait de l'un des patients de l'asile (F 703). En de telles circonstances, son habitude, surtout en Arles, est de réaliser une série de dessins, mais il ne fait jamais allusion à des dessins de cette période.

Vers le 20 octobre: Vincent écrit à sa mère et à Wil. Il remercie sa mère pour les nouvelles du voyage de Cor en Afrique du Sud, qui lui fait penser à ce que Gauguin lui a dit de ses voyages à Panama et au Brésil. Et maintenant, Isaäcson part lui aussi pour le Transvaal. Les études peintes pour sa mère et pour Wil sont prêtes. L'automne est très beau: il voudrait peindre les vignobles, mais il y en a très peu à Saint-Rémy. Commentant les prix élevés atteints par les œuvres des artistes morts (il pense particulièrement à *L'Angélus* de Millet), il écrit à sa mère: «C'est une sorte de commerce de tulipes, où les peintres vivants ont plus de désavantages que de profit.» Il travaille au portrait «d'un des malades d'ici [F 703]. Il est curieux et lorsqu'on est depuis un certain temps avec eux, qu'on y est habitué, on ne pense plus du tout qu'ils sont fous.» A Wil, il récapitule à nouveau les études faites à leur intention; il pense que deux cousines de Hollande, ainsi que Margot Begeman, à Nuenen, aimeraient avoir quelque chose de lui. Il revient sur l'interprétation de *La Chambre à coucher*. Le Dr Peyron qui a vu Théo à Paris «lui a dit qu'il ne me considère *pas* comme aliéné mais que les crises que j'ai sont de nature épileptique. Ce n'est donc pas l'alcool non plus qui fut cause, quoique bien entendu cela n'y fasse pas du bien.» Il décrit en détail comment il a repris la peinture de la salle d'hôpital d'Arles; c'est la lecture d'un article sur Dostoïevski qui l'a poussé à reprendre cette toile. Finalement, il souhaite à Wil beaucoup de succès dans son déménagement de Breda à Leyde.

22 octobre: Théo écrit à son frère; c'est sa première lettre depuis dix-huit jours. Plusieurs visiteurs sont venus à son appartement pour voir l'œuvre de Vincent. Parmi eux, le fils de l'artiste hollandais Isaäc Israëls, Jan Pieter Veth (1864-1925), portraitiste hollandais et collaborateur du périodique *Nieuwe Gids*, le peintre néo-impressionniste belge Théodore van Rysselberghe (1862-1926), membre du groupe bruxellois Les XX, qui «a vu aussi tout ce qu'il y a chez Tanguy et tes travaux semblent l'intéresser beaucoup».
Pour sa part, Théo préfère ses peintures de «choses vraies» qui sont plus proches de la réalité, comme «les iris» (F 608) et «le sous-bois avec le lierre» (F 609), plutôt que «le village au clair de lune» (F 612), ou «les montagnes» (F 622), pour lesquels «la recherche du style enlève au sentiment vrai des choses». Il y a les mêmes préoccupations dans le dernier envoi de Bretagne de Gauguin, mais avec plus de réminiscences de l'art japonais et de l'art égyptien. Théo fait l'éloge des toiles estivales rapportées d'Auvergne par Guillaumin: «Il se contente de ce qu'il a trouvé.»
Pissarro est de retour à Eragny-sur-Epte, et Théo espère qu'il va prendre contact avec le Dr Gachet. «Jo se porte bien, elle grossit considérablement et sent déjà vivre l'enfant, mais cela ne lui cause pas trop de désagréments.»
Vincent reçoit le colis de Théo contenant des toiles, des reproductions d'après Millet et quelques-uns des articles d'Isaäcson publiés par *De Portefeuille*. (Plus tôt, il a reçu un paquet de peintures.)

23 octobre: Vincent reçoit la lettre de Théo du 22 et y répond immédiatement. Il le remercie de la toile et des peintures, des reproductions d'après Millet et des articles d'Isaäcson. Dans l'un d'eux, celui du 19 août 1889, Isaäcson a écrit: «Qui, dans ce dix-neuvième siècle, interprète pour nous dans la forme et les couleurs la force de la vie, la grande vie une fois de plus instruite d'elle-même? Celui que je connais, un pionnier solitaire, combat seul dans la nuit profonde; son nom, Vincent, est pour la postérité.» Il a ajouté en note de bas de page: «Sur ce héros remarquable qui est hollandais, j'espère pouvoir en dire plus long plus tard.» Ayant lu cet article, Vincent répond: «Pas besoin de te dire que je trouve extrêmement exagéré ce qu'il dit de moi dans une note, et raison de plus pour que je préfère qu'il ne dise rien de moi.»
Il a déjà commencé à travailler d'après les reproductions de Millet: «J'ai commencé ce matin *Les Bêcheurs* [F 648] sur une toile de 30», et travaillé à «une étude de la salle des furieux à l'hospice d'Arles».

24 au 31 octobre: Continue de travailler d'après les reproductions de Millet: a fini *La Veillée* (F 647), achève *Les Bêcheurs* et *La Fin de la journée* (F 649), toutes toiles de 30, ainsi que *Le Semeur* (F 690) de plus petite taille. Il les considère comme des «traductions» plutôt que comme des copies. En plus, il a trois autres toiles en train: «un effet de pluie [F 641], un effet du soir avec des grands pins [F 660], … et aussi une chute des feuilles [F 651]». Pour le Dr Peyron, il achève une vue de l'asile avec un grand pin (F 653).

Vers le 2 novembre: Ecrit à Théo, joignant une commande de couleurs comprenant plus d'ocres que la dernière. Il rend compte des œuvres en train depuis la semaine précédente. Il fait des recherches de style, avec «un dessin plus mâle et plus volontaire. Si cela me fera davantage ressembler à Bernard ou Gauguin je n'y pourrais rien.»
Il espère faire sous peu un envoi de toiles (y compris *La Veillée*, qu'il voudrait que Jo voie), mais les peintures sèchent fort mal à cause de l'humidité de l'atelier car «ici il n'y a guère de cave ou de fondements dans les maisons, on en sent l'humidité davantage que dans le Nord». Wil et leur mère ayant déménagé, il joindra six toiles pour elles à son prochain envoi.
«La santé va fort bien – sauf souvent beaucoup de mélancolie cepen-

dant, mais je me sens bien, bien mieux que cet été, et même mieux que lorsque je venais ici, et même mieux qu'à Paris... Heureusement les abominables cauchemars ne me tourmentent plus. J'espère aller à Arles de ces jours-ci.»

3 au 16 novembre: Pendant cette période, Vincent passe deux jours à Arles, voit le révérend Salles et les Ginoux qu'il paie pour entreposer ses meubles. Il achète un stock de peintures comme il l'a fait au cours de ses précédentes visites. Personne ne lui montre d'antipathie, rapportera-t-il plus tard. Au contraire, «ils étaient très aimables et m'ont fait la fête même». Il doit attendre avant de savoir si ce voyage provoquera une autre crise: «J'ose espérer presque que non.» Il reçoit des lettres d'Isaäcson et de Bernard en réponse aux siennes du 12 octobre environ, expédiées par l'intermédiaire de Théo. Ces deux lettres sont perdues, mais certains éléments de celle de Bernard peuvent être supposés d'après les remarques de Vincent à Théo. Bernard se plaint d'un tas de choses: avec tout son talent, tout son travail et toute sa sobriété, il n'est pas heureux. Sa maison est souvent un enfer pour lui; il est tourmenté par ses parents. Il parle d'un échange de tableaux et a envie de *La Berceuse*. Il promet de lui envoyer des photographies de ses récentes compositions bibliques.
Gauguin aussi répond à la lettre de Van Gogh, mais l'adresse à Théo, qui tarde jusqu'au 16 novembre avant de la lui réexpédier à Saint-Rémy.
Commence le *Champ de blé au soleil levant* (F 737) et reste toujours occupé par ses «traductions» d'après Millet. Il a vu des femmes cueillant et ramassant les olives, mais comme il ne peut avoir de modèle il n'en a commencé aucune peinture.

16 novembre: Théo écrit à Vincent, sa première lettre depuis le 22 octobre. Il joint la lettre de Gauguin. Le bois en relief *Soyez Amoureuses et Vous Serez Heureuses* (1889; Museum of Fine Arts, Boston) est arrivé à Paris. Théo en est enchanté, et Vincent, lui aussi, «l'aimerait certainement». Théo a rendu visite à Bernard durant la semaine et a vu ses œuvres récentes. «Il a fait beaucoup de progrès. Son dessin est moins déterminé, mais n'existe pas moins. Il y a plus de souplesse dans sa touche. Chez lui il y a une influence plus directe des primitifs.» Octave Maus, secrétaire des XX, a écrit à Vincent (en envoyant la lettre à Théo) pour lui proposer de participer à leur future exposition à Bruxelles. Théo a lui aussi reçu un mot de Maus, renouvelant l'invitation et lui donnant la liste des autres artistes invités parmi lesquels il y a Puvis de Chavannes, Cézanne, Forain, Signac, Lucien Pissarro, Renoir, Sisley et Toulouse-Lautrec. «Pissarro m'a écrit que sa femme et lui ont déjà regardé un peu dans le pays d'après une pension pour toi, mais il dit qu'il croit que tu seras mieux chez ce docteur à Auvers. Il dit devoir le voir sous peu.»

17 novembre: Vincent reçoit la lettre de Théo et y répond immédiatement. Il donne la liste des six toiles qu'il aimerait exposer aux XX et commente les lettres de Bernard, Gauguin et Isaäcson qu'il a reçues. Celle de Gauguin est «une très bonne lettre» qui «parle avec animation de De Haan et de leur vie rude au bord de la mer». Gauguin fait référence à une lettre d'Isaäcson à de Haan, disant que les toiles récentes de Van Gogh sont «réellement quelque chose de bien artiste et plus imaginatif que les autres». Gauguin parle longuement de son propre travail, de ses idées et de ses intentions ainsi que du médiocre accueil à Paris de ses œuvres récentes. Il décrit et illustre son *Christ au Jardin des Oliviers* (1889; Norton Gallery, West Palm Beach, Floride) et son relief en bois *Soyez Amoureuses*, auquel il a travaillé pendant deux mois. Il dit aussi que lui et de Haan trouvent facilement des modèles au Pouldu.
La lettre d'Isaäcson est perdue et Vincent ne donne aucune indication sur son contenu: «[Elle] me fait bien du plaisir», c'est tout ce qu'il en dit. Elle devait, toutefois, faire l'éloge de ses récentes peintures vues chez Théo et faire référence à son article publié dans la revue *De Portefeuille*.
La réponse de Vincent est jointe à la lettre envoyée à Théo: «Les idées commencent à s'enchaîner avec un peu plus de calme, mais comme tu l'y verras, je ne sais s'il faut continuer à peindre ou laisser là la peinture.» D'ailleurs, «tu liras la lettre à Isaäcson, cela complète celle-ci» (cette lettre à Isaäcson est perdue). Il décrit sa visite récente de deux jours à Arles. Sa santé est stable; il aimerait aller à Paris au printemps, «c'est terriblement abrutissant cette vie d'ici et j'y perdrais à la longue mon énergie... le séjour ici est bien fatiguant par sa monotonie et parce que la société de tous ces malheureux, qui ne font absolument rien, énerve.»

20 novembre: Ecrit à Maus, acceptant son invitation d'exposer avec Les XX; il indique les six toiles de format 30 qu'il pense envoyer. Il reconnaît qu'elles occupent plus de place que permis, mais il souhaite que Maus trouve le moyen de les accrocher ensemble, car elles «feront ainsi un effet de couleur un peu varié».
Il reçoit les six photographies représentant les récentes compositions bibliques de Bernard. Cela l'incite à lui écrire, ainsi qu'à Gauguin. Sa lettre à ce dernier est perdue. Dans celle à Bernard, il critique notamment la toile de Gauguin *Christ au Jardin des Oliviers*, «avec rien de réellement observé», quand sa tâche devrait être «pensée, non rêvée». Pour sa part, il préfère travailler dans les champs d'oliviers, d'après

nature, plutôt que de faire en studio des abstractions recherchées.
Dans sa longue réponse, il blâme aussi Bernard. Il juge sévèrement les six compositions bibliques dont il a les photographies devant lui. Il insiste pour «chercher le possible, le logique, le vrai» et travailler d'après la nature et le modèle, plutôt que de faire une «abstraction». Il rejette particulièrement «ce cauchemar d'un ‹Christ au jardin des Oliviers›; ma foi je m'en sens triste, et te redemande par la présente, à hauts cris et t'engueulant ferme de toute la force de mes poumons, de vouloir bien un peu redevenir toi». Lui-même travaille dans les oliviers à cinq toiles de 30; il préfère «bien se retremper dans la réalité, sans plan conçu d'avance, sans parti pris parisien». Il est «fort mécontent» du travail de cette année, «mais peut-être trouvera… un fondement solide pour l'année prochaine. Je me suis laissé pénétrer par l'air des petites montagnes et des vergers; avec ça je verrai. Mon ambition se borne bien à quelques mottes de terre, du blé qui germe, un verger d'oliviers, des cyprès – ce dernier, par exemple, pas commode à faire.»
Il décrit longuement deux toiles en cours: une vue du parc de l'asile (F 659) et le *Champ de blé au soleil levant* (F 737). Dans le premier, il a atteint une impression d'angoisse, écrit-il, «sans viser droit au jardin de Gethsémani historique», et dans le second, il a donné un motif consolant et doux sans avoir à représenter «les personnages du Sermon sur la montagne». Il remercie Bernard de lui avoir envoyé une description de la maison égyptienne à l'Exposition universelle de Paris dont il lui avait demandé une esquisse en octobre.

26 novembre: Remercie Théo de l'envoi d'un paquet contenant des couleurs et un veston de laine. Les couleurs arrivent au bon moment car celles qu'il avait rapportées d'Arles sont presque épuisées.
Il a travaillé tout le mois dans les vergers d'oliviers, dont il a peint cinq toiles de 30, ainsi que trois études déjà envoyées à Théo; ces huit toiles «constituent au moins une attaque de la difficulté». C'est en partie pour réfuter les toiles bibliques de Bernard et de Gauguin (ce qu'il a fait, dit-il à Théo, dans une lettre à chacun d'eux), et en partie pour essayer de capturer l'essence de l'olivier, qui, comme le cyprès, a été rarement saisi en peinture.
Il a besoin d'autres toiles, et souhaite peindre encore «et les cyprès et les Alpines. Je crois que cela doit être le centre du travail que j'ai fait çà et là en Provence.» S'il retournait à Paris, il aurait à cœur «de peindre un jour une librairie de romans à l'étalage jaune, rose, le soir, et les passants noirs – c'est un motif si essentiellement moderne» et «parce que ça paraît aussi au figuré un tel foyer de lumière… cela serait un motif qui ferait bien entre un verger d'oliviers et un champ de blé, les semailles des livres, des estampes».
«Mère doit depuis une bonne quinzaine être à Leyde, j'ai tardé à t'envoyer des toiles pour elle, parce que je les joindrai à la toile du champ de blé [F 737] pour les Vingtistes.»

27 novembre au 5 décembre: Continue de travailler dehors en dépit du froid. Il achève sa première vue du village de Saint-Rémy avec des hommes «en train – sous des platanes énormes – à réparer les trottoirs» (F 657). Dans son atelier, il achève, ou «presque», sa copie des *Bêcheurs* d'après Millet (F 648) et poursuit sa série des oliviers.

6 décembre: Envoie trois paquets d'études, y compris sept tableaux pour sa mère et pour Wil. Le reste est surtout composé d'études d'effets d'automne. La meilleure est «le mûrier jaune contre un ciel très bleu [F 637], puis l'étude de la maison et du parc, dont il y a deux variantes [F 660, F 659]». Une douzaine de toiles de 30 qui ne sont pas sèches seront envoyées plus tard.

7 décembre: Les dix mètres de toile commandés dans sa lettre du 26 novembre arrivent. Il en remercie Théo et lui dit que les tableaux pour leur mère et Wil ont été expédiés la veille. Malgré le froid, il a continué de travailler dehors: «Je crois que cela me fait du bien à moi et au travail.»
«Tu verras que dans les grandes études il y a plus d'empâtements, je prépare la chose par des sortes de lavis à l'essence et puis procède par touches ou hachures colorées et espacées entre elles. Cela donne de l'air et on use moins de couleur.»

8 décembre: Théo écrit sa première lettre depuis trois semaines, répondant aux trois de son frère. Il a reçu le jour même les trois rouleaux de tableaux. «Parmi les toiles il y en a dont l'harmonie est cherchée dans des tons moins éclatants que généralement, il y a cependant beaucoup d'air…»
«Tangui *[sic]* expose beaucoup de tes toiles, il m'a dit qu'il espère vendre le banc avec lierre [F 609]. C'est un beau choix que tu as fait pour Bruxelles. J'ai commandé des cadres.»
Théo rappelle qu'à Paris, Vincent disait souvent qu'il faudrait que soit publié un livre sur Monticelli. Il vient de voir une vingtaine de lithographies d'après des tableaux de cet artiste faites par A.-M. Lauzet (1865-1898) qui doit venir regarder leur collection pour décider s'il veut en reproduire.
«Il est venu encore chez moi cet ami de Bernard nommé Aurier qui est venu une fois rue Lepic. Il s'intéresse beaucoup à ce que tu fais et m'a montré un petit journal qu'il a dirigé *[Le Moderniste illustré]* où il a parlé de la boutique de Tangui et où il cite aussi tes tableaux.»
A Paris «nous sommes en plein hiver et il y a de la neige sur les toits».

Théo a écrit au Dr Peyron (la lettre est perdue) pour lui demander de chauffer la chambre de travail de Vincent et d'en porter les frais en compte. Wil viendra en janvier, pendant la grossesse de Jo.

9 ou 10 décembre: Reçoit des lettres de Théo, de sa mère et de Wil. Cette dernière lui donne des nouvelles de la récente installation à Leyde, de Cor qui est en Afrique du Sud et de la tante Mina, veuve de l'oncle Vincent, le marchand de tableaux. Vincent répond à sa mère et à Wil. A sa mère, il parle surtout de sujets familiaux et de sa santé, mais aussi de sa prochaine exposition à Bruxelles avec Les XX, ainsi que de son souhait de rester une grande partie de l'année à Saint-Rémy, «si ce n'est plus nécessaire pour ma santé, je pense que c'est ce qu'il y a de mieux pour mon travail» et parce que «la contrée n'est pas encore peinte par d'autres, ou très peu. C'est, en effet, une région du Midi pas plus chaude que chez nous, et la plupart des peintres vont plus loin, par exemple vers Nice.» A Wil, il donne la liste des six tableaux qu'il compte envoyer aux XX et dit qu'il travaille à douze grandes toiles, surtout des vergers d'oliviers et une de «grands pins ravagés contre un ciel couchant rouge» (F 652). Il lui dit interrompre cette lettre «pour aller donner quelques coups de brosse à une toile en train». Il vient de recevoir «une très bonne lettre de Théo… [qui] dit que tu viendras peut-être chez eux». Théo va bientôt leur envoyer les toiles peintes pour elles. Puis il consacre plusieurs paragraphes à Bernard, expliquant son caractère et certains de ses tableaux dont «les sujets bibliques bizarres et fort criticables». Mais «Bernard a des parents qui le logent et le nourissent à contrecœur, souvent lui reprochant toujours de ne pas gagner d'argent.»

12 décembre: Gauguin répond à la lettre de Van Gogh du 20 novembre. Il regrette d'avoir tant tardé à le faire sachant que Vincent, isolé en Provence, aime recevoir des nouvelles des *copains*. Les circonstances l'ont empêché d'écrire plus tôt. Avec de Haan, il a entrepris un «assez grand travail», la décoration de la salle de l'auberge de Marie Henry où ils résident au Pouldu. Ils ont commencé par un mur, puis ont fini par faire les quatre, et même un vitrail. Il joint le dessin de la grande peinture de De Haan représentant des paysans travaillant au chanvre sur un fond de meules de paille. Gauguin a peint une paysanne en train de filer au bord de la mer, avec un chien et une vache. Leurs portraits sont sur chaque porte. Puis Gauguin répond aux attaques de Van Gogh à propos de l'utilisation de sujets religieux. Simplicité et rusticité, catholicisme et superstition, explique-t-il, sont synthétisés dans le costume des paysannes bretonnes, leurs sombres couleurs et leur configuration (avec la croix). Il a consulté la nature et il est loin d'être «manieré». En ce moment, il peint une grande toile de femmes ramassant du goémon (Musée Folkwang, Essen). Il poursuit en disant que le «naturel» et le «manieré» ne sont pas des catégories évidentes, ni pouvant être facilement distinguées. Il lui rappelle les sculptures des apôtres du portail de Saint-Trophime à Arles, «vu et exécuté bien différent des hommes du nord avec des *proportions* bien loin de la nature, et cela vous l'avez admiré, sans cauchemard». Il reprend l'argument de Vincent opposant le «rêve» et la «réalité».

13 décembre: De Haan écrit à Théo depuis Le Pouldu, en décrivant une partie de la décoration faite avec Gauguin dans l'auberge de Marie Henry, et mentionnant le dessin de sa grande peinture envoyé par Gauguin.

14 décembre: Reçoit probablement la lettre de Gauguin. Expédie à Théo le *Champ de blé au soleil levant* (F 737) pour l'exposition des XX, en même temps que les deux versions de *La Chambre à coucher* (F 483, F 484). Il y joint aussi deux dessins (F 1552, F 1545).

Vers le 15 décembre: Ecrit à Théo une réponse tardive à sa lettre du 8 décembre. Il se réjouit d'entendre parler du projet de publication des lithographies de Lauzet d'après Monticelli, et espère que leur *Bouquet de fleurs* sera reproduit, dans la mesure où c'est «une chose de premier ordre comme couleur». Il aimerait bien un jour graver lui-même une telle planche lithographique d'après ses propres peintures, comme celle à laquelle il travaille actuellement, des femmes cueillant des olives (F 655). Il doute de faire à nouveau des toiles empâtées car «c'est le résultat de la vie calme de réclusion que je mène et je m'en trouve mieux. Au fond je ne suis pas si violent que cela, enfin je me sens davantage *moi* dans le calme.»
Il dit à Théo qu'il a envoyé la veille des tableaux et des dessins; qu'il est tout à fait résigné à rester à l'asile l'année prochaine: ce sera bon pour son travail et lui permettra de peindre encore des cyprès et les Alpilles. Il a reçu une lettre de Gauguin, «encore fort bien, une lettre bien imprégnée du voisinage de la mer, je crois qu'il doit faire de belles choses, un peu sauvages».
En restant dans le Midi, il aura «une série d'études provençales un peu senties, qui se tiendront, voilà ce que j'espère avec nos lointains souvenirs de jeunesse en Hollande». Il se demande souvent s'il n'aurait pas mieux fait de rester chez Goupil, marchand de tableaux, «car dans le commerce, si on ne produit pas soi-même on fait produire les autres, à présent que tant d'artistes ont besoin de soutien dans les marchands et n'en trouvent que très rarement». Il joint une commande de toiles et de couleurs, et se souvient de deux portraits de Puvis de Chavannes qu'il avait vus, à Paris, à

la galerie Durand-Ruel en décembre 1887.
«Je vais encore travailler un peu dehors; il fait du mistral. Vers le moment du coucher du soleil cela se calme un peu d'habitude, alors il y a des effets superbes de ciels citron pâle et les pins désolés détachent leurs silhouettes là contre avec des effets de dentelle noire exquise. D'autres fois le ciel est rouge, d'autrefois d'un ton extrêmement fin, neutre, de citron pâle encore, mais neutralisé par du lilas fin. J'ai un effet de soir d'un pin encore contre du rose et du jaune vert (F 652).»

20 ou 21 décembre: Envoie à Théo une carte postale (aujourd'hui perdue) lui demandant si les toiles qu'il compte exposer à Bruxelles seront encadrées et prêtes à temps.

22 décembre: Théo écrit à Vincent une longue lettre pleine de nouvelles. L'envoi avec les tableaux du champ de blé et des deux chambres à coucher est arrivé; il aime particulièrement «le dernier, qui comme couleur est comme un bouquet de fleurs». Le champ de blé sera encadré par Tanguy, et le 3 janvier tout partira pour Bruxelles.
Lauzet est venu à la maison pour voir les Monticelli, mais ce qui lui a plu surtout, ce sont les toiles et les dessins de Vincent. «Oh, mais, il les comprend.» Théo lui a offert un dessin de ramasseur de pommes. Le lendemain, Lauzet est revenu au magasin et a échangé un dessin de Saint-Rémy – un «petit bouquet d'arbres sombres contre un ciel avec un croissant de lune, à droite une barrière» – contre un exemplaire de son album des Monticelli.
Réfutant l'idée de Vincent qu'il aurait mieux fait de rester marchand de tableaux, Théo cite sa propre expérience en exemple et évoque le cas de Gauguin. Bien qu'il ait discerné son talent et qu'il ait nombre de ses tableaux en dépôt, il ne peut en vendre aucun. «Il est évident que Gauguin, qui est moitié Inca moitié Européen, superstitieux comme les premiers, et avancé d'idées comme certains de ces derniers ne peut pas travailler tous les jours de même… Ses derniers tableaux sont moins vendables que ceux de l'année dernière. Il m'a écrit la semaine dernière qu'un de ses enfants est tombé d'une fenêtre [à Copenhague] et a été relevé presque mort. On espère cependant le sauver. Il ferait tout pour obtenir un peu d'argent mais je ne peux pas lui en procurer.
»Pissarro aussi est aux abois. Il travaille comme un nègre. Il a fait pour Jo un joli éventail. Des bonnes femmes qui courent dans les champs avec, dans le fond, un arc-en-ciel. Il n'a jusqu'à présent pas vu ce M. d'Auvers, au moins il n'écrit rien à ce sujet.» Il serait peut-être mieux pour Vincent qu'il vienne le printemps prochain et trouve à la campagne une pension lui convenant. Wil est attendue pour le 2 janvier. Cor écrit souvent du Transvaal. Théo est curieux de voir les oliviers et aime beaucoup les deux dessins envoyés (F 1552, F 1545). Cette semaine, les deux tableaux de tournesols (F 454, F 456) étaient exposés chez Tanguy. Ils «faisaient très bien… et égaient le magasin…»
Il vient de recevoir la carte de Vincent; «les tableaux seront prêts à temps [pour Bruxelles]».

23 décembre: Vincent écrit à sa mère et joint une note pour Wil. Cela fait exactement un an qu'il est tombé malade. Il travaille à une répétition des *Femmes récoltant des olives*: «Cette dernière quinzaine j'ai travaillé dur sans cesse.» Il lui dit aussi avoir en train un tableau d'un ravin (F 661) et un autre du parc de l'asile avec de grands sapins sur un ciel noir (F 659). Pour Wil, il joint un poème anglais en rapport avec le *Portrait de la mère de l'artiste* de Whistler (1871; Musée d'Orsay, Paris) et avec de vieux tableaux hollandais. Il leur souhaite «un joyeux Noël, une bonne fin d'année, et un heureux nouvel an».
Il confie aussi à sa mère: «… quand je suis allé à Paris, mon frère s'est attaché si fort à moi… Aujourd'hui (je vous le dis à vous, et pas à lui), il n'est que bon que je ne sois pas resté à Paris; nous nous serions, lui et moi, trop absorbés l'un dans l'autre; la vie n'est pas faite pour cela. Je ne saurais assez vous dire combien je trouve préférable pour lui que les choses soient ce qu'elles sont aujourd'hui, plutôt que comme avant. Il avait trop d'affaires fatigantes en tête; sa santé en souffrait.»
Peu après avoir écrit ces lettres, il a une nouvelle attaque. Il dira plus tard à Théo: «J'avais travaillé avec un calme parfait à des toiles que tu verras bientôt, et que tout à coup, sans raison aucune, l'égarement m'a encore repris.»

24 au 31 décembre: La crise dure toute la semaine. Probablement vers le 28 décembre, le Dr Peyron écrit à Théo (la lettre est perdue). Il donne l'impression que la crise est sérieuse: Vincent a essayé de s'empoisonner en mangeant ses peintures. Dans de telles circonstances, Peyron ne l'autorise plus à peindre, mais seulement à dessiner pour le moment.

1890

1er janvier: Ecrit à Théo, en réponse à la lettre de son frère du 22 décembre, lui souhaite ainsi qu'à Jo une heureuse année et regrette d'avoir «encore une fois eu la tête bien dérangée». Il a pu y avoir une incompréhension à propos des tableaux à exposer aux XX parce que, au cours de sa crise, Vincent a répondu au Dr Peyron qu'il ne voulait pas exposer, ce qui n'avait pas de raison d'être; il espère que les tableaux ont bien été envoyés. Il est troublé par les récents malheurs de Gauguin, dont le fils est tombé de la fenêtre. Il a reçu des lettres de sa mère et de Wil.

2 janvier: Lors d'une visite du révérend Salles, Vincent repète sa consternation d'être confiné avec ces «compagnons d'infortune qui ne font rien de la journée, de la semaine, du mois, de l'année», comme il l'a dit de nombreuses fois à Théo, et incite Salles à ne plus jamais recommander cet asile. Il lui donne «une petite toile avec des géraniums roses et rouges sur un fond tout noir, comme dans le temps j'en ai fait à Paris» (la peinture est perdue).
Venant de Leyde, Wil arrive à Paris pour rester avec Théo et Jo et les aider pendant la grossesse. (Elle restera jusqu'au 9 février.)

3 janvier: Vincent écrit à Théo et lui raconte la visite du pasteur Salles. Il a envoyé aujourd'hui une quinzaine de toiles. Elles doivent être montées sur châssis et encadrées de blanc. Il a expédié deux tableaux à son ami Roulin, le postier d'Arles qui vit maintenant à Marseille: «Un mas blanc dans les oliviers [F 664], et un champ de blé avec fond de montagnes lilas et un arbre noir [F 663].» Il a fait une promenade dans les champs et a consulté une édition illustrée de l'*Histoire de France* de Jules Michelet, mais ne s'est pas remis à peindre.
Théo répond à la lettre de Vincent du 1er janvier. Après avoir reçu le message du Dr Peyron lui disant que Vincent avait essayé de manger ses couleurs, il est rassuré qu'il puisse déjà lui écrire. Néanmoins, Vincent devrait mettre de côté sa peinture pour quelque temps et faire des dessins. Les tableaux pour Bruxelles ont été expédiés ce jour. Il n'a pas de nouvelles de Gauguin.
Le Dr Peyron écrit probablement une lettre (perdue) pour rassurer Théo.

4 janvier: Vincent répond immédiatement à Théo, alors même qu'il lui a écrit la veille. Il essaie de rassurer son frère et lui explique: «Je n'ai jamais travaillé avec plus de calme que dans mes dernières toiles.» Il espère avoir l'occasion de sortir quand le temps le permettra: «Pour donner une idée de la Provence il est indispensable de faire encore quelques toiles de cyprès et des montagnes.»
Il a bien envie d'aller encore une fois à Arles, peut-être vers la fin de février.
«A présent je viens de faire un petit portrait d'un des garçons d'ici, qu'il voulait envoyer à sa mère, c'est pour dire que j'ai déjà repris le travail et s'il s'y trouvait un obstacle, M. Peyron probablement m'aurait pas laissé faire.»

Vers le 5 janvier: Ecrit aux Ginoux, pensant sans aucun doute à une visite possible en Arles, et leur raconte sa récente maladie: «J'ai été assez mal pris, cependant cela a très vite fini; je n'en ai pas eu pour une semaine.» Il se souvient qu'il y a un an Mme Ginoux a été malade en même temps que lui, qu'elle n'est pas encore bien, et il espère qu'elle se rétablira bientôt. «Pour moi la maladie m'a fait du bien, ce serait ingrat de ne pas en convenir. Cela m'a calmé et très différent de ce que je m'étais figuré cette année...» Dans une quinzaine, il espère leur rendre visite «pour essayer de distraire pour un moment notre chère malade, pour qu'elle reprenne son sourire habituel pour nous faire plaisir à tous qui la connaissons».

7 janvier: Le colis d'une quinzaine de toiles expédié à Théo le 3 janvier arrive dans la soirée.

8 janvier: Théo accuse réception du colis de peintures arrivé en bon état. Il aime tout particulièrement *La Veillée*, d'après Millet (F 647), *Le Ravin* (F 662) et les *Cantonniers* (F 657): «Il y a plus d'atmosphère, plus de distance que dans les précédentes.» Une seconde lettre du Dr Peyron arrive, elle rassure Théo quant à l'état de Vincent qui continue à peindre. Si Vincent souhaite venir et rester un peu pendant le printemps, il peut avoir la petite chambre dans leur appartement. Jo va très bien, mais Wil est arrivée tellement enrhumée qu'elle a «été obligée de rester au lit ce matin».

Vers le 10 janvier: Vincent répond à la lettre de Théo. Les toiles et les couleurs viennent d'arriver. «J'ai assez de motifs de tableaux en tête pour lorsque le temps permettra de travailler dehors.» Il a l'intention de faire d'autres copies d'après Millet. Ce matin, il a vu le Dr Peyron: «Il dit qu'il me laisse toute liberté pour me distraire, et qu'il faut réagir contre la mélancolie tant que je veux, ce que je fais volontiers.» Un des employés de l'asile connaît un autre établissement à Montdevergues, près d'Avignon, moins cher que Saint-Paul-de-Mausole, où les patients sont habillés par l'établissement et, surtout, au lieu de rester oisifs, travaillent la terre, ou dans une forge ou encore une menuiserie. Cela lui procurerait non seulement des compagnons plus actifs, mais aussi des modèles pour ses peintures et les dessins. Il va commencer à travailler à ses copies d'après Millet, le «champ sous la neige» (F 632) et *Les Premiers Pas* (F 668). Il voudrait aussi peindre des copies des *Buveurs* de Daumier (F 667) et *Le Bagne* de Régamey d'après des gravures sur bois qu'il charge Théo de lui trouver.
Il écrit à Gauguin (la lettre est perdue), lui demandant si lui et de Haan ont l'intention de rester en Bretagne. Si oui, ils aimeraient peut-être utiliser ses meubles (actuellement en dépôt chez les Ginoux); il pourrait même les rejoindre. Il joint deux dessins, dont un d'une femme cueillant des olives (aujourd'hui perdu), et mentionne que ses tableaux ont été envoyés à Bruxelles.

12 janvier: Lauzet rend visite à Théo qui lui montre les récents envois de Vincent. «Comme c'est bien la Provence!» commente Lauzet, lui-même Provençal.

17 janvier: Ce jour-là sans doute, Théo se rend à l'atelier de Degas accompagné de Wil.
Ouverture à Bruxelles du Salon des XX.
Gauguin répond probablement à la lettre de Van Gogh (celle du 10 janvier). Il est extrêmement déprimé: après trois mois au Pouldu, il n'a plus que 30 francs en poche; il a le sentiment qu'il est inutile de continuer à peindre; à Copenhague, un de ses enfants est tombé par la fenêtre du troisième étage. Il aime beaucoup les deux dessins que Van Gogh lui a envoyés et particulièrement celui de la femme cueillant des olives. Il espère aller au Tonkin. De Haan, lui aussi, a des difficultés financières.

19 janvier: Van Gogh va à Arles, où il rend visite à Mme Ginoux.
A Paris, le révérend Salles va voir Théo et Jo, mais ils ne sont pas chez eux.
Lauzet quitte Paris pour passer deux semaines à Marseille. Théo espère qu'il ira voir Vincent à Saint-Rémy.
Aucune nouvelle directe de Van Gogh au cours de la semaine écoulée. Il continue à travailler à ses copies d'après Millet et, de toute évidence, ne peint pas dehors.

20 janvier: Ecrit à Wil. Ne lui dit pas être allé à Arles, mais seulement avoir vu «une malade [Mme Ginoux] chez qui il y avait une complication assez inquiétante, nerveuse et retour d'âge pénible». Il espère qu'elle aimera le tableau des femmes dans les oliviers peint pour elle et leur mère. Il y a quelques jours, il en a envoyé «le dessin à Gauguin [qui] m'a dit qu'il le trouvait bien». Le mois prochain, il ira travailler dehors. Il lui demande ce qu'elle a lu récemment, lui-même n'ayant pas lu du tout. Il la prie de lui écrire.
Il écrit à Théo (la lettre est perdue), à propos de sa visite à Arles.
Il écrit probablement à Gauguin, lui décrivant aussi sa visite à Arles.

21 janvier: Une nouvelle fois, Vincent souffre d'une crise, deux jours après sa visite à Arles. Cette attaque dure une semaine.

22 janvier: Théo, qui n'est pas au courant des récents événements, écrit à Vincent: «Je suis bien aise de savoir que tu te portes mieux et que le voyage d'Arles s'est effectué sans mauvaise suite.» Puis il parle de Lauzet, des XX (citant un compte rendu), du prochain Salon des Indépendants en mars et de la série des oliviers qu'il admire – «celui avec le coucher de soleil est superbe».
De Paris, Wil écrit sans doute à Vincent.

Vers le 25 janvier: Théo envoie par la poste un rouleau de papiers. Celui-ci comprend d'autres reproductions de Millet, à partir desquelles Vincent pourra poursuivre sa série de copies, un compte rendu de l'exposition des XX à Bruxelles, un exemplaire de l'article d'Aurier, «Les Isolés: Vincent van Gogh», publié dans *Le Mercure de France*, et enfin des copies des *Buveurs* de Daumier ainsi que de *La Ronde des Prisonniers* de Doré, que Théo a envoyée à la place de celle de Régamey demandée par Vincent dans sa lettre du 10 janvier.

Vers le 28 janvier: Gauguin écrit à Van Gogh à propos de la suggestion de s'intaller à nouveau ensemble. Il suggère Anvers, où lui, Vincent et de Haan pourraient fonder un atelier; il y a des musées et ils seraient en relation avec les Vingtistes. (Gauguin a dû confondre «Anvers» – Antwerpen – avec «Auvers», dont Van Gogh lui a presque certainement parlé dans ses lettres.) Mais comme ce projet est encore vague, Gauguin continue de poursuivre celui du Tonkin.

29 janvier: Alors que son accouchement est imminent, Jo écrit à Vincent. Il est minuit; Théo, Wil et leur mère sont autour d'elle: «Ce matin Théo avait apporté l'article du *Mercure*, et après l'avoir lu, Wil et moi avons parlé de vous un long moment.» Elle attend la naissance pour très bientôt, peut-être le lendemain matin. Théo et elle sont impatients de recevoir la prochaine lettre de Vincent.
Le Dr Peyron écrit à Théo pour lui dire que Vincent est «de nouveau en proie à un nouvel accès». Il confirme avoir reçu la lettre chargée de Théo du 22 janvier ainsi que le rouleau de papiers remis par la poste. La crise est survenue deux jours après une journée passée à Arles la semaine dernière. «Aujourd'hui, il est incapable de se livrer à un travail quelconque et ne répond que par des paroles incohérentes

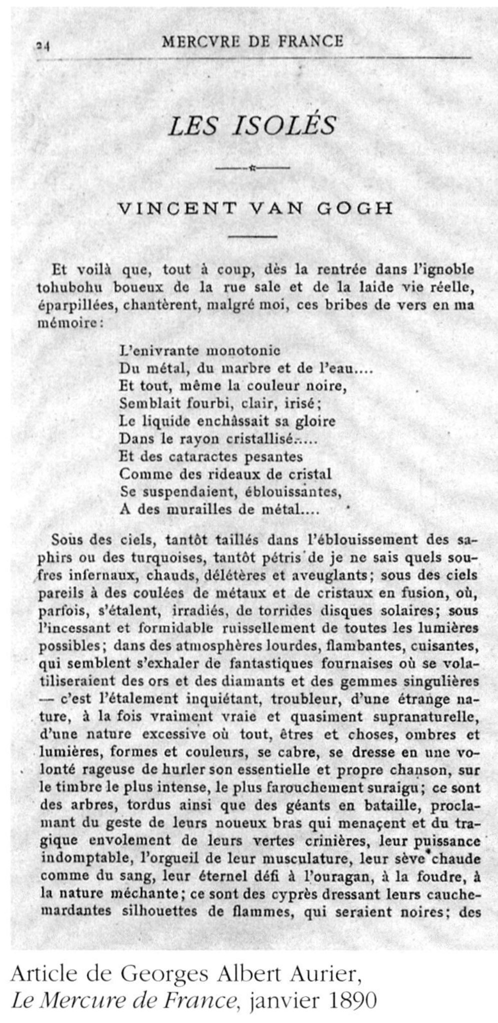
24 MERCVRE DE FRANCE

LES ISOLÉS

VINCENT VAN GOGH

Et voilà que, tout à coup, dès la rentrée dans l'ignoble tohubohu boueux de la rue sale et de la laide vie réelle, éparpillées, chantèrent, malgré moi, ces bribes de vers en ma mémoire:

L'enivrante monotonie
Du métal, du marbre et de l'eau....
Et tout, même la couleur noire,
Semblait fourbi, clair, irisé;
Le liquide enchâssait sa gloire
Dans le rayon cristallisé.....
Et des cataractes pesantes
Comme des rideaux de cristal
Se suspendaient, éblouissantes,
A des murailles de métal....

Sous des ciels, tantôt taillés dans l'éblouissement des saphirs ou des turquoises, tantôt pétris de je ne sais quels soufres infernaux, chauds, délétères et aveuglants; sous des ciels pareils à des coulées de métaux et de cristaux en fusion, où, parfois, s'étalent, irradiés, de torrides disques solaires; sous l'incessant et formidable ruissellement de toutes les lumières possibles; dans des atmosphères lourdes, flambantes, cuisantes, qui semblent s'exhaler de fantastiques fournaises où se volatiliseraient des ors et des diamants et des gemmes singulières — c'est l'étalement inquiétant, troubleur, d'une étrange nature, à la fois vraiment vraie et quasiment supranaturelle, d'une nature excessive où tout, êtres et choses, ombres et lumières, formes et couleurs, se cabre, se dresse en une volonté rageuse de hurler son essentielle et propre chanson, sur le timbre le plus intense, le plus farouchement suraigu; ce sont des arbres, tordus ainsi que des géants en bataille, proclamant du geste de leurs noueux bras qui menaçent et du tragique envolement de leurs vertes crinières, leur puissance indomptable, l'orgueil de leur musculature, leur sève chaude comme du sang, leur éternel défi à l'ouragan, à la foudre, à la nature méchante; ce sont des cyprès dressant leurs cauchemardantes silhouettes de flammes, qui seraient noires; des

Article de Georges Albert Aurier, *Le Mercure de France*, janvier 1890

aux questions qu'on lui adresse. J'espère que tout cela se dissipera, comme les autres fois.»

31 janvier: Reçoit la lettre de Jo et y répond immédiatement. Il attend l'annonce de la naissance du bébé: «Comme Théo sera heureux, lui aussi, quand il vous verra rétablie. Ce sera comme si un petit soleil se levait en lui.» Il va mieux, a lu la lettre de Théo du 22 janvier avec grand plaisir, a reçu une «bonne lettre» de Gauguin et demande à Jo de prévenir Wil qu'il a reçu la sienne.
Théo écrit à Vincent, infiniment désolé d'apprendre, par la lettre du Dr Peyron du 29 janvier, qu'il a eu une nouvelle crise, mais la nouvelle tant attendue est que Jo «a mis au monde un beau garçon qui crie beaucoup, mais qui a l'air bien portant». Il s'appellera Vincent (Vincent Willem van Gogh, 1890-1978), et ils forment le vœu qu'il sera «aussi persévérant et aussi courageux que toi». Il reçoit une lettre de sa mère, «assez longue et très sereine».
Il écrit, pour la première fois depuis l'automne 1888, à son ami le peintre australien John Russell qui vit à Belle-Ile, sur la côte bretonne. Il est à nouveau entré en contact avec lui à cause de la proposition de Gauguin de fonder un atelier à Anvers, mais aussi parce qu'il pense que Russell pourrait acheter une peinture de Gauguin. En outre, il lui envoie le petit rouleau de photographies de Millet que vient de lui faire parvenir Théo – «pour vous rappeler, mon frère et moi, à votre bon souvenir». Ayant donné ces nouvelles, il annonce à Russell que Théo est maintenant marié et qu'il va être père, que Gauguin lutte toujours, actuellement en compagnie d'un artiste hollandais, Meyer de Haan, et que Gauguin et lui sont «encore toujours amis... mais peut-être n'ignorez-vous pas que moi je suis malade et que j'ai eu plus d'une fois des crises nerveuses graves et du délire. Cela a été cause qu'ayant dû aller dans un asile d'aliénés nous nous sommes séparés, lui et moi. Mais que de fois avons-nous auparavant causé de vous ensemble.» Vincent envoie aussi à Russell un article consacré à l'exposition des XX. Il lui demande, lors de son prochain séjour à Paris, de venir chez Théo choisir une toile de lui qui figurera dans la collection qu'il constitue pour son Australie natale.

2 février: Reçoit la bonne nouvelle de la naissance d'un garçon, et répond immédiatement. Il est extrêmement surpris de l'article d'Aurier dont il discute longuement l'interprétation. Il rapporte la proposition vague de Gauguin de fonder un studio à Anvers avec de Haan et lui-même, «mais il disait qu'il poursuit d'abord à outrance son projet du Tonkin et paraît refroidi pour je ne sais pas au juste quel motif, pour continuer à peindre». Il vient d'écrire à Russell, «pour lui rappeler un peu Gauguin... Gauguin et Russell c'est des gens à fond rustique; sauvage non, mais avec une certaine douceur des champs lointains innée». Il a d'importants «scrupules de conscience», craignant de sembler plagier Millet. Il a pris beaucoup de photographies qu'il a envoyées «sans hésiter à Russell pour que je ne les revoie pas sans réflexion faite... Maintenant la maladie me rend fort sensitif et je ne me sens pour le moment pas capable de continuer ces ‹traductions›, alors qu'il s'agirait de tels chefs-d'œuvre. Je fais halte-là au ‹Semeur› [F 689] qui est en train, et ne vient pas comme cela serait désirable.»
Il souhaite que Lauzet lui rende visite quand il viendra dans le Midi; est toujours préoccupé par l'état de Mme Ginoux; demande à Théo de remercier Wil pour sa lettre dont il remet la réponse à plusieurs jours; enverra à Théo un mot pour Aurier et lui donnera une étude en remerciement de son article.

Vers le 3 février: Ecrit aux Ginoux, leur expliquant qu'il a «été indisposé cette dernière semaine» et qu'il n'a pu venir voir Mme Ginoux ni s'enquérir d'elle. Il a reçu des nouvelles de Gauguin et a eu, à Bruxelles et à Paris, des articles sur ses tableaux.

4 au 7 février: Copie *Les Buveurs* (F 667) de Daumier et *La Ronde des prisonniers* (F 669) de Doré; retravaille les *Cyprès* (F 620) qu'il a l'intention d'offrir à Aurier.

8 février: Gauguin, venant de Bretagne, arrive à Paris.

9 février: Théo lui écrit. Jo et le bébé vont bien tous les deux. «Ce matin Wil est partie. Elle nous a donné un bon coup de main dans le ménage. C'est une brave fille. J'étais une fois avec elle chez Degas qui disait d'elle qu'elle lui rappelait plusieurs figures dans de vieux tableaux hollandais et lui donnait bien envie d'aller voir les musées chez nous. Il a sorti plusieurs choses pour lui faire voir ce qui lui plaisait beaucoup.» Théo et Wil ont aussi visité le Louvre, où plusieurs peintures ont été déplacées, ce qui fait que l'on peut voir, comme avant, une peinture de Vermeer ainsi que *Le Philosophe en méditation* (1633) et *Un philosophe tenant un livre ouvert* (1633) de Rembrandt, qui viennent tous deux d'être nettoyés.
«Hier Gauguin est venu à Paris et il demandait beaucoup après toi. Il vient ici pour voir s'il peut trouver à se placer pour faire n'importe quoi pour gagner sa vie, car il paraît que de Haan est très géné aussi.» Théo décrit une nature morte exécutée par de Haan: «Des oignons roses et oranges, des pommes vertes et un pot de terre.»
Van Gogh achève sa lettre à Aurier. Il a pensé à sa réponse à l'article de celui-ci pendant toute la semaine. Il est en train d'écrire à Théo et de lui joindre la lettre destinée à Aurier lorsque arrive la missive de Théo du 9 février. Il jette sa lettre et en recom-

mence une autre. Il est très content des nouvelles de Jo et de Wil: «Je trouve [qu'elle a] eu de la chance de voir Degas chez lui.»

«Et ainsi Gauguin est revenu à Paris. Je vais copier ma réponse à M. Aurier pour la lui envoyer, et toi tu lui feras lire l'article du *Mercure*…» La toile des *Cyprès* pour Aurier est «terriblement empâtée et travaillée comme certains Monticelli…»

Pour le Salon des Indépendants en mars, «j'espère… t'envoyer encore quelques toiles, qui sèchent dans ce moment; si elles n'arrivent pas à temps, tu ferais un choix dans celles qui sont chez le père Tanguy.»

Il considère que la meilleure politique est de rester à Saint-Rémy, tout en venant quelque temps chez Théo à Paris.

Discutant l'idée de Gauguin de fonder un atelier à Anvers, il dit qu'il a peu foi en sa réalisation. Il lui écrira un de ces jours pour lui transmettre sa réponse à Aurier. Il va bientôt écrire à Gauguin, principalement pour lui envoyer copie de sa réponse à l'article d'Aurier. Si la tentative de Gauguin de se faire une place à Paris n'aboutissait pas, il pourrait aller dans le Midi. Mais il est très habile et réussira probablement. Il propose que Gauguin prenne la répétition des *Tournesols* (F 455, F 459) et celle de *La Berceuse* en échange de quelque chose de lui qui ferait plaisir à Théo.

Il joint sa lettre à Aurier et demande à Théo de la lui renvoyer après l'avoir lue.

11 au 17 février: Travaille au portrait d'une Arlésienne, et probablement aussi à «une grande toile bleu de ciel sur lequel se détachent des branches fleuries» (F 671) destinée à son neveu. Ecrit probablement à Gauguin, en lui joignant copie de sa lettre à Aurier.

18 février: De retour à Leyde, Wil écrit à Vincent.

Théo lui écrit également (la lettre est perdue), pour lui annoncer qu'une de ses toiles a été vendue 400 francs à Bruxelles, et qu'il organise à la galerie une exposition consacrée à Camille Pissarro.

19 février: Reçoit la lettre de Théo lui annonçant la vente de son tableau à Bruxelles.

Vers le 20 février: Recevant une lettre de Wil postée de Leyde, il y répond en même temps qu'à sa lettre de Paris du 22 janvier. Il lui parle de sa peinture des branches d'amandier en fleur et de l'Arlésienne; de sa réponse à l'article d'Aurier; de son succès à Bruxelles; de sa conviction en la grandeur de Millet, le peintre des paysans. «Je vais essayer demain ou après-demain d'aller encore une fois à Arles pour voir si je supporte le voyage et la vie ordinaire sans que les attaques reviennent.»

Il écrit à sa mère, ce qu'il a remis depuis au moins trois semaines: «Voilà déjà plusieurs jours que je projetais de répondre à votre lettre, mais je ne pouvais pas écrire, j'étais occupé à peindre du matin jusqu'au soir, et le temps passait ainsi.» La peinture des grosses branches fleuries d'amandier est pour la chambre de Théo et Jo. «Les jours derniers nous avons eu un temps assez triste; mais aujourd'hui c'est un vrai printemps. Les champs de blé verts, les collines lilas dans le lointain, tout était si beau!» Il a été très surpris de lire l'article d'Aurier, a vendu une peinture à Bruxelles. Gauguin voudrait aller à Anvers, mais cela ne semble pas réaliste; lui-même préférerait «retourner dans le Nord», et commencerait «par essayer de vivre d'abord environ quelques semaines à Paris».

21 février: Vincent a sûrement répondu à la lettre de Théo lui annonçant la vente pour 400 francs de son tableau à Bruxelles. Aucune de ces deux lettres ne subsiste.

22 février: Se rend à Arles, emportant avec lui une version de *L'Arlésienne* avec l'intention de l'offrir à Mme Ginoux. Il est victime d'une nouvelle crise qui est rapportée à Théo par le Dr Peyron.

23 février: Apprenant que Van Gogh a eu une attaque en Arles, le Dr Peyron envoie deux hommes avec une carriole pour le ramener à l'asile. On ne sait où il a passé la nuit du samedi. La toile de *L'Arlésienne* n'est pas retrouvée.

24 février: Le Dr Peyron écrit à Théo, accusant réception d'une lettre recommandée adressée à Vincent, et rendant compte de l'attaque qui a eu lieu à Arles. «Je remarque que les accès se rapprochent et surviennent après chaque déplacement qu'il fait en dehors de la maison. Je ne crois pas qu'il se livre à aucun excès lorsqu'il est libre de ses mouvements, car je l'ai toujours vu sobre et réservé. Mais je suis obligé de reconnaître que chaque fois qu'il fait une petite excursion, il devient malade. Il en a pour quelques jours et il reviendra à la santé comme les autres fois.»

Malheureusement l'optimisme du Dr Peyron croyant en un rétablissement rapide se révèle infondé. Théo et Jo continuent d'écrire à Vincent pendant le mois de mars.

19 mars: Inauguration privée du Salon des Indépendants, où Van Gogh est représenté par dix peintures. Présent avec Jo à l'ouverture, Théo écrit à son frère dans la soirée. Jo et lui regrettent «du fond du cœur que tu ne puisses donner de meilleures nouvelles. Il te faudra énormément de patience pour surmonter l'ennui que doit te causer ton état… Tes tableaux sont bien placés et font très bien. Il y en a beaucoup qui sont venus pour me prier de te faire leurs compliments. Gauguin disait que tes tableaux sont le clou de l'exposition. Il propose un échange d'une de ses toiles contre celui des Alpines [F 661].» Théo décrit les tableaux exposés par Seurat, Guillaumin et Toulouse-Lautrec. Son exposition consacrée à Camille Pissarro est terminée; beau-

coup de personnes l'ont vue et cinq œuvres ont été vendues. Bernard et Aurier doivent venir voir les dernières toiles de Van Gogh dimanche prochain (23 mars). Théo joint la réponse d'Aurier à sa lettre pour Vincent (cette lettre est perdue). Maus lui a écrit à propos du succès de Van Gogh aux XX et lui a envoyé l'argent de la vente du tableau.
Gauguin écrit aussi, le complimentant pour son œuvre aux Indépendants et lui proposant l'échange d'une de ses peintures contre *Le Ravin* (F 661), tableau qu'il a longuement commenté avec Aurier, Bernard, et de nombreux autres. «J'hésitais beaucoup à vous écrire sachant que vous veniez d'avoir une crise assez longue, aussi je vous prie de ne me répondre que lorsque vous vous sentirez tout à fait en force. Espérons qu'avec les chaleurs qui vont venir vous allez enfin vous guérir, l'hiver vous est toujours dangereux.»

23 mars: Bernard et Aurier vont sans doute voir Théo pour regarder les peintures de Van Gogh.
Théo rencontre le Dr Gachet pour la première fois.

29 mars: Jo écrit à Vincent, lui envoyant des vœux pour son anniversaire. Le bébé pousse bien, mais laisse peu de loisir à sa mère. Toutefois, elle «s'est organisée pour se libérer un peu lors de l'ouverture des Indépendants pour voir vos tableaux. Ici le temps est comme en plein été – horriblement chaud – et je redoute l'arrivée des jours chauds.»
Théo, lui aussi, écrit à son frère pour lui souhaiter son anniversaire. Il a vu le Dr Gachet: «Quand je lui racontais comment se produisent tes crises, il me disait qu'il ne croyait pas que cela avait quelque chose à faire avec la folie et que si c'était ce qu'il croyait il répondait qu'il te guérirait…» Théo n'est pas retourné à l'exposition des Indépendants, «mais Pissarro, qui y allait tous les jours me dit que tu as un vrai succès parmi les artistes». Il joint quelques reproductions de gravures de Rembrandt.

30 mars: 37e anniversaire de Van Gogh.

1er avril: Le Dr Peyron écrit à Théo: «M. Vincent n'a pas encore recouvré toute sa lucidité d'esprit, et il est incapable pour le moment de répondre à vos lettres. Cet accès met plus longtemps à disparaître que les précédents. Par moments on croirait qu'il va revenir à lui; il rend compte des sensations qu'il éprouve, puis quelques heures après la scène change, le malade redevient triste et soucieux et ne répond plus aux questions qu'on lui adresse. J'ai confiance qu'il reviendra à la raison comme les autres fois, mais c'est beaucoup plus long à venir. Dès qu'il se sentira capable d'écrire il vous donnera lui-même de ses nouvelles.»

2 au 22 avril: Pas de nouvelles de Vincent au cours de ces trois semaines. Apparemment, le Dr Peyron n'envoie pas de nouveau rapport à Théo, et rien ne subsiste de Théo au Dr Peyron (par exemple une réponse à sa lettre du 1er avril). Néanmoins, au cours de cette longue maladie (22 février au 24 avril), Van Gogh ne reste pas totalement inactif. «Que te dire de ces deux mois passés? Cela ne va pas bien du tout, je suis triste et embêté plus que je ne saurais t'exprimer et je ne sais plus ou j'en suis…» Néanmoins, «étant malade j'ai bien encore fait quelques petites toiles de tête… des souvenirs du Nord…»
A sa mère et à Wil, il décrit son activité en leur expliquant: «Pendant que j'étais malade, j'ai tout de même pu peindre, notamment un souvenir du Brabant: des chaumières au toit moussu et des haies de hêtres, par un soir d'automne, avec ciel d'orage, le soleil rouge se couchant dans des nuages roux [F 673]. Et

Photographie du Dr Paul Ferdinand Gachet, vers 1890.
Musée Van Gogh, Amsterdam

aussi un champ de navets, avec des femmes en train de cueillir les feuilles dans la neige [F 695].»
Pendant ces deux mois de crises, il a fait de nombreux petits dessins, le thème dominant étant «mémoires du Nord» (F 1585 à F 1620). Pendant sa maladie, il a reçu une lettre de Russell datant probablement de la fin février (la lettre est perdue). Il ne semble pas avoir répondu.

23 avril: Théo écrit: «Ton silence nous prouve que tu souffres toujours et j'ai besoin de te dire mon cher frère que Jo et moi nous souffrons aussi te sachant toujours malade.» La semaine dernière, ils ont fêté un an de mariage. Pissarro l'a invité avec Jo à passer deux jours à Eragny-sur-Epte pour la Pentecôte (25-26 mai). Les dix tableaux de Van Gogh aux Indépendants «ont beaucoup de succès» et sont célébrés par des artistes aussi différents qu'Ernest-Ange Duez (1843-1896; «faites des compliments à votre frère et dites lui que ses tableaux sont bien remarquables»), Monet («a dit que tes tableaux étaient les meilleurs de l'exposition») et Charles-Emmanuel Serret (1824-1900) qui a été «ravi». («Il dit que s'il n'avait pas un genre où il avait des choses à dire il changerait et chercherait dans la voie que tu cherches.») Lauzet est de nouveau à Paris, de retour de Marseille. Il regrette de n'avoir pas pu faire de détour par Saint-Rémy.

24 avril: Reçoit la lettre de Théo du 23 avril et répond immédiatement: «Aujourd'hui j'ai voulu essayer de lire les lettres qui étaient venues pour moi, mais je n'avais pas encore assez de netteté pour pouvoir les comprendre. Pourtant j'essaye de te répondre de suite et ai espoir que cela se dissipera dans quelques jours d'ici.» Il promet d'envoyer sous peu des toiles et demande de transmettre bien des choses aux Pissarro. Gauguin et Russell lui ont écrit. «J'ai grand désir de reprendre mon travail pourtant.» Il espère lui écrire à nouveau le lendemain ou le jour suivant.

29 avril: Bien qu'ayant l'intention d'écrire à Théo, Vincent jusqu'à présent n'a pu le faire. Il lui écrit tout spécialement pour souhaiter à son frère un bon anniversaire le 1er mai. Il lui envoie un lot de peintures, mais comme «ceux-là n'étant pas destinés au public, peut-être, en feras-tu cadeau à nos sœurs». Dans ce lot, il y a des copies d'après Millet, des champs d'oliviers, des versions de *L'Arlésienne* (l'une est pour Gauguin) et les *Cyprès* (F 620) pour Aurier. Il joint une commande de peintures, de brosses et de toiles. Il retravaille et vient de terminer «un coin de prairie ensoleillée, que je crois plus ou moins vigoureux» (F 676). Il réclame quelques-uns de ses vieux dessins de Nuenen, car il songe à refaire certains de ces sujets. Le Dr Peyron étant absent, il n'a pas encore lu toutes les lettres de la famille. Il insiste pour quitter l'asile: «Mais où aller? Je ne crois pas qu'on puisse être plus enfermé et prisonnier dans les maisons où l'on n'a pas la prétention de vous laisser libre, telles qu'à Charenton ou Montdevergues.»
Plus tard dans la journée, il écrit aussi à sa mère et à Wil, répétant qu'il «n'en désire pas moins s'en aller d'ici», et qu'au cours des jours précédents il a été occupé à peindre «une prairie avec des pissenlits jaunes, en plein soleil» (F 676), et qu'il aimerait bien qu'on lui envoie d'anciennes études et des dessins.
Dans ces deux lettres, il associe la publication de l'article d'Aurier avec sa crise de deux mois. «Quand j'ai appris que mes œuvres avaient eu un peu de succès et que j'ai lu l'article en question, j'ai craint immédiatement que cela me décourage. Il en va presque toujours ainsi, dans la vie du peintre; le succès est ce qu'il y a de pire.» A Théo, il dit: «Veuillez prier M. Laurier *[sic]* de ne plus écrire des articles sur ma peinture, dis-le-lui avec insistance, que d'abord il se trompe sur mon compte puisque réellement je me sens trop abîmé de chagrin pour pouvoir faire face à de la publicité.»

1er mai: 33e anniversaire de Théo.

2 mai: Au retour du Dr Peyron, on remet à Van Gogh plusieurs lettres de sa famille. Il répond à Théo, le remerciant pour les reproductions gravées d'après Rembrandt, en particulier *La Résurrection de Lazare*. «Ce matin de bonne heure je l'ai regardé et je me suis souvenu de ce qu'en dit Charles Blanc non seulement, mais en effet qu'il ne dit même pas tout.» Il est heureux de faire un échange avec Gauguin dont il joint la lettre du 19 mars. Il a envie de retourner dans le Nord et a discuté de cette éventualité avec le Dr Peyron. Il demande à Théo de fixer une date pour son arrivée à Paris et il s'arrangera pour se faire accompagner soit à Tarascon soit à Lyon. Il laissera ses meubles pour le moment chez les Ginoux à Arles. «J'ai recouvré, une fois que je suis sorti dans le parc, toute ma clarté pour le travail; j'ai des idées en tête plus que jamais je ne pourrais exécuter… Les coups de brosse vont comme une machine.» Il croit que, dès qu'il sera délivré d'ici, il «trouvera [son] aplomb» dans le Nord. Le Dr Peyron «a été bien bon de t'écrire [lettre du 1er avril]; il t'écrit encore aujourd'hui [la lettre est perdue]».

3 mai: Théo écrit à Vincent, se réjouissant de ses lettres du 24 avril et du 2 mai. Les toiles sont arrivées, «et il y en a qui sont fort belles»: le portrait de Trabuc (F 629) et «l'autre bonhomme avec sa face boursouflée [F 703], sont extraordinaires»; les branches d'amandier en fleur (F 671) et «les copies de Millet sont peut-être ce que tu as fait de plus beau». Les couleurs de Tasset et de Tanguy ont été envoyées. La toile de cyprès pour Aurier est «une des plus belles que tu aies encore faites, elle a la richesse d'une queue de paon». Les cadres ont été réalisés conformément aux souhaits de Vincent, et Théo remettra très bientôt la peinture à Aurier. Théo «approuve absolument» le plan de son frère de retourner dans le Nord, mais Vincent doit obtenir l'accord de Peyron et il doit absolument se faire accompagner durant tout le trajet. Quant à lui, «les affaires sont bonnes et il a ce qu'il veut».
Tandis que Théo écrit depuis Paris, Vincent envoie une autre lettre de Saint-Rémy, mettant en relief son besoin de retourner dans le Nord: «*Je crois que le mieux sera que j'aille moi-même voir ce médecin à la campagne le plus tôt possible*; alors on pourra bientôt décider si c'est chez lui ou provisoirement à l'auberge que j'irai loger; et ainsi on évitera un séjour trop prolongé à Paris, chose que je redouterais.» Sa lettre contient un croquis d'après la

Johanna van Gogh-Bonger avec son fils Vincent Willem van Gogh, 1889. Musée Van Gogh, Amsterdam

peinture qu'il a faite de trois personnages figurant à l'arrière-plan de l'eau-forte de Rembrandt *La Résurrection de Lazare* (F 677). Il en a aussi achevé «encore une d'un coin de verdure» (F 672) et a essayé de copier *Le Bon Samaritain* de Delacroix (F 633). Il a lu dans *Le Figaro* qu'Ernest Quost (1844-1931) a un «tableau rudement bien» au Salon. (Dans *Le Figaro* du 30 avril, Albert Wolff écrit à propos des *Fleurs de Pâques* de Quost: «M. Quost peint avec virtuosité des fleurs *en plein air*, en pleine lumière, tout en vert, et tout en jaune.»)

4 mai: Vincent reçoit la lettre de Théo du 3 avec une photographie de Jo et du bébé. Il répond immédiatement et insiste catégoriquement pour ne pas se faire accompagner pendant tout le trajet pour Paris. Il vient de le dire au Dr Peyron en observant que «les crises, comme je viens d'en avoir une, ont toujours été suivies de trois ou quatre mois de calme complet». Répétant son avertissement d'il y a six mois, il le presse d'agir vite, dans la quinzaine tout au plus, et même dans la semaine lui serait plus agréable. Il accepte d'être accompagné jusqu'à Tarascon, «même une ou deux gares plus loin si tu y tiens». Une fois à Paris, il pense qu'il ne restera chez Théo que deux ou trois jours, puis il se rendra à Auvers pour y rencontrer le Dr Gachet et logera à l'auberge si nécessaire. Théo doit donc écrire sans tarder au Dr Gachet (Vincent rédige un brouillon de cette lettre d'introduction), ainsi qu'au Dr Peyron, «qu'il me laisse partir, mettons le 15 au plus tard».
Il a «fait deux toiles de l'herbe fraîche dans le parc [F 676, F 672], dont il y en a une d'une simplicité extrême». Il va essayer de faire une peinture d'après la photographie de Jo et du bébé.

5 au 9 mai: Aucune lettre est échangée entre Théo et son frère. Vincent continue de travailler à des natures mortes d'iris et de roses ainsi qu'à des paysages.

9 mai: Sur l'insistance de Vincent, Théo écrit deux lettres, une au Dr Peyron (la lettre est perdue), l'autre au Dr Gachet: «Permettez-moi de vous rappeler la conversation que nous avions quand j'avais l'honneur de faire votre connaissance [c'est-à-dire vers le 26 mars]. Nous parlions de mon frère, le peintre, qui actuellement se trouve à Saint-Rémy, dans la maison du Dr Peyron. Vous me faisiez espérer que par vos soins il retrouverait peut-être son état normal. Il est très bien en ce moment et m'écrit des lettres très raisonnables. Il a un grand désir de venir à Paris pour quelques jours et ensuite pour aller travailler à la campagne... Croyez-vous qu'il serait prudent de le faire accompagner par quelqu'un pendant le voyage? Lui-même sent une répulsion à devoir être gardé et me supplie de lui laisser faire le voyage seul. J'aimerais avoir votre avis là-dessus.»

10 mai: Théo écrit à Vincent, le remerciant de ses lettres des 3 et 4 mai. Il adhère au projet de voyage de son frère. Il a écrit la veille à la fois au Dr Gachet et au Dr Peyron. Il n'a pas encore visité le Salon, que l'on dit «bien médiocre; mais il y a une exposition de dessins Japonais et d'estampes qui est superbe, et que tu devras voir quand tu seras là. Je voudrais que tu sois déjà là.» (Cette exposition, à l'Ecole des beaux-arts, s'est tenue du 23 avril au 30 juin 1890.) Théo joint 150 francs pour le voyage.

11 ou 12 mai: Ecrit à Théo pour accuser réception des 150 francs. Il a aussi reçu les toiles et les couleurs de Tasset. «A présent le mieux continue, toute l'horrible crise a disparu comme un orage et je travaille pour donner un dernier coup de brosse ici avec une ardeur calme et continue.» Il a en train une nature morte de roses (F 681) et deux autres d'iris violets (F 678, F 680). «Ces toiles prendront bien un mois à sécher, mais l'employé d'ici [Trabuc] se chargera de les expédier après mon départ.» Le jour même, il commence à faire sa malle.
Il écrit aussi aux Ginoux, leur demandant, comme il retourne dans le Nord, d'envoyer ses deux lits et le miroir par fret à Paris, et leur exprime son regret d'être tombé malade le jour où il est allé en Arles leur dire au revoir.

13 mai: Ecrit à nouveau à Théo. Il a eu une longue discussion avec le Dr Peyron qui lui a donné l'autorisation de faire sa malle. Ses bagages sont envoyés par le train. Il emportera avec lui quelques cadres, son chevalet et des châssis. Il espère être à Paris avant dimanche, «pour pas-

ser la journée que tu auras libre, tranquillement avec vous autres. J'espère bien à la première occasion voir André Bonger aussi.» Il vient de terminer une autre toile de roses (F 681) et d'écrire aux Ginoux pour faire expédier les lits.
«A Paris – si je m'en sens la force – j'aurais un grand désir de faire tout de suite un tableau d'une librairie jaune (effet de gaz), que depuis si longtemps j'ai en tête. Tu verras que dès le lendemain de mon arrivée, je serai en train. Je te dis, pour le travail je me sens la tête sereine absolument, et les coups de brosse me viennent et se suivent très logiquement.»

16 mai: Vincent quitte l'asile de Saint-Rémy pour Paris. De Tarascon, il télégraphie à Théo pour lui dire qu'il arrivera le lendemain à 10 h en Gare de Lyon. Théo ne peut dormir, inquiet à l'idée que son frère voyage seul toute une journée entre Tarascon et Paris.
Le Dr Peyron consigne ses observations dans le registre des internés volontaires de l'asile: «Malade calme la plupart du temps. A eu pendant son séjour dans la maison plusieurs accès qui ont présenté une durée de quinze jours à un mois; pendant ces accès le malade est exposé à des terreurs terrifiantes; il a essayé à diverses reprises de s'empoisonner soit en avalant de la couleur dont il se servait pour la peinture, soit en absorbant de l'essence de pétrole qu'il avait soustraite au garçon au moment où on garnissait ses lampes. Le dernier accès qu'il a eu s'est déclaré après un voyage qu'il fit à Arles, et il a duré environ deux mois. Dans l'intervalle des accès le malade est parfaitement tranquille et lucide, il se livre alors avec ardeur à la peinture. Aujourd'hui il demande sa sortie pour aller habiter le nord de la France, espérant que ce climat lui sera plus favorable.» Dans la colonne intitulée «Observations», il écrit: «Guérison.»

PARIS
17-20 mai 1890

1890

17 mai: Vincent arrive à 10 h en Gare de Lyon, où il est attendu par Théo. Jo attend leur retour dans leur appartement, au quatrième étage du 8, Cité Pigalle: «L'attente avant leur arrivée semblait une éternité. Je commençais à avoir peur que quelque chose soit arrivé quand je vis enfin un fiacre ouvert entrer dans la Cité; deux visages joyeux me saluaient de la tête, deux mains me faisaient signe, et quelques instants plus tard Vincent était en face de moi.» Jo est étonnée de trouver «un homme robuste, à forte carrure, avec un teint en pleine santé, un visage souriant, et un air très déterminé, ... [qui] semblait bien plus fort que Théo.» Les deux frères allèrent regarder le bébé dormir dans son berceau, «tous les deux avaient les larmes aux yeux». En souriant, Vincent s'est tourné vers Jo, et montrant la simple couverture au crochet, lui dit: «Petite sœur, ne le couvrez pas trop de dentelles.»
Pour sa part, la première impression de Vincent est que Théo est plus pâle que lorsque les deux frères se sont quittés en février 1888, et que sa toux a empiré. «Mais en causant et lorsqu'on le voyait de près pourtant je le trouvais certes, tout bien compté, plutôt changé à son avantage, et Jo est pleine de bon sens et de bonne volonté.» Il remarque aussi que Théo a moins d'appétit: «Pour nos tempéraments il faudrait une nourriture très solide. Sois donc sage là-dedans, surtout Jo aussi, ayant son enfant à nourrir.»
Les impressions de Théo sur Vincent sont décrites dans une lettre du 2 juin à Wil: «Il n'a jamais semblé si bien portant, et par la manière dont il parle il est aussi tout à fait normal. Mais cependant il sent que ces attaques peuvent recommencer, et il en a peur. Il semble qu'elles surviennent soudainement, et à Saint-Rémy rien n'était fait, en aucune manière, en dehors de lui imposer un repos complet.»
Vincent passe probablement toute la journée dans leur appartement.

18 mai: Vincent se lève très tôt, anxieux de regarder ses peintures. Dans la salle à manger, au-dessus de la cheminée sont accrochés *Les Mangeurs de pommes de terre* (F 82); dans le salon, *La Moisson* (F 412), *La Nuit étoilée sur le Rhône* (F 474), récemment exposée aux Indépendants, et, accrochée au-dessus du piano, la toile des branches d'amandier en fleur (F 671) faite spécialement pour son neveu. En plus, une énorme pile de toiles non encadrées est posée sur le sol; il les étudie avec la plus grande attention, ainsi que d'autres encore, entreposées sous le lit.
Les deux frères visitent la boutique de Tanguy, au 14, rue Clauzel, où Vincent peut voir la chambre mansardée récemment louée par Théo pour entreposer non seulement les peintures de Vincent, mais aussi celles constituant la collection qu'ils ont en commun et qui comprend des œuvres d'artistes comme Russell, Guillaumin et Bernard. Ils visitent également le Salon du Champ-de-Mars, un groupe sécessionniste de l'ancien Salon, présidé par Meissonier, dont l'exposition inaugurale vient d'ouvrir, le 15 mai. Vincent est vivement impressionné par *Inter artes et naturam* de Puvis de Chavannes. Il a aussi remarqué des tableaux peints au Japon par Louis Dumoulin (1860-1924). Mais les deux frères ne visitent pas le Salon officiel ni, bien que Vincent l'ait souhaité, l'exposition japonaise à l'Ecole des beaux-arts.
Dans la soirée, il rencontre Andries Bonger, le frère de Jo, qui «avait l'air fort et calme et qui raisonnait ma foi, avec une grande justesse sur les choses artistiques». Bonger écrit à ses parents le 21 mai: «J'ai vu

[Vincent] dimanche après-midi. Il semble mieux que jamais, et a pris du poids. Il parle normalement et avec animation. Je pense que cela lui a fait du bien de quitter cette institution.» Jo parlera, plus tard, de «nombreux visiteurs», mais elle n'en nomme aucun. Il est certain que Gauguin, toujours à Paris, n'a pas croisé Vincent, et que celui-ci n'a pas vu ses tableaux. Il n'y a pas non plus de preuve qu'il ait rencontré d'autres artistes, comme les Pissarro, Guillaumin, Toulouse-Lautrec, Bernard ou Signac. Il n'a pas vu non plus les critiques Aurier et Isaäcson (reparti en Hollande), mais il a lu les deux récents articles de ce dernier sur les impressionnistes dans la revue *De Portefeuille* des 10 et 17 mai.

19 mai: Jo racontera plus tard qu'ils n'ont jamais mentionné Saint-Rémy au cours du séjour de Vincent à Paris, pendant lequel il «était tout le temps de bonne humeur et plein d'entrain [...] Il est sorti acheter des olives car il en mange chaque jour et a insisté pour que nous en prenions de même.» Néanmoins, après seulement trois jours à Paris, il a «bien senti que tout le bruit n'est pas ce qu'il me faut»; cela fait «un tel mauvais effet sur lui qu'il a pensé qu'il était plus sage pour sa tête de filer à la campagne». Il confesse aussi qu'«après cette longue réclusion les journées me paraissent des semaines». Sa décision de quitter Paris après seulement trois jours incite Théo à écrire sa lettre de recommandation au Dr Gachet. Datée du 19 mai, elle est écrite au 8, Cité Pigalle, et non de son bureau chez Boussod & Valadon, de sorte qu'elle a été probablement rédigée dans la soirée:
«Mon frère est seulement arrivé samedi dernier; nous n'avons donc pas pu venir à votre consultation [le vendredi, à Paris]. Comme il ne veut pas se fatiguer trop à Paris, il a décidé de partir pour Auvers et d'aller vous voir. Vous verrez qu'actuellement il va très bien. Je vous serais bien obligé si vous voulez bien lui donner vos soins et lui donner des indications qui vous sembleront possibles au sujet d'une habitation. Je me permettrai de venir vous voir un de ces vendredi pour vous demander vos instructions et vos impressions.»
Van Gogh quitte Paris sans avoir fait aucun tableau, ni retouché d'anciennes toiles, ni même commencé sa représentation, depuis longtemps rêvée, d'une librairie à la lumière d'un réverbère.

AUVERS-SUR-OISE
20 mai – 29 juillet 1890

1890

20 mai: Vincent quitte Paris pour Auvers-sur-Oise, emportant avec lui quatre toiles de Saint-Rémy – l'*Autoportrait* (F 627), *L'Arlésienne* (F 540?), la *Pietà* (F 630) et probablement *La Ronde des prisonniers* (F 669) – ainsi qu'une lettre d'introduction de Théo auprès du Dr Gachet.

La maison du Dr Gachet, vers 1935.
Photographie de John Rewald

Lorsqu'il le rencontre, le Dr Gachet lui fait «l'impression d'être assez excentrique, mais son expérience de docteur doit le tenir lui-même en équilibre en combattant le mal nerveux, duquel certes il me paraît attaqué au moins aussi gravement que moi». La maison de Gachet «est pleine de vieilleries noires, noires, noires à l'exception des tableaux impressionnistes», dont «un *très* beau Pissarro, hiver avec maison rouge dans la neige, et deux beaux bouquets de Cézanne. Aussi un autre Cézanne, du village.» Gachet le conduit à une auberge, le Café-Auberge Saint-Aubin, rue Rémy, où la pension est à 6 francs par jour. Van Gogh juge le prix excessif et en trouve une autre à 3 fr. 50. Située place de la Mairie, en face de l'hôtel de ville, cette petite auberge est tenue par Arthur Gustave Ravoux, qui s'y est installé deux ans auparavant venant de Paris. Il est marié et a deux filles âgées de 12 et de 1 an. Vincent loue une chambre dans les combles.
«Auvers est bien beau, beaucoup de vieux chaumes entre autres, ce qui devient rare... car réellement c'est gravement beau, c'est de la pleine campagne caractéristique et pittoresque.»
Il commence une lettre à Wil dans laquelle il s'excuse de n'avoir pas répondu à sa missive reçue à Saint-Rémy. Cela a été une grande joie pour lui de revoir Théo et de faire connaissance avec Jo et le bébé: «Jo a fait sur moi une impression excellente, elle est charmante et bien simple et brave.» Le bruit et l'animation de Paris l'ont conduit dans ce «vieux village» d'Auvers où il y a «des toits de chaume moussus qui sont superbes». Après avoir décrit certaines de ses dernières œuvres de Saint-Rémy, il parle de sa visite à l'exposition du Champ-de-Mars «où il y a beaucoup de choses» qu'il «aime fort». (La lettre se termine brusquement à cet endroit, la suite étant perdue.)

Auberge Ravoux, Auvers-sur-Oise, vers 1891. Institut Van Gogh, Auvers-sur-Oise

Pour l'instant, il n'a pas encore peint ni dessiné.

21 mai: Ecrit de nouveau à Théo et à Jo. Il a terminé sa première peinture: «J'ai une étude de vieux toits de chaume avec sur l'avant-plan un champ de pois en fleurs et du blé, fond de colline» (F 750). Il demande à Théo de lui envoyer de l'argent d'ici à la fin de la semaine, ainsi que 10 mètres de toile, 20 feuilles de papier Ingres («Ceux-là il me les faudrait *quand même* pour ne pas perdre de temps. Il y a beaucoup à dessiner ici»), et le manuel de Bargue *Exercices au fusain pour préparer à l'étude de l'académie d'après nature*, qu'il a l'intention de copier. Veut voir le Dr Gachet, qui n'est pas chez lui, car il a ses consultations à Paris trois jours par semaine. «... ma maladie je n'y peux rien – je souffre un peu de ces jours-ci – c'est qu'après cette longue réclusion les journées me paraissent des semaines. J'avais ça à Paris et ici aussi, mais le travail marchant un peu, la sérénité viendra.» Serait content que Théo et Jo viennent bientôt le voir.

23 mai: Ecrit une troisième lettre à Théo et à Jo. Cette fois, le ton est pessimiste et critique, et en même temps accusateur et suspicieux. Il exprime sa surprise de n'avoir pas été entendu par son frère, et d'avoir dû quitter Paris sans aucun engagement financier précis, se demandant si sa pension sera de 150 francs par mois, payés en trois fois, comme c'était le cas en Arles. Lors de son bref séjour à Paris, il constate que Théo, Jo et le petit «sont un peu sur les dents et éreintés», et que cet enfant de 3 mois devrait être élevé à la campagne. «Puisque vous avez bien voulu le nommer après moi, je désirerais qu'il eût une âme moins inquiète que la mienne, qui sombre.» Il leur conseille de passer ce mois de vacances à la campagne, à Auvers, plutôt qu'en Hollande («... mais le voyage en Hollande je redoute que ce sera un comble pour nous tous»). A Paris, il reconnaît qu'il était «dans l'ahurissement». Maintenant, il va bien et travaille dur; il a ainsi achevé quatre peintures (F 750, F 751, F 752 et probablement F 794) et deux dessins (F 1640r, F 1624), dont «une vieille vigne avec une figure de paysanne». Pour lui, «il ne faut *aucunement* compter sur le Dr Gachet. D'abord il est plus malade que moi à ce qu'il m'a paru, ou mettons juste autant, voilà.» Il est aussi préoccupé par ses peintures et particulièrement par celles de sa collection – qui appartiennent aussi à Théo – qui sont en train de s'abîmer dans le «trou à punaises» de Tanguy que Théo a loué spécialement pour les stocker. A Auvers, il peut avoir un logement, «trois pièces pour 150 francs par an», qui lui permettrait de conserver, dans des conditions plus favorables que chez Tanguy, sa collection ainsi que ses propres toiles, qu'il pourrait alors retoucher. Il espère qu'ils se reverront «bientôt à têtes plus reposées» et que Théo lui écrira par retour du courrier.

Le Dr Gachet rend sans doute visite à Théo à sa galerie, avant ou après ses consultations de l'après-midi.

24 mai: Théo adresse sa première lettre à Auvers, répondant à celle de Vincent du 23, et y joint 50 francs. (La lettre est perdue, mais une partie de son contenu est indirectement connue.) Il promet d'envoyer les toiles et le papier Ingres demandés le 21. Il rappelle à Vincent que leur mère insiste pour voir le petit et que, dès lors, la famille doit passer ses vacances en Hollande plutôt qu'à Auvers. Il lui rapporte que le peintre belge Anna Boch (1848-1933) a acheté une de ses toiles, et que Gauguin a vu son *Arlésienne* (F 543).
Brouillon d'une lettre à Isaäcson, dans laquelle Vincent déclare avoir récemment lu à Paris la suite de son article sur l'impressionnisme dans la revue *De Portefeuille*. Tout en faisant l'éloge de la volonté consciencieuse d'Isaäcson d'informer ses lecteurs hollandais de ce qui se passe à Paris, il le met en garde: «Puisque peut-être vous avez quelques mots aussi de moi dans votre prochain article je répéterai mes scrupules pour que vous disiez juste que quelques mots étant *décidément* assuré que jamais je ferai des choses importantes.» L'objet de sa lettre est de décrire en détail sa série de «vergers d'oliviers». Il lui explique également que Puvis de Chavannes est aussi important que Delacroix, et dépeint la toile vue le samedi précédent au Salon du Champ-de-Mars. Si «Millet c'est la voix du blé et Jules Breton aussi», alors «Puvis de Chavannes ou un autre va nous expliquer les oliviers».
A Auvers, le temps est «pluvieux et orageux».

25 mai: Le temps est de nouveau pluvieux et orageux. Vincent envoie une dépêche à Saint-Rémy à propos de sa malle qui n'est toujours pas arrivée. Il reçoit une lettre de Théo. Il déjeune avec le Dr Gachet – manifestement pour la première fois – et ensuite, selon le fils Gachet, grave son portrait (voir cat. no 85). Dans la soirée, il écrit à Théo, espérant toujours que celui-ci et Jo décideront «de prendre un repos à la campagne au lieu du voyage traditionnel en Hollande». Il est intrigué de savoir quel est le tableau acheté par Anna Boch et déclare qu'il devrait écrire à son frère, le peintre Eugène Guillaume Boch (dont il a peint le portrait en Arles, F 462), suggérant l'échange de deux de ses études «contre une de chacun d'eux». Il reparle à Théo de son dessin de vieille vigne (F 1624), «dont je me propose de faire une toile de trente» (il n'existe aucune toile de cette taille de ce motif), puis de deux études de marronniers (F 751, F 752). «Si les circonstances me le permettront, j'espère faire un peu de figure.» «Vaguement des tableaux se présentent à ma vision, qu'il prendra du temps pour mettre au clair, mais ça viendra peu à peu.» Il joint une lettre pour Isaäcson (actuellement perdue), écrite d'après le brouillon de la veille.
Théo, Jo et le bébé visitent Saint-Cloud. Selon Théo, ils sont «pris par un violent orage comme il n'en a jamais vu. Le café où ils trouvent refuge était envahi par l'eau; il y en avait trente centimètres. Cela, la précipitation et la bousculade à la tombée de la nuit pour attraper le train [c'était la Pentecôte] les a inquiété, il a attrapé un gros rhume de cerveau, et si Jo n'a rien eu, son lait peut avoir été gâté parce qu'elle avait les pieds mouillés.»

27 mai: Le matin, peint chez le Dr Gachet, et achève une étude du jardin (F 755), puis déjeune avec Gachet et sa famille. Dans l'après-midi, Gachet se rend à l'Auberge Ravoux pour voir les peintures de Vincent, y compris les quatre de Saint-Rémy apportées de Paris.
Inauguration de l'exposition des œuvres de Raffaëlli à la galerie de Théo, 19, boulevard Montmartre.

28 au 31 mai: Pas de témoignage écrit de son activité, de ce qu'il a peint ou dessiné.

1er juin: Se rend chez le Dr Gachet, où il peint une autre vue du jardin, avec «des roses blanches, de la vigne et une figure blanche là-dedans» (F 756), qu'il offre à Gachet, en même temps que le premier tableau du jardin peint le 27 mai. A commencé, presque certainement, à travailler au portrait du Dr Gachet (F 753).

2 juin: Théo écrit sa première lettre depuis le 24 mars. Il a été très occupé par l'exposition de Raffaëlli à sa galerie, qui reste ouverte jusqu'à 22 heures. Il aimerait bien, avec Jo et le bébé, passer quelque temps à Auvers pour se reposer, mais il doit aussi aller voir sa mère et ses beaux-parents en Hollande. Il décrit les pluies torrentielles qui se sont abattues sur Saint-Cloud le jour de la Pentecôte. Le Dr Peyron lui a écrit (la lettre est perdue). Un paquet de Saint-Rémy qu'il avait réexpédié à Auvers lui a été retourné.

3 juin: Reçoit le matin une lettre de Théo contenant un billet de 50 francs.
Vincent répond, adressant sa lettre, pour la première fois depuis son séjour à Auvers, à Théo seul. Tout comme Théo, qui n'a pas écrit depuis le 24 mai, Vincent, lui, ne l'a pas fait depuis le 25. Il s'en explique ainsi: «Depuis plusieurs jours j'aurais désiré t'écrire à tête reposée, mais ai été absorbé par le travail.» Cette lettre, la plus longue et la plus importante à ce jour, est dominée par ce qu'il dit du Dr Gachet, dont il parle longtemps en tant qu'homme, médecin et ami. Il décrit la maison qui est pleine, pleine «comme celle d'un marchand d'antiquités… dans tout cela il y a ceci de bon que pour arranger des fleurs ou des natures mortes, il y aurait toujours de quoi». Ses déjeuners et dîners sont «plutôt une corvée pour moi car l'excellent homme se donne du mal pour faire

des dîners où il y a quatre ou cinq plats ce qui est abominable pour lui comme pour moi – car il n'a certes pas l'estomac fort». De son jardin, il a fait deux études (F 755, F 756) «pour lui montrer, que si ce n'est pas un cas où on lui payerait en argent, nous le dédommagerons pourtant toujours de ce qu'il ferait pour nous». Par-dessus tout, il a peint le portrait du Dr Gachet (F 753); à sa description, il joint un croquis rapide. Le docteur est «absolument *fanatique*» de l'*Autoportrait* (F 627): «Il est maintenant aussi arrivé à comprendre le dernier portrait d'Arlésienne [F 540?] … il revient lorsqu'il vient voir les études tout le temps sur ces deux portraits et il les admet en plein, mais en plein, tels qu'ils sont.» Le Dr Gachet a regardé très longtemps la copie de la *Pietà* de Delacroix (F 630), et a «demandé que je lui en refasse une copie pour lui». Il peut aider Vincent à trouver des modèles et lui «fera peut-être bien avoir des [commandes de] portraits». Vincent souhaite faire un portrait de Marguerite, la fille de Gachet, «avec laquelle je me figure aisément que Jo sera vite ami».

«Desmoulins [Dumoulin], celui qui a des tableaux japonais au Champ de Mars, est revenu ici et j'espère bien le rencontrer.» Il demande à Théo ce que Gauguin a dit du dernier portrait d'*Arlésienne* (F 543); c'est la première mention de Gauguin depuis son arrivée à Auvers. «Gachet a un Guillaumin, femme nue sur un lit que je trouve fort belle, il a aussi un très ancien portrait de Guillaumin, très différent du nôtre, noir mais intéressant.»

Il n'a toujours pas trouvé d'atelier pour y mettre les toiles qui sont chez Théo et chez Tanguy – «Il faut encore beaucoup y retoucher.» Il vit «au jour le jour – il fait si beau. Et la santé va bien, je me couche à 9 heures, mais me lève à 5 heures la plupart du temps.» Il espère «que cela continuera que je me sens bien plus sûr de mon pinceau qu'avant d'aller à Arles. Et M. Gachet dit qu'il trouverait fort improbable que cela revienne, et que cela va tout à fait bien.»

Il a besoin «aussitôt que possible de douze tubes de zinc blanc et de deux tubes de moyens de laque géranium» de chez Tasset. Il redemande les *Exercices au fusain* de Bargue, afin de copier les soixante feuilles de nus: «Si je négligeais d'étudier encore les proportions et le nu, je me trouverais mal pris plus tard.» Il est très touché par la lettre du Dr Peyron demandant de ses nouvelles; il lui écrit le soir même. Peint peut-être *L'Eglise d'Auvers* (F 789).

4 juin: Ecrit au Dr Peyron (la lettre est perdue). Adresse sa première lettre à sa mère depuis qu'il est à Auvers, lui parlant de ses derniers jours à Saint-Rémy et de ses trois jours à Paris chez Théo et Jo. Il vient d'écrire «aujourd'hui même» au Dr Peyron. Il parle avec sympathie du Dr Gachet dont les soins et l'hospitalité peuvent être payés en tableaux. Il espère qu'avant d'aller en Hollande, Théo et Jo passeront quelques jours à Auvers, «car nous nous sommes peu vus, et toujours pressés».

Il écrit aussi à Wil, abandonnant le brouillon qu'il avait commencé le 20 mai, mais ne le détruisant pas. C'est sa première lettre à Wil depuis son départ de Saint-Rémy. Il lui donne des nouvelles de Théo, de Jo et du bébé, et lui dit combien il a été content de faire leur connaissance et de revoir Andries Bonger, le frère de Jo. Il considère le Dr Gachet comme «un vrai ami, tout à fait et quelque chose comme un nouveau frère, tellement nous nous ressemblons physiquement et moralement aussi… J'ai fait son portrait l'autre jour et vais peindre aussi celui de sa fille qui a dix-neuf ans [en fait vingt].»

Il décrit ses deux tableaux du jardin (F 755, F 756) et «un grand tableau de l'église du village [F 789] – un effet où le bâtiment paraît violacé contre un ciel d'un bleu profond et simple, de cobalt pur, les fenêtres à vitraux paraissent comme des taches bleu d'outremer, le toit est violet et en partie orangé. Sur l'avant plan un peu de verdure fleurie et du sable ensoleillé rose. C'est encore presque la même chose que les études que je fis à Nuenen de la vieille tour et du cimetière [par exemple, F 84], seulement à présent la couleur est probablement plus expressive, plus somptueuse.»

Il poursuit en expliquant à Wil qu'il a travaillé «comme un enragé» au cours des deux dernières semaines de son séjour à Saint-Rémy, «surtout à des bouquets de fleurs, roses [F 681, F 682] et iris violets [F 678, F 680]». Son tableau des branches fleuries d'un amandier (F 671), peint pour son neveu, est maintenant accroché au-dessus du piano dans l'appartement de Théo et de Jo. Il avoue sa passion pour le «portrait moderne», citant en détail le *Portrait du Dr Gachet*, *L'Arlésienne* et l'*Autoportrait*. Il répète à Wil ce qu'il a écrit à Isaäcson à propos du Puvis de Chavannes du Salon du Champ-de-Mars, dont il fait de mémoire un croquis, par ailleurs inexact.

Le Dr Gachet va voir Théo à sa galerie; il lui dit alors que Vincent est complètement guéri et qu'il ne voit pas de raison pour que les crises reprennent. Il invite Théo et sa famille à lui rendre visite le dimanche suivant à Auvers.

5 juin: Théo raconte à Vincent la visite du Dr Gachet à la galerie, et lui annonce que Jo et lui espèrent venir à Auvers dimanche. Mais cela dépendra de la santé du bébé, qui a été bouleversé depuis la Pentecôte à Saint-Cloud. Il lui dit que Guillaumin «a mis à ta disposition un magnifique tableau qui était chez Tanguy ‹Coucher de Soleil›. Il fera bien dans ton atelier.» Le peintre néo-impressionniste Léo Gausson (1860-1944) veut aussi faire un échange de peintures. Aurier est «enchanté par ton tableau des cyprès», et a l'intention d'accompagner Théo à Auvers un dimanche.

6 juin: La lettre de Théo du 5 juin arrive.
Théo envoie les couleurs de Tasset et les *Exercices au fusain* de Bargue.

7 juin: Selon Paul Gachet fils, Van Gogh commence le second portrait du Dr Gachet (F 754) le 5 ou 6 juin, probablement sans modèle, et le termine, chez le modèle, le samedi 7 juin.

8 juin: Théo et Jo décident d'accepter l'invitation du Dr Gachet de lui rendre visite à Auvers. Ils quittent Paris par le train de 10 h 25 et arrivent à Chaponval, petit hameau à l'ouest d'Auvers, à 11 h 26. En 1913, Jo se rappellera la visite: «Vincent vint nous accueillir au train; il apportait un nid d'oiseau comme jeu pour son petit neveu et homonyme. Il insista pour porter lui-même le bébé et n'eut de cesse avant de lui avoir montré tous les animaux de la cour.» Peu après, Vincent décrit lui-même la scène à sa mère: «Mon petit homonyme a fait un peu, pour la première fois, connaissance avec le règne animal, vu que la maison compte huit chats, huit chiens, des poules, des lapins, des oies, des pigeons, etc., en grand nombre.»
Après le déjeuner dans le jardin du Dr Gachet, ils font tous une longue promenade. Théo parle à Vincent de son exposition Raffaëlli, et particulièrement de sa présentation des dessins sur de la cretonne. Ils vont probablement à l'Auberge Ravoux, où Vincent montre à Théo certaines de ses peintures récentes, dont peut-être *L'Eglise d'Auvers*, bien qu'il n'y ait aucune preuve qu'ils y allèrent alors. «La journée était si remarquablement tranquille, si heureuse», se souviendra Jo en décembre 1913. Théo et Jo retournent à Paris par le train de 17 h 58.

10 juin: Ecrit à Théo et à Jo: «La journée de dimanche m'a laissé un souvenir bien agréable, ainsi on se sent bien qu'on est moins loin les uns des autres, et j'espère que nous nous reverrons plus souvent. Depuis dimanche j'ai fait deux études de maisons dans la verdure [sans doute F 759 et F 792].
»... à côté de la maison où je suis il est venu s'établir toute une colonie d'Américains qui font de la peinture, mais je n'ai pas encore vu ce qu'ils font.» Il presse Théo de prendre une décision quant à la location d'une maison: «Ici [chez Ravoux], je paye 1 franc par jour pour mon coucher, donc *si j'avais les meubles*, la différence de 365 francs ou de 400 ne serait pas à mon avis d'importance très grande, et alors j'aimerais bien que vous autres eussiez en même temps que moi un pied à terre à la campagne. Mais je commence à croire que je dois considérer les meubles comme perdus.» Il vient d'écrire pour la troisième fois à Mme Ginoux à propos de ces meubles. Par coïncidence, Mme Ginoux écrit aussi à Van Gogh le même jour.
A propos de sa santé, il écrit: «C'est drôle tout de même que le cauchemar ait cessé ici à tel point, je l'ai toujours dit à M. Peyron que le retour dans le Nord m'en débarasserait, mais drôle aussi que sous la direction de celui-là, qui pourtant est très capable et me voulait décidément du bien, cela avait plutôt aggravé.»
Il revient sur la question de ses tableaux stockés dans la mansarde de Tanguy. Il lui demande de «se mettre incontinent à l'œuvre pour déclouer toutes les toiles qui sont sur chassis là-haut dans la mansarde», d'en faire des rouleaux, «des paquets des chassis» et de les envoyer par la messagerie à la gare de Pontoise, où il les fera prendre ou viendra avec Gachet les chercher. Il ajoute avoir vu dans l'appartement de Théo «dans le tas qui est sous le lit, beaucoup [de tableaux] que je peux retoucher, je crois, à leur avantage». Il regrette de n'avoir pas vu l'exposition Raffaëlli organisée par Théo. «Un jour ou un autre je crois que je trouverai moyen de faire une exposition à moi dans un café.» Il ajoute qu'il ne détesterait pas exposer avec Jules Chéret (1836-1932), dont trois affiches ont été montrées par Théo dans sa galerie en avril 1888. Dans toute sa correspondance d'Auvers, c'est la seule mention de son souhait d'exposer son œuvre.

11 juin: Van Gogh travaille sans doute à une peinture de vignes (F 762), que le Dr Gachet admire.

12 juin: Reçoit la lettre du 10 juin de Mme Ginoux, lui annonçant que ses meubles lui seront expédiés d'Arles samedi. Il lui répond immédiatement, lui disant son regret de n'avoir pas pu prendre congé d'elle et de son mari, mais, au cours des derniers mois de son séjour à Saint-Rémy, «j'attrapai davantage la maladie des autres plutôt que de guérir la mienne. La société des autres malades m'influençait mal.» Il explique que c'est pour cela qu'il est retourné dans le Nord; ici, «le médecin dit qu'il faut se jeter dans le travail en plein et ainsi me distraire. Celui-là se connaît bien en peinture et aime beaucoup la mienne, il m'encourage fort et deux, trois fois par semaine, il vient passer quelques heures avec moi pour voir ce que je fais.» Des articles ont été écrits sur ses tableaux, à Paris, à Bruxelles et en Hollande, et «cela fait que beaucoup de gens ont été voir mes tableaux et que j'en ai vendu dans de meilleures conditions. Et ce n'est pas fini. Il est d'ailleurs certain que depuis que j'ai cessé de boire j'ai fait du meilleur travail qu'auparavant et il y a toujours cela de gagné.»
Jour d'averses. Il travaille à une toile de 30 (F 760) qu'il décrit le lendemain dans une lettre à Wil: «Hier

dans la pluie [non *dans la place*], j'ai peint un grand paysage où l'on aperçoit des champs à perte de vue, vus d'une hauteur, des verdures différentes, un champ de pommes de terre vert sombre, entre les plans réguliers la terre grasse et violette, un champ de pois en fleurs blanchissant à côté, un champ de luzerne à fleurs roses avec une figurine de faucheur, un champ d'herbe longue et mûre d'un ton fauve, puis les blés, des peupliers, une dernière ligne de collines bleues à l'horizon au bas desquelles un train passe, laissant derrière soi dans la verdure une immense traînée de blanche fumée. Une route blanche traverse la toile. Sur la route une petite voiture et des maisons blanches à toits rouge cru au bord de cette route. De la pluie fine raye le tout de lignes bleues ou grises.» Le motif dépeint une vue prise près de la maison du Dr Gachet, ce qui suggère qu'il a pu voir son ami ce jour-là.

13 juin: Ecrit à sa mère, se souvenant de Nuenen «comme à travers un miroir, pour d'obscures raisons» et opposant le passé et le présent, la famille et l'isolement, l'art et la vie. Son œuvre, bien que peu comprise encore, est pour lui «l'unique lien qui relie le passé au présent». Il dit qu'il y a beaucoup de peintres dans le village et mentionne, comme il l'a fait dans sa lettre du 10 juin à Théo et à Jo, une famille d'Américains tout près de chez lui: «Mais je n'ai encore rien vu de leur travail, et en général c'est sans consistance. Théo, sa femme et son enfant sont venus dimanche. Nous avons déjeuné chez le docteur Gachet... Ça a été pour moi une impression très reposante de vivre plus près d'eux.»

Après avoir écrit à sa mère, il ajoute une lettre de deux pages pour sa sœur Wil: «... ces jours-ci je travaille beaucoup et vite; ainsi faisant je cherche à exprimer le passage désespérément rapide des choses dans la vie moderne.» Puis il décrit trois paysages récemment achevés (F 762, F 804, F 760), avant de revenir au portrait du Dr Gachet et de parler de son vœu de peindre des portraits, y compris un jour celui de Wil elle-même.

Gauguin, encore à Paris, écrit à Théo à propos de l'arrangement qu'il compte faire avec un certain Dr Charlopin, un inventeur qui a exposé à l'Exposition universelle à Paris. Le Dr Charlopin a vendu un brevet, mais n'a pas reçu d'argent depuis un mois ou deux. Gauguin espère obtenir 5000 francs en échange de trente-huit tableaux, dont quatorze sont à la galerie de Théo, et cinq pots de céramique. Il partira ensuite pour Madagascar et «d'une petite hutte en terre j'en ferai une maison confortable avec mes dix doigts; j'y planterai moi-même toutes choses pour nourriture, poules, vaches, etc., et en peu de temps j'aurai la vie matérielle assurée». Sans se préoccuper des questions financières, il pourra alors se consacrer tout entier à son art, ce qu'il n'a pu faire auparavant. Gauguin dit à Théo qu'il part le lendemain pour la Bretagne, et joint une lettre pour Vincent. C'est le premier contact entre les deux artistes depuis Saint-Rémy.

14 juin: Gauguin, accompagné de Meyer de Haan, quitte Paris pour Le Pouldu en Bretagne.

Lauzet rend visite à Théo pour voir les tableaux de Vincent; il «aime beaucoup le portrait de femme que tu as fait à Arles» (*L'Arlésienne*, F 543).

Vincent écrit à Théo. Ses meubles vont être envoyés, lui ont assuré les Ginoux. Il joint une nouvelle commande de couleurs et décrit brièvement ses toiles récentes de 30 – «des champs vus d'en hauteur, avec la route sur laquelle [se trouve] une petite voiture» (F 760) – qu'il compare par le style à une de ses œuvres majeures d'Arles, *La Moisson* (F 412), «qui est dans la chambre où est le piano». Actuellement, il travaille à un «champ de coquelicots dans la luzerne [F 636]» et à «une étude de vigne [F 762], que M. Gachet aimait beaucoup la dernière fois qu'il est venu me voir».

15 juin: Déjeune probablement chez le Dr Gachet. Travaille à une étude de blé (F 767).

Théo écrit à Vincent; c'est sa première lettre depuis sa visite à Auvers le samedi précédent. Il ne répond pas à la suggestion de Vincent de louer ensemble une maison à Auvers, ni de faire déclouer des châssis les toiles conservées chez Tanguy. Théo écrit: «Il sera bien plus tranquile pour toi quand tes meubles seront arrivés aussi pour que tu puisses peut-être trouver un camarade à rester avec toi. Il y a un Hollandais qui viendra te voir; il était recommandé par de Bock [le peintre Théophile Emile Achille de Bock, 1851-1904], qui l'avait recommandé d'aller à Fontainebleau, mais il le trouve pas à son goût. Je ne sais pas s'il a du talent, il n'avait rien à montrer.» Il raconte à Vincent la visite de Lauzet la veille, et lui fait part du projet de Gauguin de partir pour Madagascar [qu'il présente comme la Martinique], qui dépend d'un paiement à un inventeur [Dr Charlopin], et cela n'est pas encore certain. «Son séjour chez Schuffenecker ne lui a pas fait de bien. Il ne travaille presque pas, tandis que la Bretagne l'inspire. Il est donc bon qu'il parte.» Il joint la lettre de Gauguin et lui envoie les tubes de Tasset. Jo lui adresse ses vœux, «elle est un peu indisposée», mais Théo «espère que cela ne sera pas grave».

16 juin: L'artiste hollandais Antonius (Anton) Matthias Hirschig (1867-1939) arrive à Auvers et prend à l'Auberge Ravoux une chambre mansardée à côté de celle de Vincent. Vincent reçoit la lettre de Théo du 15, ainsi que celle, jointe, de Gauguin. Celui-ci écrit que la dernière lettre de Saint-Rémy lui avait fait penser que le «retour vers le nord» signifiait un retour en Hollande et qu'il attendait la nouvelle adresse. «J'ai vu la toile de Mme Ginoux [*L'Arlésienne*, F 543]. Très belle et très curieuse, je l'aime mieux que mon dessin. Malgré votre état maladif vous n'avez jamais travaillé avec autant d'*équilibre* tout en conservant la sensation et la chaleur intérieure nécessaires à une *œuvre d'art*, à une époque justement où l'art est une affaire réglée d'avance par de froids calculs.» Gauguin se rappelle leurs conversations d'Arles «quand il était question de fonder l'atelier des Tropiques». Il est maintenant sur le point d'exécuter ce plan s'il reçoit «une petite somme nécessaire à fonder l'établissement» (il ne mentionne pas le Dr Charlopin.) Il a l'intention d'aller à Madagascar et d'y vivre simplement et en autarcie. «Ceux qui plus tard voudront y venir trouveront là tous les matériaux pour travailler à très peu de frais. Et l'atelier des Tropiques formera peut-être le Saint-Jean Baptiste de la peinture de l'avenir, retrempé là par une vie plus naturelle, plus primitive et surtout moins pourrie.» Pour le moment, Gauguin part deux mois pour la Bretagne avec de Haan. Il espère que Vincent va se rétablir complètement à Auvers.

Van Gogh prépare immédiatement une réponse, puis écrit sa lettre et l'envoie au Pouldu. Seul le brouillon subsiste. Il remercie Gauguin de sa lettre et lui assure que, depuis son retour, il a pensé à lui tous les jours. «Je ne suis resté à Paris que trois jours et le bruit, etc., parisien me faisant une bien mauvaise impression, j'ai jugé prudent pour ma tête de ficher le camp pour la campagne, sans cela j'aurais bien vite couru chez vous.» Il se réjouit que Gauguin ait vu et admiré *L'Arlésienne* et lui propose de la prendre «comme œuvre de vous et de moi, comme résumé de nos mois de travail ensemble». Se référant à ses séries de la cueillette des oliviers, il demande à Gauguin: «Avez-vous vu les oliviers?» Il décrit le portrait du Dr Gachet, puis, de manière plus circonstanciée, en l'accompagnant d'un rapide croquis fait de mémoire, un tableau de «cyprès avec une étoile» (F 683). Il projette de le graver à l'eau-forte ainsi que d'autres paysages comme une suite de «souvenirs de Provence».

«[...] étant arrivé à Paris un peu ahuri, je n'ai pas encore vu de vos toiles.» Il est très content d'apprendre que Gauguin est retourné en Bretagne avec de Haan. «Il est fort probable – si vous me le permettez – je viendrai pour un mois vous y rejoindre, pour y faire une marine ou deux, mais surtout pour vous revoir et faire la connaissance de de Haan. [...] nous chercherons à faire quelque chose de voulu et de grave, comme cela serait probablement devenu si nous avions pu continuer là-bas.»

Actuellement, il travaille à une étude de blé, en gros plan (F 767), qu'il décrit en détail et illustre de deux rapides croquis. Il joint une épreuve de l'eau-forte de son portrait du Dr Gachet (voir cat. n° 85).

17 juin: Vincent remercie Théo de sa lettre du 15 juin et des 50 francs annexés. Il avait retardé sa réponse jusqu'à réception des paquets de peintures et de toiles de Tasset, qui viennent d'arriver. Discutant les mérites respectifs des tubes de couleur de Tanguy et de Tasset, il trouve que, «si Tanguy met de la bonne volonté pour emballer les toiles en dépôt chez lui», il lui passerait sa prochaine commande de peintures.

Il est content d'avoir rencontré «le Hollandais [Hirschig] qui est venu hier, il a l'air trop bien gentil pour faire de la peinture dans les conditions actuelles». Il pense que Hirschig ferait bien d'aller en Bretagne avec Gauguin et de Haan. Il espère faire quelques eaux-fortes des «motifs du Midi», puis les imprimer sans frais chez Gachet. Gauguin devrait, lui aussi, faire de même d'après quelques-unes de ses toiles, tandis que Théo servirait d'éditeur. Tout comme Boussod & Valadon vont publier les lithographies de Lauzet d'après Monticelli, cette association entre Gauguin, Vincent, Gachet et Théo pourrait avoir une suite. «M. Gachet viendra un jour voir mes toiles à Paris et alors nous en choisirons pour la gravure.» Il est content que Gauguin et de Haan retournent en Bretagne.

Vincent pense que l'avenir de la peinture est dans les tropiques. Néanmoins, il croit que le projet de Gauguin de s'établir à Madagascar est impossible à exécuter, et il aimerait mieux le voir partir pour le Tonkin. Cependant, «si [Gauguin] allait à Madagascar... je serais capable de l'y suivre, car il faudrait y aller à deux ou trois. Mais nous n'en sommes pas encore là.»

Il travaille à deux études: «l'une [F 763], un bouquet de plantes sauvages, des chardons, des épis, des feuilles différentes de verdure. L'une presque rouge, l'autre très verte, l'autre jaunissante; la deuxième étude [F 766], une maison blanche dans la verdure, avec une étoile dans le ciel de nuit et une lumière orangée à la fenêtre et de la verdure noire et une note rose sombre. Voilà tout pour le moment. J'ai une idée pour faire une toile plus importante de la maison et du jardin de Daubigny, dont j'ai déjà une petite étude [F 765].»

Comme il avait annexé à sa lettre à Gauguin du 16 juin une épreuve de l'eau-forte du Dr Gachet, il en envoie une à Théo.

18 au 21 juin: Aucune correspondance n'est échangée, et Van Gogh ne rend aucun compte de son activité durant ces quatre jours. Sans doute rencontre-t-il régulièrement Hirschig (ce qui se fait au détriment de son œuvre). On peut en déduire qu'il a commencé, et achevé, au moins certaines des toiles suivantes: «un portrait d'une jeune fille de seize ans ou à peu près, en bleu contre fond bleu [F 768], la fille des gens où je loge. Je le lui ai donné ce portrait, mais j'en ai fait une variante pour toi, une toile de 15 [F 769].» Plus important: il commence sa série des toiles de format double carré avec trois peintures (F 775, F 773, F 770).

22 juin: Reçoit une lettre du Dr Peyron (aujourd'hui perdue; datée probablement du 20), lui annonçant sans doute que les toiles laissées à Saint-Rémy pour sécher ont été expédiées. Il semble qu'elles sont arrivées à Auvers ce jour-là: deux natures mortes d'iris (F 678, F 680), deux autres de roses (F 681, F 682), un champ de blé (peut-être F 718), une toile avec des montagnes, et un cyprès avec une étoile (F 683).
Il répond au Dr Peyron (la lettre est perdue), lui disant qu'il «semblait suffisant de donner aux garçons une dizaine de francs» pour avoir emballé et expédié ses toiles. Il est invité à déjeuner chez le Dr Gachet à l'occasion des 21 ans de sa fille Marguerite et des 17 ans de son fils Paul (les deux sont nés le 21 juin). Le Dr Gachet accepte de se rendre à l'Auberge Ravoux pour examiner les toiles qui viennent d'arriver de Saint-Rémy. Il est probable qu'à l'occasion de ce déjeuner d'anniversaire Van Gogh se soit senti plus proche au point de demander que Marguerite pose pour son portrait. Théo visite l'ancien Salon en compagnie d'Eugène Boch. Il le trouve «déplorablement mauvais, il y a bien peu de choses qui n'est pas profondément mauvais». Les seules toiles dont Théo fait l'éloge sont des natures mortes aux fleurs de Quost et de Georges Jeannin (1841-1925). Boch rejoint Théo et Jo pour déjeuner à leur appartement, après quoi ils regardent les toiles de Vincent. Dans le cadre de l'échange d'œuvres proposé par Vincent, Boch choisit les *Montagnes à Saint-Rémy* (F 622); à son tour, en visitant l'atelier de Boch, Théo sélectionne une peinture des mines dans le Borinage.

23 juin: Théo écrit à Vincent, lui racontant sa visite du Salon avec Boch ainsi que l'échange de tableaux. Il commente l'eau-forte du portrait du Dr Gachet, ajoutant que Boch aussi l'aime beaucoup. L'exposition de Raffaëlli est terminée; «maintenant les gens s'en vont tous à la campagne… La semaine dernière Jo a du rester couchée tout le temps… mais heureusement c'est passé maintenant. Le petit va bien.»

24 juin: Vincent reçoit la lettre de Théo, avec 50 francs; il répond immédiatement; ce sont les premières nouvelles qu'il envoie de la semaine. Il est satisfait de l'échange avec Boch et espère que Jo va mieux: «Certes il faut venir ici le plus tôt possible, la nature est bien, bien belle ici et je languis de vous revoir tous.» Il joint la lettre du Dr Peyron écrite vers le 20 juin, confirme que les toiles de Saint-Rémy sont arrivées et rend compte de son travail de la semaine. Il n'apprécie pas les œuvres de Hirschig: «des études… un peu de gris, un peu de vert, avec un toit rouge, une route blanchissante. Que faut-il dire dans un cas comme cela?» Dans la semaine, il espère peindre le portrait de Marguerite Gachet, et avoir «une fille de campagne» posant pour lui. Il aimerait venir quelques jours à Paris un peu plus tard, «précisément pour aller une fois chez Quost, chez Jeannin, ou un des deux autres. Je voudrais bien que tu eusses un Quost, et il y aurait probablement moyen d'en échanger un. Gachet viendra aujourd'hui voir les toiles du Midi.»

25 ou 26 juin: Commence le portrait *Marguerite Gachet au piano* (F 772).

26 ou 27 juin: Ecrit à Théo: «Hier et avant hier j'ai peint le portrait de Mlle Gachet que tu verras bientôt; … C'est une figure que j'ai peinte avec plaisir – mais c'est difficile.» Il envoie à Théo une commande de peintures, et commence sans doute la *Paysanne au chapeau de paille assise dans les blés* (F 774).

27 juin: Gauguin répond à la lettre de Van Gogh du 16 juin, le remerciant de son eau-forte du Dr Gachet. Il a tardé à répondre parce qu'il a passé avec de Haan cinq jours à Pont-Aven et qu'il vient juste de retourner au Pouldu. «Votre lettre ne me dit pas grand chose. Si vous avez vu mes études à Paris chez Goupil, ce que vous en pensez! Si mon voyage projeté à Madagascar vous paraît déraisonnable. J'en rêve tous les jours au point que je ne travaille presque pas en ce moment, voulant me reposer un peu, prendre des forces nouvelles pour là-bas. Et vous, vous êtes insatiable; je vois que vous n'avez pas perdu de temps à Auvers. Il est bon cependant de se reposer quelquefois l'esprit et le corps. Votre idée de venir en Bretagne au pouldu me paraît excellente si elle était réalisable. Car nous sommes de Haan et moi dans un petit trou éloigné de la ville sans autre communication qu'une voiture de louage. Et pour un malade qui a besoin d'un médecin quelques fois c'est scabreux. A Pont-Aven c'est autre chose il y a médecin et du monde. En outre si je parviens à faire mon affaire pour aller à Madagascar je ne serai plus au commencement de septembre, ainsi que de Haan qui va repartir en Hollande. Et cependant dieu sait avec quel plaisir je verrais l'ami Vincent près de nous. Je ne connais pas le docteur Gachet mais j'ai entendu parler de lui souvent par le père Pissarro. Et ce doit être pour vous agréable d'avoir près de vous quelqu'un qui sympathise avec votre travail, vos idées. Hélas, moi je me vois condamné à être de moins en moins compris, et je dois m'en tenir à suivre ma voie *seul*, traîner une existence sans famille comme un paria.»

28 juin: Van Gogh travaille peut-être à une deuxième et même à une troisième toile de jeune paysanne (F 518, F 788).

29 juin: Reçoit la lettre de Gauguin qu'il décrit à Théo et à Jo comme «assez mélancolique. Il parle vaguement d'être bien décidé pour Madagascar, mais si vaguement qu'on voit bien qu'il ne pense pas à cela parce qu'il ne sait réellement pas à quoi d'autre penser. Et l'exécution du plan me paraît presque absurde.»
Il répond sans doute à Gauguin par retour du courrier. Déjeune chez Gachet et poursuit ses trois portraits de paysanne (F 774, F 788 et F 518).

30 juin: Dans la soirée, Théo écrit une longue et bouleversante lettre à Vincent tandis que Jo et le bébé dorment. Elle commence ainsi: «Nous avons été dans la plus grande inquiétude, notre chéri a été très souffrant, mais heureusement le médecin, qui était inquiet lui-même, disait à Jo hier: ‹Vous ne perdrez pas l'enfant de cela.›» Cela vient sans doute d'une infection transmise par le lait de vache, de sorte qu'on lui donne maintenant du lait d'ânesse. Tout cela a été fatiguant pour Jo qui a passé une grande partie de la semaine couchée.
En plus de cela, il y a d'autres problèmes: «Nous ne savons pas ce que nous devons faire… Devons-nous prendre un autre appartement… dans la même maison au premier? Devons-nous aller à Auvers, en Hollande, ou non? Dois-je vivre sans soucis pour le jour de demain, et quand je travaille toute la journée et n'arrive pas encore à éviter des soucis à cette bonne Jo au point de vue de l'argent, puisque ces rats de Boussod et Valadon me traitent comme si je venais d'entrer chez eux et me tiennent à court? Dois-je… enfin leur dire, Messieurs, je risque le paquet, et je vais me mettre marchand en chambre?»
Mais Vincent ne doit pas s'inquiéter: «… ce qui me fait le plus grand plaisir c'est quand tu te portes bien et quand tu es à ton travail qui est admirable.»
Puis Théo évoque le changement des saisons et des souvenirs de leur enfance en Hollande. Ces souvenirs, toutefois, ne suffisent pas. Théo est maintenant soutenu par sa femme, et espère de tout cœur que Vincent en aura une un jour.
«Ton portrait de Mlle Gachet doit être admirable et je serai content de le voir avec ces petites taches d'orange dans le fond. Le croquis du paysage me fait penser à quelque chose de très beau. Je serai content de le voir.»
«Prochainement, quand Jo sera un peu plus forte et le petit remis il faudrait que tu viennes passer les jours ici, au moins un dimanche et quelques jours de plus… nous irons voir ensemble le Quost…»
Théo a vendu, «avec 5000 de bénéfice», à l'artiste et collectionneur hollandais Hendrik Willem Mesdag (1831-1915), un Corot que MM. Boussod et Valadon disaient ne pas être vendable.
Les couleurs ont été envoyées.

1er juillet: Théo ajoute un post-scriptum à sa lettre de la veille: «Ce matin je me suis réveillé avec les mêmes idées. C'est décidé d'une façon inébranlable, en sortant pour commencer je vais louer l'appartement en question. Le gamin a bien dormi, il va bien ce matin – Adieu.»
Le Dr Peyron écrit à Van Gogh en réponse à sa lettre du 22 juin (lettre inédite, Musée Van Gogh, Amsterdam).

2 juillet: Répond à la lettre de Théo dès réception en l'adressant à Théo et à Jo: «Je viens de recevoir la lettre dans laquelle tu dis que l'enfant est malade; je voudrais bien venir vous voir et ce qui me retient, c'est la pensée que je serais encore plus impuissant que vous autres dans le cas donné du chagrin.» Cette inquiétude quant à la santé du bébé le conforte dans son opinion qu'un mois à la campagne serait le meilleur remède pour eux tous. «C'est bien dommage que chez Gachet la maison est si encombrée de toutes sortes de choses», mais Jo pourrait venir à l'auberge située juste au bas de la colline, de l'autre côté du chemin. Il parle de trois toiles terminées (F 774, F 775, F 773), bien que deux d'entre elles aient été achevées plus de dix jours auparavant. Il dit avoir reçu la lettre de Gauguin, remercie Théo des couleurs, du billet de 50 francs, de l'article sur les Indépendants, et le prévient qu'un artiste australien, E. Walpole Brooke, va venir voir les toiles dans son appartement. «Il te montrera probablement de ses études, qui sont encore assez ternes, mais il observe pourtant la nature. Il a été ici à Auvers durant des mois et nous sortions quelques fois ensemble. Il a été élevé au Japon, on ne le dirait pas en voyant sa peinture – mais cela pourrait venir.»

3 au 5 juillet: Aucun témoignage de l'activité de Van Gogh, ou des sujets sur lesquels il travaille.

5 juillet: Théo écrit trois lettres: à Gauguin (la lettre est perdue), il joint le paiement pour la vente de deux peintures; à Pissarro, il explique son impossibilité d'être à Eragny-sur-Epte le 14 juillet avec Jo et le bébé à cause de la maladie de ce dernier. A la place de cela, le même jour, il envisage avec M. Valadon d'aller chez Claude Monet à Giverny, et espère qu'après cette visite «son beau-frère [Andries Bonger], et peut être son frère Vincent pourront ensuite passer la journée chez lui, tout en pouvant coucher n'importe où, ne vous en occupez pas. Cela me donnera le plaisir de voir ‹le grand peintre› chez lui dans son décor.»
A Vincent, il écrit que le bébé va beaucoup mieux, il le remercie du

lait d'ânesse et lui annonce qu'il ira voir Claude Monet le 14 juillet avec M. Valadon, et qu'il n'y a pas de raison pour qu'il retarde sa venue. «Viens donc si tu veux dimanche avec le premier train, tu verras le matin Walpole Brooke qui vient voir tes tableaux chez Tangui *[sic]*, ensuite un bouda japonais que j'ai vu chez un brocanteur et, après cela, nous allons déjeuner chez nous pour voir les études à toi. Tu resteras chez nous tant que tu voudras et tu nous donneras conseil pour l'arrangement de notre nouvel appartement…»
«J'ai beaucoup de chances dans les affaires sinon comme vente de tableaux de 800 000 000 frs. Mais j'ai entre autres vendu deux Gauguins par lesquels je lui ai envoyé le montant. Pissarro m'a écrit qu'il n'a pas pu payer son loyer, je vais lui envoyer un petit compte sur les affaires que nous faisons…»
«Nous comptons te voir dimanche.»

6 juillet: Van Gogh prend le premier train pour Paris afin de passer la journée avec Théo et Jo. Il est difficile de reconstituer le cours précis des événements. Il est certain que l'atmosphère est tendue et pénible. En décembre 1913, Jo évoquera ainsi cette journée: «Début juillet, Vincent vient une nouvelle fois nous rendre visite à Paris. Nous étions épuisés par une grave maladie du bébé, Théo envisageait de quitter Goupil et de s'installer à son propre compte; Vincent n'était pas satisfait de la place où étaient accrochés les tableaux, et notre déménagement pour un appartement plus grand était discuté – ainsi ces jours étaient pleins de tensions et de soucis. De nombreux amis vinrent voir Vincent, parmi lesquels Aurier, qui avait publié son fameux article sur Vincent, et qui allait à nouveau regarder ces toiles, cette fois avec l'artiste lui-même. Toulouse-Lautrec resta pour le déjeuner et fit de nombreuses plaisanteries avec Vincent au sujet du croque-mort qu'ils avaient rencontré dans l'escalier. Guillaumin était attendu, mais il vint trop tard [pour Vincent] qui ne l'avait pas attendu et était rentré avec précipitation à Auvers fatigué et excité comme ses dernières lettres et ses dernières œuvres le montrent.»

Vers le 7 juillet: Ses meubles arrivent d'Arles; il doit en payer le transport. Ecrit à Théo et à Jo une courte lettre, qu'il n'a peut-être pas envoyée. (L'état de cette lettre montre qu'elle est restée pliée dans sa poche.)
Gauguin écrit à Théo et joint le reçu signé pour la vente de ses deux peintures. Bernard partira avec lui pour Madagascar. Il n'a plus entendu parler du Dr Charlopin; il travaille dur, mais ménage ses forces pour Madagascar; a reçu «deux lettres de Vincent assez calmes qui m'ont fait plaisir».
Rendez-vous de Théo avec MM. Boussod et Valadon à propos de son avenir dans la compagnie.

8 juillet: Sa mère et Wil lui écrivent.

9 juillet: Jo lui adresse une lettre (aujourd'hui perdue).

Vers le 10 juillet: Vincent reçoit des lettres de Jo, de sa mère et de Wil. Il répond immédiatement à celle de Théo et de Jo: «La lettre de Jo a été pour moi tellement comme un évangile, une délivrance d'angoisse, que m'avaient causée les heures un peu difficiles et laborieuses pour nous tous, que j'ai partagées avec vous. Ce n'est pas peu de chose lorsque tous ensemble nous sentons le pain quotidien en danger, pas peu de chose lorsque pour d'autres causes que celle-là aussi nous sentons notre existence fragile. Revenu ici, je me suis senti moi aussi encore bien attristé et avais continué à sentir peser sur moi aussi l'orage, qui vous menace. Qu'y faire – voyez-vous, je cherche d'habitude à être de bonne humeur assez, mais ma vie à moi aussi est attaquée à la racine même, mon pas aussi est chancelant. J'ai craint – pas tout à fait, mais un peu pourtant – que je vous étais redoutable étant à votre charge, mais la lettre de Jo me prouve clairement que vous vous sentez bien, que pour ma part je suis en travail et peine comme vous.»
Néanmoins, depuis son retour, il a pu peindre trois grandes toiles: deux d'entre elles «sont d'immenses étendues de blés sous des ciels troublés [F 778, F 779]», la «troisième toile est le jardin de Daubigny [F 777], tableau que je méditais depuis que je suis ici». Il espère que le voyage projeté en Hollande leur procurera un peu de distraction. Il regrette beaucoup de n'avoir pas vu Guillaumin dimanche, mais «si j'avais attendu, j'aurais probablement resté à causer avec lui de façon à perdre mon train», et il se souvient «avec émotion» du «bien étonnant» portrait de musicienne par Lautrec.

Vers le 11 juillet: Vincent répond à sa mère et à Wil une lettre sur laquelle celle-là écrira «toute dernière lettre d'Auvers». Il dit se sentir «plus tranquille, pour le moment que l'an dernier. Le trouble que j'avais dans la tête s'est tellement calmé. A vrai dire, j'ai bien pensé que revoir mon entourage d'autrefois aurait cet effet.»
Il est «entièrement absorbé par cette étendue infinie de champs de blé, sur un fond de collines, grande comme la mer, aux couleurs délicates, jaunes, vertes, le violet pâle d'un terrain sarclé et labouré, régulièrement par le vert des plants de pommes de terre en fleur, tout cela sous un ciel délicat, dans les tons bleus, blancs, roses, violets. Je suis complètement dans une disposition de presque trop grand calme, dans l'état qu'il faut pour peindre cela.»
Il espère «que vous passerez d'agréables journées avec Théo et Jo, que vous verrez, comme moi comme ils s'occupent bien de leur petit enfant».

13 juillet: Van Gogh observe la préparation, sur la place de la Mairie, du 14 Juillet, anniversaire de la prise de la Bastille.

14 juillet: Tôt le matin, avant que les festivités ne commencent, il peint *La Mairie d'Auvers le 14 juillet* (F 790). (Nous ne possédons aucune documentation sur les tableaux réalisés entre le 9 et le 18 juillet.)
Théo lui adresse une lettre rassurante, confirmant ce que Jo avait écrit le 9 juillet: «Nous sommes très content que tu n'es plus autant sous l'impression des affaires en suspens que quand tu étais ici. Vraiment le danger n'est pas aussi grave que tu le croyais.»
Théo ne rend pas visite à Monet puisqu'il écrit que Jo et lui font leurs bagages pour leur voyage en Hollande. Ils partent le lendemain pour Leyde auprès de leur mère et de Wil. Puis il ira le 16 juillet à La Haye voir Mesdag à propos d'un Corot, puis à Anvers avec un Diaz, rentrant à Paris le lundi 21 juillet. Huit jours après leur entretien, il n'a toujours pas de réponse de Boussod et de Valadon. Il joint 50 francs.

15 juillet: Reçoit la lettre de Théo. La décision de son frère d'aller en Hollande et de ne même pas passer quelques jours avec lui à Auvers a dû grandement le bouleverser. Il écrit sans doute une lettre courroucée (aujourd'hui perdue) qu'il adresse à Leyde.
Théo et sa famille quittent Paris pour Leyde.

16 juillet: Théo rend visite à Mesdag à La Haye.

19 juillet: Théo rentre seul à Paris, laissant Jo et le bébé rendre visite à ses parents à Amsterdam.

20 juillet: Théo écrit à Jo à Amsterdam: «J'espère [que Vincent] ne devient pas mélancolique, ou qu'une nouvelle attaque ne se prépare pas; tout se passait si bien ces derniers temps.»
Théo passe quelques heures avec Andries Bonger et son épouse Annie, puis dîne avec le Dr Franken.

21 juillet: Théo rencontre MM. Boussod et Valadon, ses employeurs; à l'évidence, ils parviennent à un accord.

22 juillet: Théo écrit à Wil, lui racontant ce qui s'est passé depuis son retour à Paris. La nouvelle, rassurante pour sa famille, est qu'il ne quittera pas Boussod & Valadon.
Il écrit aussi à Vincent, en réponse à la lettre envoyée à Leyde que Jo a retournée à Paris. (Les deux lettres sont apparemment perdues.)

23 juillet: Vincent reçoit la lettre de Théo, avec 50 francs. Il rédige immédiatement un brouillon de réponse, qu'il abandonne, pensant peut-être que le ton en est trop dur. Puis il écrit une seconde lettre, à partir du brouillon, mais dans une veine plus conciliatrice. Il décide de conserver le brouillon et de poster la lettre achevée. A ces quelques mots adressés à son frère, il joint des esquisses de quatre peintures, comme pour affirmer, en des termes sans équivoque, qu'il continue de travailler. Il demande qu'on lui envoie des couleurs ainsi qu'à Hirschig.

24 au 26 juillet: On ne connaît rien de l'activité de Vincent au cours de ces trois jours. Le vendredi 25 juillet, Théo écrit à Jo en Hollande: «J'ai une lettre de Vincent qui semble tout à fait incompréhensible; quand y aura-t-il enfin un moment heureux pour lui? Il est si profondément bon.» (Evidemment, Théo ne répond pas à Vincent lui-même, et il ne lui a sans doute pas encore envoyé les couleurs demandées.)

27 juillet: Les seuls témoignages contemporains des événements de cette journée sont ceux du Dr Gachet (lettre à Théo), de Théo (lettres à Jo) et d'Emile Bernard (lettre à Aurier du 1er août 1890). Les témoignages postérieurs de témoins oculaires – Anton Hirschig (1912 et 1934), Paul Gachet fils (années cinquante) et Adeline Ravoux (années cinquante) – se contredisent fréquemment, omettent certaines informations essentielles et divergent de ceux, contemporains et plus dignes de foi, de Théo ou de Bernard. Ce dernier tient ses renseignements de Ravoux: «Dimanche soir [Van Gogh] est parti dans la campagne d'Auvers; il a déposé son chevalet contre une meule et il est allé se tirer un coup de revolver derrière le château. Sous la violence du choc (la balle avait passé sous le cœur) il est tombé, mais il s'est relevé, et consécutivement, trois fois, pour rentrer à l'auberge où il habitait (Ravoux, place de la Mairie) sans rien dire à qui que ce soit de son mal.»
«Vincent monte dans sa mansarde», où Ravoux le trouvera. Le Dr Mazery, le médecin local, et le Dr Gachet sont appelés à son chevet; ils décident tous les deux que la balle ne peut être extraite.
Le Dr Gachet écrit à Théo: «J'ai tout le regret possible de venir troubler votre repos. Je crois pourtant de mon devoir de vous écrire immédiatement. On est venu me chercher à neuf heures du soir aujourd'hui dimanche de la part de votre frère Vincent. Arrivé près de lui, je l'ai trouvé très mal. Il s'est blessé. N'ayant pas votre adresse qu'il n'a pas voulu me donner, cette lettre vous parviendra par la maison Goupil.»
Ravoux, ou Ravoux et Hirschig, ou Gachet fils (selon les sources) veillent sur Van Gogh pendant la nuit. Hirschig se rend à Paris par le premier train pour porter la lettre du Dr Gachet à Théo et la lui remettre chez Boussod & Valadon.
La police se rend à l'Auberge Ravoux pour interroger Van Gogh. (Le rapport de police – s'il en existe un – n'a toujours pas été retrouvé.)
Théo arrive à Auvers, probablement à la mi-journée. Il écrira plus tard à Jo (qui est toujours à Amsterdam): «Ce matin un peintre Hollandais [Hirschig] qui est aussi à Auvers est venu m'apporter une lettre du Dr Gachet me donnant de mauvaises

nouvelles de Vincent et me priant de venir. J'y allai immédiatement, quittant tout, et le trouvai mieux encore que j'avais pensé. Je n'entrerai pas dans les détails qui sont trop tristes, mais sachez, ma chère, que sa vie pourrait bien être en danger. Il était content de ma venue, et je reste presque tout le temps assis à côté de lui… pauvre garçon, le bonheur ne lui fut pas largement accordé, et il ne lui reste plus d'illusions. Tout cela est trop lourd à certains moments; il se sent si seul. Il demande souvent de vos nouvelles et de celles du bébé, et dit que vous ne pouvez imaginer qu'il y ait tant de tristesse dans la vie. Ah! si nous pouvions lui donner un peu de courage pour vivre. Ne t'inquiète pas trop toutefois, car il a déjà été dans un état aussi désespéré, mais sa forte constitution a trompé les craintes des médecins.»

29 juillet: Van Gogh décède à 1 h 30 du matin. Théo raconte la fin: «Un de ses derniers mots a été, ‹Je voudrais partir comme cela›, et son vœu a été satisfait. Quelques instants plus tard tout était fini. Il avait trouvé le repos qu'il ne pouvait trouver sur terre.»
Le Dr Gachet fait un dessin de Vincent sur son lit de mort. A 10 h du matin, son décès est enregistré à la mairie d'Auvers sur le registre de l'état civil, signé par A. Caffin, le maire, Ravoux et Théo. Le cercueil est préparé par le charpentier Levert (dont le fils de 2 ans a été peint par Van Gogh, F 785).
Théo fait rapidement imprimer à Pontoise des faire-part de deuil annonçant l'enterrement pour le jour suivant, à 14 h 30, avec un service à l'église d'Auvers.
Plus tard dans la journée, Tessier, le prêtre de l'église d'Auvers, refuse que l'on utilise le corbillard de la paroisse parce que Van Gogh s'est suicidé. La ville plus progressiste de Méry, sur l'autre rive de l'Oise, accepte de prêter le sien. Le service religieux est annulé.

30 juillet: Les amis commencent à arriver à Auvers le matin: Andries Bonger, Tanguy, Lauzet, Lucien Pissarro (mais pas son père, Camille). Bernard arrive vers 10 h en compagnie du peintre Charles Laval (1862-1894). Il décrit la scène à l'Auberge Ravoux dans une lettre à Aurier du 1er août: «Déjà la bière était close. J'arrivais trop tard pour le revoir… Sur les murs de la salle ou le corps était exposé, toutes ses toiles dernières étaient clouées lui faisant comme une auréole, et rendant par l'éclat du génie qui s'en dégageait cette mort plus pénible encore aux artistes. Sur la bière un simple drap blanc puis des fleurs en quantité, des soleils qu'il aimait tant, des dahlias jaunes, des fleurs jaunes partout. [Selon Théo, ‹le Dr Gachet a été le premier à apporter un grand bouquet de tournesols que Vincent aimait tant›.] C'était sa couleur favorite s'il vous en souvient, symbole de lumière qu'il revait dans les cœurs comme dans les œuvres. Près de là aussi – son chevalet pliant et ses pinceaux avaient été posés devant le cercueil à terre… A trois heures on lève le corps, ce sont des amis qui le portent jusqu'au corps billard *[sic]*, quelques personnes pleurent dans l'assemblée. Theodore Van Gogh qui adorait son frère, qui l'avait toujours soutenu dans sa lutte pour l'art et pour l'indépendance ne cessait de sangloter douloureusement… Dehors il faisait un soleil atroce nous montions les cotes d'Auvers en parlant de lui, de la poussée hardie qu'il a donné à l'art, des grands projets qu'il avait toujours en tête, du bien qu'il a fait à chacun d'entre nous. Nous arrivons au cimetière, un petit cimetière neuf émaillé de pierre neuves. C'est sur la butte dominant les moissons sous le grand ciel bleu qu'il aurait encore aimé… peut-être. Puis on le descend dans la fosse. Qui n'aurait pu pleurer en ce moment… cette journée était trop faite pour lui pour qu'on ne songeât qu'il y aurait vécu heureux encore. Le docteur Gachet (lequel est un grand amateur d'art et possède une des belles collections impressionnistes d'aujourd'hui, artiste lui-même) veut dire quelques paroles qui consacreront la vie de Vincent, mais il pleure lui aussi tellement qu'il ne peut que lui faire un adieu fort embrouillé… (le plus beau n'est-ce pas). Il retrace brièvement les efforts de Vincent, en indique le but sublime et la sympathie immense qu'il avait pour lui (qu'il connaissait depuis peu). Ce fut, dit-il, un honnête homme et un grand artiste, il n'avait que deux buts, l'humanité et l'art, c'est l'art qu'il chérissait au dessus de tout qui le fera vivre encore. Puis nous rentrons. Theodore Van Gogh est brisé de chagrin, chacun des assistants très ému se retire dans la campagne, d'autres regagnent la gare. Laval et moi revenons chez Ravoux et l'on cause de lui.»

1er août: Théo écrit à sa mère: «On ne peut écrire combien on est désolé ni trouver aucune consolation. C'est un chagrin qui durera et que je n'oublierai certainement jamais aussi longtemps que je vivrai; la seule chose que l'on peut dire est qu'il a trouvé le repos qu'il a si longtemps désiré… Le Dr Gachet et l'autre médecin furent excellents et se sont bien occupés de lui, mais dès le premier instant ils ont réalisé qu'il n'y avait rien à faire. Vincent disait: ‹Je voudrais pouvoir mourir ainsi›, et une demi heure plus tard son vœu se réalisait. La vie était un tel fardeau pour lui; mais maintenant, comme cela se produit souvent, chacun est plein d'éloges pour son talent… Oh, Mère! il était tellement mon frère, mon propre frère.»

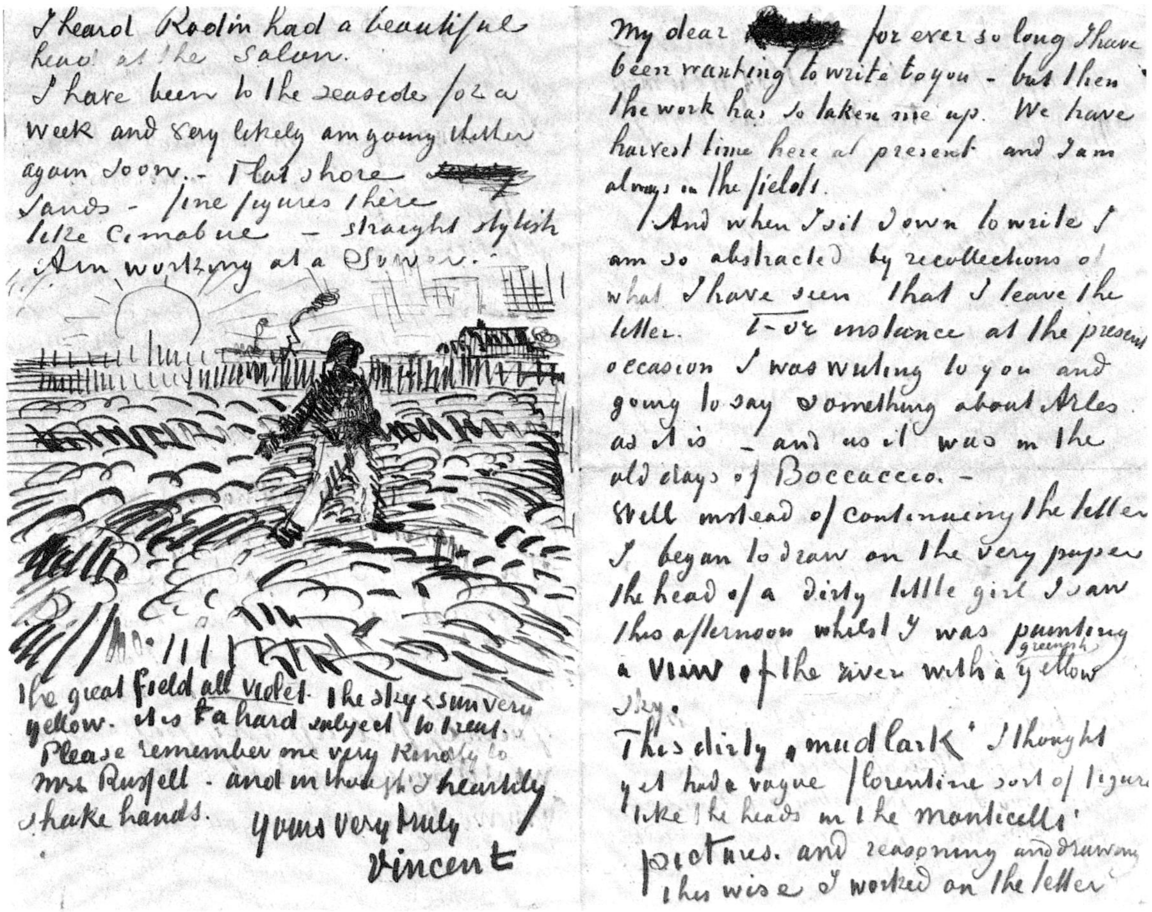

I heard Rodin had a beautiful head at the Salon.
I have been to the seaside for a week and very likely am going thither again soon.- That shore [redacted] sands - fine figures there like Cimabue - straight stylish.
Am working at a Sower:

the great field all violet. the sky & sun very yellow. it is a hard subject to treat.
Please remember me very kindly to Mrs Russell - and in thought I heartily shake hands.
Yours very truly
Vincent

My dear [redacted] for ever so long I have been wanting to write to you - but then the work has so taken me up. We have harvest time here at present and I am always in the fields.
And when I sit down to write I am so abstracted by recollections of what I have seen that I leave the letter. For instance at the present occasion I was writing to you and going to say something about Arles as it is - and as it was in the old days of Boccaccio.-
Well instead of continuing the letter I began to draw on the very paper the head of a dirty little girl I saw this afternoon whilst I was painting a view of the river with a greenish yellow sky.
This dirty 'mudlark' I thought yet had a vague florentine sort of figure like the heads in the Monticelli pictures. and reasoning and drawing thiswise I worked on the letter

Letter to John Russell
Arles, June *c.*17, 1888
The Solomon R. Guggenheim Museum, New York,
The Justin K. Thannhauser Collection

Van Gogh was as fluent in English as he was in French. He read widely in English literature—Shakespeare, Dickens, George Eliot especially. Even from Arles in June 1888, he writes in English to his Australian artist-friend John Russell (1858-1931), who had painted his portrait in Paris (see frontispiece).
The first and last pages of the four-page letter are illustrated: part of the first page on the "mudlark" is quoted in cat. no. 58.

Vincent van Gogh (1853–90)
A Brief Life

Van Gogh is arguably the most well-documented artist of the 19th century. Yet his life was brief: he was only 37 years old when he died. In fact, he belongs to a line of artists who died at 37 or in their 37th year: Raphael, Parmigianino, Caravaggio, Watteau, Toulouse-Lautrec. It is difficult to find such a "chain" among composers, musicians, actors (Rachel is one), novelists, dramatists or poets (Rimbaud is the closest). The Raphael to Toulouse-Lautrec line raises interesting questions: slow death from an inherent disease, sudden death from a short-term illness, death from self-destructive impulses; and how was their achievement viewed—deep regret for an unfulfilled talent or rejoicing in perfection achieved?

Van Gogh's "brief life" has been more investigated than any of the others. It would be interesting to set it into this wider historical context.

As recounted here, his "brief life" is concentratedly briefer in parts. The Dutch period (1880–5) is radically abridged. I have emphasised his English sojourns (1873–6), basing it on my *English Influences on Vincent van Gogh* (1974), never translated into French. I have chosen in particular to explore more fully his life from late Arles (October 1888) to his death in Auvers-sur-Oise (July 1890). This too is based on previous published material—the two New York (Metropolitan Museum of Art) catalogues, *Van Gogh in Arles* (1984), and *Van Gogh in Saint-Rémy and Auvers* (1986). While the former has been translated into French (Skira, 1986), the latter has not.

I make no apology for this "extensive" life in Saint-Rémy and Auvers. If nothing else, it will release Van Gogh from the myth of the mad, isolated, unrecognised artist. It will throw considerable light on his medical predicament. It will highlight the epistolary exchanges not only with Theo and his wife Jo, but also with other members of the Van Gogh family, especially his mother and his sister Wil. It will underline his continuing contacts with Gauguin and Bernard—and also with his more humble Arles friends, Ginoux and Roulin. It will show that, far from being incarcerated in his cell in the asylum, he remained very aware of the large concerns of Paris and the world, maintained his deep interest in art criticism (not just Aurier), and chose to read Shakespeare soon after entering the asylum. And it will provide a continuous commentary on his work: complex, rich, sometimes contradictory, always alert and supremely intelligent, questing and questioning. Above all, in the quotations from the letters, it might provoke some readers to discover or rediscover for themselves one of the great letter-writers of all times.

Chronology

1853
March 30: Vincent Willem van Gogh was born in Groot-Zundert (North Brabant), the eldest surviving child of Theodorus van Gogh (1822–85) and Anna Cornelia Carbentus (1819-1907). His father was a pastor of the Dutch Reformed Church, holding the parishes of Groot-Zundert (1849–71), Helvoirt (1871–5), Etten (1875–82) and Nuenen (1882–5), all in Brabant. His mother was a daughter of Willem Carbentus, royal bookbinder at The Hague.

1857
May 1: Birth of Vincent's brother, Theo. The rest of the family were Anna (1855-1930), Elisabeth Huberta (1859-1936), Wilhelmien Jacoba (1862-1941), and Cornelis Vincent (1867-1900).

1864
October 1: Goes to the boarding-school of J. Provily at Zevenbergen; remains there until the summer of 1866.

1866
September 3: Attends the State Secondary School King Willem II at Tilburg.

1868
March: Leaves the school at Tilburg and presumably spends the next fifteen months at home.

1869
July 30: Joins the Hague branch of the firm of art dealers, Goupil & Cie.

1872
July (?): First letter to Theo.
Visits the Belgian Salon at Brussels.

1873
March: Visits Amsterdam and sees the Dutch pictures destined for the Vienna International Exhibition. Told that he would shortly be transferred to London branch of Goupil.

May 12 to *c.*17: In Paris, visits the Salon, the Louvre, the Luxembourg, and Goupil & Cie.

May *c.*17-18: Arrives in London from Paris.

May 19: Probably begins work at Goupil, 17 Southampton Street, Strand. His principal is Mr. Obach. Address of first lodgings unknown—fellow boarders are three Germans.

June 1: Makes an interesting excursion with the Germans.

June 9: Visits Box Hill near Dorking, Surrey, with Mr. Obach.

July: Visits the Royal Academy.

August 5: Visits the Dulwich Picture Gallery.

August 10 to 17: Goes boating on the Thames with two Englishmen.

Late August: Moves to 87 Hackford Road, Brixton, where Mrs. Sarah Ursula Loyer, a widow aged 51, and her daughter Eugénie (born April 1854) run a small day-school.

Christmas: Spent happily with the Loyers.

1874
January: Writes to Theo: "I have a delightful home, and it is a great pleasure to me to study London, the English way of life and the English people themselves."

April: Delighted with London spring blossom—lilac, hawthorn, laburnum. Sows a little garden full of poppies, sweet peas and mignonette. Still enjoys his walk to and from the office—some three-quarters of an hour.

May?: Declares his love for Eugénie Loyer: her refusal deeply wounds him.

June: Visits the Royal Academy. Takes up drawing again, but writes that it did not amount to much.

June *c.*27 to July 15: Stays with his family in Holland—his first return home since his arrival in London in May 1873. His parents find him "thin, silent, dejected—a different being." His mother writes, "Vincent made many a nice drawing: he drew the bedroom window and the front door, all that part of the house, and also a large sketch of the houses in London which his window looks out on; it is a delightful talent which can be of great value to him."

July: Returns to London with his sister Anna, who is looking for a post as governess.

August 3: Visits the Dulwich Picture Gallery with Anna.

August: Leaves the Loyers' and takes furnished rooms at Ivy Cottage, 395 Kennington New Road. Ceases to draw, but reads a great deal.

August 28: Visits the British Museum Print Room.

October: Transferred to the Goupil branch in Paris, much against his will. Remains there until Christmas.

Christmas: At the parsonage at Helvoirt with his family.

1875

January: Returns to London at 395 Kennington New Road.

February: Visits Winter Exhibition at Burlington House. Reads Michelet, Renan, Heine and George Eliot's *Adam Bede*.

April 24: Almost certainly visits Christie's for Mendel Sale, which contains Millais's *Chill October*.

Mid-May: Transferred to Paris branch of Goupil & Cie. Takes a room in Montmartre—address unknown.

June: Visits Hôtel Drouot for Gavet collection of Millet drawings.

October: Harry Gladwell, aged 18, son of a London art dealer and apprenticed to Goupil, joins him in Montmartre. They share breakfasts, walks, visits to galleries, prints and Bible reading.

Christmas: At Etten with his family.

1876

January: Returns to Paris; given three months' notice by Goupil. Reads George Eliot's *Felix Holt*.

February: Reads Eliot's *Scenes of Clerical Life*.

March: Reads *Kenelm Chillingly* by Bulwer-Lytton. Visits the Durand-Ruel Gallery, where he buys an etching after Millet's *The Angelus*.

March 31: Leaves Goupil; Gladwell sees him off from Paris. Spends a happy fortnight with his parents at Etten.

April 14: Leaves Etten for Ramsgate.

April 16: Arrives in Ramsgate to teach at Mr. Stokes's school at 6 Royal Road. Receives no salary—only board and lodging. Teaches elementary French and German, arithmetic, and gives dictation to 24 boys "from the London markets and streets" aged 10 to 14. Remains two months in Ramsgate; school then transferred to Isleworth, a village ten miles west of London, on the Thames.

June 12: Leaves Ramsgate to walk to London, via Canterbury and Chatham. Arrives Tuesday evening; spends two nights in London (one with Gladwell's father at Lewisham) and then walks to Welwyn to see Anna. Probably spends at least one night in Welwyn, then walks to Isleworth to join Mr. Stokes.

Late June: Visits Hampton Court to see its gardens, the palace and the pictures. "It was a pleasure to see pictures again." Makes two or three visits to London hoping to become a London missionary, but is refused as minimum age is 24 years old.

Early July: Leaves Mr. Stokes's school to join another school for boys run by the Rev. T. Slade Jones, who is also the minister of Turnham Green Congregational Church. The school is at Holme Court, Twickenham Road. Isleworth, a fine Queen Anne house, in which Vincent has an upper room at the back of the house, overlooking a garden of acacia trees where he would often watch the sun rise.

August 6: Mr. Jones and his family return from holiday; the boys arrive soon afterwards. Vincent teaches them Bible history. Takes a walk along the Thames—"a sky such as Ruysdael or Constable would have painted."

August 17: Leaves Isleworth at 11.00 a.m. to walk to Lewisham, arrives at 5.00 p.m. The Gladwell family have just returned from the funeral of their daughter, aged 17. Returns home by train to Richmond and walks along the Thames to Isleworth.

September *c.*19: Has a surprise visit from Van Iterson, a former colleague in The Hague.

September 23: Leaves Isleworth at 4.00 a.m.; in Hyde Park at daybreak; in Kennington at 7.00 a.m. and "rested a little in a church where I used to go so many Sunday mornings"; visits friends in London and also Goupil Gallery, where he sees drawings Van Iterson has brought from The Hague.

Early October: Told by Mr. Jones that he would teach less in the future, but would work more in the parish at Turnham Green, visiting the people, etc.

October 2: Speaks at the prayer meeting at the Methodist Chapel, Richmond: he goes there every Monday evening.

October 4: Takes a long walk to a village an hour from Isleworth.

October 7: Asked by Mr. Jones to collect the boys' fees for him in East London; *en route*, visits the picture galleries around the Strand, including the French Gallery (Mr. Wallis), and the gallery of Cottier, where a Dutch friend, Van Wisselingh, is employed and where he sees sketches for two church windows. Returns by bus to Turnham Green, visits a Catholic church there, then walks to Isleworth, passing through a dark park, from where he sees far away the lights of Isleworth and the church with the ivy (All Saints), and the churchyard with the weeping willows on the banks of the Thames. The park was Syon Park, through which he often walked, noting its avenues of elm trees and the swans on the stream that ran through it.

October 9: Speaks again at the prayer meeting at Richmond Methodist Chapel.

October 13: Gives German lessons to Mr. Jones's daughters, and reads to them Andersen's *Snow Queen*.

November 5: Preaches his first sermon at Richmond Methodist Chapel. Sends a copy of it to Theo—the manuscript still exists.

November 6: Again at Richmond. "I have taken such beautiful walks lately—they were such a relief after the closeness of the first months here."

November 12: Teaches at Sunday School at Turnham Green.

November 18: Asked to collect fees again for Mr. Jones. Leaves Isleworth at 4.00 a.m., Hyde Park at 6.30 a.m., then to Whitechapel, Chancery Lane, Westminster; visits Mrs. Loyer, the Obachs, and the Gladwells at Lewisham, from where he writes to Harry Gladwell in Paris. Returns by underground.

November 19: At Turnham Green in the morning; attends a Teachers' Meeting, where it is resolved "that Mr. Vincent van Gog [*sic*] be accepted as co-worker." In the evening, walks from Turnham Green to Richmond and then on to Petersham, where he preaches in the small Methodist Chapel.

December 4: Attends Teachers' Meeting at Turnham Green Church, where it is resolved "that it be optional with Teachers whether they visit their own scholars or Mr. Vincent visit them." The next resolution reads: "Mr. Richardson proposed. Mr. Stanham seconded that Mr. Vincent be supplied with all the names and addresses of the scholars in the school and that he go round to each class for particulars of those who require visiting."

December *c.* 20: Returns to Etten for Christmas. It is decided that he will not return to England.

1877

January-March: Works in the bookshop of Blussé and Van Braam at Dordrecht.

May: Moves to Amsterdam, lives with his Uncle Jan, director of the shipyards, and begins his theological studies. Finds study difficult, especially Latin and Greek.

1878

January-May: Continues his studies, but finds them increasingly difficult.

May: Returns home to Etten, spending a month preparing for the mission school in Brussels.

July 15: Visits Brussels with his father and the Rev. Mr. Jones.

August: Goes to the mission school at Laeken.

November: Fails to qualify after a three-month trial period; returns home to Etten.

December: Moves to the Borinage, the coal-mining region in southern Belgium, to work as an evangelist.

1879

January: Becomes mission preacher at Wasmes; lives frugally in a workman's house.

July: Dismissed from this post for over-zealous evangelism and lack of concern for his dress and appearance.

August: Moves to Cuesmes, and remains isolated for almost a year.

1880

August: Decides to become an artist.

October: Leaves the Borinage for Brussels to continue his art studies.

November: Meets the Dutch artist Anton van Rappard (1858–92) who will become a good friend and regular correspondent in the next five years.

1881

January-April: Continues to draw, especially after Millet and Bargue.

April: Returns to his parents' home in Etten.

Summer: Meets his widowed cousin, Kee Vos (1848-1918), confesses his love for her, but is rejected.

November: Spends time in The Hague and takes a few lessons in watercolour and still-life painting from his cousin by marriage, Anton Mauve (1838–88).

Christmas: After a quarrel with his father, leaves Etten for The Hague.

1882

January: Lives at 138 Schenkweg.

Late February: Meets the prostitute Clasina Maria Hoornik (1850-1904), known as Sien; already several months pregnant, she moves into his apartment.

March: His art dealer Uncle Cor ("C. M.") commissions 12 drawings —views of The Hague.

June: Having contracted venereal disease, spends three weeks in hospital.

July 1: Leaves hospital.

July 2: Sien gives birth to a son.

July 6: Moves to the house next door, 136 Schenkweg.

August: First serious attempts at oil-painting.

September: Discovers new models —old "orphan men" from the local almshouse. Will make more than 50 drawings from them in the next months.

November: Does a small series of lithographs. Continues to draw.

1883

January-July: Continues drawing, often using Sien and her family as models; tries a series of many-figured compositions on a double-square format (50 × 100 cm).

August: As in the previous August, takes up oil-painting. From now on, drawing and painting will tend to run in harness.

September: After much soul-searching, decides to leave Sien.

September 11: Leaves The Hague for Drenthe, a rather desolate province in the north-east of the country. Lives first at Hoogeven.

Early October: Moves to Nieuw-Amsterdam.

November 22: Visits Zweeloo, draws the old church.

Early December: Decides to abandon Drenthe; rejoins his parents in Nuenen.

1884

January 17: Mother breaks her leg: during her convalescence, her son cares for her. Works on series of weavers, in all media.

March-April: Does a sequence of landscape drawings.

May: Van Rappard pays a ten days' visit.

August: His neighbour, Margot Begeman, in love with Vincent, tries to poison herself.

September: Works on decorative panels for the house of a retired goldsmith in nearby Eindhoven.

October: Van Rappard visits, again staying for some ten days.

December: Meets Anton Kerssemakers (1846-1924), a tanner and amateur painter, who becomes a friend, a pupil, and later, writes of reminiscences of Van Gogh.

1885

January-February: Plans to paint 50 heads of peasants, a series he had begun already in December.

March 26: Sudden death of his father, following a heart attack.

April: Works on *The Potato Eaters*; it is sent to Theo in Paris on May 5.

May: Leaves the vicarage and lives in the studio in the village he had taken a year earlier.

July-August: Produces a series of drawings of the wheat harvest.

September: Begins a series of still-life paintings: birds' nests, apples, potatoes, kitchen utensils.

October: Makes a three-day visit to Amsterdam, concentrating on the newly opened Rijksmuseum (Hals, Rembrandt, Ruysdael).

November 24: Leaves Nuenen for Antwerp. Discovers Japanese prints.

December: Admires Rubens; paints heads and draws urban motifs.

1886

January 18: Enrols as a pupil of the Academy under Verlat; meets the English artist Horace Mann Levens (1862-1936) who draws his portrait.

End February: Having constantly spoken of coming to Paris to study with Cormon, abruptly leaves Antwerp, leaving most of his work behind.

PARIS
Early March 1886 – February 19, 1888

1886

Early March: Arrives unannounced from Antwerp, sends Theo a note from the station suggesting a meeting in the Salon Carré of the Louvre Museum. Lives with Theo at 25 rue de Laval.

March-April: Still using a dark Dutch palette, paints still lifes and self-portraits. Begins attending Cormon's atelier (this is unclear: some scholars believe he did not go there until September 1886, remaining until November).

May 1 - June 30: Doubtless visits the Salon.

May 15 - June 15: Visits the 8th (and last) group exhibition of the Impressionists. Admires Degas; but no evidence of any influence of Gauguin and Guillaumin, least of all of Seurat, Signac and Pissarro, on his painting.

***c.* early June**: Theo takes a larger apartment at 54 rue Lepic, Montmartre. Vincent undergoes serious dental surgery as a result of stomach ailment.

June 15 - July 15: *Ve Exposition Internationale de Peinture et de Sculpture* at the Georges Petit Gallery. His first real encounter with a group of works by Monet and Renoir.

June-July: Paints a series of flower still lifes.

July: Theo goes to Holland for his holidays.

August: Theo's Dutch friend, Andries Bonger (1861-1934), often eats with them at 54 rue Lepic.

August 21 - September 21: *IIe Exposition de la Société des Artistes Indépendants*, Seurat and Signac among the exhibitors.

September-October: Works on a series of autumn landscapes of la Butte Montmartre.

October: Already a visitor to the boutique of Père Tanguy, 14 rue Clauzel, proved by his letter to Charles Angrand (1854-1926) of October 25, 1886, in which he asks to exchange a painting that he had seen at Tanguy's, *Les Poules dans la basse-cour* (1884), now in the Ny Carlsberg Glyptotek, Copenhagen.

November: John Russell (1858-1931), an Australian artist, paints Vincent's portrait (see frontispiece).

1887

January: Vincent paints his first portrait of Tanguy (F 263; Ny Carlsberg Glyptotek, Copenhagen). Probably begins his close relationship with Agostina Segatori, owner of the Café du Tambourin, 62 boulevard de Clichy. Probably meets Signac at Tanguy's.

January (or later): Begins visiting the shop of Siegfried Bing, dealer in Oriental art, especially to study and acquire (or take on commission) Japanese prints. He also encourages Anquetin and Bernard.

March 11: Theo writes to his younger brother Cor that Vincent works well and has talent, but that his difficult character makes it virtually impossible to get on with him.

March 14: Theo expresses similar opinions about Vincent in a letter to his sister Wil.

March-April: Vincent organises at the Tambourin his first exhibition of Japanese prints which will influence the work of Bernard and Anquetin.

March 26 - May 31: *IIIe Exposition de la Société des Artistes Indépendants*, the Neoimpressionists show in force: 4 works by Angrand, Cross: 6, Luce: 10; Lucien Pissarro: 8; Seurat: 10; Signac: 10.

April 7: Theo sells his first painting by Monet, followed by a second on April 23.

April 9: Gauguin and Laval leave France for Panama—and ultimately Martinique.

April 25: Theo writes to Wil that he and Vincent are reconciled.

April-May: Vincent begins painting regularly at Asnières, a northern suburb of Paris on the banks of the Seine. This "spring campaign" was important to his landscape painting. Signac accompanies him occasionally, before leaving for the South of France on May 23.

May 1 - June 30: Salon of 1887.

May 8 - June 8: *VIe Exposition Internationale de Peinture et de Sculpture*, Monet, Renoir, Sisley and Pissarro among the exhibitors.

May 15: Theo writes to Wil that Vincent's painting is becoming lighter in tone and that "he's trying to put sunlight into it," a clear reference to the paintings of Asnières. A little later, Vincent himself writes to Wil that his paintings have more colour in them than before (W 1).

June: Lucien and Camille Pissarro in touch with Theo, but it is not until August 8 that the latter buys a painting from Camille Pissarro. Henceforth, Theo will regularly take Pissarro's work.

July 11: Theo leaves Paris for a vacation in Holland, returning on July 22.

Mid-July: Vincent ends his commercial and personal relationships with Agostina Segatori.

July-August: His paintings on la Butte Montmartre include two large landscapes (F 316, F 350; the latter, see cat. no. 25).

September: Works with Bernard on portraits of Père Tanguy in the studio built by Bernard's grandmother in the garden of his parents' house at Asnières.

October: Exchanges a still life with Lucien Pissarro against a suite of woodcuts.

November: Vincent organises an exhibition of painters of "Le Petit Boulevard" at the Grand Bouillon, Restaurant du Chalet, 43 avenue de Clichy. Vincent shows 50 to 100 works (mostly portraits and still lifes), and other exhibitors include Bernard, Anquetin, Koning. Bernard sells his first painting, and Anquetin a study.

The exhibition is visited by Pissarro, Guillaumin, and Seurat. But the most significant visitor is Gauguin, recently returned from Martinique. He exchanges works with Vincent, and shortly afterwards meets Theo, who then becomes his dealer, buying works and arranging small exhibitions in his gallery.

November 10 - December 20: Puvis de Chavannes exhibition at the Durand-Ruel Gallery: Vincent certainly visits, recalling works seen there in later letters from Arles.

December: Theo arranges in the gallery on the Boulevard Montmartre a small exhibition that includes three paintings and five ceramics by Gauguin, three fans and paintings by Pissarro, as well as works by Guillaumin. Vincent visits the latter's studio at 13 quai d'Anjou.

1888

Early January: Vincent shows at least one painting in the rehearsal room of Antoine's *Théâtre Libre* (96 rue Blanche). Seurat and Signac also have paintings hung there.

January: A hard Parisian winter, often with London-type fogs, adds to Vincent's health problems: too much indulgence in smoking and drinking. Does very little painting.

January 4: Theo buys a Gauguin painting, followed by the purchase of Toulouse-Lautrec, *Poudre-de-Riz*, on January 12. These are bought for the brothers' own collection rather than the gallery of Boussod, Valadon et Cie.

February: Gauguin leaves Paris for Pont-Aven.

Theo and Vincent have frequent discussions with the two Pissarros and Guillaumin about "Le Petit Boulevard" and the organisation of an association of artists.

February 19: A few hours before his departure for Arles, Vincent accompanies Theo on a visit to Seurat's studio.

Leaves for Arles, after almost two years in Paris.

ARLES February 20, 1888 - May 8, 1889

1888

February 20: After a journey of 15 or 16 hours, arrives in Arles to find it covered in snow. Takes a room in the Hôtel-Restaurant Carrel, 30 rue Cavalerie, near the northern ramparts and the Place Lamartine.

February 21 - March 9: Frost and freezing temperatures—the coldest in Arles since 1860. Paints two snowscapes, a street-scene, a portrait of an Arlésienne, three still lifes (including two of almond blossoms in a glass).

Early March: Meets the Danish artist Christian Wilhelm Mourier-Petersen (1858-1945); the two will often be together during the next two months.

Mid-March: With the help of his perspective frame, paints three landscapes: a drawbridge (F 397), a small stone bridge over a canal (F 396) and a railroad bridge (F 398). The last two are in the present exhibition (see cat. nos. 42 and 41).

March 18: Receives a letter from Gauguin in Pont-Aven. Writes letters to Toulouse-Lautrec and Bernard. Reads Maupassant, *Pierre et Jean.*

March 24: Completes his first painting of a blossoming orchard—actually of apricot trees. The series will continue until April 20.

March 30: His 35th birthday.

April 1: Attends the opening of the bullfighting season in the Roman arena.

April: Two views of la Butte Montmartre shown at the *Indépendants*, together with a still life, *Les Romans parisiens.*

Mid-April: Thinks of dividing his orchard paintings into a series of triptychs, possibly up to 12 canvases, to be continued if necessary in spring 1889.

April 20: Finishes his last orchard painting. "I have ten orchards now, not counting three little studies, and one big one of a cherry tree, which I've spoiled."

April *c.*21 - May 7: As an economy measure, decides to stop painting and works on a group of reed pen drawings.

April 22: Dodge MacKnight (1860-1950), an American artist living at nearby village of Fontvieille, visits him.

May 1: Theo's 31st birthday.

Rents four rooms, at 15 francs a month, at 2 place Lamartine—his famous Yellow House. It faces the northern ramparts and overlooks a large public garden.

May 7: Dispute with Carrel over payment. Takes a room in the Café de la Gare, run by Joseph and Marie Ginoux, at 10 place Lamartine. Will remain there until September 17, using the Yellow House as a studio and a storage place.

Packs his first case of paintings to Theo in Paris—"all the studies I have except a few that I have destroyed, but I'm not signing them all; there are a dozen that I have taken off the stretchers and fourteen on stretchers." He is now beginning another series.

May 8: Buys two chairs and a table and "things for making a little coffee and soup at home."

May 10: Sends off the case of paintings to Theo.

Takes up painting again after a break of more than two weeks, during which he concentrates on drawing. One of the first landscapes is *View of Arles with Irises and Meadows* (see cat. no. 52).

Mid-May: Completes two more landscapes, one of which is *The Langlois Bridge* (see cat. no. 53).

Reports a big improvement in his health, partly due to eating in the restaurant run by Mme. Venissac at 28 place Lamartine, close to the Café de la Gare.

May 20: Finishes two still lifes, one of which (F 410) celebrates his recent purchase of a coffee-pot and crockery.

Theo suggests that Vincent should send some drawings to the forthcoming exhibition of the Dutch Etching Society in Amsterdam.

May 22: Mourier-Petersen leaves for Paris, where Vincent suggests he might like to stay with Theo.

May 23-26: Makes a series of seven pen drawings of the Abbey of Montmajour, as a response to Theo's request. These are sent to Theo in Paris.

May 27: Does a large drawing, a view of Arles taken from Montmajour (F 1452). Arranges to have the Yellow House painted, inside and out.

May 28: Gales and rain keep him indoors: he writes letters, prompted by Theo's letter enclosing 100 francs, and telling Vincent that he has received the case of paintings and the seven drawings of Montmajour, that he has seen the Antibes paintings in Monet's studio, that Koning will leave for Holland in a few days, and that Boussod and Valadon propose to send him on visits to New York (a branch of the firm opened there in October 1887).

Vincent responds with a ten-page letter. Offers to go to America with Theo; advises Theo to make albums of his drawings, similar to those made by Japanese artists; writes that his health has much improved in the last weeks; and hopes to visit Saintes-Maries-de-la-Mer and see the Mediterranean at last.

A second letter follows, in which he responds to Theo's desire to alleviate Gauguin's financial problems. Also encloses a draft letter to Gauguin for Theo's approval, outlining the initial scheme for Gauguin to come to Arles: issues to be resolved include cost of journey from Pont-Aven to Arles, payment of Gauguin's debts, purchase of two beds, fixing of monthly allowance (he suggests 250 francs) in return for which Gauguin is to give Theo one picture each month.

Finally, he sends a letter to Gauguin, confining himself, however, to discussions about work and regretting they are so far apart.

May 29: Sends Theo his large drawing of Montmajour (F 1452), and encloses a letter of farewell to Koning. Tells them both that "early tomorrow I start for Saintes-Maries...".

May 30: At 7 a.m., leaves by diligence for Saintes-Maries, a five-hour journey across the Camargue.

Koning leaves Theo's apartment, and returns to Holland, taking with him Vincent's letter of May 29.

May 30 - June 3: Saintes-Maries-de-la-Mer, from where he writes to Theo on June 2, telling him that he is staying an extra day to do more drawings. Leaves on Sunday afternoon, having spent five days there and finished three paintings and eight drawings. Plans to return to Saintes-Maries as soon as possible.

June 3 or 4: Receives a letter from Theo, with 50 francs enclosed; Mourier-Petersen stays with him.
Pays month's rent of 15 francs, and organises the painting of the Yellow House this week.
Sends Theo a roll of Saintes-Maries drawings, but retains three drawings of cottages for use in making paintings.

June 5: Works on two paintings of cottages in Saintes-Maries (see cat. no. 57), based on two drawings (see cat. no. 56). Letter to Theo, enclosing a second letter for Gauguin. Reads a book on Richard Wagner. Asks Theo to send money by Sunday June 10, saying he would then hope to revisit Saintes-Maries and spend the week there.

June *c*.7: One-day visit to Tarascon, but a blazing sun and too much dust prevent him from producing anything.
Letter from Gauguin in reply to his of May 28.

June 9: Replies to Gauguin's letter. Does new drawings, two of them heightened with watercolour washes (F 1425, F 1483), and two or three painted studies.

June 10: Expects 50 francs from Theo for a second trip to Saintes-Maries. But payments for rent (15 francs), for the painting of the house (10 francs), and for other necessities make trip impossible. Instead, probably begins work on first size 30 canvas, *The Harvest* (F 412).

June 11: Receives Theo's telegraph order for 50 francs. Buys fairly big stock of canvases.

June 12: Only 20 francs left from yesterday's order.
Theo, preparing a Monet exhibition, has not written since June 2 or 3. Vincent, also busy, has not written for a week, but now he tells Theo of his exchange of letters with Gauguin, from which he learned that Theo had sent Gauguin 50 francs.

June 13: Works on another harvest picture, "a farm and some ricks, which will probably be a pendant" to *The Harvest* (F 425). "Everywhere now there is gold, bronze, copper, one might say, and this with green azure of the sky blanched with heat."

June 15: Theo writes after another fortnight's silence. His Monet exhibition of ten paintings of Antibes has opened. Among the visitors Maupassant (whose first book, *Des Vers*, 1880, Van Gogh had just read). He encloses Gauguin's answer to the more definite proposal that the two brothers had concocted.
Sends Theo a third draft letter for Gauguin, and posts three drawings (F 1425, F 1483, F 1478). Writes of his *Harvest*: "It kills everything else I have, except a still life, which I patiently worked out. MacKnight and one of his friends who has also been in Africa saw it today, this study, and said it was the best I had done." MacKnight's friend is almost certainly the Belgian artist Eugène Boch (1855-1941); this is his first recorded meeting with Van Gogh. About this time, has his hair and beard shaved off.

June 16: Probably paints *La Roubine du Roi with Washerwomen*, an evening view.
Reads Pierre Loti's *Madame Chrysanthème* (1887), "which contains interesting observations on Japan."

June 17: Writes to Russell with sketches of *The Sower* and *The Mudlark*, a young girl he had observed the afternoon when painting *The Trinquetaille Bridge* (see cat. no. 59).

June 18: Letter to Bernard with sketches of *The Sower* (F 422) and *The Summer Evening* (F 465). Tells Bernard he is giving drawing lessons—with his perspective frame—to a second lieutenant of the Zouaves called Milliet.

June 21: Thanks Theo for sending a copy of Gustave Geffroy's review in *La Justice*, of June 17, of the exhibition of Monet's Antibes landscapes.
Describes his week's "hard, close work among cornfields in the full sun," particularly on *The Sower*; also tells of his sittings with the Zouave and of "the torrential rain of these last two days."

June 22: Rain—and the coldest day of the month. The Zouave sits for him in his studio.

June 23: Still raining. Writes to Theo in the morning and sends him a drawing of the Zouave (F 1443).
Writes to Bernard in the evening, saying how "beat" he is "after drawing and painting from a model—a Zouave—for three or four days."

June 24: Writes another letter to Bernard. Spends the morning in the fields; another harvest picture is completed, making seven studies of wheatfields.

June 25-26: Spends those two days completely reworking *The Sower*.

June 29: Theo writes that Gauguin has agreed to their proposal to come to Arles.
Writes a reply to Gauguin (but sends it to Theo). Also writes to Russell, suggesting an exchange of paintings.
Has been retouching all his canvases a little before sending them to Theo. Hopes to spend two or three days in the Camargue to make some drawings.

June 30: Does not go to the Camargue because the veterinary surgeon who was to have taken him let him down. "I don't much care, as I have only a moderate affection for wild bulls."

Probably continues retouching his canvases.

July 2: Probably paints "a corner of a garden with clipped shrubs and a weeping tree," his first picture of one of the three gardens in the Place Lamartine (see cat. no. 64).

July 4: Observes a sunset from a stony heath, with Montmajour in the background, and brings back a study of it (F 466).
Reads Balzac's *César Birotteau* (1837): "I think I shall read the whole of Balzac again."

July 5: Probably begins a large painting of Christ in Gethsemane. Writes to Theo, somewhat dejected by his failure to make friends, or interest art lovers, in Arles; by a sense of loneliness ("Often whole days pass without my speaking to anyone, except to ask for dinner or coffee"); and by the relief that even Marseilles, hitherto his artistic mecca, "may be nothing but an illusion."

July 7: Again visits Montmajour and does two large pen drawings, with the intention of eventually producing six (see cat. no. 68). Probably about this time, scrapes off his painting of Christ in Gethsemane because he feels he must not depict such important figures without models.

July 8: Letter from Theo, enclosing 50 francs, full of news from Paris: Père Tanguy claims that Vincent owes him 80 francs for paints and canvas. Guillaumin has seen and liked his recent paintings; the art dealer Georges Thomas has bought Anquetin's *The Peasant* for 100 francs; Theo has asked whether he could be persuaded to do the same for Vincent and Gauguin. Theo also sends the July 7 number of *Paris Illustré* with four illustrations by Toulouse-Lautrec.
Attempts to visit Boch and MacKnight at Fontvieille, but finds they have gone on a week's trip to Switzerland.

July 9: Spends the day at Montmajour with the Zouave Milliet: "We explored the old garden together, and stole some excellent figs." Makes a third large drawing (F 1446). Writes to Russell (who has not replied to his letter of June 29), again proposing an exchange of paintings, and hoping he will buy a Gauguin painting.
Has "a charwoman now for 1 franc, who sweeps and scrubs the house for me twice a week."

July 13: Sends off by post a roll containing five large pen drawings of Montmajour. Hopes the Paris dealer Thomas will buy two of them at 100 francs each to help finance Gauguin's journey to Arles.
Despite being devoured by mosquitoes and having to struggle against "the nagging malice of the constant mistral," has spent "whole days outside with a little bread and milk, since it was too far to go back to the town."
Probably writes to Gauguin.

July 15: Day of drawing in the studio and writing letters.
Letter from Theo enclosing 100 francs. Begins working on six drawings after his paintings to send to Bernard as an exchange.
Writes to Bernard that Gauguin (who has been very ill) will probably spend next winter in Arles; sends the six drawings and promises more.

July 17: Sends Bernard nine more drawings after painted studies—"sketches of Provence," which may remind him of Cézanne.

July 19: Letter from Theo, with news of the failing health of their Uncle Vincent. In his reply, tells Theo he has taken some 30 paintings off their stretchers to be nailed up on the studio wall to dry thoroughly. Sends a large order for paints and canvas. Completes a new pen drawing of a garden full of flowers (F 1455) and two painted studies of the same garden (F 429, F 430).
No reply from Russell, who has left Paris for Belle-Ile, off the coast of Brittany, where he is building a house.
MacKnight and Boch, having returned from Switzerland, visit: "Still a frosty silence about my work when they come."

July 21: MacKnight "broke his silence a little by saying that he liked my last two studies [the garden of flowers] very much, and talked about them for a very long time."

July 22: Letter from Theo, with 50 francs enclosed.
Probably visits Fontvieille and sees Boch's paintings for the first time. "The village where they are staying is *real Millet*, poor peasants and nothing else, absolutely *rustic* and homely."

July 23: Bernard sends ten drawings in exchange for the 15 sent to him.

July 24: Letter from Russell, written from Belle-Ile on July 22, answering Vincent's letters of June 29 and July 9: he is unable to buy a painting by Gauguin.

July 25: Has painted *La Mousmé*: "A *mousmé* is a Japanese girl—Provençal in this case—12 to 14 years old"; it has taken him a whole week; has been ill, otherwise would have done some landscapes as well.

July 26: Letter from Gauguin, replying to Vincent's of about July 13. "Fortunately he has recovered his health," he tells Theo.
Probably replies to Gauguin, enclosing a drawing done after his recently completed *Mousmé* which Gauguin later pastes into his manuscript of *Noa Noa* (Louvre Museum, Paris).

July 28: Uncle Vincent dies. The former art dealer had directed Van Gogh's early years as an apprentice at Goupil & Cie in The Hague, London, and Paris from 1869 to 1876. Long estranged from Van Gogh, he became more interested in Theo and was likely to leave him a legacy.
First intimation that he has met Joseph Roulin (1841-1903), who handles mail at the railway station.

"A big bearded face, very like Socrates. A violent republican like Tanguy. A man more interesting than most."
Probably begins work on his first portrait of Roulin.

July 30: Works on portrait of Roulin. MacKnight again visits the studio, likes *La Mousmé*, and says once more that he likes the *Flowering Garden*.

July 31: Birth of Roulin's daughter, Marcelle (see cat. no. 71).
Letter from Wil announcing the death of Uncle Vincent.
Has completed eight of the 12 drawings planned for Russell.

August 3: Almost certainly finishes the remaining four drawings for Russell, and sends off the dozen to Belle-Ile.
Probably writes to Koning.
Unable to pay rent because Roulin, who would not accept payment for posing, "cost[s] *more* eating and drinking." Gives Roulin a copy of Henri Rochefort's *La Lanterne* (1868).
Theo in Holland for Uncle Vincent's funeral.

August 6: Makes drawings for Theo: intends to complete a dozen, with practically the same motifs as those just sent to Russell.
Writes to Theo: "Today I am probably going to start on the interior of the café where I stay, by gas-light, in the evening."

August 8: Sends Theo three large drawings of gardens (F 1455, F 1456, F 1457), and five small drawings after painted studies (F 1492, F 1441, F 1451, F 1430b, F 1431).
Recently made a "very interesting round of the farms with someone who knows the country."
MacKnight regularly visits.

August 9: Continues work on the *Portrait of Patience Escalier*. Sends a large drawing after it to Theo (F 1460), together with another large drawing after the *Portrait of Joseph Roulin* (F 1459).

August 13: Letter from Theo, who has been left a legacy by Uncle Vincent. Writes to Theo: has recently finished four small landscapes (F 445-447; one now lost), and has given Milliet lessons in drawing.
Spends evening with Milliet, who will shortly take a roll of his canvases to Theo in Paris.

August 14: Works on the painting *Quay with Men Unloading Sand Barges* (F 449). Also makes a drawing of the same motif (see cat. no. 69).
Recently thought of joining Gauguin in Pont-Aven if he would not come to Arles.

August 15: Telegram to Theo saying Milliet will arrive Friday morning with a roll of canvases.

Wil arrives in Paris to stay with Theo.

August 17: Milliet delivers 36 paintings to Theo.

August 17-18: Letter from Theo, enclosing 100 francs, and promising the necessary financial support to enable Gauguin to come to Arles. In his reply, Vincent suggests that Theo lend him 300 francs in one lump sum—to be repaid in the future by his sending 200 francs a month instead of the present 250. He could then buy two beds and furniture for the Yellow House.
Buys a black velvet jacket of fairly good quality, for 20 francs, and a new hat.
Decides definitely not to go to Pont-Aven.
No letter from Gauguin for almost a month.
Letter from Bernard, who has recently joined Gauguin in Pont-Aven.
Tells Bernard that he plans to decorate his studio with six pictures of sunflowers, "a decoration in which the raw or broken chrome yellows will blaze forth on various backgrounds... Effects like those of stained-glass windows in a Gothic church."

August 21-22: Writes to Theo: has three paintings of sunflowers on the easel (F 453, F 456, F 459), destined for his studio decoration—probably a dozen panels. Works on them every morning from sunrise.
Letter from Koning, who is going to live in The Hague.
Letter from Gauguin—the first in almost a month: he hopes to come south "as soon as the opportunity arises"; Bernard has made an album of Van Gogh's drawings.

August 24: Engaged on a fourth painting of sunflowers (F 454).

August 25: MacKnight leaves Fontvieille and returns to Paris.

August 26: Spends the evening with Boch.

August 27: Letter from Theo, with 50 francs enclosed.
Plans second portrait of the "old peasant," Patience Escalier.

August 29: Two or three perfect days, very hot and windless; the grapes are ripening.
Finishes the second *Portrait of Patience Escalier*.
Still no reply from Russell about the 12 drawings.

September 1: Depressed: Gauguin might find Arles too isolated; models are difficult to get; constant regret that his work does not sell, and he therefore cannot repay Theo; his life is "disturbed and restless"; it is a terrible handicap not to speak the Provençal patois; often hesitates before planning a picture because of the cost of colours; but is regaining physical strength and his stomach is stronger.
Reads Daudet's *L'Immortel* (1888).
Sends Theo three volumes of Balzac.

September 2: Spends day with Boch: weather not fine, but they take a walk and also go to a bullfight. Boch sits for a sketch, *The Poet* (F 462).

September 3: Finishes Daudet's *L'Immortel*.
Has two oak frames made for the *Portrait of Patience Escalier* and the *Portrait of Eugène Boch* as part

of the decoration for the Yellow House.

September 4: Writes Theo a long letter early in the morning as he waits to say farewell to Boch, who is leaving Arles for Paris and then the Borinage.
No paints left; will make drawings in the meantime.
Concerned about whether Gauguin will come to Arles. Writes to him and to Bernard.
Begins painting *The Night Café* (F 463) and works through the night.

September 5-6: Continues working on *The Night Café*, painting at night and sleeping during the day.

September 8: Letter from Theo, with 300 francs enclosed. At last able to begin furnishing the Yellow House. Buys two beds, 12 rustic chairs, one white deal table, one mirror, and some small necessities.
Camille Pissarro has seen his second batch of paintings, and likes *La Mousmé*.
Letter from Milliet: on leave in northern France; will call on Theo in Paris on his return journey to Arles.
Makes a watercolour copy (F 1463) of *The Night Café* to send to Theo.

September 9: Sends off watercolour copy of *The Night Café*.
Writes a long letter to Theo from the same night café he has just painted. Describes his new purchases and his immediate intentions for the decoration and furnishing of the Yellow House.
Plans an autumn series of paintings.

September 10: Letter from Russell, repeating that he is unable to buy a Gauguin painting, but invites Vincent to Belle-Ile. (It is unlikely that Vincent replied. This was their last exchange of letters in Arles. Their correspondence was not renewed until January 1890 in Saint-Rémy.)

September 11: Letters from Bernard and Gauguin. Gauguin more unsure about coming to Arles as his debts increase.

September 12: Replies to Gauguin, suggesting an exchange. "If they are willing," he tells Theo, "I would very much like to have here the portrait of Bernard by Gauguin and that of Gauguin by Bernard."
Has painted a study of an old mill (F 550).

September 13-16: Continues to furnish his house and buys a mattress for 30 francs.
Has painted the outside of a café at night (F 467); a *Self-Portrait* (F 476), with the help of the mirror he has recently bought; and the first of his autumn gardens (F 468), whose motifs are selected from the gardens in the Place Lamartine.
Takes "a splendid walk by myself today among the vineyards."
Sleeps in the Yellow House for the first time.

September 17: Letter from Theo, enclosing 50 francs. Gauguin has written to Theo, suggesting his prices be lowered to attract purchasers.
Letter from Bernard: he might come to Arles this winter.
Overjoyed to be in the Yellow House at last; weather magnificent. Finishes another garden in the square opposite, then begins a second canvas of the same garden (F 471), and with his last tubes of paint produces green by mixing Prussian blue and chrome yellow. Writes Theo a second letter in the evening: touches on Dante, Petrarch, and Boccaccio; some of his autumn gardens he will call *The Poet's Garden* (F 468, F 1465, F 479).
Spends a full and celebratory first day in his house and in the adjoining square. But paints, canvas, and purse "all completely exhausted." Will make drawings until paints arrive.

September 19-20: Letter from Theo, enclosing 100 francs.
Milliet returns, bringing for Vincent Japanese prints; lithographs by Delacroix, Géricault, and Daumier; a copy of the periodical *Le Japon artistique*; a photograph of his mother—all from Theo.
Has scraped off another painting of Christ in Gethsemane.

September 24: Day of storm and rain. Remains indoors. Writes Theo a long letter discussing Leo Tolstoy's *What I Believe* (1882–4), the hanging of the Japanese prints and French lithographs in his studio, Monticelli, the women of Arles, Japanese art, Bing's book, and an article on Wagner. Not a single reference to his own paintings, only to his wish to draw this winter figures in a few strokes and in the right proportion. "While I have been writing this letter I have drawn about a dozen."

September 26: Paints *Ploughed Field* (F 574), and includes a sketch of it in a letter to Theo.
Has begun the *Portrait of Milliet* (F 473).

September 27: From 7.00 a.m. to 6.00 p.m., works on yet another painting of an autumn garden (now lost). Encloses a small sketch of it (F 1465) in a letter to Theo. "I have a lucidity or a lover's blindness for work just now."

September 29: Letter from Gauguin: describes his *Vision After the Sermon: Jacob Wrestling with the Angel*, of which he includes a drawing, and "seems very unhappy and says that as soon as he has sold something, he will certainly come." Sends the letter on to Theo, with his reply.
Letter from Theo, enclosing 50 francs. Tells him by return that he has finished the *Portrait of Milliet*; encloses two small sketches of the *Starry Night* (F 474) and *The Yellow House* (F 464), which he has just painted.

October 2: Letter from Boch, now in the Borinage. Replies immediately, with a report on his recent paintings, two rapid sketches, and the news that "your portrait is in my bedroom along with that of Milliet, the Zouave, which I have just finished."

Spends the day painting a vineyard near Montmajour—"all purple and yellow-green under the blue sky" (F 475).

October 3: "A very, very remarkable letter from Gauguin," describing his self-portrait, *"Les Misérables,"* immediately sent on to Theo.
Letter also from Bernard, proposing an exchange of works between Vincent and himself and three other artists at Pont-Aven.
Finishes *The Green Vineyard* (F 475), "again for the decoration of the house."
Answers Gauguin and Bernard in the afternoon: tells Gauguin of his own *Self-Portrait* (F 476) and *The Green Vineyard*; of his conception of Gauguin as the head of a studio and the new poet of the South; of the decoration of the Poet's Garden for the studio; of the possible exchange of paintings with Pont-Aven artists. Pursues the question of an exchange with Bernard, listing several paintings and suggesting that if tomorrow, when exposed to the sun, it is dry enough to be rolled, he will add *Quay with Men Unloading Sand Barges* (F 449).
Paints a sunset.

October 4: Receives package from Pont-Aven with self-portraits by Gauguin and Bernard and Bernard's *Au Bordel*, a poem with ten drawings.
Writes to Bernard, telling him the self-portraits have arrived and that his own exchange paintings are being dispatched to Pont-Aven.
Letter from Theo, who has sold several of Gauguin's ceramics for 300 francs. Vincent's reply is not posted.

October 5-8: Money runs out Thursday, largely because he has ordered too many frames and stretchers. Had asked Theo to send money by Friday. Yet during these four days, he sends no news to Theo, has only two meals, lives on 23 cups of coffee and bread—all not paid for.

A merciless mistral from Saturday on prevents his painting outdoors. No evidence that he draws, or even reads—a "lost" four days.

October 9-10: Paints a brothel study for Bernard.
Letter from Gauguin, who has been ill: dreading the journey to Arles, but will come "before the end of the month." Buys a chest of drawers for 14 francs.
Finishes another painting of the public garden (F 566).

October 11: Writes to Gauguin.

October 13: Theo sends money order for 50 francs.
Writes Theo about four recently completed paintings; makes sketches of all of them in his letter.
Complains of very tired eyes.
Has finished 15 size 30 canvases since mid-August.

October 14: Letter from Gauguin: has sent Theo some pictures and studies.
Letter from Bernard: the seven exchange canvases have arrived in Pont-Aven. He will send "another study in exchange."
Complains of being nearly half-dead from the past week's work: "I have just slept 16 hours at a stretch, and it has restored me considerably. And tomorrow I shall have recovered from this queer turn."
A very violent mistral.

October 16: Eyes still tired, but has begun a painting of his bedroom (F 482). Sketch enclosed in letter to Theo.

October 17: Letter from Gauguin: has sent off his trunk and will come to Arles "as early as the twentieth." In reply, tells Gauguin of the *Bedroom* and encloses a sketch of it.
Has gas-lighting installed in the studio for 25 francs—to give "good light in winter."
Finishes painting the *Bedroom* in the afternoon.
Reads Jean Richepin's *Césarine* (1888).

October 21: Letter from Theo, enclosing 50 francs.
Has finished his fourth *Poet's Garden* (F 485), for the scheme of decoration for Gauguin's room.
"I am not ill but without the slightest doubt I'd get ill if I did not eat plenty of food and if I did not stop painting for a few days."
Desperately in need of another 50 francs.

October 22: Repeats request for 50 francs.
Finishes another size 30 canvas, *An Autumn Garden* (F 472), even though he has sworn not to work. Autumn effects have begun: trees turning yellow, and leaves beginning to fall.
Awaits Gauguin's arrival "from one day to the next."

October 23: Gauguin arrives in Arles before daybreak after leaving Pont-Aven on Sunday October 21. He goes to the Café de la Gare, where Ginoux recognises him from his self-portrait, *"Les Misérables."*
A letter from Theo of October 22, sending Gauguin 500 francs for the sale of his painting *Four Breton Women*, arrived in Pont-Aven after Gauguin had left.

October 24: Letter from Theo, enclosing 50 francs. In reply, Vincent writes of Gauguin: "He is very interesting as a man, and I have every confidence that we shall do loads of things with him. He will probably produce a great deal here, and I hope perhaps I shall too"; made acutely aware of his own failure to sell by Gauguin's recent sale; hopes his pictures will one day be worth more than the price of the paint; agonised that there is no demand for them, and feels he must produce "even to the extent of being mentally crushed and physically drained by it… For a while I had a feeling that I was going to be ill, but Gauguin's arrival has so taken my mind off it that I'm sure it will pass. I must not neglect my food for a

time, and that is all, absolutely all there is to it."
They intend to use cheaper colours and prepare their own canvas.
"Gauguin brought a magnificent canvas which he has exchanged with Bernard, Breton women in a green field, white, black, green, and a note of red, and the dull flesh tints."

October 25: Gauguin writes to the artist Emile Schuffenecker of his arrival in Arles and of the sale, through Theo, of his *Four Breton Women.*

October 27: Theo sends money order for 50 francs, and writes that Tasset will send paints and canvas shortly and that Gauguin's Brittany canvases have not yet arrived.

October 28: Letter from Theo to Vincent, with 50 francs, and the one to Gauguin of October 22, with 500 francs, sent on from Pont-Aven. Gauguin writes acknowledging both letters: hopes that his Brittany canvases will please Theo when they arrive.
Vincent writes to Theo: he is surprised to learn that Gauguin has been a sailor. "This gives me an awful respect for him and a still more absolute confidence in his personality"; Gauguin is busy with paintings of a black woman and a large landscape; Vincent has painted two studies: a sower and "a ploughed field with the stump of an old yew tree" (F 573), both sketched in his letter; "My brain is still feeling tired and dried up, but this week I am feeling better than during the previous fortnight."
The Dutch artist Jacob Meyer de Haan (1852–95) comes to stay with Theo.

October 29: During this week, Gauguin spends almost 100 francs buying a chest of drawers, various household utensils, and 20 metres of very strong canvas. Using this canvas, Vincent paints two autumnal views of the Alyscamps.

November 1: Milliet leaves Arles for Africa. Vincent writes to Theo: "He got a study of mine for troubling to take the canvases to Paris, and Gauguin gave him a small drawing in exchange for an illustrated edition of Loti's *Madame Chrysanthème.*"

November 2: Wind and rain probably keep Vincent and Gauguin indoors.
Most likely they write a joint letter to Bernard—Vincent's first news to Bernard since Gauguin's arrival. He reports that he has read Zola's *Le Rêve* (1888); he thinks the future of painting is in the tropics; Gauguin is working "on a canvas of the same night café I painted too, but with figures seen in the brothels"; he and Gauguin have made some excursions to the brothels; Milliet has gone to Africa and would like Bernard to write to him; he himself has done "two studies of the fall of leaves in an avenue of poplars, and a third study of the whole avenue, entirely yellow." Gauguin adds in a postscript: "Two studies of falling leaves are in my room; you would like them very much. They are on very heavy but good burlap."

November 4: During an evening walk they see "a red vineyard, all red like red wine. In the distance it turned to yellow, and then a green sky with the sun, the earth after the rain violet, sparkling yellow here and there where it caught the reflection of the setting sun."

November 5: Vincent probably works on *The Red Vineyard* (F 495), and Gauguin on "some women in a vineyard, completely from memory," both based on their Sunday evening walk.

November 6: Letter from Theo, enclosing 100 francs: confirms that he has now received Gauguin's Brittany paintings. Vincent replies that Gauguin is working on his women in a vineyard and "a picture of the same night café that I painted." He himself is working on *The Red Vineyard* (F 495); also announces triumphantly: "I have an Arlésienne at last, a figure (size 30 canvas) slashed on in an hour" (F 489).
"Gauguin and I are going to have our dinner at home today, and we feel as sure that it will turn out well as that it will prove to be better or cheaper."

November 7-12: They continue working on their various canvases. Vincent finishes *The Red Vineyard.* Writes to Theo: "I think that you will be able to put this canvas beside some of Monticelli's landscapes"; has done "a rough sketch of the brothel," with the intention of doing a brothel picture.
Gauguin finishes his "women grape gatherers"; and has almost finished his *Night Café.*
Vincent refuses art critic Edouard Dujardin's invitation to exhibit at the offices of *La Revue indépendante.*
Gauguin "knows how to cook *perfectly*; I think I shall learn from him, it is very convenient. We find it very easy to make frames with plain strips of wood nailed on the stretcher and painted, and I have begun doing this."
"We are having wind and rain here [especially on Friday 9], and I am very glad not to be alone. I work from memory on bad days, and that would not do if I were alone."

November 13: Theo has arranged a small exhibition of Gauguin's Brittany paintings at Boussod & Valadon, 19 boulevard Montmartre. He writes to Gauguin: the pictures are a great success; he has framed them in "a very fine white frame of unpainted wood"; Degas is enthusiastic and intends to buy a spring landscape; two other landscapes have been sold for 375 and 225 francs respectively; a third, *Breton Children*, can also be sold if Gauguin will retouch part of it.

November 14-15: Gauguin replies by return to Theo's letter: delighted with the sales, and with Degas's praise; he will retouch the canvas; the housekeeping is going very well; he and Van Gogh do their own cooking and eat at home; but terrible, rainy weather has prevented work outdoors; instead, they devote themselves to *"la peinture de chic,"* painting from memory; it is in this way that Vincent is doing "a good Dutch garden that you know with the family," and Gauguin himself "a poor girl bewitched in a field full of red vines"; he hopes in a year's time his health will be so improved that he will be able to return to the tropics. Gauguin also writes to Bernard about his success in Paris, and encloses an order for paints from Tanguy.

November 16-17: Vincent replies to a letter enclosing 100 francs from Theo.
Also writes to his sister Wil: has received the exchanges of canvases from Pont-Aven, a seascape by Bernard and a self-portrait by Laval; has had a letter from Jet Mauve about the painting of the orchard dedicated to Anton Mauve (F 394); Gauguin is working on *Woman in the Hay*; he himself has been working on two canvases, *Memory of the Garden at Etten* (F 496) and *The Novel Reader* (F 497), each described at length; Gauguin gives him "the courage to imagine things, and certainly things from the imagination take on a more mysterious character."

November 19-23: Gauguin's canvas *Breton Children* arrives from Paris; Vincent reports to Theo that "he has altered it very well," and that Gauguin is going to send Theo *Grape Gathering: Human Misery* and *Woman in the Hay*. "His last two canvases, which you will soon be seeing, are very firm in the impasto, there is even some work with the palette knife. And they will throw his Breton canvases a little in the shade—not all, but some."
Vincent works on two size 30 canvases: "a wooden rush-bottomed chair all yellow on red tiles against a wall (daytime). Then Gauguin's armchair, red and green night effect, walls and floor red and green again, on the seat two novels and a candle, on thick canvas with a thick impasto."

November 23: Gauguin writes to Schuffenecker: has been invited to exhibit at the offices of *La Revue indépendante*; as soon as he receives money from Theo, he will send some to his wife in Copenhagen.

November 25: Letter from Theo, enclosing 100 francs. In reply, Vincent writes: he is very pleased with Gauguin's continued success with the sale of his paintings; "Here the weather is cold, notwithstanding which one sees very fine things. For instance yesterday evening an extraordinarily beautiful sunset of mysterious, sickly citron colour—Prussian blue cypresses against trees with dead leaves in all sorts of broken tones without any speckling with bright greens"; at work on a canvas of a sower (F 450), whose colours partly respond to the described sunset; discusses Rembrandt and light in connection with two photographs of drawings by Meyer de Haan sent to him by Theo.

December 4: Letter from Theo, enclosing 100 francs.
Both artists are "working all the time, in the evening we are dead beat and go off to the café, and after that, early to bed! Such is our life. Of course it's winter here with us too, though it's still very fine from time to time. But I do not dislike trying to work from imagination, since that allows me to stay in. It does not worry me to work in the heat of a stove, but cold does not suit me, as you know. Only I have spoiled that thing that I did of the garden in Nuenen and I think that you also need practice to work from the imagination. But I have made portraits of *a whole family*... the man, his wife, the baby, the little boy, and the son of 16." This must have occupied him for the previous ten days. The family in question is Roulin's (see cat. nos. 71 and 72).
Theo's letter had clearly said complimentary things about the new *Sower* (F 450). Vincent replies: "From time to time there's a canvas which will make a picture, such as the 'Sower' in question, which I myself think better than the first"; will send Theo a batch of pictures, "say *within a month*, but wants them to be thoroughly dry"; "Gauguin works a lot. I very much like a still life, background and foreground yellow [now lost]; he is working on a portrait of me which I do not count among his useless undertakings; just now he is doing some landscapes; and lastly, he has a good canvas of women washing, even very good I think"; Gauguin has been invited to contribute to the exhibition of *Les XX* in Brussels.

December 11: Schuffenecker writes an enthusiastic letter to Gauguin, full of admiration for his recent paintings.

December *c.*12: Gauguin encloses Schuffenecker's letter with his own letter to his wife, Mette, in Copenhagen, in which he tells her of his invitation to *Les XX* in Brussels, and sends her 200 francs.

December 14-15: Gauguin writes Theo that he feels obliged to return to Paris: Van Gogh and he "could not live together without trouble because of our temperamental incompatibility."
Gauguin also writes to Schuffenecker, asking to be put up in Paris.

December 16-17: Writes to Theo: thanks him for his letter enclosing 100 francs, and also for money order of 50 francs; Gauguin, he thinks, was "a little out of sorts with the good town of Arles, the little yellow house where we work, and especially with me"; hopes Gauguin will reconsider: "I am waiting for him to make a decision with absolute serenity."

December *c.* 17-18: Gauguin and Vincent make a day visit to Montpellier to see the Alfred Bruyas Collection in the Musée Fabre, with its many works by Delacroix and Courbet.

December 18-19: Gauguin writes to Theo: tells him to consider his journey to Paris an imaginary thing, and his recent letter a bad dream; he is happy with Theo's success in recent sales; would like Theo to accept his portrait of Van Gogh painting sunflowers; he and Van Gogh have visited Montpellier.
Vincent also writes to Theo of the previous day's visit to Montpellier, and especially of the Bruyas Collection. "Gauguin and I talked a lot about Delacroix, Rembrandt, etc. Our arguments are terribly *electric*, sometimes we come out of them with our heads as exhausted as a used electric battery… Gauguin was saying to me this morning when I asked him how he felt that 'he felt his old self coming back'; which gave me enormous pleasure. When I came here myself last winter, tired out and almost dazed in mind, before being able to begin to recover, I had some inner suffering too."

December 23: Vincent works on *La Berceuse* (F 508).
Theo sends 100 francs.
After a violent quarrel with Gauguin (who had decided to spend the night in a hotel), Vincent appeared at 11.30 p.m. "at the *maison de tolérance*, no. 1, asked for a girl called Rachel, and handed her his ear with these words: 'Keep this object carefully.' Then he disappeared" (*Le Forum républicain*, December 30, 1888). In fact, Van Gogh did not cut off the whole of his ear, but only the lower part. After presenting it to Rachel, he returned to his house and went to bed.

December 24: Vincent is discovered in his bed by the police, "giving almost no sign of life." He is admitted to the Hôtel-Dieu, the hospital in Arles, where he is attended by Dr. Félix Rey (1867-1932).
Summoned from Paris by a telegram from Gauguin, Theo arrives in Arles. Probably it is he who seeks out the Rev. Frédéric Salles, pastor of the Reformed Protestant Church at 9 rue de la Rotonde, quite near the hospital.

December 25: Vincent's condition considered critical.

December 26: Theo, almost certainly in the company of Gauguin, returns to Paris. "There is little hope," he writes to his fiancée, Johanna Gesina Bonger (1862-1925). "If it must be that he dies, so be it, but my heart breaks when I think of it."

December 27: Visited by Mme. Roulin in the hospital. After she leaves he has a serious attack, spends a very bad night, and is put in an isolated room.

December 28: Joseph Roulin is not allowed to see Vincent, who is taking no food and refuses to talk. Possibility of his being transferred to a mental hospital in Aix.
Gauguin watches an execution in Paris.

December 31: After a week of crises, the Rev. Salles writes to Theo: "I found him calm, in a state which revealed nothing abnormal… He is amazed and even indignant (which could be sufficient to start another attack) that he is kept shut up here, completely deprived of his liberty"; Vincent is also astonished that Theo has not written.

1889

January 2: Writes to Theo: hopes to return to the Yellow House in a few days. Dr. Rey adds a reassuring note: "I am firmly convinced that he will be himself again in a few days."

January 3: Roulin writes to Theo: "My friend Vincent is quite recovered… At present he can move freely about the hospital; we walked for more than an hour in the courtyard, he is in a very healthy state of mind."

January 4: "I am truly happy today," Roulin writes, again to Theo. "I went to the hospital to get my friend Vincent and take him for a little fresh air. We went to the house, he was pleased to see his paintings again; we stayed together four hours, he has completely recovered, it is really surprising. I am very sorry my first letters were so alarming."
From the Yellow House, Vincent scribble two notes in pencil—to Theo and to Gauguin—before returning to the hospital.

January 7: Leaves hospital and returns to the Yellow House. Dr. Rey and two colleagues "came to see the paintings… and were uncommonly quick at understanding at least what complementaries are," he writes Theo in the morning.
Later in the day, writes a reassuring three-page letter to his mother and his sister Wil.
In the evening, writes yet again to Theo: "I am going to set to work again tomorrow. I shall begin by doing one or two still lifes, so as to get back into the habit of painting. Roulin has been splendid to me, and I dare say that he will remain a lasting friend… We had our dinner together today."

January 8: Begins painting again; hopes to do a number of portraits, including one of Dr. Rey.

January 9: Receives his first letter from Johanna Bonger, announcing her engagement to Theo.
Visits the hospital to get another dressing, and walks for an hour and a half with Dr. Rey.
Writes to Theo: "Physically I am well, the wound is healing very well and the great loss of blood is being made up, because I eat and digest well."

January 10: Hopes for a letter from Theo. Has to borrow 5 francs. Theo

does not write until January 17, and the Rev. Salles, Dr. Rey, and Roulin do not write to Theo during this week.
Receives first letter from Gauguin since his breakdown: he talks mostly of painting.

January 17: Letter from Theo, enclosing 50 francs. In his immediate reply—a 12-page letter—Vincent provides a report on the past week's activities: Roulin has often kept him company; broke by January 8, he has to borrow 5 francs from Ginoux at the Café de la Gare, and has taken ten meals on credit (7.50 francs): these seven days have been "a most rigorous fast, the more painful because I cannot recover under such conditions"; nevertheless, has started to work again, and already has "three finished studies in the studio, besides the portrait of Dr. Rey [F 500], which I gave him as a keepsake"; this very day, has been working again on "my own empty chair, a white deal chair with a pipe and a tobacco pouch" (F 498); and, for Theo, has a new self-portrait (F 529). Much of the letter discusses, with remarkable objectivity and perspicacity, Gauguin's character, conduct, and motives.

January 18: Receives another letter from Gauguin: asks Vincent to send his sketchbook and his two fencing masks and gloves, but not to bother sending his painted studies; is engaged on a series of lithographs, on the advice and under the auspices of Theo; also on a portrait of the Schuffenecker family.
Vincent does not answer immediately.

January 19: Writes to Theo: "I am still very weak, and I shall have difficulty getting my strength back if the cold continues… Roulin is on the point of leaving. His pay here was 135 francs a month, to bring up three children on that and live on it, himself and his wife!"

January 21: Roulin leaves Arles for his new post in Marseilles.

January 22: Letter from Theo, enclosing 50 francs. Vincent replies: has just finished a still life of "a wicker basket with lemons and oranges, a cypress branch and a pair of blue gloves" (F 502); also works on the portrait of Roulin's wife, which he began before he became ill. This is the first mention of *La Berceuse* (F 508).
Replies to Gauguin, telling him that Roulin has left for Marseilles and describing at length *La Berceuse*, which he has "begun working on again today."
Describes *La Berceuse* yet again in a letter to Koning.

January 27: The chief superintendent of police pays him "a very friendly visit."
Goes in the evening to the theatre of the Folies-Arlésiennes and sees a Noël or a Pastorale, "reminiscent of the Christian theatre of the Middle Ages."

January 28: Writes to Theo: "I am furiously at work from morning till night"; has just completed two copies (F 455, F 458) of two of the August 1888 *Sunflowers* that had hung in Gauguin's room (F 454, F 456), and also two copies of *La Berceuse*.
Roulin visits Arles for the day and is very pleased with the portraits of his wife.

January 30: Receives "a very friendly letter from Gauguin," to which he replies without delay.
At work on a third copy of *La Berceuse*.
"It has been a magnificent day with no wind, and I have such a longing to work that I am astonished, as I did not expect it anymore."

February 3: Letter from Theo, enclosing 100 francs, received a day or so previously. Delays his reply because he is "very tired… and the doctor had given me strict orders to go out for a walk without doing any mental work… There are moments when I am twisted by enthusiasm or madness or prophecy, like a Greek oracle on the tripod."
Works on his fourth version of *La Berceuse*.

February 7: The Rev. Salles writes to Theo: Van Gogh has again been taken to the hospital that afternoon; for three days he imagined he was being poisoned; his charwoman told the neighbours, and they brought the matter to the attention of the superintendent of police, who had him watched; he is now in an isolated room.
A medical report, dated February 7, issued by Dr. Albert Delon to the superintendent of police, testifies to Van Gogh's hallucinations—he hears voices reproaching him—and to his constant fear of being poisoned.
He is kept in the hospital for ten days.

February 13: Telegram to Theo from Dr. Rey: "Vincent much better, hope getting better, keeping him here. Do not worry now."

February 17: Vincent writes to Theo: "Today I have just come home provisionally, I hope for good. I feel quite normal so often, and really I should think that I am suffering from what is only a disease peculiar to this place… It seems that people here have some superstition that makes them afraid of painting, and that they have been talking about it in the town."
His neighbours are alarmed at his return to the Yellow House, even though he is sleeping and eating at the hospital. Thirty individuals present a petition to the mayor, claiming that Van Gogh is not in command of his mental faculties, that he drinks too much, and that he is a threat to women and children. He should, therefore, return to his family or be admitted to a mental asylum. The mayor passes on the undated petition (probably about

February 18-25) to the superintendent of police, who immediately has Van Gogh readmitted to the hospital, probably on February 25. His house is closed by the police.

February 26: The Rev. Salles writes to Theo of the recent happenings.

February 27: The superintendent of police interviews five petitioners, who repeat the same allegations. The report of his investigation, dated March 3, concludes: "Vincent van Goghe [*sic*] is mentally deranged and might become a public danger. We feel that this madman should be detained in a special asylum."

March 1-2: The Rev. Salles writes to Theo on successive days: everyone at the hospital is well disposed toward Van Gogh; "It should be the doctors and not the superintendent of police who ought to be the judges in a case like this"; nonetheless, Van Gogh is isolated in a private cell and allowed neither pipe, book, nor paints.

March 16: Theo writes to Vincent, having been kept informed of his state by Dr. Rey and the Rev. Salles; the Pointillist painter Paul Signac (1863-1935) will shortly go to the South and visit him.

March 18: The Rev. Salles writes to Theo, having just visited Van Gogh: "I found him entirely lucid and with a complete awareness of his position… He read [your letter] in my presence." Salles advises that he should leave the Yellow House and live in another part of the town.

March 19: Vincent writes to Theo, after almost a month's silence: has been "shut up in a cell all the livelong day, under lock and key and with keepers, without my guilt being proved or even open to proof"; feels it is not Dr. Rey's fault, as he himself was ill at the time; very upset by the neighbours' petition; wants to send Theo his canvases, "but all of them are under lock and key, guarded by police and keepers."

March 22: Replies to another letter from Theo: the Rev. Salles is looking for another apartment; "As far as I can judge, I am not, properly speaking, a madman. You will see that the canvases I have done in the intervals are calm and not inferior to the others. I *miss* the work more than it tires me. Certainly I should be pleased to see Signac, if he has to pass through here after all. Then they must let me go out with him to show him my canvases."

March 23: Signac visits Vincent, and together they go to the Yellow House. The police have destroyed the lock, and although at first they refuse to allow Signac to force open the front door, he eventually does so. Vincent presents him with a canvas of two herrings (see cat. no. 73). Buys *Ceux de la glèbe* (1889) by Camille Lemonnier—"the first time in several months that I have had a book in my hands."

March 24: Takes a walk with Signac in the morning before he leaves for Cassis.
Writes to Theo: describes Signac's visit; reports Dr. Rey's opinion that "instead of eating enough and at regular times, I kept myself going on coffee and alcohol. I admit all that, but all the same it is true that to attain the high yellow note that I attained last summer, I really had to be pretty well keyed up"; hopes to resume his painting soon—with a new series of orchards—and sends Theo an order for paints.
Signac writes to Theo: "I found your brother in perfect health, physically and mentally."

March 27-28: "Went to town to get things to work with."
"I have sent for more books so as to have a few sound ideas in my head. I have reread *Uncle Tom's Cabin*, you know Beecher Stowe's book on slavery, Dickens's Christmas stories, and I have given *Germinie Lacerteux* to Mr. Salles."

March 29: Begins painting again, working on his fifth version of *La Berceuse*.

March 30: Vincent's 36th birthday. Theo leaves Paris for Amsterdam to prepare for his wedding, not intending to return until April 21.

Early April: Roulin comes to see Vincent; it is their last meeting.
Works on "an orchard of peach trees beside a road with the Alpine foothills in the background" (F 514).

April *c.*10: Receives a postcard from Signac in Cassis, and writes in reply: "At present I am well, and I work at the sanatorium and its environs. I have just come back with two studies of orchards" (F 514, F 515).

Mid-April: Writes to Theo: has "six studies of the spring, two of them big orchards"; has taken "an apartment consisting of two little rooms (at 6 to 8 francs per month, water included) *belonging to Mr. Rey.* It is certainly not expensive but nothing like as nice as the other studio."
Takes his furniture from the Yellow House and stores it at the Café de la Gare.
Buys a new suit for 35 francs and six pairs of socks for 4 francs.

April 17: Theo marries Johanna Bonger in Holland.

April 19: The Rev. Salles writes to Theo that Van Gogh feels unable to leave the hospital and take an apartment in Arles, but prefers to spend two or three months in an asylum.

April 21: Letter from Theo, enclosing 100 francs. Vincent replies: "At the end of the month I should like to go to the hospital at Saint-Rémy… Certainly these last days were sad, with all the moving, taking away all my furniture, packing up the canvases that are going to you."

April 29: Letter from Theo, enclosing 100 francs. Vincent replies: will send shortly, by freight train, "two cases of pictures, of which you must not hesitate to destroy a good number."

April 30: Writes to Theo, sending birthday greetings for the 1st of May. "Today I am busy packing a case of pictures and studies. One of them is flaking off, and I have stuck some newspaper on it; it is one of the best, and I think that when you look at it you will see better what my now shipwrecked studio might have been; this study, like some others, has got spoiled by moisture during my illness. The flood water came to within a few feet of the house, and on top of that, the house itself had no fires in it during my absence, so when I came back, the walls were oozing water and saltpetre."
Also writes to Wil: "[I am] going to an asylum in Saint-Rémy, not far from here, for three months. I have had in all four great crises, during which I didn't in the least know what I said, what I wanted and what I did. Not taking into account that I had previously had three fainting fits without any plausible reason, and without retaining the slightest remembrance of what I felt"; describes two canvases he has just finished, one of the hospital ward (F 646), the other of the hospital court (F 519); says he has only done four orchards this spring.

May 1: Theo's 32nd birthday.

May 2: Sends off by freight train two cases of paintings to Theo. "There are lots of daubs among them, which you will have to destroy… I have put it in some fencing masks and some studies of Gauguin's."
Works on a view of an avenue in the park (F 517).

May 3: Begins drawing again with a reed pen, "like last year's view of Montmajour… Today I made a drawing of that sort [F 1468], which has turned out very dark and rather melancholy for one of spring."
Reads Balzac's *Le Médecin de campagne* (1833).

May 4-7: Packs and prepares for Saint-Rémy.

SAINT-RÉMY May 8, 1889 – May 16, 1890

1889

May 8: Van Gogh leaves Arles by train, accompanied by the Rev. Frédéric Salles, pastor of the Reformed Protestant Church, for the asylum of Saint-Paul-de-Mausole in Saint-Rémy-de-Provence, some 15 miles to the north-east. On May 10 the pastor writes to Theo: "Our trip to Saint-Rémy was accomplished under excellent conditions. Mr. Vincent was perfectly calm and explained his case himself to the director, as a man who is fully aware of his situation. He remained with me until my departure, and when I took leave of him he thanked me profusely and seemed somewhat moved at the thought of the completely new life he was going to lead in that establishment. Let us hope that his stay will be truly beneficial for him and that soon he will be regarded as capable to resume his complete freedom of movement. Mr. Peyron assured me that he will receive all the kindness and care which his condition demands."
Dr. Théophile Zacharie Auguste Peyron (1827–95), director of the asylum since 1874, was described by Van Gogh as "a little gouty man—several years a widower, with very black spectacles. As the institution is rather dull, the man seems to get no great amusement out of his job, and besides he has enough to live on."

May 9: In the register of the voluntarily interned Dr. Peyron observes, 24 hours after Van Gogh's arrival, that, "having been treated in the hospital [in Arles, the patient] is suffering from acute mania with hallucinations of sight and hearing which have caused him to mutilate himself by cutting off his right ear. At present he seems to have recovered his reason, but he does not feel that he possesses the strength and the courage to live independently and has voluntarily asked to be admitted to this institution. As a result of the preceding it is my opinion that Mr. Van Gogh is subject to epileptic fits at very infrequent intervals, and that it is advisable to keep him under prolonged observation in this establishment."
Receives encouraging letters from Theo and his wife, Jo. "I don't look upon your going to Saint-Rémy as a retreat, as you say, but simply as a temporary rest cure in order that you may come back after a short time with renewed strength," Theo tells his brother. He refers to paintings at the Paris Salon, among them "two absinthe drinkers and the portrait of two young girls in white… perhaps the best portrait in the Salon," both by Raffaëlli. "Otherwise, there is very little of interest in the whole bazaar." For her part, Jo describes their new apartment at 8 Cité Pigalle, in Montmartre, and how Vincent's pictures are hung there. The large *Harvest* (F 412), from Arles, hangs over the piano in the drawing-room. "The dining-room is also full of [paintings], but Theo is still dissatisfied with the arrangement, and every Sunday morning is spent hanging the pictures in other places and rearranging everything." She tells of visits by various artists: "Last night, for instance, there was quite a reunion. Pissarro and his son Lucien, Isaäcson and young Nibbrig… and my brother [Andries Bonger]." She and Theo have been married three weeks.

May 10: The Rev. Salles writes to Theo about the journey to Saint-Rémy.

May 15: Writes his first letter from the asylum to Theo and Jo. (The week's delay may be due to his knowing that the Rev. Salles had already written to Theo.) Seeing the "madmen and lunatics in this menagerie" is helping him to lose "the vague dread, the fear of the thing." Dr. Peyron thinks he had some sort of epileptic attack in Arles. Has started work on two motifs taken from the garden, some violet irises (F 608) and a lilac bush (F 579).

May 16-20: Vincent continues working in the asylum garden.

May 21: Theo replies to Vincent's letter. He hopes the stay in Saint-Rémy will be only an interlude. It may be possible to find someone who would accommodate him, yet allow him his liberty: "If you didn't have such a dread of going back to Paris or its environs, I myself would try to find a boarding-house of this kind." He asks about the treatment Vincent is receiving, about the food and the other patients, and whether he has yet seen anything of the countryside.
The consignment of pictures from Arles arrived some days ago in good condition. Theo is especially impressed with *La Berceuse* and the *Portrait of Roulin* (F 432). They have "vigour" and "in the course of time they will become very beautiful by reason of the settling of the layers of paint, and they will undoubtedly be appreciated someday."
Theo recently saw Gauguin, who is now sculpting; he plans to go to Pont-Aven in Brittany shortly to join the Dutch artist Jacob Meyer de Haan. The *Salon des Indépendants* will take place soon; Theo asks Vincent which canvases (up to four) he would like to show.
Still working in the garden, Vincent draws "a very big, rather rare night moth, called the death's head [F 1523], its colouring of amazing distinction, black, grey, cloudy white tinged with carmine or vaguely shading off into olive green; it is very big. I had to kill it to paint it [F 610], and it was a pity, the beastie was so beautiful."

May 22: Theo's letter arrives. His questions about Vincent's health and the asylum and his comments on the artistic scene in Paris prompt a seven-page letter, embellished with sketches, one of them of *La Berceuse* flanked by two canvases of sunflowers, making a triptych, so that "the yellow and orange tones of the head will gain in brilliance by the proximity of the yellow wings." He asks Theo to give one version of *La Berceuse* to Gauguin and another to Bernard.
He has finished a new size 30 canvas—still of the garden—of ivy-covered tree trunks, with periwinkle, a stone bench, and a bush of pale roses (F 609). "Since I have been here, the deserted garden, planted with large pines beneath which the grass grows tall and unkempt and mixed with various weeds, has sufficed for my work, and I have not yet gone outside. However, the country round Saint-Rémy is very beautiful and little by little I shall probably widen my field of endeavour."
He describes his room: "A little room with greenish-grey paper with two curtains of sea green with a design of very pale roses, brightened by slight touches of blood red. These curtains, probably the relics of some rich and ruined deceased, are very pretty in design. A very worn armchair probably comes from the same source; it is upholstered in tapestry splashed over like a Diaz or a Monticelli, with brown, red, pink, white, cream, black, forget-me-not blue and bottle green. Through the iron-barred window I see a square field of wheat in an enclosure, a perspective like Van Goyen, above which I see the morning sun rising in all its glory. Besides this one—as there are more than 30 empty rooms—I have another one to work in.
"The food is so-so. Naturally it tastes rather mouldy, as in a cockroach-infested restaurant in Paris or in a boarding-house. As these poor souls do absolutely nothing (not a book, nothing to distract them but a game of bowls and a game of draughts), they have no daily distraction other than to stuff themselves with chickpeas, beans, lentils, and other groceries and merchandise from the colonies in fixed quantities and at regular hours...
"The fear of madness is leaving me to a great extent, as I see at close quarters those who are affected by it in the same way as I may very easily be in the future." He takes a two-hour bath twice a week, and his "stomach is infinitely better" than it was a year ago at Arles. He intends to go on quietly, and may have a better idea of his future by the end of a year.
Works on four canvases of the garden (F 608, F 579, F 609, F 734) and two or three drawings. Yesterday he drew and painted the death's-head moth. He thinks the damaged *Bedroom* (F 484) should be relined in Paris by someone whose address Gauguin should have. He encloses an order for paints, and provides a searching analysis of his condition: "I gather from others that during their attacks they have also heard strange sounds and voices as I did, and that in their eyes too things seemed to be changing. And that lessens the horror that I retained at first of the attack I have had, and which, when it comes on you unawares, cannot but frighten you beyond measure..."

May 23: No doubt disturbed by receiving Vincent's letter, Theo writes to Dr. Peyron to obtain a reassuring professional opinion about his brother's health. (The letter is lost.)

May 25: Dr. Peyron, writing his observations ("Certificat de Quinzaine") in the asylum register, notes that Van Gogh "has shown a noticeable improvement in his state, but must be kept in the establishment to continue his treatment."

May 26: Dr. Peyron replies to Theo's letter of May 23: "I am pleased to tell you that since his entry into this house Mr. Vincent is completely calm and that he finds that his health is improving day by day. At first he was subject to painful nightmares which upset him, but he reports that these bad dreams tend to disappear and become less and less intense, that now he has a more peaceful and restoring sleep; he also eats with better appetite. To sum up: Since his arrival here there has been a slight improvement in his condition which makes him hope for a complete recovery."

"He spends the whole day drawing in the park here, but as I find him entirely tranquil I have promised to let him go out in order to find scenery outside this establishment.

"You ask for my opinion regarding the probable cause of his illness. I must tell you that for the time being I will not make any prognosis, but I fear that it may be serious as I have every reason to believe that the attack which he has had is the result of a state of epilepsy and if this should be confirmed one should be concerned for the future.

"I hope to go to Paris in the course of June. It will be an honour to come and see you and talk to you about your patient better than one can do by letter."

June *c.* 2: Vincent writes to Theo after a lapse of some 11 days, although he is aware of Theo's letter to Dr. Peyron, and of Peyron's reply—"he tells me nothing and I ask him nothing, which is simplest." He asks for paintbrushes to be sent; the weather is fine; his health is good. He tells Theo he is becoming more sceptical about Impressionism, believing more than ever in the "eternal youth" of the school of Delacroix, Millet, Rousseau, Dupré, and Daubigny, as much as in that of the present. "This morning I saw the country from my window a long time before sunrise, with nothing but the morning star, which looked very big. Daubigny and Rousseau have done just that, expressing all that it has of intimacy, all that vast peace and majesty, but at the same time adding so individual, so heart-breaking a feeling."

He has been at the asylum almost a month, but so far has seen only the garden and what he can look at through his window. When he receives the canvas and paints he plans to go outside the asylum grounds and explore the country-side. Indeed, "since it is just the season when there is an abundance of flowers and consequently colour effects, it would perhaps be wise to send me another five metres of canvas." He asks Theo if he has read the new novel by Guy de Maupassant, *Fort comme la mort* (1889). And suggests that the *Starry Night Over the Rhône* (F 474) and a "landscape with yellow vegetation" (now lost) might be shown together at the *Salon des Indépendants.*

Gauguin probably leaves for Pont-Aven.

June 9: Dr. Peyron writes to Theo, acknowledging that he has received the money order for Van Gogh's board and lodging (presumably for the next month) and confirming the arrival of "canvas, brushes, paints, etc., which he has been awaiting impatiently." Dr. Peyron continues, "Your patient is feeling better and finds that he improves every day; for some days now, he goes out of the asylum to look for views in the open country. Since he has been here he has not been wasting his time. He has done several paintings which he intends to send to you."

It is probable that Vincent also writes to Theo this same day. He thanks him for the canvas, colours, brushes, tobacco, and chocolate; tells him that for some days he has been working outside the grounds of the asylum, especially on two landscapes—size 30 canvases—of views taken in the hills (F 611 and F 581).

He has not received a letter from Theo since May 21.

He has read an article on the Paris World's Fair and has become fascinated by an Egyptian house designed by the architect Jules Garnier (1847–89). He has also read an announcement of the exhibition to be held at the Grand Café des Beaux-Arts, a café on the Champ-de-Mars, just opposite the official art section of the Fair and owned by an Italian named Volpini. Included in the exhibition will be the work of Gauguin, Bernard, and Louis Anquetin, among others.

He went once, still accompanied, to the village: "The mere sight of people and things had such an effect on me that I thought I was going to faint and I felt very ill."

He sends a second order for paints to Theo because he "wants to do better pictures than before" and is "tempted to begin again with the simpler colours, the ochres for instance."

June 16: In the morning, while some canvases are drying in the sun, Vincent writes his first letter since his arrival in Saint-Rémy to his sister Wil. Reporting on the completion of two landscapes—one of an olive orchard (F 715), the other of a wheatfield (F 719)—he also describes another landscape of a wheatfield that he had completed earlier (F 611). He compares the local peasantry and the pattern of cultivation with their Dutch counterparts. "The people of this country work a good deal less than the peasants at home; one hardly sees any cattle, and the fields make a much more deserted impression than those in our country... The farms here would produce three times as much as they do now if they were well kept, and the whole land too if it were sufficiently manured." He jokingly dilates on the theme of love as a bacillus. Theo has not written for almost a month, but "last week he sent me a consignment of paints and canvas."

As if telepathically, Theo writes his first letter to Vincent since May 21. He admits having been remiss, "but I have not been able to formulate my thoughts." He continues to discuss the last consignment of Arles paintings—vigorous in colour but tortured in form through striving for the symbolic. "How your brain must have laboured, and how you have risked everything to the very limit, where vertigo is inevitable!" He advises Vincent "not to venture into the mysterious regions" for the sake of his recovery. Somewhat sarcastically, Theo comments on the Volpini café exhibition (which he compares to entering the World's Fair "by the back stairs"). Gauguin left for Pont-Aven two weeks ago, "so he has not seen your pictures." But Isaäcson has seen them and is very impressed. Theo will return the *Bedroom* (F 482), enabling Vincent to make a copy of it and then send it back to Paris to be relined.

June *c.*18: Vincent replies to Theo, thanking him for "yesterday's letter." He is well, having lived soberly for six months; but he insists that work, far from wearing him out (as Theo had feared), actually helps by occupying and distracting him. He is also less critical than Theo of Gauguin's and Bernard's part in organising the Volpini café exhibition: "Neither… is an artist who could ever look as if he were trying to get into a universal exhibition by the back stairs." And he recalls his own efforts at organising exhibitions in Parisian cafés in 1887. He has finished "a landscape with olive trees [F 712] and a new study of a starry sky [F 612]." And, even without seeing their latest canvases, he feels that these two studies are parallel in feeling to those by Gauguin and Bernard. He has no more white paint. And he asks Theo to have the damaged *Bedroom* relined *before* sending it. He wants to read Shakespeare again, and asks Theo to send a cheap edition, such as *Dick's Shilling Shakespeare.* He is dispatching a roll of drawings, two of Arles (F 1467, F 1468), the rest of Saint-Rémy, *Fields* (F 1543) and *Olives* (F 1555), and "other hasty studies made in the garden."

Once again, he reassures Theo about his work: "Do not fear that I should ever of my own will risk myself on some dizzy heights… With the number of precautions I am now taking, I am not likely to relapse, and I hope that the attacks will not begin again."

June 25: Vincent writes to Theo. He encloses an order for paints replacing the one in his letter of about June 9. In glorious weather, he now has 12 size 30 canvases in progress, including two of cypresses (F 613, F 620). He has received—probably from one of his sisters—Edouard Rod's novel *Le Sens de la vie* (1889). He has also reread *Zadig ou la Destinée* (1748) by Voltaire. He has finished a wheatfield (F 617), "very yellow and very light, perhaps the lightest canvas I have done." In his letter he includes a quick sketch of one of the cypress paintings, and promises to send drawings of both cypress paintings together with two other drawings. He also hopes to send some new drawings next week.

July 1: In Paris the sale is held of the Secrétan Collection, which includes Millet's *The Angelus* (1855–7; Musée d'Orsay, Paris).

July 2: Vincent writes to Theo, enclosing a letter he has received from his mother, now aged 70, that greatly impressed him with its firm, clear handwriting, and "inner serenity and calm contentment," brought about, he thinks, by Theo's marriage. He thanks his brother for the package of paints and the Shakespeare—he is reading the history plays *Richard II, Henry IV* and *Henry V.* He intends to dispatch some ten or so drawings today, all done from the canvases he is working on. The latest is *The Reaper* (F 617); he also has a *Wheatfield with Cypresses* (F 717). He is anxious to visit Arles, especially to collect the canvases left there to dry.

Clearly moved by his mother's letter, Vincent writes to her after a lapse of seven months. He repeats—and embellishes upon—what he has just written to Theo about her firm handwriting, her "youthfulness," her happiness at Theo's marriage. He also sympathetically shares her sadness at the imminent departure (in mid-August) of her youngest son, Cor, for the Transvaal. Knowing her love of nature, he describes how he has been painting in the wheatfields "during the hottest part of the day, without being unduly troubled by it. But sometimes one notices that the sun is rather powerful, as the grain gets yellow very soon… Here there are very beautiful fields with olive trees, which are silvery grey in leaf, like pollard willows. The hills are full of thyme and other aromatic plants. But one never sees those moss-covered roofs on the barns or cottages as at home, nor the old coppices, nor spurry, nor beech hedges with their white tangled old stems. Nor the real heather, nor the birches which were so beautiful in Nuenen."

He writes a third letter—to his sister Wil, thanking her for Rod's novel and telling her he has just sent Theo a dozen drawings after canvases he is working on. He tells her too that Gauguin and others have organised an exhibition at Volpini's café, and that yesterday (at the Secrétan sale) more than half a million francs were paid for Millet's *The Angelus.* Shakespeare continues to absorb him; since writing to Theo earlier in the day, he has finished *Henry V* and begun *Henry VI.*

July 5: Jo writes to Vincent, announcing that she is expecting a child next February: he will, she is quite certain, be "a pretty little boy"; they will call him Vincent. She confesses that at first she was unhappy with the news, thinking that because she and Theo are not in the best of health the child might be weak. But the doctor has been very reassuring. She goes on to describe something of their way of life. Theo always lunches at home. Often in the evening they have visitors—Isaäcson or de Haan or the Pissarros. "In general we are very tired at night, and we go to bed early, but notwithstanding this I think Theo is looking far from well, but that Secrétan sale caused him a lot of fatigue, and besides, the heat is so overwhelming!"

Vincent reads Shakespeare's *Measure for Measure* and *Henry VIII.*

July 6: Vincent replies to Jo's letter, welcoming the news of her pregnancy ("remember that Roulin's child came to them smiling and very healthy when the parents were in straits"), and reassuring her about Theo's health ("like mine, too, more changeable and uneven than feeble").

This morning he talked with Dr. Peyron, who confirmed what he himself already felt—that he must wait a year before thinking himself cured, "since the least little thing might bring on another attack." Dr. Peyron has offered to store his furniture at the asylum (it is at present at the Ginoux's café in Arles), "so that we should not be paying double." Tomorrow he hopes to visit Arles. For six months, he has lived soberly and frugally. In the past he drank too much. His present deliberate sobriety suggests to him painting in grey, in contrast to painting in colour.

Reading Shakespeare makes him hope that he may read Homer at last. He compares the decline of the South with that of the North: "Outside the cicadas are singing fit to burst, a harsh screeching, ten times stronger than that of the crickets, and the scorched grass takes on lovely tones of old gold. And the beautiful towns of the South are in the same state as our dead towns along the Zuider Zee that were once so bustling. Yet in the decline and decadence of things, the cicadas dear to the good Socrates abide. And here certainly they still sing in ancient Greek."

Vincent closes his letter by reaffirming his joy at the news of Jo's pregnancy.

July 7: Accompanied by the head attendant from the asylum, Vincent visits Arles, mainly to collect his paintings. He also wants to discuss the fate of his furniture with the Ginoux, and to see the Rev. Salles, Dr. Rey, and his former charwoman. Unfortunately, the pastor is on vacation for two months and Dr. Rey is not to be found at the hospital. He ends up spending the day "with my former neighbours, such as my old charwoman and some others."

July 8-13: Having brought back some eight canvases from Arles, Vincent is now able to review them before sending them to Paris. "Having kept back a big study of an orchard which had given me great difficulty [F 511] … I set myself to work it over again from memory [F 512], and I have found the way to express the harmony of the tones more strongly." As well as concerning himself with his Arles pictures, he works on three new subjects taken in and around the asylum grounds. These are a new study of ivy-covered tree trunks (F 746), a "view of mountains with a dark hut at the bottom among some olive trees" (F 622) and a "moonrise over a wheatfield, now with stacks" (F 735).

July *c.*14: Vincent writes three letters—one to Theo which he sends off, and one to Gauguin (the letter is lost) which he encloses with a second letter to Theo. In his first letter to his brother, he reports on his visit to Arles and alerts him that he will be sending the next day a roll of 11 canvases, four that are pictures (two of Arles, two of Saint-Rémy) and seven that are "more studies from nature than subjects for pictures" (four of Arles, three of Saint-Rémy). The next package, to follow soon, will comprise mostly wheatfields and olive orchards. He has received the second parcel of canvas and paints.

"What a business, the Secrétan sale. I am always pleased that the Millets hold their own. But I should very much like to see more good reproductions of Millet, so as to reach the people. His work is sublime, especially considered as a whole, and it will become more and more difficult to get an idea of it when the pictures are dispersed!"

Van Gogh's letter to Gauguin is the first to his artist friend since his arrival in Saint-Rémy. He chooses this moment to write for several reasons: he feels calmer, he can report on his trip to Arles, he can discuss the Volpini café exhibition, and he can talk of his own work. He includes in the letter a sketch of *The Reaper* (F 617) which he is busy with just now.

In his second letter to Theo, he explains why he has just written to Gauguin. He is also eager to know Theo's feelings as a future father. He reports on two paintings in progress (F 735, F 746). His recovery, he thinks, must be "slow and patient," and he hopes for sufficient strength to face the coming winter, especially as he must occupy himself with retouching many of last year's studies from Arles. He asks Theo if the two packages of drawings have arrived, and encloses a sketch of cicadas described in an earlier letter. He recalls their memories of the old Dutch heaths, contrasting them with his brother's life in Paris—"exile and stranger and poor man that you are." "The circumstances of living in a state so far removed from our youthful conceptions of an artist's life must make us brothers in spite of everything, as we are in so many ways companions in fate." Theo's health, strength, and happiness will be regained as he experiences fatherhood. It was anxiety about Jo's pregnancy—and not, as Vincent had imagined, worry on his account—that was "the cause of your comparatively long silence."

July *c.*15: Vincent sends the roll of 11 canvases to Paris.

July 16: Theo responds after a month's silence: "I have been absolutely unable to write sooner, for the heat has been overwhelming, and I felt so weak that everything made me feel extremely tired. Now I have almost recovered from it—for good, I hope."
He thanks Vincent for his several letters, and also for the drawings. He prefers those done from nature to those done after paintings, which "give the impression of having been made in a fury."
The last consignment from Arles has been seen by artists and friends—the Pissarros, Tanguy, the Norwegian painter Werenskiold, and Octave Maus, secretary of *Les XX*, a group of avant-garde artists in Brussels. "[Maus] came to ask me whether you would be willing to send work for their next exhibition. There is plenty of time for it… I told him that I did not suppose you would have any objections… In general people like the night effect [F 474] and the sunflowers [F 454, F 456]. I have put one of the sunflower pieces in our dining-room over the mantelpiece. It has the effect of a piece of cloth with satin and gold embroidery; it is magnificent."
Theo has given up the apartment at 54 rue Lepic as of July 15 and has rented a small room at Tanguy's to store his brother's pictures. De Haan was recently in Paris, but has now rejoined Gauguin in Brittany, leaving his friend Isaäcson "all at sea." Gauguin wrote last week, asking for Vincent's address. He is writing for *Le Moderniste*, a periodical edited by Georges Albert Aurier (1865–92), a copy of which Theo is sending. Theo is sorry to hear that Vincent missed seeing the Rev. Salles and Dr. Rey in Arles, but he himself has had a letter from Salles (the letter is lost). Before receiving Vincent's letter suggesting that Salles be sent a print of Rembrandt's *Christ at Emmaus*, Theo had already sent him a lithograph after Millet's *The Angelus*.
Jo's parents are coming to Paris next week.
Theo encloses a money order for 100 francs: "Since you did not see Mr. Salles, it is possible you need something."
It is probably on this day that Vincent is struck down by "a new attack" that "came on me in the fields when I was busy painting… on a windy day. … I finished [the painting F 744] in spite of it." This first attack in Saint-Rémy lasts some five weeks. Dr. Peyron does not inform Theo immediately. Believing his brother still to be well, Theo writes on July 29, a little uneasy at not having had a reply to his letter of July 16. He confirms that he has received the last consignment of paintings, which he likes very much, and that Dr. Peyron, in a recent letter (now lost; probably of mid-July), reported that Van Gogh's condition was satisfactory. Theo himself "looks like a corpse," but a visit to Dr. Louis Rivet has put a stop to his cough.

August *c.* 1: Still unaware of Vincent's condition, Theo sends a telegram, which produces a response (also lost) from Dr. Peyron, who admits that Van Gogh has been ill for a day or two, but is already recovering a little.

August 4: Theo sends a short encouraging note to Vincent, written in Dutch rather than French, presumably to keep the contents private. He reports on Dr. Peyron's letter; tells Vincent that "our little guest-room… was inaugurated the other day by Jo's mother and is always available for him"; and that "my cough is entirely gone now, thanks to Rivet's remedies." He reassures Vincent: "In your last letter you wrote me that we were brothers for more than one reason. This is what I feel too, and though my heart is not as sensitive as yours, I can enter at times into your feeling of being smothered by so many thoughts that cannot be resolved. Never lose courage, and remember how much I need you."

August 16: Jo writes a short letter, also in Dutch. She thanks Vincent for his letter (now lost) to Cor, which was handed to him this morning when he arrived in Paris *en route* to Southampton and the Transvaal. Theo, she reports, "was just a little bit disappointed that there was not a single little word for him; do write him soon—if only one tiny word—we are so anxious to hear from you personally, to know how you are, and we hope from the bottom of our hearts that you will be feeling better soon."

August 22: Vincent writes a short letter in pencil to Theo, answering Jo's letter of August 16. Distressed by the return of another attack, his head is very "disordered." He asks Theo to write to Dr. Peyron, explaining that "working on my pictures is almost a necessity for my recovery, for these days without anything to do, and without being able to go to the room they had allotted me to do my painting in, are almost unbearable." (Presumably Dr. Peyron is reluctant to allow him to begin painting again, since he had eaten his poisonous paints during his attack.)
Roulin has written a letter (dated August 19) from Marseilles. So has

Gauguin—"a kind letter [now lost], always a little vague and obscure, but after all I must say that I think they are right to have an exhibition [at Volpini's] among themselves." A catalogue of the exhibition has been sent to him (probably by Gauguin). "For many days my mind has been absolutely wandering, as in Arles, quite as much if not worse, and presumably the attacks will come back again in the future—it is abominable. For four days I have not been able to eat because of a swollen throat."

He is pleased that his consignment of landscape paintings, sent in early July, has arrived. He thanks Theo for sending an etching after Rembrandt's painting of the "Angel Gabriel" (auctioned in Paris on June 6), and asks him to send one to Gauguin. He also acknowledges receiving the "very interesting" catalogue of the important exhibition of the work of Claude Monet and Auguste Rodin at the Georges Petit Gallery in Paris.

Mother and Wil have written a "very nice letter."

August *c.*30: Tells Theo he is feeling better; and that yesterday he began to work a little again "on a thing that I see from my window" (F 625). "Work distracts me infinitely better than anything else... There are some beautiful things to be done. The vineyards, and the fields of olives." He hopes he will soon be allowed outside the grounds of the asylum and "into the mountains to paint the whole day."

He is in a bad humour. He has little confidence in the management of the asylum; it is expensive; he is now afraid of the other patients; and he might, if he gets better, return to Paris or go to Brittany. However, he is grateful for Dr. Peyron's kindness. He must try to write to Mother and Wil, who will soon be moving from Breda to Leiden. Wil has asked him to send Mother a painting (for her 70th birthday), and he will add another for his sister Lies.

He has read the Monet–Rodin catalogue but disagrees with the author of the preface, the art critic Octave Mirbeau, who denigrates Meissonier and has scant regard for Rousseau. He is pleased that Dr. Rivet has cured Theo's cough. As for himself, "The trouble I had in my throat is beginning to disappear; I still eat with some difficulty, but after all it has got better."

On the last page of this letter, Dr. Peyron adds some reassuring words: "[Vincent] has quite recovered from his crisis... he has completely regained his lucidity of mind, and... he has resumed painting just as he used to do. His thoughts of suicide have disappeared; only disturbing dreams remain, but they tend to disappear too, and their intensity is less great. His appetite has returned, and he has resumed his usual mode of life."

September *c.*2: Having promised in his previous letter to write again soon, he begins another letter to Theo. During his illness, four letters had arrived from Theo and Jo. He now responds to the letter of July 16. He notes that Theo has rented a room at Tanguy's to store some of his paintings; he is happy to participate in the next exhibition of *Les XX* in Brussels, "though I feel my inferiority beside so many of the Belgians, who have tremendous talent."

He is working in his room "at full speed; it does me good and drives away, I think, these abnormal ideas." He has redone the canvas of his *Bedroom* (F 482), which must be properly relined sooner or later. He is busy on two self-portraits, one (F 626) begun the day he "got up": "I was thin and pale as a ghost. It is dark violet blue and the head whitish with yellow hair, so it has a colour effect"; the other (F 627), begun since, is "three-quarter length on a light background." He is also busy "touching up the studies of this summer—altogether I am working from morning to night."

His letter is interrupted and continued "little by little in the intervals when I am tired of painting." Taking up his letter once more, he tells Theo he has been working again on the same *Reaper* (F 617) that he began in late June, and that he intends to do it again on a new canvas (F 618).

After a further interruption, he returns to his letter (page four): "I am working like one actually possessed; more than ever I am in a dumb fury of work. And I think that this will help cure me." He might exhibit *The Reaper*, and the *Self-Portrait* (F 627) with *Les XX*. Already it is September, winter is approaching; he hopes to continue working very hard until Christmas and see if he has another attack then. He is thinking of returning to the North, but not yet. "To leave now when I judge a new attack next winter probable, that is to say in three months, would perhaps be too risky."

He is anxious to venture outdoors again: "It is six weeks since I put a foot outside, even in the garden; next week, however, when I shall have finished the canvases I'm working on, I'm going to try."

September *c.*3: He begins work on a portrait of Trabuc (now lost), the head attendant at the asylum, and so apparently does not continue his letter.

The opening in Paris, on September 3, of the fifth exhibition of the *Société des Artistes Indépendants*, where Van Gogh is represented by *Starry Night Over the Rhône* (F 612) and *Irises* (F 608).

September *c.*4: He takes up his letter once again (page five), describing yesterday's work on the portrait of Trabuc, of which he hopes to do a duplicate for Theo.

Some days ago he read in *Le Figaro* "the story of a Russian writer [Dostoevsky] who suffered all his life from a nervous disease which he finally died of, and which brought on terrible attacks from time to time." The only cure for such an illness, he thinks, is to work unremittingly. He hopes the *Self-Portrait*, which he has just finished, will reassure Theo and "will tell you better than my letter how I am." He completes the copy of *The Reaper* (F 618), and he promises Theo 12 size 30 canvases by the end of the month, "but they will nearly all be the same picture twice over, the study and the final picture [*l'étude et le tableau définitif*]."

Referring to a character in the Goncourts' novel *Manette Salomon* (1867) who says, "What will last is the landscape painters," he insists that portraiture is just as important as landscape, if not more so. "The desire I have to make portraits these days is terribly intense; indeed, Gauguin and I talked about this and other analogous questions until our nerves were so strained there wasn't a spark of vital warmth left in us." And he again recalls receiving a letter from Gauguin (see August 22), and wonders what "good work" is being done in Brittany.

Theo is asked to send ten metres of canvas and a supply of paints and brushes.

The Reaper is finished.

September *c.*5: Having already written an eight-page letter at intervals over three days, Vincent now adds a 24-line postscript on both sides of a separate half sheet. He stresses that he would like to do *The Reaper* again for his mother—"If not, I will paint her another picture for her birthday" (September 10). Again he reminds Theo to send canvas as soon as possible, as he wants to make other duplicates for his two sisters (Lies and Wil), and he expects to have three versions each of *The Reaper*, as well as of the *Bedroom*, the *Olives*, and the *Wheatfield and Cypresses*. He adds that he will even make *four*, "for then I have still another person for whom I will do one too [his little nephew?]… I am taking the best from the twelve subjects so that the things they are going to get will be really a little studied and chosen."

At last, Vincent signs this protracted letter and puts it in an envelope. In the afternoon, he continues working on the Trabuc portrait, "which is getting on."

He then sees Dr. Peyron for the first time in six days. He therefore reopens his letter, adding two additional pages, telling Theo of his talk with Dr. Peyron, who plans to visit Paris during September. He also recalls, yet again, his visit with Gauguin to Montpellier in December 1888, when he was especially struck by the "halftones" in Delacroix's paintings. "It is time", he concludes, "I sent this letter off at last—I could tell you in two pages what it contains, that is to say, nothing new, but then I haven't time to do it again."

He begins a letter to his mother and Wil, but he "has not the brains to finish it."

In Paris, Theo responds to Vincent's letter of about August 30. He likes "the view from your window—which you give a sketch of" (F 625), and he takes up the brothers' familiar refrain, the contrast of city and country, citing the work of Bodmer and Théodore Rousseau, the latter whose pictures he had seen at the Paris World's Fair. He gives Vincent news of Pissarro—of the fine rustic quality of his recent work, of the death of his mother, and of an eye operation he has recently undergone. He talks too of the Dutch artist Weissenbruch and of the batch of canvases Gauguin has sent from Brittany, which in general he likes less than last year's batch, with the exception of *La Belle Angèle* (1889; Musée d'Orsay, Paris). The *Salon des Indépendants*, where Vincent's *Irises* and *Starry Night Over the Rhône* are hung, has opened. Each artist was permitted to hang only two works. Theo mentions those by Toulouse-Lautrec, Seurat, Signac, and Hayet. He assures his brother that he is now in good health and hardly coughing anymore; Jo too is well, and Mother has heard from Cor.

September 6: Receives Theo's letter of September 5. The fact that it is Theo's first letter since his recovery—and also an unusually long and informative one—clearly stimulates an immediate response. It is concerned with South vs. North; with the question of staying on in Saint-Rémy or returning to the North—to Paris or its environs, or even to Pont-Aven. His total, day-long commitment to painting makes him "eat like two now, work hard, limit relations with the other patients for fear of a relapse… I am now trying to recover like a man who meant to commit suicide and, finding the water too cold, tries to regain the bank." Despite all the advantages of the South—the purer light, the correspondences with Japan, the stronger sun, the colours of the prism—he has "a terrible desire… to see any friends again and to see the Northern countryside again."

His attacks, he feels, "tend to take an absurd religious turn," induced perhaps "by living in these old cloisters so many months, both in the Arles hospital and here." He is frustrated by the nuns who administer the asylum, yet he accepts that religious thoughts, when he is suffering, sometimes bring him great consolation. During his recent attack the lithograph of Delacroix's *Pietà* was ruined by falling into some oil. Disturbed by this, he has been busy making a copy of it (F 630). The portrait of Trabuc is finished, and he has done a duplicate for Theo (F 629).

Yesterday, when he saw Dr. Peyron for the first time in six days, he asked him point-blank, "Since you are going to Paris, what would you say if I suggested that you should be kind enough to take me with you?" He replied evasively—"it was too sudden, he must write to you first." In his urge to return to the North, Vincent proposes that Camille Pissarro might allow him to stay with his family at Eragny-sur-Epte, a village some 25 miles north of Paris. He again asks Theo to send quickly the canvas he requested in his previous letter, as well as an additional ten tubes of zinc white. He talks of Gauguin ("still hoping to do his portrait"), of Delacroix, of portraits, of Eugène Fromentin (1820–76) ("the first to establish a link between Rembrandt and the Midi, between Potter and what he saw himself"), and of his wish to make duplicates of some of his Arles canvases.

It is now almost two months since he has been in the open air. "I tried in vain to force myself to go downstairs…" "From the first day I refused to take the stale and slightly spoiled food, eating only bread and a little soup. After the last attack, Mr. Peyron gave me some wine and meat, which I accepted willingly the first days, but he didn't want to make an exception to the rule for long, and he is right to accept the ordinary rules of the establishment." Dr. Peyron plans to visit Paris soon and will talk with Theo then.

September 7-19: After three extremely long and informative letters, Vincent draws breath, shuts himself up in his studio, and writes no more letters until September 19. (He even fails to send greetings to his mother on her 70th birthday on September 10.) The detailed commentary he gave on his painting activity during the last days of August and the early days of September is therefore lost. Retrospectively, from three letters he writes on September 19, it seems probable that he continues working on duplicates of his summer canvases, such as *Wheatfield with Cypresses* (F 615); and, more certainly, he begins his series of ten painted copies after *Labours of the Field*, a set of ten black-and-white wood-engravings made after Millet's paintings. It cannot be firmly established which seven canvases of the ten are completed during these days, nor in what order he does them.

He completes a portrait of Mme. Trabuc from life (now lost), which he presents to the sitter, and makes a duplicate for Theo (F 631). He works on a reduced copy of *The Reaper* (F 619) for his mother, and possibly a *Pietà* for Wil (F 757); probably receives a letter from Wil, and still refuses to go outdoors, even into the garden. There is no evidence that he sees Dr. Peyron during this time.

September 18: Theo writes apologising for his delay in answering and explains that he has been trying to contact Pissarro about the possibility of Vincent's staying at Eragny-sur-Epte. He hopes to see Pissarro when he is next in Paris, but feels there is little chance of Vincent's going to live with them (de Haan had hoped to do the same last year, but this had not materialised).

Theo advises his brother to eat more, especially meat, both to strengthen himself and to try to banish those "dark thoughts"; insists that he should stay under the supervision of a doctor; wonders why he stays locked up indoors instead of going out into the fresh air ("a sedentary life won't do for you at all"); and asks that Vincent *"give a categorical answer"* to the question of going to a sanatorium in or near Paris for the winter, and then returning to the country to paint in the spring.

September 19: Writes to his mother, sending belated congratulations on her 70th birthday and promising a picture shortly (*The Reaper*, F 619). He thinks it right that after Cor's departure for South Africa she and Wil should leave Breda and move to Leiden. Reassuring her about his health, he explains that he is "working from morning to night almost without interruption, day after day," locking himself in his studio to avoid distraction. "As often as I have the chance, I work at portraits, which I myself sometimes think are better and more serious than the rest of my work." He is thinking of moving back to Paris or its vicinity, having a great longing to be near his friends and to work in the North—and, of course, to see Theo again and to meet Jo.

He also writes to Wil, his first letter to her since his recovery. He has made two attempts to answer her letters, but without success. Telling her of his copy after Delacroix's *Pietà* (F 757) and his copies after Millet's *Labours of the Field*, he explains: "I don't especially like to see my own pictures in my bedroom, which is why I copied one picture by Delacroix and some others by Millet." He reports too on his portrait of Mme. Trabuc, which he finished the other day, and on his two self-portraits. He is contemplating sending some canvases to her and Mother, "probably a field of wheat and an olive orchard, together with that copy after Delacroix."

The weather is marvellous, but he has not left his room for two months. "Since my illness, when I am in the fields I am overwhelmed by a feeling of loneliness to such a horrible extent that I shy away from going out. But this will change all the same as time goes on. Only when I stand painting before my easel do I feel somewhat alive."

Toward the end of his letter, he tells Wil that he has "this very moment" received a letter from Theo. This is Theo's letter of September 18. Vincent replies immediately. Emphasising that his wish to leave the South and return to the North is prompted above all by the attacks he has had, such as a superstitious man might have "in a fit of religious exaltation," he is nonetheless calm enough to wait in the South and see if he has another attack in the winter. But, he says, the moment he writes "I want to go away from here," Theo must act without delay.

He reports on his copies after Delacroix's *Pietà* and Millet's *Labours of the Field*, as well as the two portraits of Mme. Trabuc. He is working on a copy of Millet's *Sheepshearers* (F 634) "in a colour scheme ranging from lilac to yellow," and intends to send Theo a *Self-Portrait* (F 627) and nine other paintings, to which he will add a study of flowers.

September 20-27: Dr. Peyron visits Theo in Paris.

Vincent is busy on small canvases for his mother and Wil, reduced copies of some of his summer paintings and of the *Bedroom* (F 483).

September 28: Writes to Theo, primarily to describe the contents of the roll of canvases he is sending. The four or five smaller canvases destined for Mother and Wil are drying and will be dispatched soon. He needs more paints, as he is eager to capture the lovely autumn effects, especially of the olive trees.

Dr. Peyron has returned from Paris "and talked to me about having seen you and said that doubtless your letter would give me all the details of the conversation he had with you. And that in any case the result was that it would be wise to stay on here for a while. Which, being my own opinion too, goes without saying. Nevertheless, if an attack returns, I persist in wanting to try a change of climate and returning to the North, even as a last resort."

September 29 - October 4: By now, Vincent has overcome his fears about venturing outdoors. He is already observing—if not actually painting—the olive trees. But his first descriptions of *plein air* painting are not of olive trees. "Among others, a mulberry tree all yellow on stony ground, outlined against the blue of the sky [F 637], in which study I hope you will see that I am on Monticelli's track." Also "a study of two yellowing poplars against a background of mountains" (F 638).

October 5: Receives a letter from Theo dated October 4, acknowledging receipt of the last consignment of work. Theo writes that the Dutch artist and art critic J. J. Isaäcson would like to do an article on Vincent's work for the Dutch periodical *De Portefeuille*. He promises to include some of Isaäcson's articles when he sends the reproductions after Millet that Vincent has requested.

During his recent visit to Paris, Dr. Peyron told Theo that he did not believe that Vincent was mad: the crises, he said, are of an epileptic nature, the last one in July having been provoked by the trip to Arles. Theo has talked with Pissarro, who has recommended someone at Auvers "who is a doctor and does painting in his spare time. He tells me the gentleman in question has been in contact with all the Impressionists. He thinks that you might possibly stay with him. He has to look him up, and will talk about the matter." The unnamed doctor is Paul Ferdinand Gachet (1828-1909).

Bernard is coming tomorrow to look at Vincent's pictures.

Van Gogh replies immediately. He recapitulates on the paintings completed during the last week; expresses great surprise that Isaäcson wishes to write about his work, and, in fact, strongly wants to discourage him from doing so; is grateful to hear that Dr. Peyron has discussed his condition so sympathetically, but did not suspect that he "believed in any connection between my previous journey [to Arles] and the attack that closely followed it." Nevertheless, he is already thinking of again visiting Arles: "There are some people there [the Ginoux] whom I felt, and again feel, the need of seeing." He now thinks he will be staying on in Saint-Rémy until the spring.

His first mention of Auvers is in response to Camille Pissarro's recommendation of Dr. Gachet. "What you say of Auvers is... a very pleasant prospect... If I come north, even supposing that there is no room at this doctor's house, it is probable that after your recommendation and old Pissarro's he would find me board either with a family or quite simply at an inn. The main thing is to know the doctor, so that in case of an attack I do not fall into the hands of the police and get carried off to an asylum by force. And I assure you that the North will interest me like a new country."

He feels behind in his correspondence, especially letters to Isaäcson, Gauguin, and Bernard; he would like to see what Gauguin and Bernard have brought (or sent) back from Brittany; and he has seen "very beautiful subjects for tomorrow—in the mountains."

October 6-11: Vincent continues working out-of-doors, both in the asylum grounds and beyond, and probably begins writing letters to Gauguin, Isaäcson, and Bernard.

October 12: Vincent tells Theo of the completion, during the last week or so, of five landscapes: *Enclosed Field with Peasant* (F 641), *Entrance to a Quarry* (F 635), two views of the asylum garden (F 642, F 643), and *The Ravine* (F 662). He has also completed a painted copy of *Husband at Sea* by Virginie Demont-Breton (1859-1935), almost all in violet (F 644). He would like to do more studies of the Alpilles, including some at sunset, but he is not allowed out at that hour. He hopes

to make a long trip into the mountains to look for suitable motifs. He has no canvas, and hopes Theo will send some soon.
"I am feeling well just now. I think Mr. Peyron is right when he says that I am not strictly speaking mad, for my mind is absolutely normal in the intervals, and even more so than before. But during the attacks it is terrible—and then I lose consciousness of everything. But that spurs me on to work and to seriousness, like a miner who is always in danger makes haste in what he does."
He encloses three letters—to Isaäcson, Bernard, and Gauguin—for Theo to send on. Only the one to Bernard (B 20) survives. It was sparked off by Theo's news that Bernard, recently arrived from Brittany, was coming on Saturday October 5 to see Vincent's recent consignment of summer canvases. "I am hardly in the right mind for writing a letter, but I feel an aching void because I am no longer informed at all of what Gauguin, you, and others are doing." He has another dozen studies that will probably be more to Bernard's liking than these summer canvases. He will send them to Theo in November. Among them are *Entrance to a Quarry* and *Enclosed Field with Peasant*, both of which he describes.
He wants very much to capture the essence of the olive trees—"silver against a soil of orange and violet hues, under the large white sun"—something neither he nor any other painter has yet done.
He asks Bernard to send him "a coloured sketch of the primitive Egyptian house" on view at the Paris World's Fair.
He is working on a large canvas of a ravine (F 662).

October 13-19: No letters survive from this week, a hiatus following the intense activity in both painting and letter writing during the preceding days. Without canvas and very low on paints, he is prevented from painting out-of-doors and hence continuing his series of autumn effects. Instead, he takes "long walks in all directions across the country." And with the few paints he has left, he reworks a large study of the fever ward at the Arles hospital (F 646), probably puts the finishing touches to the set of reduced copies destined for his mother and Wil, and works on a portrait of one of the patients in the asylum (F 703). On occasions such as this, his practice, especially in Arles, was to do a series of drawings; but he never refers to any drawing activity during this period.

October *c.*20: Vincent writes letters to his mother and Wil. He thanks his mother for the news of Cor's voyage to South Africa, which reminds him of what Gauguin had told him about his voyages to Panama and Brazil. And now, Isaäcson too intends to go to the Transvaal. The small canvases painted especially for Mother and Wil are now ready to be sent. Autumn is beautiful: he wants to paint vineyards, but there are so few in Saint-Rémy. Commenting on the high prices paid for the work of dead painters (he is thinking particularly of Millet's *The Angelus*), he tells his mother: "It is a kind of tulip trade, under which the living painters suffer rather than gain any benefit." He is working on a portrait of one of the patients (F 703): "It is curious that after one has been with them for some time and got used to them, one does not think of them as being mad anymore."
In his letter to Wil he lists again the painted studies intended for them; suggests that two Dutch cousins, as well as Margot Begeman, in Nuenen, might like to have examples of his work; and he provides an interpretation of the *Bedroom.* He reports that Dr. Peyron saw Theo in Paris and "told him that he *did not* consider me lunatic, but that the crises I have are of an epileptic nature. Consequently alcohol is not the cause, though it must be understood that it does me no good either." He describes in some detail his reworking of the painting of the fever ward at Arles, and reveals that his reading of an article on Dostoevsky induced him to rework it. Finally, he wishes Wil success in the house move from Breda to Leiden.

October 22: Theo writes his first letter to his brother in 18 days. He talks of several visitors to his apartment coming to see Vincent's work. Among them are the son of the Dutch artist Isaäc Israëls; Jan Pieter Veth (1864-1925), a Dutch portrait painter and writer for the periodical *Nieuwe Gids*; and the Belgian Neo-impressionist artist Théodore van Rysselberghe (1862-1926), a member of *Les XX* in Brussels, who "also saw everything there is at Tanguy's, and your pictures seem to interest him quite a lot."
Theo himself prefers those paintings of "true things," which have a stronger basis in reality, such as the "irises" (F 608) and "the underbrush with the ivy" (F 609), to "the village in the moonlight" (F 612), or the "mountains" (F 622), where "the search for some style is prejudicial to the true sentiment of things." A similar preoccupation—although with more reminiscences of Japanese and Egyptian art—characterises the pictures in Gauguin's last consignment from Brittany. Theo praises Guillaumin's summer paintings of the Auvergne: "He contents himself with what he has found." Pissarro has returned to Eragny-sur-Epte, and Theo hopes he will contact Dr. Gachet.
"Jo is quite well; she is getting considerably bigger and feels life already, but this does not give her too unpleasant a sensation."
Vincent receives a package from Theo containing canvas, reproduc-

tions after Millet, and some of Isaäcson's articles from *De Portefeuille*. (He had received a package of paints earlier.)

October 23: Theo's letter of October 22 arrives and Vincent answers immediately. He thanks him for the canvas and paints, the reproductions after Millet, and the Isaäcson articles. In one of these, of August 19, 1889, Isaäcson wrote: "Who interprets for us in forms and colours the mighty life, the great life once more becoming aware of itself in this 19th century? One I know, a solitary pioneer, he stands alone struggling in the deep night, his name, Vincent, is for posterity." And he added in a footnote: "About this remarkable hero—he is a Dutchman—I hope to be able to say something later."
Having read this, Vincent responds: "No need to tell you that I think what he says of me in a note is extremely exaggerated, and that's another reason why I should prefer him to say nothing about me."
He has already begun to work from the Millet reproductions—"I began *Men Digging* [F 648] this morning on a size 30 canvas"—and has worked on a study of the fever ward at the Arles hospital.

October 24-31: Continuing to work from the Millet reproductions, he finishes *La Veillée* (F 647), and is completing *Men Digging* and *End of the Day* (F 649), all size 30 canvases, as well as *The Sower* (F 690) in a smaller size. These he considers "translations" rather than copies. In addition, he has three other canvases in progress: a "rain effect [F 641] ... an evening effect with some big pines [F 660] ... and one of falling leaves [F 651]." He also completes for Dr. Peyron a view of the asylum with a big pine tree (F 653).

November *c.*2: Writes to Theo, enclosing an order for paints that includes more ochres than of late. He reports on the work he has been doing during the last week or so. He is searching for style, "a more virile, spontaneous drawing. I can't help it if that makes me more like Bernard or Gauguin."
He hopes to send a package in a little while (including *La Veillée*, which he would like Jo to see), but the paintings are drying very badly because of the dampness of the studio. "Here there is hardly any cellar or foundation to the houses, and you feel the damp more than in the North." Wil and Mother will by now have moved from Breda to Leiden. He will add six canvases for them to the next package.
As for his health, he is "very well—except for a great depression sometimes, but I am feeling well, much better than last winter, and even better than when I came here, and still better than in Paris... Fortunately, those abominable nightmares have stopped tormenting me. I hope to go to Arles one of these days."

November 3-16: During this period, spends two days in Arles. He sees the Rev. Salles and the Ginoux, whom he pays for storing his furniture. He buys a stock of paints, as was his practice on earlier visits. No one showed any antipathy toward him, he reports later. On the contrary, "they were very friendly, and even welcomed me." He will have to wait and see if this journey will provoke another attack. "I almost dare to hope it won't." He receives letters from Isaäcson and Bernard responding to his letters of about October 12 sent on to them by Theo. Both letters are lost, but something of Bernard's letter can be gathered from Vincent's remarks in letters to Theo. Bernard complains of many things: even with all his talent, all his work, and all his sobriety, he is unhappy. His home is often hell for him; he is harassed by his parents. He talks of an exchange of pictures, thinking particularly of *La Berceuse*. And he promises to send photographs of his recent biblical compositions.
Gauguin also replies to Vincent's letter, but sends it to Theo, who delays forwarding it to Saint-Rémy until November 16.
Begins working on *Wheatfield with Rising Sun* (F 737), and is still occupied with his "translations" after Millet. He observes women picking and gathering the olives, but as he cannot get a model he does not begin any painting of them.

November 16: Theo writes to Vincent, his first letter since October 22. He encloses Gauguin's letter. The wood relief *Soyez Amoureuses et Vous Serez Heureuses* (1889; Museum of Fine Arts, Boston) has arrived in Paris. Theo is delighted with it, and Vincent too "would undoubtedly love it." Theo visited Bernard this week and saw his recent work. "He has made much progress. His drawing is less definite, but it is there for all that. There is more suppleness in his stroke. There is a more direct influence of the Primitives in him."
Octave Maus, secretary of *Les XX*, has written to Vincent (addressing the letter to Theo), asking him to participate in their forthcoming exhibition in Brussels. Theo, too, has received a letter from Maus repeating the invitation and giving a list of the other invited artists, among whom are Puvis de Chavannes, Cézanne, Forain, Signac, Lucien Pissarro, Renoir, Sisley, and Toulouse-Lautrec.
"Pissarro wrote me that his wife and he have been looking around the country for a boarding-house for you, but he tells me he thinks it will be better for you to go to stay with that doctor in Auvers. He will have to go to him very soon."

November 17: Vincent receives Theo's letter, and responds immediately. He lists the six paintings that he would like to exhibit with *Les XX* and tells of letters he has received from Bernard, Gauguin, and Isaäcson. Gauguin's is "a very nice letter," in which he "talks with enthusiasm about de Haan and their simple life by the edge of the sea." In it, Gauguin refers to a letter that Isaäcson has written to de Haan, saying that Van Gogh's recent canvases are "really something wholly artistic and more imaginative than the others." Gauguin talks at length of his own work, of his ideas and intentions, of the poor reception of his recent work in Paris. He describes and illustrates his *Christ in the Garden of Olives* (1889; Norton Gallery, West Palm Beach, Fla.), as well as his wood relief *Soyez Amoureuses*, which he has been working on for two months. He also writes that he and de Haan can get models easily at Le Pouldu.

Isaäcson's letter is lost, and Van Gogh gives no indication of its contents. "[It] gave me much pleasure" is all that he says. It must, however, have praised his recent paintings, seen at Theo's; and it must have contained references to the articles in *De Portefeuille*. Vincent's reply is enclosed with his letter to Theo: "My thoughts begin to link up a little more calmly, but as you will see from it, I do not know if I must continue to paint or let painting alone." However, "you must read the letter to Isaäcson; it complements this one [to you]." (The letter to Isaäcson is lost.)

He describes his recent two-day visit to Arles. His health is fine; he would like to go to Paris in the spring, "for this life here is terribly stupefying, and in the end I shall lose my energy… My stay here is very wearisome because of its monotony, and because the company of all these unfortunates, who do absolutely nothing all day long, is enervating."

November 20: Writes to Maus, accepting his invitation to exhibit with *Les XX* and listing the six size 30 canvases he would like to submit. Although he acknowledges that they take up more space than is permitted, he hopes that Maus will find space to hang them, as together they make "a somewhat varied colour effect."

Bernard's six photographs showing his recent biblical compositions arrive. These prompt Van Gogh to write to both Bernard and Gauguin. His letter to Gauguin is lost. But among other things he denounces Gauguin's painting *Christ in the Garden of Olives*, "with nothing really observed," when one's duty is "thinking, not dreaming." He himself is working in the olive orchards, from nature, rather than producing "mannered" studio abstractions.

He also reprimands Bernard in his long reply. He is harshly critical of the six biblical compositions, photographs of which he has before him. He insists that one must "seek after the possible, the logical, the true," that one must work from nature and the model, rather than produce "abstractions." He is particularly dismissive of "that nightmare of a 'Christ in the Garden of Olives'; good Lord, I mourn over it, and so with the present letter I ask you again, roaring my loudest, and calling you all kinds of names with the full power of my lungs, to be so kind as to become your own self again a little." He himself is working in the olive groves on five size 30 canvases, preferring to "gather new vigour in reality, without any preconceived plan or Parisian prejudice." Yet he is very discontented with this year's work, "but perhaps it will prove to be a solid foundation for next year. I have let myself be saturated with the air of the little mountains and the orchards; this much gained, I shall wait and see. My ambition is limited to a few clods of earth, sprouting wheat, an olive grove, a cypress—the last, for instance, by no means easy to do."

He describes at length two canvases he is at work on: a view of the park of the asylum (F 659) and the sun rising above a field of young wheat (F 737). The impression of anguish he achieves in the first, he writes, "without aiming straight at the historic Garden of Gethsemane"; and in the second he produces a consoling and gentle motif without portraying "the characters of the Sermon on the Mount." He thanks Bernard for sending a description of the Egyptian house at the Paris World's Fair, a sketch of which he had requested in October.

November 26: Thanks Theo for sending a package of paints and a woollen waistcoat. The arrival of the paints was timely, because those he brought back from Arles are almost finished.

This month he has been busy in the olive groves; he has already produced five size 30 canvases, which, together with the three studies that Theo already has, constitute an "attack" on the problem. This is partly to refute the biblical pictures by Bernard and Gauguin (which, he tells Theo, he has also done in letters to both of them), and partly to try to capture the essence of the olive tree, which, like the cypress, has rarely been captured in paint. He needs more canvas. Then he intends "to attack the cypresses and the mountains. I think that this will be the core of the work that I have done here and there in Provence." If he does return to Paris he might realise a great longing: "To paint a bookshop, with the front yellow and pink, in the evening, and the passers-by black—it is such an essentially modern subject" and "seems to the imagination such a rich source of light." "[It] would go well between an olive grove and a wheatfield, the sowing season of books and prints."

"Mother must have been in Leiden for two weeks by now. I have delayed sending you the canvases for her, because I will put them in with the picture of the 'Wheatfield' [F 737] for the Vingtistes."

November 27 - December 5: Continues working outdoors in spite of the cold. He completes his first view in the village of Saint-Rémy of "men at work, under enormous plane trees, repairing the pavements" (F 657). In his studio he finishes—"or nearly so"—his copy after Millet's *Men Digging* (F 648), and is still occupied with his series of olive orchards.

December 6: Sends off three packages of studies, including seven canvases for his mother and Wil. The rest are mostly studies of autumn effects. The best of these are "the yellow mulberry tree against a bright blue sky" (F 637) and the view of the park and the asylum, of which there are two versions (F 660, F 659). He does not send some dozen size 30 canvases as they are not yet dry.

December 7: The ten metres of canvas requested in his letter of November 26 arrive. He thanks Theo, and tells him that the canvases for Mother and Wil were sent off yesterday. He has continued working outdoors until now in spite of the cold: "I think it is doing me good, and the work too."
"You will see that there are no more impastos in the big studies. I prepare the thing with a sort of wash of essence, and then proceed with strokes or hatchings in colour with spaces between them. That gives atmosphere, and you use less paint."

December 8: Theo writes his first letter in three weeks, responding to three from his brother. He has today received the three rolls of canvases, which include "some in which the harmony is sought in less glaring tones than you generally use; for all that there is a great deal of air in them..."
"Tanguy has been exhibiting a great many of your pictures recently; he told me he hopes to sell the bench with the ivy (F 609). It was a fine choice you made for Brussels. I have ordered the frames."
Theo recalls that Vincent used to say in Paris that a book ought to be published on Monticelli. He has just seen some 20 lithographs after Monticelli's pictures done by A.-M. Lauzet (1865–98). Lauzet will look at their collection of Monticellis and decide which he can reproduce.
"That friend of Bernard's named Aurier looked me up—you know, the one who came to see me once in the Rue Lepic. He is very interested in what you are doing, and he showed me a little paper which he edits, and in which he wrote about Tanguy's shop, on which occasion he mentioned your pictures."
Winter has hit Paris; there is snow on the roofs. Theo has written to Dr. Peyron (the letter is lost) to ask that a fire be provided for warmth in Vincent's workroom and that the cost be added to his account. Wil is coming to stay with them in January during Jo's confinement.

December 9 or 10: Receives Theo's letter, and letters from his mother and Wil. The latter give him news of their new home in Leiden, of Cor in South Africa, and of Aunt Mina, widow of his art dealer Uncle Vincent.
He replies to his mother and Wil. To his mother he talks mostly of family matters, and of his health. However, he does refer to his forthcoming exhibition with *Les XX* in Brussels and also to his wish to spend a great part of next year in Saint-Rémy, because he can work on a regular basis, and because "the country here has not been painted yet, at least not much. For this is a part of the South no warmer than with us, and the other painters usually go somewhat farther on, to Nice or so."
In writing to Wil, he lists the six pictures he plans to send to *Les XX*, and tells her he is working on 12 large canvases, most of them olive orchards, and one of "tall weather-beaten pine trees against a red evening sky" (F 652). He even interrupts the writing of this letter to add a few brushstrokes to this last canvas. He has just had "a very good letter from Theo... [who] says that you may come to stay with them." Soon Theo will forward the canvases he has painted for them. He then devotes several paragraphs to Bernard, describing his character and some of his pictures, including the "bizarre and highly debatable biblical subjects." But "Bernard has parents who give him shelter and food with very bad grace, and continually reproach him because he does not earn money."

December 12: Gauguin replies to Van Gogh's letter of November 22. He apologises for being so long in answering, knowing how Vincent, in his isolation in Provence, likes to receive news of his *copains*. But circumstances have prevented his writing sooner. He and de Haan have undertaken a fairly large task, the decoration of the dining-room at the inn owned by Marie Henry where they are staying at Le Pouldu. They began with one wall and finished by painting all four, even the stained glass. Gauguin encloses a sketch of de Haan's large painting of peasants working hemp against a background of haystacks. Gauguin has painted a peasant knitting by the edge of the sea, with a dog and a cow. And over the two doors are their portraits. Gauguin then answers Van Gogh's attack on the use of religious subject matter. Simplicity and rusticity, Catholicism and superstition, he says, are synthesised in the very costume of the Breton peasants and in the sombre colours and shapes (like the cross). He has consulted nature, and he is far from "mannered." At present he is working on a large canvas of women gathering seaweed (Museum Folkwang, Essen). And he continues to argue that "natural" and "mannered" are far from self-evident categories, nor indeed can they be easily separated. He recalls the sculpted apostles on the porch of Saint-Trophime in Arles, "executed quite differently from men of the North with *proportions* very far from nature, and that you admired, without nightmares." He also takes up Van Gogh's argument concerning the polarity of "thought" and "dream."

December 13: De Haan writes to Theo from Le Pouldu, describing something of the decoration that he and Gauguin have done at Marie Henry's inn, and mentioning that Gauguin has sent Van Gogh a drawing of de Haan's large picture.

December 14: Probably receives Gauguin's letter. He sends off to Theo the *Wheatfield with Rising Sun* (F 737) for the exhibition of *Les XX*, as well as the two versions of the *Bedroom* (F 483, F 484). He also puts in two drawings (F 1552, F 1545).
Writes to Theo, a delayed answer to his letter of December 8. He is delighted to hear of Lauzet's projected publication of lithographs after Monticelli, and hopes that their *Bouquet of Flowers* will be reproduced, since it is "a thing of the first order." He himself would like one day to make one or two such lithographs after his own paintings—one he is currently working on, for instance, of women gathering olives (F 655). He doubts that he will work in impasto much more; "it is the result of the quiet, secluded life that I am leading, and I am all the better for it. Fundamentally I am not so violent as all that, and at last I *myself* feel calmer."
He tells Theo of the pictures and drawings he sent off yesterday; that he is quite resigned to staying in the asylum next year—it would be good for his work and would enable him to do the cypresses and the Alpilles again; and that he has received Gauguin's letter, "again very nice, ... steeped in the nearness of the sea; I think he ought to do some fine things, a bit wild."
By staying on in the South, he will have "a series of really sympathetic Provençal studies, which will somehow be linked, I hope, with our distant memories of our youth in Holland." Yet he often thinks it would have been better if he had remained an art dealer with Goupil's, "for in business, even if you yourself do not produce, you make others produce. Just now so many artists need support from the dealers, and only rarely do they find it." He encloses an order for paints and canvas, and recalls two portraits by Puvis de Chavannes that he saw at the Durand-Ruel Gallery in Paris in December 1887.
"I am going to work a little outside: there is a mistral. Toward sunset it generally grows a little calmer; then there are superb sky effects of pale citron, and the mournful pines with their silhouettes standing out in relief against it with exquisite black lace effects. Sometimes the sky is red, sometimes of an extremely delicate neutral tone, and again pale citron, but neutralised by a delicate lilac. I have an evening effect of another pine tree against pink and yellow green" (F 652).

December 20 or 21: Sends Theo a postcard (now lost), asking if the pictures he intends to exhibit in Brussels will be framed and ready in time.

December 22: Theo composes a long and news-filled letter to Vincent. The package with the pictures of the wheatfield and the two bedrooms has arrived; he especially likes the "last one"—"like a bouquet of flowers in its colouring."
The wheatfield is being framed by Tanguy, and on January 3 everything will go to Brussels. Lauzet visited the apartment to look at the Monticellis. But what pleased him most were Vincent's canvases and drawings. "Oh, my dear fellow, that man understands them!" Theo presented him with a drawing of a figure gathering fallen apples; the following day Lauzet visited Theo's gallery, and this time Theo exchanged an early Saint-Rémy drawing of "a small cluster of sombre trees against a sky with a waxing moon, on the right a low wooden gate" for a copy of Lauzet's Monticelli album.
Dismissing Vincent's notion that he would have done better to have remained an art dealer, Theo uses his own experience as an example, taking the case of Gauguin. Although he is fully aware of Gauguin's talent and has many of his pictures, he cannot sell a single one. "It is obvious that Gauguin, who is half Inca, half European, superstitious like the former, and advanced in his ideas like a number of the latter, cannot work in the same manner every day... His most recent pictures are less saleable than those of last year. Last week he wrote to tell me that [in Copenhagen] one of his children fell out of a window, and was picked up nearly dead. And yet they hope to save him. He would do anything to get a little money, but I am unable to procure it."
"Pissarro too is at his wits' end. He is working like a slave. He made a very pretty fan for Jo: peasant women running about in the fields with a rainbow in the background." So far, Pissarro has not seen Dr. Gachet—"at least he does not write anything on the subject." It might therefore be best for Vincent to come and stay with Theo next

spring, and then find a boarding-house in the country. Wil is expected on January 2. Cor often writes from the Transvaal.
Theo looks forward to seeing the paintings of the olive trees; he likes the two drawings he received (F 1552, F 1545). This week, the two sunflower pictures (F 454, F 456) were on show at Tanguy's. They made "a very good effect… [and] brighten up Tanguy's shop."
He has just received Vincent's postcard; "the pictures will be ready in time [for Brussels]."

December 23: Vincent writes to his mother and includes a note to Wil. He reminds them that it is exactly a year since his first attack in Arles. He is working on a repetition of women gathering olives (F 656): "I have been working very hard and ceaselessly for two weeks." He tells his mother he is also working on a picture of a ravine (F 661) and one of the asylum park with big pine trees against an evening sky (F 659). He encloses an English poem for Wil which he likens to Whistler's *Portrait of the Artist's Mother* (1871; Musée d'Orsay, Paris) and to some old Dutch pictures, and wishes them "a happy Christmas and a good Old and New Year's Eve."
Soon after writing these letters, he has another attack. He was, he tells Theo later, "working perfectly calmly on some canvases that you will soon see and suddenly, without any reason, the aberration seized me again."

December 24-31: The attack lasts throughout this week. Probably about December 28, Dr. Peyron writes to Theo (the letter is lost). He gives the impression that the attack is a serious one: Van Gogh has tried to poison himself by eating his paints. Under the circumstances, Peyron advises that he not be allowed to paint, but for the moment only draw.

1890

January 1: Writes to Theo, responding to his brother's letter of December 22, wishing him and Jo a happy New Year, and apologising that he has "once more been deranged." Although there may have been some misunderstanding about the pictures to be shown at *Les XX* because Vincent had told Dr. Peyron during his illness that he did not wish to exhibit, he now assures Theo that there was "no justification for that" and hopes the pictures were sent off. He is disturbed by Gauguin's recent misfortune, his child's falling from a window. And he has just received letters from Mother and Wil.

January 2: The Rev. Salles visits him. Vincent repeats his dismay at being confined with his "companions in misfortune who do nothing all day, week, month, year," as he has told Theo many times, and urges Salles never to recommend this asylum. He gives him "a little canvas with some pink and red geraniums against a perfectly black background, like one I did before in Paris" (the picture is lost).
Wil arrives in Paris from Leiden to stay with Theo and Jo and help during Jo's confinement. (She will stay until February 9.)

January 3: Vincent writes to Theo telling him of the Rev. Salles's visit. He has sent off today a batch of some 15 canvases. These need to be stretched, and each viewed in a white frame. He sends off two canvases to his friend Roulin, the postal worker from Arles, who now lives in Marseilles: "a white house among the olives [F 664], and a wheatfield with a background of lilac mountains and a black tree [F 663]." He takes a walk in the fields. And looks at an illustrated volume of Jules Michelet's *Histoire de France* (1833–43). But he does not begin painting.
Theo answers Vincent's letter of January 1. After receiving Dr. Peyron's note, telling him that Vincent had tried to eat his paints, he is delighted to hear from his brother so quickly. Nonetheless, Vincent should put away his paints for a time and make drawings. The pictures for Brussels will be sent off today. He has no news of Gauguin.
Dr. Peyron probably writes a reassuring letter to Theo (now lost).

January 4: Replies immediately to Theo, even though he wrote only yesterday. Trying to console his brother, he reports: "I have never worked with more calm than in my last canvases." He is hoping to be able to work outdoors when the weather permits: "I must do some more canvases of cypresses and mountains to give an idea of Provence."
He would like to go to Arles again, perhaps toward the end of February.
"Just now I have done a little portrait of one of the servants here, which he wanted to send to his mother. That means I have already started working again, and if he saw any objection, Mr. Peyron would probably not have let me do it."

January *c.*5: No doubt thinking of his possible visit to Arles, he writes to the Ginoux, telling them of his recent illness: "A rather bad attack, [which] passed off very quickly; I have not had any for a week." He recalls that a year ago Mme. Ginoux was taken ill at the same time as himself; she is still unwell, and he hopes she will soon recover. "In my own case my disease has done me good—it would be ungrateful not to acknowledge it. It has made me easier in my mind, and is wholly different from what I expected and imagined." Within two weeks he hopes to visit Arles "in order to try and distract our dear patient for a moment, so that she may once again show us her habitual smile."

January 7: The consignment of some 15 canvases sent to Theo on January 3 arrives in the evening.

January 8: Theo acknowledges the safe arrival of the consignment of paintings. He likes especially *La Veillée*, after Millet (F 647), *The Ravine* (F 662), and *The Road Menders* (F 657): "There is more atmosphere in these last works, more distance than in the preceding ones." A second letter from Dr. Peyron has arrived, which reassures Theo about Vincent's continuing to paint. Should Vincent wish to come and stay in the spring, he can have a little room in their apartment. Jo is in very good health, but Wil arrived with such a bad cold "she had to stay in bed until this morning."

January *c.*10: Vincent replies to Theo's letter. A package of canvas and paints has just arrived; "I have enough subjects for pictures in my head for when the weather will let me work outdoors." He intends to do more copies after Millet.
This morning he saw Dr. Peyron: "He says that he is leaving me completely at liberty to distract myself, and that I must fight against depression as much as I can." An attendant at the asylum knows of another asylum, at Montdevergues, near Avignon. It is cheaper than Saint-Paul-de-Mausole, the patients' clothes are provided, and, more important, instead of remaining idle the patients work on the land and there is also a forge and a carpenter's shop. This would provide not only more active companions but also models for pictures and drawings. He is going to begin work on copies after Millet's "snow-covered field" (F 632) and *First Steps* (F 668). He would also like to make painted copies of Daumier's *The Drinkers* (F 667) and Régamey's *Convict Prison* from wood-engravings that he would like Theo to send.
He writes to Gauguin (the letter is lost), asking if he and de Haan intend staying on in Brittany. If they do, they might like the use of his furniture (at present stored with the Ginoux), and he himself might even join them. He encloses two drawings, one of women picking olives (now lost), and mentions that his pictures have been sent to Brussels.

January 12: Lauzet visits Theo and is shown Vincent's recent batch of paintings. "This is the true character of Provence!" comments Lauzet, himself born a Provençal.

January 17: It is probably on this day that Theo takes Wil to visit Degas in his studio.
Opening of the exhibition of *Les XX* in Brussels.
Gauguin probably replies to Van Gogh's letter of about January 10. He is extremely depressed: after three months at Le Pouldu, he has 30 francs in his pocket; feels it is useless to continue painting; in Copenhagen, one of his children has fallen from a third-floor window. He very much likes the two drawings Vincent has sent, especially the one of women picking olives. He is hoping to go to Tonkin. De Haan, too, has money problems.

January 19: Van Gogh goes to Arles, where he visits Mme. Ginoux.
In Paris, the Rev. Salles calls on Theo and Jo, but they are not at home. Lauzet leaves Paris to spend two weeks in Marseilles. Theo hopes he will call on Vincent in Saint-Rémy. No direct news of Vincent during this last week. He continues to work on copies after Millet, and evidently does not paint outdoors.

January 20: Vincent writes to Wil. He does not specifically say that he has been to Arles, only that he saw "a patient [Mme. Ginoux] who had a rather disquieting nervous complication with distressing climacteric troubles." He hopes she will like the picture of women picking olives that he intends for her and Mother. "I sent a drawing of it to Gauguin a few days ago, and he told me that he thinks it good." Next month he is going to work outdoors. Has he read anything recently? He has not, "not a thing." He asks her to write to him.
Writes to Theo (the letter is lost), referring to his visit to Arles.
He probably writes to Gauguin, also describing his visit to Arles.

January 21: Once again Vincent suffers a breakdown, two days after visiting Arles. This attack lasts a week.

January 22: Theo writes to Vincent, unaware of his most recent episode: "I felt greatly reassured after hearing that you are feeling well, and that the trip to Arles was accomplished without ill effects." He goes on to talk of Lauzet, of *Les XX* (referring to a newspaper review), of the forthcoming *Salon des Indépendants* in March, of how much he admires Vincent's paintings of olive trees—"the one with the sunset especially is superb."
Wil also probably writes to Vincent from Paris.

January *c.*25: Theo sends a roll of papers by post. These include more Millet reproductions, from which Vincent can continue his series of copies; a review of the exhibition of *Les XX* in Brussels; a copy of Aurier's article "Les Isolés: Vincent van Gogh," published in *Le Mercure de France*; and copies of Daumier's *The Drinkers* and Doré's *Prisoners' Round* (1872), which Theo apparently sent instead of the Régamey requested by Vincent on January 10.

January *c.*28: Gauguin writes to Van Gogh about the proposition of living together again. He suggests Antwerp, where he, Vincent, and de Haan might set up a studio; there are museums there, and they could be in touch with the Vingtistes. (Gauguin may have confused "Anvers"—Antwerp—with "Auvers," which Van Gogh almost certainly referred to in his letter.) But since this proposition is still nebulous, Gauguin is continuing to pursue his Tonkin project.

January 29: Her delivery imminent, Jo writes to Vincent—at midnight—with Theo, Wil, and her mother sitting around the table: "Theo brought along the article from the *Mercure* this morning, and after we read it, Wil and I talked about you for a long time." She expects the baby soon, perhaps by tomorrow morning. And she and Theo are eager for Vincent's next letter.
Dr. Peyron writes to Theo, telling him that Vincent is "once more the victim of another attack." Peyron therefore confirms receipt of Theo's registered letter of January 22 and of the roll of papers sent by post. The attack took place two days after a journey to Arles last week. "Today he is unable to do any work at all and only replies incoherently to any questions put to him. I trust that this will pass again as it has done before."

January 31: Receives Jo's letter and responds immediately. He awaits news of the birth of the baby: "How happy Theo will be, and a new sun will rise inside him when he sees you recovering." He is feeling better, even though he is "not yet quite calm"; has read Theo's letter of January 22 with pleasure; has had "a nice letter" from Gauguin; and asks Jo to tell Wil that he has received her letter.
Theo writes to Vincent, infinitely sorry to hear (from Dr. Peyron's letter of January 29) of yet another attack, but conveying the long-awaited news that Jo has "brought into the world a beautiful boy, who cries a good deal, but who looks healthy." He will be called Vincent (Vincent Willem van Gogh, 1890-1978), and they hope he will be "as persevering and as courageous as you."
Receives a letter from his mother, "fairly long and very contented."
Writes to his friend, the Australian painter John Russell, for the first time since the autumn of 1888. Russell is now living permanently on Belle-Ile, off the coast of Brittany. Vincent feels moved to contact him mainly because of Gauguin's recent letter suggesting that they set up a studio in Antwerp, but also, no doubt, thinking that Russell may yet buy a Gauguin painting. Additionally, however, he decides to pass on to Russell the small roll of photographs of Millet pictures that Theo has only just sent—"to remind you of myself and my brother." Bringing Russell up to date with his news, he reports that Theo is now married and about to become a father; Gauguin is still struggling on, at present in the company of a Dutch artist, Meyer de Haan; he and Gauguin are "still friends, but perhaps you are not unaware that I am ill, and that I have had serious nervous crises and delirium more than once. This was the cause of our parting company, he and I, for I had to go into a lunatic asylum. But, before that, how many times we spoke of you!" Vincent also sends Russell an article on the exhibition of *Les XX*. He asks Russell, when he is next in Paris, to choose one of his canvases at Theo's to form part of the collection that Russell is making for his native Australia.

February 2: Receives the good news that Jo is safely delivered of a boy; he replies immediately. He is somewhat surprised at Aurier's article, and discusses at length his reading of it. He reports on Gauguin's vague proposal to found a studio in Antwerp with de Haan and himself, "but he said that he is insisting on going through with his Tonkin project, and seems to have cooled off greatly about continuing to paint." He has just written to Russell, "to remind him a little of Gauguin… Gauguin and Russell are countrymen at heart; not uncouth, but with a certain innate sweetness of far-off fields." He has severe "scruples of conscience" about appearing to plagiarise Millet, so he has taken the pile of photographs that Theo dispatched and "unhesitatingly sent them to Russell, so that I shall not see them again until I have made up my mind. … My illness makes me very sensitive now, and for the moment I do not feel capable of continuing these 'translations' when it concerns such masterpieces. I am stopping at the 'Sower' [F 689], which I am working on, and which is not coming off as I should wish." He hopes Lauzet will visit him when he comes south; is still concerned about Mme. Ginoux; asks Theo to thank Wil for her letter, but says he will put off replying for several days; will send Theo a note for Aurier, and will give Aurier a painting in return for his article.

February *c*.3: Writes to Ginoux, explaining that because he has been "indisposed during the past week" he has not been able to call on Mme. Ginoux and inquire after her health. He tells him he had a letter from Gauguin "the other day," and that articles on his own paintings have been published in Brussels and Paris.

February 4-7: Copies Daumier's *The Drinkers* (F 667) and Doré's *Prisoners' Round* (F 669), and reworks *Cypresses* (F 620) which he intends to present to Aurier.

February 8: Gauguin arrives in Paris from Brittany.

February 9: Theo writes. Jo and the baby are both well. Wil left Paris this morning: "She has been an extremely helpful housekeeper. She is a dear good girl. I took her along once to see Degas, who said she reminded him of various figures in the old Dutch paintings, and that she made him want to go and see the museums in our native country.

He trotted out quite a number of his things in order to find out which of them she liked best." Theo and Wil also visited the Louvre, where several pictures have been rehung, and one can now see, as never before, a painting by Vermeer and Rembrandt's *A Philosopher Absorbed in Meditation* (1633) and *A Philosopher with an Open Book* (1633), both of which have been cleaned. "Gauguin arrived in Paris yesterday, and asked a lot of questions about you. He came here to see whether he couldn't find something, no matter what, to do to earn a living, for it seems that de Haan is very hard up too." Theo describes a still life by de Haan of onions, apples, and an earthenware pot.

During this past week, Van Gogh has been thinking about his reply to Aurier's article.

Vincent completes his letter to Aurier. He is busy writing to Theo, enclosing the letter for Aurier when Theo's letter of February 9 arrives. He throws away what he has written and begins again. He is very happy with the news of Jo and of Wil—"I think she was lucky to see Degas at his home."

"And so Gauguin has returned to Paris. I am going to copy my reply to Mr. Aurier to send to him, and you must make him read this article in the *Mercure*." The canvas of *Cypresses* for Aurier is in "a terribly thick impasto and worked over like some Monticellis."

As for the *Salon des Indépendants* in March: "I hope to send you a few more canvases which are drying at the moment; if they do not arrive in time, you can make a selection from the ones that are at old Tanguy's." He is still of the opinion that it is better to stay on in Saint-Rémy, though he might pay a short visit to Theo in Paris.

Discussing Gauguin's idea of setting up a studio in Antwerp, he says he has little faith in its materialising. At any event, he will write to Gauguin soon, mainly to send him his reply to Aurier's article. If Gauguin's attempts to find a place to live in Paris fail, perhaps he could come to the South. But he is very clever and probably will succeed. Suggests that Gauguin take the copies of the *Sunflowers* (F 455, F 459) and a copy of *La Berceuse* in exchange for something of his that Theo would like. He encloses his letter to Aurier and requests that after Theo has read it, he forward it to Aurier.

February 11-17: Works on a portrait of an Arlésienne, and probably also on a picture of "a blue sky with branches full of blossoms standing out against it" (F 671), destined for his nephew. He probably writes also to Gauguin, enclosing a copy of his letter to Aurier.

February 18: Wil, back in Leiden, writes to Vincent.

Theo also writes (the letter is lost), reporting that one of Vincent's pictures has been sold in Brussels for 400 francs, and also that he is organising a one-man show of Camille Pissarro at his gallery.

February 19: Receives Theo's letter telling him of the sale of his picture in Brussels.

February *c.*20: Receives Wil's letter from Leiden and replies to it, as well as to her earlier letter from Paris of about January 22. He tells her of his paintings of almond blossoms and of the Arlésienne; of his responses to Aurier's article; of his success in Brussels; of his belief in the greatness of Millet, painter of peasants. "Tomorrow or the day after I shall try to make the trip to Arles once again, as a kind of trial, in order to see if I can stand the strain of travelling and of ordinary life without a return of the attacks."

Writes to his mother, which he has delayed doing for almost three weeks: "I intended to answer your letter many days ago, but I could not bring myself to write, as I sat painting from morning till night." The picture of white almond blossoms will hang in Theo and Jo's bedroom. "These last days we have had rather bad weather here, but today it was a real spring day, and the fields of young wheat, with the violet hills in the distance, are so beautiful, and the almond trees are beginning to blossom everywhere." He was very surprised by Aurier's article; he has sold a painting in Brussels; Gauguin wants to work in Antwerp, but this seems unlikely; he himself prefers to begin in the North "by trying it a few weeks in Paris."

February 21: Vincent must surely have responded to Theo's letter telling of the sale of his picture in Brussels for 400 francs. However, nothing survives of either letter.

February 22: Visits Arles, taking with him a version of *L'Arlésienne*, clearly intended as a gift for Mme. Ginoux. He suffers another attack, which is reported to Theo by Dr. Peyron.

February 23: Learning of Van Gogh's attack in Arles, Dr. Peyron sends two men with a carriage to bring him back to the asylum. It is not known where he spends Saturday night. The painting of the Arlésienne cannot be found.

February 24: Dr. Peyron writes to Theo, acknowledging receipt of a registered letter addressed to Vincent, and reporting the attack that has taken place in Arles. "I notice that the attacks are becoming more frequent and take place quite suddenly after every journey he undertakes away from the asylum. I do not believe that he gives himself over to any excess when he is at liberty, for I have always known him sober and reserved. However, I am forced to recognise the fact that each time he undertakes a little journey he becomes ill. It will only be for a few days and he will regain his sanity as before."

Unfortunately, Dr. Peyron's optimism in an early recovery proves unfounded. Theo and Jo continue to write to Vincent during the month of March.

March 19: Private viewing of the *Salon des Indépendants*, where Van Gogh is represented by ten paintings. Having attended the opening with Jo, Theo writes to his brother in the evening. He and Jo "regret from the bottom of our hearts that you cannot give us better news. You will need an enormous amount of patience to surmount the trouble your condition must give you… Your pictures are very well placed and make a good effect. Many people came to us and asked us to send you their compliments. Gauguin said that your pictures were the chief attraction of the exhibition… He proposed an exchange of one of his canvases for the one of the Alpine foothills" (F 661). Theo describes the pictures exhibited by Seurat, Guillaumin, and Toulouse-Lautrec. His Camille Pissarro exhibition is ended; many people saw it, and five works were sold. Bernard and Aurier plan to see Van Gogh's latest paintings next Sunday (March 23). Theo encloses Aurier's response to Vincent's letter (the letter is lost). Maus has written about Vincent's success at *Les XX*, and has sent Theo the money from the sale of the painting.
Gauguin also writes, complimenting him on his work at the *Indépendants* and proposing an exchange of one of his paintings for *The Ravine* (F 661), a picture he has discussed at length with Aurier, Bernard, and many others. "I hesitated very much to write to you, knowing that you have just had a fairly long crisis; also I beg you only to answer me when you feel quite strong enough. Let us hope that with the coming of the warmer weather you will at last recover; winter is always dangerous for you."

March 23: Bernard and Aurier probably visit Theo to look at Vincent's pictures.
Theo meets Dr. Gachet for the first time.

March 29: Jo writes to Vincent, sending him greetings for his birthday. The baby is growing well, but allows his mother little leisure. However, she "managed to escape for a little while at the opening of the Indépendants to see your pictures there… Here it is like the height of summer—indescribably hot—and I dread the hot days yet to come."
Theo also writes to his brother, sending good wishes for his birthday. He has met Dr. Gachet: "When I told him how your crises came about, he said to me that he didn't believe it had anything to do with madness, and that if it was what he thought, he could guarantee your recovery." Theo has not been back to the *Indépendants*, "but Pissarro, who went there every day, tells me that you have achieved real success with the artists." He encloses some reproductions of etchings by Rembrandt.

March 30: Vincent's 37th birthday.

April 1: Dr. Peyron writes to Theo: "Mr. Vincent has not yet regained his full clarity of mind and for the time being he is unable to reply to your letters. This attack takes more time to wear off than the previous ones. One is at times inclined to believe that he is coming to himself; he explains the feelings he is experiencing, but a few hours later a change takes place, the patient once more becomes despondent and suspicious and replies no more to the questions put to him. I am confident that he will regain his sanity as before… As soon as he feels capable of writing he will let you hear from him."

April 2-22: No news of Van Gogh during this three-week period. Apparently, Dr. Peyron sends no further reports to Theo, and nothing survives from Theo to Dr. Peyron (e.g., a response to the April 1 letter). Nonetheless, during his long illness (February 22 to April 24), Vincent is not entirely inactive. "What am I to say about these last two months? Things didn't go well at all. I am sadder and more wretched than I can say… Nevertheless, while I was ill I did some little canvases from memory… memories of the North."
Describing his activity to his mother and Wil he explains, "I continued painting even when my illness was at its height, among other things a memory of Brabant, hovels with moss-covered roofs and beech hedges on an autumn evening with a stormy sky, the sun setting amid ruddy clouds [F 673]. Also a turnip field with women pulling out the green tops in the snow [F 695]."
He makes many small drawings during this two-month crisis, the dominant theme being "memories of the North" (F 1585 to F 1620). During his illness, he receives a letter from Russell (the letter is lost), probably dating from the end of February. He appears not to have replied.

April 23: Theo writes: "Your silence proves to us that you are still suffering, and I feel urgently impelled to tell you, my dear brother, that Jo and I suffer too because we know that you are ill." Last week it was already a year since his marriage. Pissarro has invited him and Jo to spend two days at Eragny-sur-Epte during Whitsuntide (May 25-26). Van Gogh's ten pictures at the *Indépendants* "are having a lot of success," praised by artists as different as Ernest-Ange Duez (1843–96) ("Give your brother my compliments and tell him that his pictures are highly remarkable"); Monet ("Your pictures are the best in the exhibition"); and Charles-Emmanuel

Serret (1824-1900), whom Theo describes as being "enraptured" ("He said that if he had no style of his own in which he could still express some things, he would change his course and go seek what you are seeking"). Lauzet has returned to Paris from Marseilles, and regrets he was unable to make a detour to Saint-Rémy.

April 24: Receives Theo's letter of April 23 and replies immediately: "Today I wanted to read the letters which had come for me, but I was not clear-headed enough yet to be able to understand them. However, I am trying to answer you at once, and I hope that this will clear away in a few days." He promises to send some canvases soon, and asks to be remembered to the Pissarros. Gauguin and Russell have written to him. "I have a great desire to start working again." He hopes to write again tomorrow or the day after.

April 29: Having intended to write to Theo, Vincent has until now failed to do so. He now writes, especially to wish his brother a happy birthday on May 1. He is sending a batch of pictures—as they are "not... intended for the public, perhaps you will eventually make presents of these to our sisters." Included are copies after Millet, some olive orchards, versions of *L'Arlésienne* (one of which is for Gauguin), and the *Cypresses* for Aurier (F 620). He encloses an order for paints, brushes, and canvas. He is now working again and has just finished "a corner of a sunny meadow, which I think is fairly vigorous" (F 676). And he asks for some of his old drawings of Nuenen, since he plans to redo some of his Nuenen subjects. He tells Theo that he has still not read the letters from home, as Dr. Peyron is away. He insists that he must leave the asylum: "But where to go? I do not think I could be more shut up and more of a prisoner in the homes where they do not pretend to leave you free, such as at Charenton or Montdevergues."

Later in the day he also writes to his mother and Wil, repeating that he is "longing to get away from here," and writing that over the past few days he has been working on "the picture of a lawn in the blazing sun with yellow dandelions" (F 676), and that he would like them to send him some of his old studies and drawings.

In both letters, he associates the publication of Aurier's article with his two-month breakdown. "As soon as I heard that my work was having some success, and read the article in question, I feared at once that I should be punished for it; this is how things nearly always go in a painter's life: success is about the worst thing that can happen." And to Theo: "Please ask Mr. Laurier [*sic*] not to write any more articles on my painting, insist upon this, that to begin with he is mistaken about me, since I am too overwhelmed with grief to be able to face publicity."

May 1: Theo's 33rd birthday.

May 2: With Dr. Peyron's return, Vincent is given several letters from his family. He replies to Theo, thanking him for the reproduction etchings after Rembrandt, in particular *The Raising of Lazarus*. "Early this morning I looked at it and I remembered not only what Charles Blanc said of it, but in fact everything he didn't say." He is happy to make an exchange with Gauguin, whose letter of about March 19 he encloses. He yearns now to return to the North, and has discussed this possibility with Dr. Peyron. He asks Theo to fix a date for his arrival in Paris, and he will arrange to be accompanied to either Tarascon or Lyons. He will leave his furniture for the time being with the Ginoux in Arles. "As soon as I got out in the park, I got back all my lucidity for work; I have more ideas in my head than I could ever carry out... The brushstrokes come like clockwork." He believes that, once freed from here, he will "find [his] balance" in the North. "Dr. Peyron was very kind to write to you [letter of April 1]; he wrote you again today [the letter is lost]."

May 3: Theo writes to Vincent, expressing delight at receiving the letters of April 24 and May 2. The pictures have arrived, with "very beautiful ones among them": the portraits of Trabuc (F 629) and "the other fellow with his swollen face [F 703], [which] are extraordinary"; the branch of almond blossoms (F 671); and "the copies after Millet [which] are perhaps the best things you have yet done." The paints from Tasset and Tanguy have been sent off. The painting of cypresses for Aurier is "one of the finest you have done so far; it has the richness of a peacock's tail." The frame has been made according to Vincent's wishes, and Theo will deliver the picture to Aurier very soon. Theo "approve[s] absolutely" of Vincent's plan to return to the North; but Vincent must have Peyron's approval, and he must be accompanied for the entire journey. As for himself, "business is good and I have everything I want."

While Theo is writing from Paris, Vincent sends another letter from Saint-Rémy, emphasising his need to return to the North. "*I think the best thing will be for me to go by myself to see this doctor in the country as soon as possible*, then we can soon decide if I shall go to stay with him or temporarily at the inn; and thus we shall avoid too prolonged a stay in Paris, a thing I dread." In his letter is enclosed a sketch of a painting he has done of the three figures in the background of Rembrandt's *The Raising of Lazarus* (F 677). He has also completed "another one of a nook of greenery" (F 672); and has tried to do a copy of Delacroix's *The Good Samaritan*

(F 633). In *Le Figaro* he has read that Ernest Quost (1844-1931) has a "tremendous picture" at the Salon. (In *Le Figaro* of April 30, Albert Wolff wrote of Quost's *Easter Flowers*: "Mr. Quost paints with virtuosity flowers *en plein air*, in full light, in full green, and in full yellow.")

May 4: Vincent receives Theo's letter of May 3, with a photograph of Jo and the baby enclosed. He replies immediately, categorically insisting that he need not be accompanied all the way to Paris. He has pointed out to Dr. Peyron that "such attacks as I have just had have always been followed by three or four months of complete quiet." Repeating his warning of six months ago, he stresses the need to act quickly, certainly within a fortnight at most—a week would please him better. He agrees to be escorted as far as Tarascon, "even one or two stations farther if you insist." Once in Paris, he thinks he should not stay at Theo's more than two or three days, but leave for Auvers and Dr. Gachet, staying at the inn to begin with. So Theo must write without delay to Dr. Gachet (Vincent composes a draft paragraph), and also to Dr. Peyron, "asking to let me go, say on the 15th at the latest."
He has finished "two canvases of the fresh grass in the park [F 676, F 672], one of which is extremely simple." He would like to try to do a painting after the photograph of Jo and the baby.

May 5-9: No letters are exchanged between Theo and his brother. Vincent continues working on still lifes of irises and roses and on landscapes.

May 9: Following Vincent's exhortation Theo writes two letters, one to Dr. Peyron (the letter is lost), the other to Dr. Gachet: "Allow me to remind you of the conversation we had when I had the honour to make your acquaintance [i.e., about March 26]. We spoke of my brother, the painter, who at the moment is in Saint-Rémy, at the house of Dr. Peyron. You gave me hope that in your care he may possibly regain his normal condition. He is very well for the moment and writes me very reasonable letters. He ardently wishes to come to Paris for a few days and then to go and work in the country… Would it be wise to have him accompanied by someone during the trip?… [He] begs me to let him travel alone. I should very much like to have your opinion on this."

May 10: Theo writes to Vincent, thanking him for his letters of May 3 and 4. He agrees to his brother's proposals for travelling. Yesterday he wrote to both Dr. Gachet and Dr. Peyron. He has not yet visited the Salon, which is said to be "pretty mediocre; but there is an exhibition of Japanese drawings and crêpe prints—you will see it when you are here—which is superb. I wish you were here already." (The exhibition, at the Ecole des Beaux-Arts, opened on April 23 and closed on June 30, 1890.) Theo encloses 150 francs for the journey.

May 11 or 12: Writes to Theo acknowledging receipt of the 150 francs. He has also received the canvas and paints from Tasset. "At present all goes well; the whole horrible attack has disappeared like a thunderstorm, and I am working to give a last stroke of the brush here with a calm and steady enthusiasm." He is doing a still life of roses (F 681) and two of violet irises (F 678, F 680). "These canvases will take a whole month to dry, but the attendant here [Trabuc] will undertake to send them off after my departure." Today he is starting to pack.
He also writes to Ginoux, asking that his two beds and mirror be sent by freight train to Paris, as he is returning to the North, and expressing regret that he fell ill the day he came to Arles to say good-bye.

May 13: Writes again to Theo. He has had a last discussion with Dr. Peyron, who has given him permission to pack. His luggage has been sent by train to Paris. He himself will bring some frames, his easel, and stretchers. He hopes to be in Paris before Sunday, "so as to spend your free day quietly with you all. I very much hope to see Andries Bonger too at the first opportunity." He has just finished another canvas (F 681), and has written to Ginoux about his beds. "In Paris—if I feel strong enough—I should very much like to do at once a picture of a yellow bookshop (gaslight effect), which I have had in mind for so long. You will see that I'll be fit for it the day after my arrival. I tell you, I feel my head is absolutely calm for my work, and the brushstrokes come to me and follow each other logically."

May 16: Van Gogh leaves the asylum at Saint-Rémy for Paris. He telegraphs Theo from Tarascon, telling him that he will arrive at the Gare de Lyon at 10.00 a.m. the following day. Theo is unable to sleep because of his anxiety about his brother's travelling unaccompanied on the long journey from Tarascon to Paris. Dr. Peyron records his observations in the register of the asylum's voluntarily interned: "The patient, though calm most of the time, has had several attacks during his stay in the establishment which have lasted from two weeks to one month. During these attacks the patient was subject to frightful terrors and tried several times to poison himself, either by swallowing the paints which he used for his work or by drinking paraffin which he managed to steal from the attendant while the latter refilled his lamps. His last fit broke out after a trip which he undertook to Arles, and lasted about two months. Between his attacks the patient was perfectly quiet and devoted himself with ardour to his painting. Today he is asking for his release to live in the north of France, hoping that its climate will be favourable." In the column headed "Observations" is the word "cured."

PARIS
May 17-20, 1890

1890

May 17: Arrives in Paris at 10.00 a.m. at the Gare de Lyon, where he is met by Theo. In the fourth-floor apartment at 8 Cité Pigalle, Jo awaits their return: "It seemed an eternity before they came back. I was beginning to be afraid that something had happened when at last I saw an open fiacre enter the Cité; two merry faces nodded to me, two hands waved—a moment later Vincent stood before me." Jo is surprised to find "a sturdy, broad-shouldered man, with a healthy colour, a smile on his face, and a very resolute appearance... [who] looks much stronger than Theo." The two brothers go to look at the sleeping baby in his cradle; "both had tears in their eyes." Smilingly, Vincent turns to Jo and points to the simple crocheted cover: "Do not cover him too much with lace, little sister."
For his part, Vincent's first impression of Theo is that he is looking paler than when the brothers separated in February 1888, and that his cough is worse. "But when I talked with him and saw him at close range it seemed certain to me that, all things considered, there is a change rather for the better, and Jo is full of good sense, as well as good intentions. The little one is not weakly but on the other hand he is not strong either." He also observes that Theo has less appetite: "Our constitutions need very solid nourishment. So be sensible about this, especially Jo too, having her child to nurse."
Theo's impressions of Vincent are conveyed in a letter to Wil of June 2: "He has never looked so healthy, and in the way he talks he is also quite normal. Even so he feels that those attacks may return and is afraid of that. It appears that it happens all of a sudden and that in Saint-Rémy at any rate nothing was done about it other than making him rest."
Vincent probably spends the entire day in the apartment.

May 18: He rises very early, anxious to look at his pictures: in the dining-room over the mantelpiece, *The Potato Eaters* (F 82); in the sitting-room, *The Harvest* (F 412), *Starry Night Over the Rhône* (F 474), recently exhibited at the *Indépendants*, and, hung over the piano, the painting of almond blossoms (F 671) specially done for his nephew. In addition, enormous piles of unframed canvases are spread on the floor, where he studies them with great attention, and yet others are stored under the bed. The two brothers visit Tanguy's shop at 14 rue Clauzel, where Vincent is able to see the attic room that Theo has recently rented in order to store not only Vincent's paintings but also those from their joint collection by artists such as Russell, Guillaumin, and Bernard. They also visit the *Salon du Champ-de-Mars*, a secessionist group from the Old Salon, headed by Meissonier, whose inaugural exhibition has just opened, on May 15. Vincent is profoundly impressed by Puvis de Chavannes's *Inter artes et naturam*. He also notices some pictures by Louis Dumoulin (1860-1924) painted in Japan. However, they do not visit the Old Salon or the Japanese exhibition at the Ecole des Beaux-Arts, as Vincent had hoped.
In the evening he sees Jo's brother, Andries Bonger, who is "looking strong and calm and, upon my word, reasoned with much correctness on artistic subjects." Bonger himself writes to his parents on May 21: "I saw [Vincent] on Sunday evening. He looks better than ever and has put on weight. He spoke normally and with animation. I believe it has done him good to have left that institution." Although Jo speaks later of "many visitors," she does not name them. It is certain that Gauguin, though still in Paris, does not see Vincent, nor does Vincent see any of his paintings. There is no evidence that he meets any other artists—the Pissarros, Guillaumin, Toulouse-Lautrec, Bernard, Signac. Nor does he meet the art critics Aurier and Isaäcson (the latter is back in Holland). But he does read Isaäcson's two recent articles of May 10 and 17 on the Impressionists in *De Portefeuille*.

May 19: Jo reports later that Saint-Rémy was not mentioned during Van Gogh's stay in Paris, where he was "cheerful and lively all the time... He went out by himself to buy olives, which he used to eat every day and which he insisted on our eating too." Nonetheless, after only three days in Paris, he feels "very strongly that all the noise there was not for me"; "[it] had such a bad effect on me that I thought it wise for my head's sake to fly to the country." He also confesses that "after that long seclusion, the days seem like weeks to me." His decision to leave Paris after three days prompts Theo to write his letter of introduction to Dr. Gachet. Dated May 19, it is written from 8 Cité Pigalle and not the offices of Boussod & Valadon, and therefore probably composed in the evening:
"My brother only arrived last Saturday, so we could not come to your consultation [on Friday, in Paris]. As he does not wish to tire himself too much in Paris, he has decided to leave for Auvers and to go and see you. You will see that at present he is very well. I should be much obliged

to you if you would look after him, and give him advice on a possible place to live. I will permit myself to come to see you one of these Fridays to ask your instruction and your impressions."
Van Gogh leaves Paris without having done any painting—neither retouching his old canvases nor beginning his long-dreamed-of picture of a Paris bookshop by gas-light.

AUVERS-SUR-OISE
May 20 - July 29, 1890

1890

May 20: Leaves Paris for Auvers-sur-Oise, taking with him four Saint-Rémy canvases—*Self-Portrait* (F 627), *L'Arlésienne* (F 540?), *Pietà* (F 630), and probably *Prisoners' Round* (F 669)—and also Theo's letter of introduction to Dr. Gachet.
When he meets Dr. Gachet he gets the impression that he is "rather eccentric, but his experience as a doctor must keep him balanced enough to combat the nervous trouble from which he certainly seems to me to be suffering at least as seriously as I." Gachet's house "is full of black antiques, black, black, black, except for the Impressionist pictures—a *very* fine Pissarro, winter with a red house in the snow, and two fine flower pieces by Cézanne. Also another Cézanne, of the village." Gachet takes him to an inn, the Café-Auberge Saint-Aubin in the Rue Rémy, where the charge is 6 francs a day. Van Gogh thinks this excessive and finds one for himself at 3.50 francs a day. Situated in the Place de la Mairie, opposite the Town Hall, this small inn is run by Arthur Gustave Ravoux, who had come to Auvers from Paris some two years earlier. He is married and has two daughters, aged twelve and one. Vincent rents an attic room. "Auvers is very beautiful, among other things a lot of old thatched roofs, which are getting rare… really it is profoundly beautiful, it is the real country, characteristic and picturesque."
Begins a letter to Wil, apologising for not having answered her letter from Saint-Rémy. It was a great joy for him to see Theo, Jo, and the baby: "Jo made an excellent impression on me; she is charming and very simple and brave." Too much noise and bustle in Paris has driven him to the old village of Auvers, where there are "superb moss-covered thatched roofs." After describing some of his last works at Saint-Rémy, he speaks of his visit to the exhibition at the Champ-de-Mars, where there were many things he liked very much. (The letter ends abruptly at this point, the rest of it being lost.)
He has not yet done any painting or drawing.

May 21: Writes again to Theo and Jo. He has completed his first picture, "a study of old thatched roofs with a field of peas in flower in the foreground and some wheat, background of hills" (F 750). He asks Theo to send money by the end of the week, also ten metres of canvas, 20 sheets of Ingres paper ("These I need in any case so as not to waste time. There is a lot to draw here"), and Bargue's *Exercices au fusain pour préparer à l'étude de l'académie d'après nature*, which he plans to copy. He calls on Dr. Gachet, who is not at home (he has consultations in Paris three days a week). "I can do nothing about my disease. I am suffering a little just now—the thing is that after that long seclusion the days seem like weeks to me. I felt that in Paris and here too, but serenity will come as my work gets on a bit." He very much hopes that Theo and Jo will come to visit him soon.

May 23: Writes a third letter to Theo and Jo. This time the tone is pessimistic and critical, accusatory and suspicious. He expresses surprise that he has not yet heard from his brother, and reminds him that he left Paris in confusion, without any firm financial arrangements having been agreed upon. He wonders if his allowance is to be 150 francs a month paid in three instalments, as it was in Arles. From his brief stay in Paris, he feels that Theo, Jo, and the child are "a little on edge and worn out," and thinks that the "three-month-old" baby should be raised in the country. "Since you were good enough to name him after me, I should like him to have a soul less unquiet than mine, which is foundering." He therefore advises them to consider spending the month of their vacation in the country at Auvers instead of in Holland ("I fear that the journey to Holland will be the last straw for us all"). He confesses that he too was distraught in Paris. But now he is well and working hard; he has finished four painted studies (F 750, F 751, F 752, and probably F 794) and two drawings (F 1640r, F 1624), one of them "an old vineyard with a figure of a peasant woman." He feels that "we must not count on Dr. Gachet at all. First of all, he is sicker than I am, I think, or shall we say just as much." He is also concerned that his paintings and especially those by other artists belonging to himself and Theo are going to ruin in Tanguy's "bedbug-infested hole" (which Theo had rented specifically to store them in). He might get a lodging, "three rooms at 150 francs a year," which could also serve as a more suitable space for all the paintings at Tanguy's—including his own, which he could then retouch. He hopes they will see each other again "more calmly… with more collected minds," and that Theo will write by return mail.
Dr. Gachet possibly visits Theo at his gallery, before or after his afternoon consultations.

May 24: Theo writes his first letter to Auvers, replying to Vincent's letter

of May 23 and enclosing 50 francs. (The letter is lost, but some of its contents can be inferred.) He promises to send the canvas and Ingres paper requested on May 21. He reminds Vincent that their mother will insist on seeing "the little one," and that the family must therefore spend their vacation in Holland rather than in Auvers. He reports that the Belgian painter Anna Boch (1848-1933) has bought one of Vincent's pictures, and that Gauguin has seen his *Arlésienne* (F 543).
Drafts a letter to Isaäcson, telling him that he has recently read in Paris the continuation of his articles on Impressionism in *De Portefeuille*. While praising Isaäcson's conscientious attempt to inform his Dutch readers of what is happening in Paris, he warns him: "As it is possible that in your next article you will put in a few words about me, I will repeat my scruples, so that you will not go beyond a few words, because it is absolutely certain that I shall never do important things." His real reason for this letter is to describe at length his own series of paintings of olive groves. He also argues that Puvis de Chavannes has the same importance as Delacroix, and he describes the picture he saw the previous Sunday at the Champ-de-Mars. "[If] Millet is the voice of the wheat, and Jules Breton too," then Puvis de Chavannes may one day "explain the olive trees to us." The weather in Auvers is "wet and stormy."

May 25: Again wet and stormy in Auvers. Sends a telegram to Saint-Rémy about his trunk, which has not yet arrived. He receives Theo's letter. He lunches with Dr. Gachet—evidently for the first time—and afterwards (according to Gachet's son) does the etched portrait of him (see cat. no. 85). In the evening he writes to Theo, still hoping that Theo and Jo will decide "to take a rest in the country instead of the customary journey to Holland." He is intrigued as to which painting Anna Boch has bought and says he must write to her brother, the artist Eugène Guillaume Boch (whose portrait he had painted in Arles, F 462), suggesting the exchange of two of his studies for one each of theirs. He tells Theo again of his drawing of an old vineyard (F 1624), "of which I intend to make a size 30 canvas" (no such large canvas of this motif exists), and of two paintings of chestnuts (F 751, F 752). But he hopes to work on the figure a little; already "some pictures are vaguely present in my mind—it will take time to get them clear, but that will come little by little." He encloses a letter for Isaäcson (now lost), based on the previous day's draft.
Theo, Jo, and the baby visit Saint-Cloud. According to Theo they were "overtaken by a cloudburst such as I have never seen. The café where we took refuge was flooded; there was one foot of water. This and the hurry and jostling at night to catch the train [it was Whitsunday] made us uneasy, but all he had was a severe cold in the head, and Jo had nothing wrong with her, though her milk might have been spoiled—this may be caused by wet feet."

May 27: Paints at Dr. Gachet's house in the morning, finishing a study of the garden (F 755), and then lunches with Gachet and his family. In the afternoon Gachet goes to Ravoux's inn to look at Vincent's paintings, including the four Saint-Rémy canvases brought from Paris.
An exhibition of the work of Raffaëlli opens at Theo's gallery at 19 boulevard Montmartre.

May 28-31: There is no written evidence of his activities, or of what he paints or draws.

June 1: Visits Dr. Gachet's house, where he paints another view of the garden, with "some white roses, vines and a white figure" (F 756), which he presents to Gachet, together with the first garden picture which he had painted on May 27. He almost certainly begins work on a portrait of Dr. Gachet (F 753).

June 2: Theo writes his first letter since March 24. He has been kept very busy with the Raffaëlli exhibition at his gallery, staying open as late as 10.00 p.m. He hopes that he, Jo, and the baby will be able to spend some time in Auvers, but insists that "we shall also have to go to see Mother and Jo's parents" in Holland. He describes the torrential cloudburst at Saint-Cloud on Whitsunday and tells Vincent that Dr. Peyron has written (the letter is lost), and that a package from Saint-Rémy which he had sent to Auvers was returned.

June 3: In the morning Theo's letter arrives with a 50-franc note enclosed. Vincent replies, addressing his letter, for the first time from Auvers, to Theo alone. Just as Theo has not written since May 24, so Vincent has not written since May 25. He therefore explains: "Already for several days I have been wanting to write you collectedly, but I've been absorbed by work." Writing his longest and most considered letter to date, dominated by his views of Dr. Gachet, he discourses at length on the man, the doctor, the friend. He describes the house, which is "full, full like an antique dealer's... there is always something for arranging flowers in or for a still life"; his lunches and dinners, "rather a burden for me... for the good soul takes the trouble to have four- or five-course dinners... as dreadful for him as for me, since he certainly hasn't a strong digestion"; and his garden, the two studies of which (F 755, F 756) were done "to show him that if it is not a case for which he is paid in money, he will still compensate him for what he does for us." Above all, he has done Gachet's portrait (F 753); he adds a

thumb-nail sketch to his description. The doctor is "absolutely *fanatical*" about the *Self-Portrait* (F 627): "He has now got so far as to understand the last portrait of the Arlésienne [F 540?] … he always comes back to these two portraits when he comes to see the studies, and he understands them exactly, exactly, I tell you, as they are." Dr. Gachet also looked at the *Pietà* (F 630) for a long time, and asked to have a copy made for him. He may help Vincent find models, and also get him portrait commissions. Vincent is hoping to do a portrait of Gachet's daughter, Marguerite, "with whom I imagine Jo would soon be friends."
"Desmoulins [Dumoulin], the man who has some Japanese pictures at the Champ-de-Mars, has come back here and I hope to meet him." He asks Theo what Gauguin thought of the last portrait of the Arlésienne (F 543)—his first mention of Gauguin since arriving in Auvers. "Gachet has a Guillaumin, a nude woman on a bed, that I think very fine; he also has a very old self-portrait by Guillaumin, very different from ours, dark but interesting." He has not yet found a studio to which the paintings stored at Tanguy's could be transferred—"I must still touch them up a lot." But he is "living one day at a time; the weather is so beautiful. And I am well. I go to bed at nine o'clock, but get up at five most of the time." He hopes that "this feeling I have of being much more master of my brush than before I went to Arles will last. And Mr. Gachet says that he thinks it most improbable that it will return, and that things are going on quite well."
As soon as possible, he would like 12 tubes of zinc white and two tubes of geranium lake from Tasset. And he again asks for Bargue's *Exercices au fusain*, so that he can copy the 60 sheets of nude figures: "If I neglect to study proportion and the nude again, I should be badly muddled later on." He is greatly touched by Dr. Peyron's asking after him; he will write to him this evening.
He possibly paints *The Church at Auvers* (F 789).

June 4: Writes to Dr. Peyron (the letter is lost). And he composes his first letter to his mother from Auvers. Recalling his last days in Saint-Rémy and his three-day stay in Paris with Theo and Jo, he goes on to tell her that he has written to Dr. Peyron "today." He speaks kindly of Dr. Gachet, whose care and hospitality he can repay in pictures. He very much hopes that Theo and Jo will spend a few days in Auvers during their coming vacation, before going to Holland.
He also writes to Wil, abandoning the draft he had written on May 20, but not destroying it. This is his first letter to Wil since leaving Saint-Rémy. He sends news of Theo, Jo, and the baby, and says how pleased he was to see Jo's brother, Andries Bonger, in Paris. He calls Dr. Gachet "a true friend… something like another brother, so much do we resemble each other physically and also mentally… I painted his portrait the other day, and I am also going to paint a portrait of his daughter, who is 19 years old [she is actually 20]."
He describes his two garden pictures (F 755, F 756) and "a larger picture of the village church [F 789] —an effect in which the building appears to be violet-hued against a sky of a simple deep blue colour of pure cobalt; the stained-glass windows appear as ultramarine blobs; the roof is violet and partly orange. In the foreground a little greenery with flowers and a sanded path, rendered pink in the sunshine. It is once again almost the same thing as the studies I did in Nuenen of the old tower and the cemetery [e.g., F 84], only now the colour is probably more expressive and more sumptuous."
He goes on to tell Wil how he worked "like a man in a frenzy" during his last two weeks in Saint-Rémy, "especially on bunches of flowers, roses [F 681, F 682] and violet irises [F 678, F 680]." His picture of almond blossoms, painted for his nephew (F 671), now hangs over the piano in Theo and Jo's apartment. He confesses his passion for the modern portrait, citing in detail the *Portrait of Dr. Gachet*, *L'Arlésienne*, and the *Self-Portrait*. And he repeats to Wil what he wrote to Isaäcson about the "superb" picture by Puvis de Chavannes at the *Salon du Champ-de-Mars*, which he sketches, inaccurately, from memory.
Dr. Gachet visits Theo at his Paris gallery and says he thinks Vincent is entirely recovered and sees no reason for a return of the attacks. He invites Theo and his family to visit him the following Sunday in Auvers.

June 5: Theo tells Vincent of Dr. Gachet's visit to his gallery, and says that he and Jo hope to come to Auvers next Sunday. However, this will depend on the health of the baby, who has been "upset" since the Whitsun visit to Saint-Cloud. He tells him too that Guillaumin "has placed at your disposal a magnificent picture of a sunset which he had at Tanguy's. It will show to great advantage in your studio." The Neo-impressionist painter Léo Gausson (1860-1944) would like to make an exchange of pictures. Aurier is "delighted with your picture of cypresses," and intends to accompany Theo to Auvers one Sunday.

June 6: Theo's letter of June 5 arrives.
Theo sends off Tasset's paints and Bargue's *Exercices au fusain*.

June 7: According to Paul Gachet *fils*, Van Gogh begins a second portrait of Dr. Gachet (F 754) on June 5 or 6, probably without the model, and finishes it, with the model, at Gachet's house on Saturday June 7.

June 8: Theo and Jo decide to accept Dr. Gachet's invitation to visit Auvers. They leave Paris by the 10.25 a.m. train and arrive at Chaponval, a small hamlet west of Auvers, at 11.26. Jo recalled the visit in 1913: "Vincent came to meet us at the train, and he brought a bird's nest as a plaything for his little nephew and namesake. He insisted upon carrying the baby himself and had no rest until he had shown him all the animals in the yard." Vincent himself reported to his mother soon after: "My little namesake made the acquaintance of the animal world for the first time, for at that house there are eight cats, eight dogs, besides chickens, rabbits, geese, pigeons, etc., in great numbers."
After lunch in Dr. Gachet's garden, they all take a long walk. Theo talks to Vincent about his Raffaëlli exhibition, especially his arrangement of the drawings on cretonne. Presumably, they go to Ravoux's inn, where Vincent shows him some of his recent paintings, perhaps *The Church at Auvers*, although there is no evidence that they actually go there. "The day was so peacefully quiet, so happy," recalled Jo in December 1913.
Theo and Jo return to Paris on the 5.58 p.m. train.

June 10: Writes to Theo and Jo: "Sunday has left me a very pleasant memory; in this way we feel that we are not so far from one another, and I hope that we shall often see each other again. Since Sunday I have done two studies of houses among the trees [probably F 759 and F 792]. "A whole colony of Americans has just established itself next door to the house where I am; they are painting, but I have not yet seen what they are doing." This prompts Vincent to raise again the question of renting a house. "Here [at Ravoux's] I pay 1 franc a day for sleeping, *so if I had my furniture*, the difference between 365 francs and 400 would be no great matter, I think, and then I should very much like you two to have a *pied-à-terre* in the country along with me. But I am beginning to think that I must consider the furniture lost." He has, however, just written to Mme. Ginoux for the third time about his furniture. Coincidentally, Mme. Ginoux herself writes to Van Gogh this same day.
About his health, he writes: "It is odd that here the nightmares have ceased to such an extent; I always told Mr. Peyron that returning to the North would free me from it, but it is also odd that under his direction, though he is very capable and certainly wished me well, it was somewhat aggravated."
He returns to the problem of his paintings that are stored in Tanguy's attic. He wants Tanguy "to set to work instantly, taking the nails out of all the canvases that are on stretchers," then to roll the canvases and pack the stretchers and send them to the railroad station at Pontoise, where he will arrange for the Auvers porter to collect them. He also adds that he saw at Theo's apartment "in a heap under the bed a lot I can touch up, I think, to advantage." He regrets not seeing Theo's Raffaëlli exhibition. One day he believes that he will find the means of organising his own exhibition in a Paris café—adding that he would not mind exhibiting with the poster artist Jules Chéret (1836-1932), three of whose posters Theo had exhibited in his gallery in April 1888. This is the only mention in the Auvers correspondence of his desire to exhibit his work.

June 11: Van Gogh probably works on a painting of vineyards (F 762), which Dr. Gachet admires.

June 12: He receives Mme. Ginoux's letter of June 10, telling him that his furniture will be sent off from Arles on Saturday, and replies immediately. He regrets that he was not able to say goodbye in Arles, but during the last months in Saint-Rémy, "I caught the other patients' disease more than curing my own. The society of the other patients had a bad influence on me." He explains that he therefore moved north, here "the doctor says that I ought to throw myself into my work with all my strength, and so distract my mind. This gentleman knows a good deal about painting, and he greatly likes mine; he strongly encourages me, and two or three times a week he comes to spend a few hours with me to see what I am doing." Articles have been written about his pictures—in Paris, Brussels, and Holland—"and this means that many people have been to see my pictures and that I have sold some on the best terms. And this is not the end of it. Besides, it is certain that since I stopped drinking I have done better work than before, and that is so much gained."
Day of rain showers. Works on a size 30 canvas (F 760), which he describes in a letter the following day to Wil: "Yesterday in the rain [*dans la pluie*, not *dans la place*], I painted a large landscape in which one sees fields as far as the eye can reach, viewed from a height. Different kinds of green growth, a sombre green field of potatoes, between the regular beds the earth rich and violet, a field of peas in white bloom to one side, a field of alfalfa with pink flowers and the small figure of a mower, a field of long and ripe grass of a fawn colour, then wheatfields, poplars, a last line of blue hills on the horizon, below which a train is passing, leaving behind it in the green vegetation an immense trail of white smoke. A white road crosses the canvas. On the road a little carriage, and some white houses with harsh red roofs by the side of this road. A drizzle streaks the whole with blue and grey lines."
The motif depicts a view taken quite

near Dr. Gachet's house, suggesting that he may have seen his friend during the day.

June 13: Writes to his mother, recalling Nuenen "as through a looking-glass darkly," and contrasting past and present, family and isolation, art and life. His work, even though it is little understood, is for him "the only link between the past and the present." He says there are a number of painters in the village, and mentions the family of Americans next door, as he had in his letter of June 10 to Theo and Jo: "I have not seen anything of their work yet—well, as a rule, it is far too much below par. Last Sunday Theo, his wife and their child were here, and we lunched at Dr. Gachet's... For me, it is a very reassuring feeling to be living so much nearer to them."
Having written to his mother, he adds a two-page letter to Wil: "I am working a good deal and quickly these days; in so doing, I seek to express the desperately swift passing away of things in modern life." He then describes three of his recently completed landscapes (F 762, F 804, F 760), returns to his portrait of Dr. Gachet, and speaks of his desire to paint portraits, including someday one of Wil herself.
Gauguin, still in Paris, writes to Theo about an arrangement he hopes to make with a certain Dr. Charlopin, an inventor who has exhibited at the Paris World's Fair. Dr. Charlopin has sold a patent, but may not receive any money for a month or two. For 38 of his paintings, of which 14 are at Theo's gallery, and five of his ceramic pots, Gauguin expects to be paid 5,000 francs. He will then go to Madagascar and "buy a small mud hut there and enlarge it myself, industrious sculptor that I am. I shall live like a barbarian peasant. Without worries about money, I shall be able to work there at my art as I have not yet ever been able to do." Gauguin tells Theo that he is leaving for Brittany the next day, and he encloses a letter for Van Gogh, the first contact between the two artists since Vincent's last weeks in Saint-Rémy.

June 14: Gauguin leaves Paris for Le Pouldu in Brittany, accompanied by Meyer de Haan.
Lauzet visits Theo to look at Vincent's pictures, and admires "the portrait of the woman that you did in Arles" (*L'Arlésienne*, F 543).
Vincent writes to Theo. He has heard from the Ginoux that his furniture is being sent. He encloses an order for some paints, and describes, briefly, his recently completed size 30 canvas—"some fields seen from a height, with a road and a little carriage on it" (F 760)—which he compares in style to one of his major paintings from Arles, *The Harvest* (F 412), "which is in your room where the piano is." At the moment he is working on "a field of poppies in alfalfa" (F 636). Dr. Gachet very much liked a vineyard study (F 762) "the last time he came to see me."

June 15: Probably lunches at Dr. Gachet's house. He is working on a study of wheat (F 767).
Theo writes his first letter to Vincent since visiting Auvers the previous Sunday. The letter does not address Vincent's suggestions that they rent a house together in Auvers and that Tanguy take the canvases off their stretchers. But Theo does write: "It will be much easier for you when your furniture has arrived, for then you might be able to get a comrade to stay with you too. There is a Dutchman who is going to call on you; he was recommended by de Bock [the artist Théophile Emile Achille de Bock, 1851-1904], who has advised him to go to Fontainebleau, but he doesn't like it. I don't know if he has any talent; he had nothing to show me." He tells Vincent of Lauzet's visit the day before, and of Gauguin's plans to go to Madagascar [which he refers to as Martinique], which depend on a payment to be made to an inventor [Dr. Charlopin] and then to Gauguin, and are therefore uncertain. "Staying with Schuffenecker doesn't do him any good; he is hardly doing any work, whereas Brittany inspires him. So it is right that he should go away." He encloses Gauguin's letter. Tasset's paints are being sent off. Jo sends her greetings; "she is a little indisposed, but I hope it is nothing serious."

June 16: The Dutch artist Antonius (Anton) Matthias Hirschig (1867-1939) arrives in Auvers and takes a room—the attic room adjacent to Van Gogh's—at Ravoux's inn.
Vincent receives Theo's letter of June 15 and the enclosed letter from Gauguin. Gauguin writes that Vincent's last letter from Saint-Rémy gave him the impression that the "return to the North" had meant a return to Holland, and he had been awaiting the new address. "I have seen the canvas of Mme. Ginoux [*L'Arlésienne*, F 543]. Very beautiful and very curious. I like it better than my drawing. Despite your illness, you have never worked with as much *equilibrium* while keeping the sensation and the internal heat necessary for a *work of art* just at a period when art is an affair regulated in advance by cold calculations." Gauguin recalls their conversations in Arles about founding a Studio of the Tropics. He is now on the point of executing this plan, if he receives "a small sum necessary to fund the establishment" (he does not mention Dr. Charlopin). He intends to go to Madagascar and live simply and self-sufficiently. "Those who later may wish to come there would find all the materials for working at very little cost. And the Studio of the Tropics will form perhaps the Saint John the Baptist of the painting of the future, reinvigorated there by a life more natural,

more primitive, and above all less rotten." For the moment, Gauguin is going to Brittany for two months with de Haan. And he hopes that Vincent will recover completely in Auvers.

Van Gogh drafts a reply immediately, and then composes his letter and sends it to Le Pouldu. Only the draft survives. In it he thanks Gauguin for having written, and assures him that since he returned north he has thought of him every day. "I stayed in Paris only three days, and the noise, etc., of Paris had such a bad effect on me that I thought it wise for my head's sake to fly to the country; but for that, I should soon have dropped in on you." He is delighted that Gauguin has seen and admired *L'Arlésienne*, and suggests that he "take this work as a work belonging to you and me as a summary of our months of work together."

"Have you seen the olives?" he asks Gauguin, referring to his series of olive orchards. He describes his portrait of Dr. Gachet, and at greater length, with a quick sketch done from memory, a picture of "a cypress with a star" (F 683). He plans to etch this and other landscapes as a suite of "memories of Provence." "Having arrived in Paris a little confused, I have not yet seen your canvases." He is glad that Gauguin is returning to Brittany with de Haan. "It is very likely that—if you will allow me—I shall go there to join you for a month, to do a marine or two, but especially to see you again and to make de Haan's acquaintance. Then we will try to do something purposeful and serious, such as our work would probably have become if we had been able to carry on down there."

He is at work on a close-up study of wheat (F 767), which he discusses at length and illustrates with two rapid thumb-nail sketches. He encloses a proof of his etching of Dr. Gachet (see cat. no. 85).

June 17: Vincent thanks Theo for his letter of June 15 and for the 50-franc note enclosed. He had delayed replying until he had received the package of paints and canvas from Tasset, which has just arrived. Discussing the merits of the tube colours of Tasset and Tanguy, he feels that if Tanguy is taking the trouble to send off the canvases stored in his attic, he should be given the next order for paints.

He is pleased to have met "the Dutchman [Hirschig] who came yesterday; he looks much too nice to paint under the present conditions." He thinks Hirschig might find it best to join Gauguin and de Haan in Brittany.

He hopes to do some etchings of "Southern subjects," printing them without cost on Dr. Gachet's press. Gauguin might also make etchings after some of his own canvases, and Theo might serve as publisher. Just as Boussod & Valadon are about to publish Lauzet's lithographs after Monticelli, so this joint Gauguin–Vincent–Gachet–Theo enterprise could be a sequel. "Mr. Gachet is coming to see my canvases in Paris one day and then we could choose some of them for engraving." He is glad that Gauguin and de Haan are working in Brittany again.

The future of painting is, he believes, in the tropics. Nevertheless, he thinks Gauguin's Madagascar project is almost impossible to put into practice, and he would rather see him go to Tonkin. However, "if [Gauguin] went to Madagascar… I should be capable of following him there, for you must go there in twos or threes. But we aren't that far yet." He is working on two studies, "one [F 763] a bunch of wild plants, thistles, ears of wheat, and sprays of different kinds of leaves—the one almost red, the other bright green, the third turning yellow. The second study [F 766] a white house among the trees, with a night sky and an orange light in the window and dark greenery and a note of sombre pink. That is all for the moment. I am planning to make a more important canvas of Daubigny's house and garden, of which I already have a little study [F 765]." Just as he may have enclosed a proof of his etching of Dr. Gachet to Gauguin on June 16, so he now encloses one to Theo.

June 18-21: No letters are exchanged, and Van Gogh provides no retrospective account of his activities during these days. Presumably, he sees more of Hirschig and of his work. But it can be inferred that he began, and completed, at least some of the following canvases: "a portrait of a girl of about 16, in blue against a blue background [F 768], the daughter of the people with whom I am staying. I have given her this portrait, but I did a variant of it for you, a size 15 canvas [F 769]." More important, he launches his series of double-square canvases with three paintings (F 775, F 773, F 770).

June 22: Receives a letter from Dr. Peyron (now lost; probably of June 20), presumably telling him that the canvases left to dry in Saint-Rémy have been dispatched. It seems likely that they arrive in Auvers this day: two still lifes of irises (F 678, F 680), two of roses (F 681, F 682), a wheatfield (possibly F 718), a canvas with mountains, and a cypress with a star (F 683). He replies to Dr. Peyron (the letter is lost), suggesting that "about 10 francs for the servants [for packing and sending the canvases] would be enough." He is invited to lunch at Dr. Gachet's to celebrate his daughter Marguerite's 21st and his son Paul's 17th birthday (both of which actually fell on June 21). Dr. Gachet agrees to visit Ravoux's inn on Tuesday to look at the canvases that have recently arrived from Saint-Rémy. It seems possible,

too, that at this birthday luncheon Van Gogh comes closer to arranging for Marguerite Gachet to sit for her portrait.
Theo visits the Old Salon, accompanied by Eugène Boch. He finds it "deplorably wretched; there is hardly anything there which is not profoundly boring." The only pictures Theo praises are flower still lifes by Quost and by Georges Jeannin (1841-1925). Boch then joins Theo and Jo for lunch at their apartment, after which they look at Vincent's pictures. As part of the exchange proposed by Vincent, Boch chooses *Mountains at Saint-Rémy* (F 622). Theo then visits Boch's studio and selects a picture of the mining district of the Borinage.

June 23: Theo writes to Vincent, telling him of his visit to the Old Salon with Boch, and of the exchange of pictures. He commends Vincent's etching of Dr. Gachet, adding that Boch liked it too. The Raffaëlli show has closed; "now everybody is going to the country… Last week Jo had to stay in bed… but fortunately that is over now. The little one is well."

June 24: Vincent receives Theo's letter, with 50 francs enclosed, and replies immediately, his first news to his brother in a week. He is pleased about the exchange with Boch and hopes Jo is better—"Certainly you must come here as soon as possible; nature is very, very beautiful here and I am longing to see you again." He encloses Dr. Peyron's letter of about June 20, confirms that the Saint-Rémy canvases have arrived, and reports on the past week's work. He is dismissive of Hirschig's work: "studies… a little grey, a little green, with a red roof and a whitish road. What is one to say in a case like this?" He is hoping to do Marguerite Gachet's portrait this week and may get a country girl to pose as well. He would like to spend several days in Paris a little later on, "just to go and look up Quost and Jeannin, and one or two others. I should very much like you to have a Quost, and there might probably be some way of exchanging one." Gachet is coming today to see the recently arrived paintings from Saint-Rémy.

June 25 or 26: Begins work on the portrait *Marguerite Gachet at the Piano* (F 772).

June 26 or 27: Reports to Theo: "Yesterday and the day before I painted Mlle. Gachet's portrait… It is a figure that I enjoyed painting—but it is difficult." He sends Theo an order for paints, and possibly begins *Peasant Woman with Straw Hat Sitting in the Wheat* (F 774).

June 27: Gauguin replies to Van Gogh's letter of June 16, thanking him for his etching of Dr. Gachet. His reply is late because de Haan and he have spent five days in Pont-Aven and have only just returned to Le Pouldu. "Your letter does not say much. Whether you have seen my studies in Paris at Goupil's, and what you think of them. Whether my projected journey to Madagascar seems to you unreasonable. I dream of it every day, to the point that I am hardly working at present, wishing to rest a little, to gather new strength for down there. And you, you are insatiable: I see that you haven't wasted your time in Auvers. It is good, however, to rest oneself sometimes, in spirit and body. Your idea of coming to Le Pouldu in Brittany seems excellent to me if it were realisable. For de Haan and I are in a small hole far from the town, without any means of communication other than a hired carriage. And for a sick person who sometimes needs a doctor that is dangerous. At Pont-Aven it is another matter; there is a doctor and people. Besides, if I manage to arrange my project for going to Madagascar, I shall not be here at the beginning of September, nor will de Haan, who is going to return to Holland. There in all frankness is the situation: and yet God knows with what pleasure I should have liked to see friend Vincent near to us. I do not know Dr. Gachet, but I have often heard Father Pissarro talk of him. And it must be pleasant for you to have near you someone who sympathises with your work and your ideas. Alas, I myself feel condemned to be less and less understood, and I must be prepared to follow my path *alone*, to drag out an existence without family, like an outcast."

June 28: Van Gogh possibly works on a second and even a third picture of a young peasant woman (F 518, F 788).

June 29: He receives Gauguin's letter, which he describes to Theo and Jo as "rather melancholy… He talks vaguely of definitely having decided on Madagascar, but so vaguely that you can see that he is only thinking of this because he really does not know what else to think of. And carrying out the plan seems almost absurd to me."
He probably answers Gauguin by return, lunches at Gachet's, and possibly completes his trio of portraits of the young peasant woman (F 774, F 788, and F 518).

June 30: In the evening Theo writes a long, rather disturbing letter to Vincent, while Jo and the baby are sleeping. He begins, "We have gone through a period of the greatest anxiety; our dear little boy has been very ill, but fortunately the doctor, who was uneasy himself, told Jo, 'You are not going to lose the child because of this.'" This was probably caused by an infection from cow's milk: now the baby is being given ass's milk. All this has been very wearing on Jo, who has spent much of the previous week in bed.

And there are other problems: "Ought we to take another apartment you know, on the first floor of the same house? Ought we to go to Auvers, to Holland, or not? Ought I to live without a thought for the morrow, and when I work all day long not earn enough to protect that good Jo from worries over money matters, as those rats Boussod and Valadon are treating me as though I had just entered their business, and are keeping me on a short allowance?… Oughtn't I to tell them at last, 'Gentlemen, I am going to take the plunge, and establish myself as a private dealer in my own house'?"

But Vincent must not worry: "What gives me the greatest pleasure is the knowledge that you are in good health and that you are busy with your work, which is admirable."

Theo then recalls the changing of the seasons and the days of their youth in Holland. These memories, however, are not enough. Theo is sustained now by a wife; he hopes that Vincent too will have a wife someday.

"Your portrait of Mlle. Gachet must be admirable, and I shall be happy to see it with those spots of orange in the background. The sketch of the landscape makes me think of something exquisite. I am anxious to see it…

"As soon as Jo is a little stronger and the little one entirely recovered, you must come and stay with us for a day or two, at least on a Sunday and some days after." They will then go and see Quost's painting.

Theo has sold a Corot to the Dutch artist and collector Hendrik Willem Mesdag (1831-1915) that Messrs. Boussod and Valadon had said could not be sold.

The paints are being sent off.

July 1: Theo adds a small postscript to his letter of the previous evening: "This morning I have woken up with the same ideas. I have firmly decided that, to start with, I am going to rent the apartment in question as I go out. The baby has slept well, he is better this morning—adieu."

Dr. Peyron writes to Van Gogh (unpublished letter in the Van Gogh Museum, Amsterdam), replying to his letter of June 22.

July 2: Answers Theo's letter as soon as it arrives, addressing it to Theo and Jo: "I have just received the letter in which you say that the child is ill; I should greatly like to come and see you, and what holds me back is the thought that I should be even more powerless than you in the present state of anxiety." But his anxiety about the baby only reinforces his plea that a month in the country would be the best cure for all of them. "It is a great pity that Mr. Gachet's house is so encumbered with all sorts of things," but Jo could perhaps stay at the inn just across the way at the bottom of the hill.

He reports on three completed works (F 774, F 775, F 773), though two of these were finished more than ten days earlier. He tells Theo he has received Gauguin's letter; thanks him for the package of paints, the 50-franc note, and the article on the *Indépendants*; and alerts him that an Australian artist, E. Walpole Brooke, may come to see the canvases at Theo's apartment. "He will probably show you some of his studies, which are still rather smeary, but all the same he does observe nature. He has been here in Auvers for some months, and we've sometimes gone out together. He was brought up in Japan; you would not know it to look at his paintings—but that may come."

July 3-5: No evidence of Van Gogh's activities, or of what he is working on.

July 5: Theo writes three letters. To Gauguin (the letter is lost) he encloses payment for the sale of two paintings. To Pissarro he talks of the impossibility of being able to visit him at Eragny-sur-Epte on July 14 with Jo and the baby because of the baby's illness. Instead, on that day, he and Mr. Valadon will visit Monet at Giverny, and he hopes that afterward "my brother-in-law [Andries Bonger], myself, and perhaps my brother Vincent might come to spend the day at your house. We could sleep anywhere, don't worry. That will give me the pleasure of seeing 'le grand peintre' at home and in his own surroundings."

To Vincent he writes that the baby is much better, thanks to the ass's milk; that he will go to Monet's with Valadon on July 14; and that Vincent should not delay coming to see them. "Please come Sunday by the first train; in the morning you will meet Walpole Brooke, who has just seen your pictures at Tanguy's, and after that we are going to look at a Japanese Buddha at a curio dealer's, and then we are going to lunch at home in order to see your studies. You will stay with us as long as you like, and you are going to advise us with regard to the arrangement of our new apartment…

"I have been quite lucky in business, although my sales of pictures don't amount to 800,000,000 francs, but among other things I have sold two Gauguins, for which I sent him the money. Pissarro wrote to tell me that he could not pay his rent; I shall send him a little advance on the business we are going to do…

"We count on seeing you Sunday."

July 6: Van Gogh catches an early train to Paris to spend the day with Theo and Jo. The precise course of events is difficult to reconstruct. What is certain is that the atmosphere is strained and uneasy. The day was recalled by Jo in December 1913: "Early in July, Vincent visited us once more in Paris. We were exhausted by a serious illness of the baby; Theo was again considering the old plan of leaving Goupil and setting up in business for himself; Vincent was not satisfied with the place where the pictures were kept, and our removal to a larger apartment was talked of—so those were days of much worry and anxiety. Many friends came to see Vincent—among others Aurier, who had recently written his famous article about Vincent and now came again to look at the pictures with the painter himself. Toulouse-Lautrec stayed for lunch and made many jokes with Vincent about an undertaker's man they had met on the stairs. Guillaumin was also expected, but it became too much for Vincent, so he did not wait for this visit but hurried back to Auvers—overtired and excited, as his last letters and pictures show."

July c.7: His furniture arrives from Arles, and he has to pay for its transportation. He writes a brief letter to Theo and Jo, but he may not have sent it. (Its condition suggests that it was carried around folded in his pocket.)
Gauguin writes to Theo, enclosing the signed receipt for the sale of his two paintings. Bernard may go with him to Madagascar. He has heard nothing from Dr. Charlopin; is hardly working, but saving his strength for the future in Madagascar; and has received "two letters from Vincent, calm enough, which have given me pleasure."
Theo has an interview with Messrs. Boussod and Valadon about his future with the firm.

July 8: Mother and Wil write a letter to Vincent.

July 9: Jo writes to Vincent (the letter is lost).

July c.10: Vincent receives letters from Jo and from his mother and Wil. He replies immediately to Theo and Jo: "Jo's letter was really like a gospel to me, a deliverance from the agony which has been caused by the hours I had shared with you which were a bit too difficult and trying for us all. It was no slight thing when we all felt our daily bread was in danger, no slight thing when for reasons other than that we felt that our means of subsistence were fragile. Back here, I still felt very sad and continued to feel the storm which threatens you weighing on me too. What was to be done—you see, I generally try to be fairly cheerful, but my life is also threatened at the very root, and my steps are also wavering. I feared—not altogether but yet a little—that being a burden to you, you felt me to be rather a thing to be dreaded, but Jo's letter proves to me clearly that you understand that for my part I am as much in toil and trouble as you are."
Nonetheless, since his return he has painted three large canvases—two of them "vast fields of wheat under troubled skies" (F 778, F 779), the third "Daubigny's garden [F 777], a picture I have been thinking about since I came here." He hopes their imminent journey to Holland will give them a little distraction. He regrets not having seen Guillaumin on Sunday: "If I had waited, I should probably have stayed talking with him so long that I would have missed my train"; and he recalls "with emotion" seeing Toulouse-Lautrec's "amazing" portrait of a musician.

July c.11: Vincent replies to his mother and Wil in a letter on which his mother was later to write, "Very last letter from Auvers." He tells them he is feeling "much calmer than last year, and really the restlessness in my head has greatly quieted down. In fact, I have always believed that seeing the surroundings of the old days would have this effect."
He is "quite absorbed in the immense plain with wheatfields against the hills, boundless as a sea, delicate yellow, delicate soft green, the delicate violet of a dug-up and weeded piece of soil, chequered at regular intervals with the green of flowering potato plants, everything under a sky of delicate blue, white, pink, violet tones. I am in a mood of almost too much calmness, in the mood to paint this."
He hopes they will spend "very happy days with Theo and Jo, and… will see, as I did, how well they take care of the little child."

July 13: Van Gogh observes the preparations for Bastille Day in the Place de la Mairie.
Early in the morning, before the festivities of Bastille Day begin, he paints *The Town Hall of Auvers on Bastille Day* (F 790). (There is no other documentation of the paintings he produced from July 9 to about July 18.)
Theo writes a reassuring letter, reinforcing what Jo had written in her letter of July 9: "We are very glad to learn that you are feeling less dispirited on account of the unsettled business questions than when you were here. The danger is really not as serious as you thought."
Theo does not visit Monet as planned, since he writes that he and Jo are completing their packing for their visit to Holland. They leave tomorrow for Leiden to stay with Mother and Wil. Theo will then go to The Hague on Wednesday July 16 to talk with Mesdag about a painting by Corot, then to Antwerp with a picture by Diaz, returning to Paris, he hopes, by Monday July 21. He still has no news of Boussod's decision a week after their meeting. He encloses 50 francs.

July 15: Receives Theo's letter. His brother's decision to go to Holland and not to spend even a few days with him in Auvers must have greatly upset him. He probably writes an angry letter (now lost), addressing it to Leiden.
Theo and his family leave Paris for Leiden.

July 16: Theo visits Mesdag in The Hague.

July 19: Theo returns to Paris alone, leaving Jo and the baby to visit her parents in Amsterdam.

July 20: Theo writes to Jo in Amsterdam: "I hope [Vincent] is not getting melancholy or that a new attack is threatening again; everything has gone so well lately."
Theo spends some time with Andries Bonger and his wife, Annie, and has dinner with Dr. Franken.

July 21: Theo meets his employers Boussod and Valadon, and evidently they patch up their differences.

July 22: Theo writes to Wil, telling her of the events since his return to Paris. The reassuring news to his family is that he will not be leaving Boussod & Valadon.
Theo also writes to Vincent, answering the letter sent to Leiden, which Jo, presumably, had sent on to Paris. (Both letters are apparently lost.)

July 23: Vincent receives Theo's letter, with 50 francs enclosed. He begins to draft a reply immediately, but abandons it, possibly thinking the tone too harsh. He then writes a second letter, based on the draft, but in a gentler, more conciliatory vein. He decides to keep the draft and post the finished letter. With this last letter to his brother, he encloses sketches of four paintings, as if to affirm, in no uncertain terms, that he is continuing to work. He asks that paints be sent to Hirschig as well as to himself.

July 24-26: Nothing is known of Vincent's activities during these days. On Friday July 25, Theo writes to Jo in Holland, "I have a letter from Vincent which seems quite incomprehensible; when will there come a happy time for him? He is so thoroughly good." (Evidently Theo does not reply to Vincent himself, and he may not have sent the requested paints.)

July 27: The only contemporary testimonies to the events of this day are those of Dr. Gachet (letter to Theo), Theo (letters to Jo), and Emile Bernard (letter to Aurier of August 1, 1890). Later testimonies by eyewitnesses—Anton Hirschig (1912 and 1934), Paul Gachet *fils* (1950s), and Adeline Ravoux (1950s)—frequently contradict each other, omit vital information, and are at variance with the more reliable evidence of Theo and Bernard.
Bernard gathered the information from Ravoux: "On Sunday evening [Van Gogh] went into the Auvers countryside, placed his easel against a haystack and went behind the chateau to shoot himself with a revolver. From the violence of the impact (the bullet had passed below the heart) he fell, but got up—three times in succession—to return to the inn where he lived (Ravoux, Place de la Mairie) without saying anything to anyone of his injury."
"Vincent climbs to his attic room," where he is eventually discovered by Ravoux. Dr. Mazery, the local practitioner, and Dr. Gachet are summoned, and together they decide that the bullet should not be removed.
Dr. Gachet writes to Theo: "With the greatest regret I must disturb your repose. Yet I think it my duty to write to you immediately. At nine o'clock in the evening of today, Sunday, I was sent for by your brother, Vincent, who wanted to see me at once. I went there and found him very ill. He has wounded himself… as I did not know your address and he refused to give it to me, this note will reach you through Goupil."
Ravoux, or Ravoux and Hirschig, or Gachet *fils* (depending on which of the later accounts is to be believed) watch by Van Gogh's bedside throughout the night.
Hirschig leaves for Paris on an early train, taking Dr. Gachet's letter to Theo at Boussod & Valadon.
Police visit Ravoux's inn to interview Van Gogh. (A police report—if in fact one was made—has yet to come to light.)
Theo arrives in Auvers, probably by midday. He writes later in the day to Jo (who is still in Amsterdam): "This morning a Dutch painter [Hirschig] who also lives in Auvers brought me a letter from Dr. Gachet that contained bad news about Vincent and asked me to come. Leaving everything, I went and found him somewhat better than I expected. I will not write the particulars, they are too sad, but you must know, dearest, that his life may be in danger… He was glad that I came, and we are together all the time… poor fellow, very little happiness fell to his share, and no illusions are left him. The burden grows too heavy at times; he feels so alone. He often asks after you and the baby, and said that you could not imagine there was so much sorrow in life. Oh! if we could only give him some new courage to live. Don't get too anxious; his condition has been just as hopeless before, but his strong constitution deceived the doctors."

July 29: Van Gogh dies at 1.30 a.m. Theo describes the end: "One of his last words was, 'I wish I could pass away like this,' and his wish was fulfilled. A few moments and all was over. He had found the rest he could not find on earth."
Dr. Gachet makes a drawing of Vincent on his deathbed. At 10.00 a.m. his death is registered at the Town Hall, witnessed by the mayor of Auvers, A. Caffin, and Ravoux and Theo. The coffin is prepared by the carpenter Levert (whose two-year-old son was earlier painted by Van Gogh; F 785).
Theo has funeral invitations printed quickly at Pontoise, announcing the

event for 2.30 p.m. the following day, with a service at the church of Auvers.
Later in the day Tessier, the priest of the Catholic church of Auvers, refuses to use the parish hearse because Van Gogh had committed suicide. The more progressive township of Méry, across the River Oise, agrees to provide one. The church service is cancelled.

July 30: Friends begin to arrive at Auvers in the morning—Andries Bonger, Tanguy, Lauzet, Lucien Pissarro (but not his father, Camille). Bernard arrives about 10.00 p.m., accompanied by the painter Charles Laval (1862–94). Bernard describes the scene at Ravoux's inn in his letter to Aurier of August 1: "The coffin was already closed. I arrived too late to see him again… On the walls of the room where his body lay all his last canvases were nailed, forming something like a halo around him and rendering—through the brilliance of the genius that shone from them—this death even more painful for us artists. On the coffin a simple white drapery, then masses of flowers, sunflowers which he loved so much, yellow dahlias, yellow flowers everywhere. [According to Theo, 'Dr. Gachet was the first to bring a large bunch of sunflowers, because Vincent was so fond of them.'] That was his favorite colour, if you remember, symbol of the light of which he dreamt in hearts as well as in paintings. Near him also his easel, his folding-stool, and his brushes were placed on the floor in front of his coffin… At three o'clock the body was raised; his friends carried it to the hearse. Several people present wept—Theodorus van Gogh, who adored his brother, who had always supported him in his struggle for art and independence, not ceasing to sob pitifully. Outside, the sun was terribly hot. We climbed the hill of Auvers talking of him, of the bold forward thrust he gave to art, of the great projects that always preoccupied him, of the good he has done to each of us. We arrived at the cemetery, a small new cemetery dotted with new tombstones. It is on the height dominating the harvest fields under the wide blue sky that he would have loved still—perhaps. Then he was lowered into the grave. Who would not have cried at that moment… the day was so much made for him that one could imagine he was still alive. Dr. Gachet (who is a great art lover and possesses one of the best Impressionist collections of today, an artist himself) wanted to say a few words to epitomise Vincent's life, but he too wept so much that he could only stammer a very confused farewell… (the most beautiful). He retraced briefly Vincent's efforts, indicated their sublime goal, spoke of the immense sympathy that he had for him (whom he knew for only a short time). 'He was', said Gachet, 'an honest man and a great artist; he had only two aims: humanity and art. It was art that he cherished above everything, which will make his name live.' Then we returned. Theodorus van Gogh was broken with grief; each one of us was very moved; some withdrew to the country, others went back to the station. Laval and I returned to Ravoux's, and we talked of him."

August 1: Theo writes to his mother: "One cannot write how grieved one is nor find any solace. It is a grief that will last and which I certainly shall never forget as long as I live; the only thing one might say is that he himself has found the rest he so much longed for. … Dr. Gachet and the other doctor were excellent and have looked after him well, but they realised from the very first moment that there was nothing one could do. Vincent said: 'I would like to go like this,' and half an hour later he had his wish. Life was such a burden to him; but now, as often happens, everybody is full of praise for his talents… Oh, Mother! He was so my own, own brother."

Introduction

Dédicace

Für G.R.P.

«Ma femme a été mon soutien, mon censeur, mon critique; ma muse si présente. C'est à elle que je souhaite dédier ce catalogue: für G.R.P.»
«Für G.R.P., d'immenses bouquets de tournesols, symbole de gratitude chez Vincent.»

Ces dédicaces s'expliquent d'elles-mêmes: je les ai rédigées pour les deux catalogues des expositions Van Gogh que nous avons organisées pour le Metropolitan Museum de New York, en 1984 (Arles) et en 1986 (Saint-Rémy et Auvers). Mon nom seul apparaît en tant qu'auteur mais, en réalité, on aurait dû y adjoindre celui de mon épouse, Georgina Rosamond, qu'on appelait aussi Gina. Son concours et son inspiration ont été une aide incalculable pour la réalisation de ces deux catalogues. Mais on me demande souvent: pourquoi l'allemand? Pourquoi «Für G.R.P.»?
La réponse se trouve à Auvers-sur-Oise, dans le cimetière où reposent, côte à côte, Vincent et Théo van Gogh. Souvent, en rendant visite aux tombes, nous avions remarqué toutes sortes d'offrandes laissées par les visiteurs: fleurs (en particulier des tournesols), petits billets, bouteilles de saké… Mais lors d'une de ces visites, nous avons été frappés par la présence d'un petit bouquet de fleurs sauvages, noué et posé avec simplicité sur la tombe de Vincent, avec la dédicace «Für Vincent». Touchés par la qualité directe, sans fioriture, délicate et généreuse de ce geste, Gina et moi le renouvelions souvent. C'était devenu pour nous une sorte de talisman étrange et c'est resté notre symbole privé. Il m'a été facile de transposer l'esprit de ce message du contexte de la tombe de Vincent à celui de nos catalogues communs. Ainsi s'explique la mention en allemand: «Pour Gina». Je l'emploie à nouveau ici, avec tristesse, mais à juste titre. La présence stimulante de Gina demeure, en dépit même de son absence physique. Nous avons partagé Van Gogh pendant plus de quarante ans. Notre engagement reste indivisible: für G.R.P. (1932-1997).

Toute exposition est une anthologie, une série de choix débutant par une liste idéale qui subit ensuite des amendements et des soustractions dictés par l'indisponibilité de certaines œuvres: propriétaires peu désireux de les prêter, toiles trop fragiles pour voyager ou déjà retenues pour un autre événement. Cette exposition Van Gogh n'échappe pas à la règle. En revanche, refus et déceptions ont été compensés par l'insertion d'œuvres rarement vues au cours des dernières décennies, d'autres qui n'ont jamais figuré auparavant dans une exposition Van Gogh, et d'autres encore qui constituent des rapprochements intéressants ou, plus encore, de fascinants ensembles.
Tous ces cas de figure trouvent leur illustration parmi les 90 œuvres de l'exposition de Martigny.
Au nombre de celles qui n'ont jamais figuré dans une exposition Van Gogh se trouvent une tête de paysanne de Nuenen (cat. n° 15) et un dessin hollandais des débuts, en provenance de Liège (cat. n° 11).
N'ont pas été montrés depuis des dizaines d'années: les deux natures mortes si différentes peintes à Nuenen à l'automne 1885 (cat. n°s 21 et 22), les *Canots amarrés* sur la Seine (cat. n° 30), les *Abricotiers en fleur* d'Arles (cat. n° 45) et les *Oliviers* près de Saint-Rémy (cat. n° 78).
L'exposition offre des juxtapositions saisissantes. Par exemple, les natures mortes déjà citées (cat. n°s 21 et 22). C'est également le cas pour la toile des débuts en Arles, familière aux visiteurs du Musée Rodin, qui peut être vue pour la première fois à côté de son «pendant» (cat. n°s 41 et 42). De même, le dessin préparatoire et la toile correspondante du motif *Prairie avec sentier et saules* (cat. n°s 43 et 44) se trouvent réunis pour la première fois. On n'avait jamais vu ensemble les deux gouaches du jardin de l'asile, à Saint-Rémy (cat. n°s 76 et 77), ni les deux portraits des enfants Roulin (cat. n°s 71 et 72). Et c'est la première fois aussi que l'on peut observer les différences dans le style et la topographie de deux paysages de printemps en Arles, l'un de mai 1888, l'autre d'avril 1889 (cat. n°s 52 et 74).
Mais une donnée fondamentale de l'exposition est la réunion, à Martigny, de groupes ou de petites séries d'œuvres. Pour la période d'Arles, par exemple, une toile

Derrière le moulin de la Galette
vers juillet 1887
Huile sur toile
81 × 100 cm
Van Gogh Museum
Amsterdam
(Vincent van Gogh Foundation)

peinte dans le jardin public de la place Lamartine retrouve trois dessins correspondants (cat. n°s 64 à 67). Pour Arles toujours, une série de trois dessins et deux toiles explore les rencontres de Van Gogh avec le Rhône (cat. n°s 49, 51, 59, 69, 70). Et pour les années parisiennes, nous avons réuni une quantité remarquable de peintures, ainsi qu'un dessin, illustrant l'exploration par Vincent des motifs de la Seine à Asnières (cat. n°s 28 à 39) que nous examinons plus en détail dans cette introduction.

Notre vision de Montmartre a été conditionnée par son image ternie de lieu de plaisirs, ses repaires mal famés, ses dancings et ses cabarets. Les historiens de la Belle Epoque perpétuent cette image, tout comme les biographes de Toulouse-Lautrec, Picasso, Utrillo et Modigliani. Mais il existe une autre vision de Montmartre.
En 1886, l'année même où Van Gogh et son frère Théo prennent un appartement 54, rue Lepic, naît une association qui marque un intérêt croissant pour le passé, la connaissance et la protection de Montmartre. Il s'agit de la Société d'histoire et d'archéologie du XVIIIe arrondissement, «Le Vieux Montmartre». Elle s'intéresse aux «Pierres de Montmartre»: ses monuments, ses bâtiments, ses rues.
Pendant les quatre années qui suivent, de 1886 à 1890, Le Vieux Montmartre recourt à son propre photographe qui laisse derrière lui un patrimoine pictural très vivant de la Butte. Mais, depuis, on a perdu trace de son identité et son œuvre a été oubliée. Trois de ses photographies ont été publiées dans le catalogue *Van Gogh à Paris* (Musée d'Orsay, 1988). Mais elles y figurent comme clichés anonymes.
De fait, chacune porte les initiales «HD.» et, sous l'image, une légende qui débute toujours par «Le Vieux Montmartre» suivi d'un titre, d'un numéro et d'une date, souvent un jour bien déterminé. Une précision aussi méticuleuse définit le contexte historique de ces instantanés. Leur numérotation continue laisse penser qu'ils devaient à terme être réunis dans un album. Mais

Photographie d'Henri Daudet. Musée de Montmartre

aucune trace d'un tel ouvrage, ni à la Bibliothèque nationale, ni au Musée de Montmartre. Le travail de reconstitution d'un tel album reste à faire. La série semble s'achever le 1er juin 1890 avec le n° 75.
Qui était «HD.»? La société Le Vieux Montmartre publiait un bulletin mensuel. Dans le n° 5 figure un article sur la première promenade qui a eu lieu le 19 juin 1887. Curieusement, Félix Jahyer, le président, ne mentionne pas le photographe qui accompagne les promeneurs. Seule une note de bas de page (p. 11), citant la «maison de fous du docteur Blanche» de la rue Norvins, révèle son identité: «Deux photographies par M. H. Daudet, en vente à la Société.» Et on en apprend plus avec le rapport annuel de 1889-1890: «Un artiste de valeur, notre confrère, M. Henri Daudet, dont les tableaux au Salon sont, chaque année, de plus en plus remarqués et qui met tous ses soins, vous le savez, à nous assurer la reproduction photographique des vues de l'arrondissement, a fort habilement dessiné le menu dont le sujet bien montmartrois a remporté tous les suffrages.»
Henri Daudet (1847-1926) est né à Paris, fils d'Emile Daudet (1820-1893), commissaire de police de la Ville de Paris qui s'est retiré à Asnières dans les années 1870. Le fils suit les traces de son père: en 1893, on le décrit comme «sous-chef de bureau à la Préfecture de Police, Officier d'Académie». Il est donc peintre et photographe à ses heures de loisirs. Mais il sépare nettement ses trois activités. Pour ce qui est du peintre, ses compositions exposées au Salon entre 1886 et 1896 concernent exclusivement les Côtes-du-Nord au voisinage de Saint-Malo. Il n'a pas laissé de toiles représentant Asnières ou Montmartre. Comme photographe, à moins qu'on ne découvre de nouvelles œuvres, il demeure exclusivement celui du «Vieux Montmartre».
Cette digression au sujet d'Henri Daudet (qui, incidemment, n'est pas parent d'Alphonse Daudet, un des écrivains favoris de Van Gogh) se justifie. Deux des clichés de Daudet montrent d'étroits parallèles avec deux toiles de Van Gogh. Les deux peintures datent de juillet 1887. La première, aujourd'hui au Musée Stedelijk d'Amsterdam, figure dans l'exposition de Martigny (cat. n° 25). Et en illustration, à son côté, se trouve une photographie prise par Daudet, légendée à la main: *Le Vieux Montmartre – Le moulin Debray vu de la rue Caulaincourt, Instantané, 19 Juin 1887, n° 40.* Cette date a un sens pour la société Le Vieux Montmartre. Ce jour-là a lieu sa première promenade: les enfants des écoles du XVIIIe arrondissement accompagnent les membres de la société au cours d'une exploration urbaine et historique de Montmartre. C'est pourquoi parmi les personnages du cliché de Daudet figurent certains de ces écoliers, aux côtés des sociétaires. Par comparaison avec la toile de Van Gogh, le cliché montre un point de vue légèrement différent et une partie plus restreinte de la Butte. Néanmoins, chacune de ces photographies est un document de grande valeur historique. En un laps de temps très court, cette partie de la Butte, des espaces ouverts émaillés de bâtiments dispersés, s'est transformée pour devenir le maquis, un entassement oppressant de constructions disparates. Deux photographies de 1893 et de 1900 (voir p. 124), ni l'une ni l'autre de Daudet, illustrent la rapidité de cette métamorphose. En 1904, on commence la démolition du maquis pour ouvrir de nouvelles rues, notamment l'avenue Junot, et construire des immeubles. Non seulement la vue montrée par Daudet et Van Gogh a aujourd'hui entièrement disparu, mais le point de vue qu'ils avaient pris de la rue Caulaincourt a été caché.
Un deuxième rapprochement peut être fait, avec des variations de point de vue et de composition (voir toile p. 122 et photographie ci-dessus). Dans les deux images, on aperçoit sur la droite la ferme Debray, que Van Gogh a peinte séparément (F 810).
On n'a aucune preuve que Van Gogh et Daudet se sont rencontrés. Pour des raisons différentes, chacun cherchait à fixer ces vues de Montmartre. Leurs œuvres sont de précieux documents sur la période qui a précédé le bouleversement du Montmartre rural.
On n'a, jusqu'ici, pas retrouvé dans l'œuvre de Daudet de cliché isolé du moulin Debray, appelé aussi moulin de la Galette. Mais deux vues de la rue Lepic (voir Biographie p. 18), une de la rue montant vers le moulin et une de la rue qui descend vers lui, complètent l'iconographie du moulin Debray. Van Gogh a peint au moins six fois ce moulin: une des toiles, celle de Buenos Aires,

Photographie d'Henri Daudet.
Bibliothèque nationale, Paris

Photographie prise de la rue Caulaincourt, 1893.
Musée de Montmartre

Photographie prise de la rue Caulaincourt, vers 1900.
Musée de Montmartre

Photographie prise en 1880 par Mireux.
Musée de Montmartre

Tableau exposé au Salon de 1887

figure dans l'exposition (cat. n° 24). Pour en terminer avec cet exposé sur Montmartre, qui se veut sobre et «différent», on observera pour comparaison une photographie prise en 1880 par Mireux et une peinture de Quinsac, *Au Moulin de la Galette*, exposée en 1887 au Salon.

Les deux grandes peintures de la Butte par Van Gogh n'ont pas été conçues initialement comme des toiles de salon. Vincent en parle à Théo comme de possibles décorations pour sa future maison de campagne. Mais quand, au printemps 1888, Théo soulève la question d'envoyer des toiles au quatrième Salon des Indépendants, Vincent propose ces deux tableaux: «Pour l'exposition des Indépendants fais comme bon te semblera. Qu'en dirais-tu d'y exposer les deux grands paysages de la butte Montmartre? Pour moi cela m'est plus ou moins égal, je compte plutôt un peu sur le travail de cette année» (LT 466, vers le 3 mars 1888).

Une semaine plus tard, il est heureux d'accepter la suggestion de Théo d'exposer un troisième tableau: «Je trouve très bien que tu mettes les livres aussi aux Indépendants, faudra donner comme titre de cette étude: ‹Romans parisiens›» (LT 468, 10 mars 1888). Et Vincent ajoute, environ quatre jours plus tard: «En somme, je suis bien content que les tableaux soient aux Indépendants» (LT 469, vers le 14 mars 1888).
Les trois toiles figurent dans le catalogue sous les intitulés:

658 – Romans parisiens (F 359)
659 – La Butte Montmartre (voir cat. n° 25)
660 – Derrière le moulin de la Galette (F 316)

C'est la première exposition publique de Van Gogh à Paris. Pendant son séjour parisien, il a exposé des peintures dans la vitrine de Tanguy, au Café du Tambourin et au Restaurant du Chalet. Mais aucune de ces

présentations n'a amené les critiques à écrire à son sujet. On doit la première étude critique des œuvres de Van Gogh à Gustave Kahn, dans *La Revue indépendante* d'avril 1888. Kahn écrit: «M. Van Gogh brosse vigoureusement, sans un grand souci de la valeur et de l'exactitude de ses tons, de grands paysages. Vers une tapisserie s'oriente une multitude polychrome de livres; ce motif bon pour une étude, ne peut être un prétexte à un tableau.»
Théo doit lui avoir envoyé l'article car, le 9 avril, Van Gogh répond: «Je crois que ce que dit Kahn, est très vrai, que je n'ai pas suffisamment tenu compte des valeurs, mais ce sera encore bien autre chose qu'ils diront plus tard, pas moins vrai. C'est pas possible de faire les valeurs et la couleur. Th. Rousseau l'a fait mieux que qui que ce soit; en mélangeant ses couleurs la noirceur causée par le temps a augmenté et ses tableaux actuellement sont méconnaissables. On ne peut pas être en même temps au pôle et à l'équateur. Il faut en prendre son parti, ce qu'aussi j'espère bien faire, et ce sera probablement la couleur» (LT 474).
Jusqu'à présent, la critique de Kahn était le seul article connu témoignant de la présence d'œuvres de Van Gogh aux Indépendants de 1888. On n'avait trouvé à ce jour aucune autre gazette ou journal parisien qui le mentionne. Mais, comme pour clore notre propos autour du Vieux Montmartre, un journaliste nommé Toussaint Martel, l'un des douze membres du comité de la société, a rédigé un article sur les Indépendants dans un hebdomadaire, *Montmartre-La Chapelle*. Cette critique a été publiée quelque temps après celle de Kahn, dans le numéro du 15 au 21 avril 1888. Il est intéressant de reprendre ce qu'écrit Martel au sujet des néo-impressionnistes avant d'en venir à Van Gogh: «Entrons maintenant dans le sanctuaire où le pointillé rouge, bleu, jaune, violet, vibre à vous aveugler. Avant tout, disons-le, nous n'avons pas de parti-pris, mais, nous estimons que l'absolu est une erreur en toute chose, alors même qu'une théorie repose sur des principes vrais et indiscutables. Ainsi nous admettons difficilement que pour examiner une toile, il faille un recul invraisemblable, sous le risque de voir un travail pénible, monotone, lourd bien souvent, qui ressemble aux gros points de la tapisserie ou de la mosaïque. Cette réserve faite, nous signalerons la ‹Grue à vapeur, Sous la lampe, Pommes, Bords de Seine à Alfortville›, de M. Dubois-Pillet; c'est puissant, lumineux et serré de dessin; de M. Signac, des marines blondes et transparentes; de M. Luce, des vues de Paris, prises de la butte Montmartre, ‹la rue Championnet, le Chaufleur› d'une belle tonalité; c'est malheureusement alourdi par ce travail inouï de M. Seura *[sic]* ‹les Poseuses› très étudiées mais qui manquent de souplesse. M. Van Gogh, lui procède par hachures. Sa vue de la butte de Montmartre, bien qu'intéressante, paraît manquer de solidité, il y a comme un glissement de terrains.»
Rien ne permet d'affirmer que Théo ou Vincent aient eu connaissance de cette critique. Nous la publions ici pour la première fois.

Le 10 septembre 1886, le commandant Fribourg, chef de la photographie du Service géographique de l'armée, survole Asnières-sur-Seine en ballon et prend, à 600 m d'altitude, un cliché qu'il intitule *Les Ponts d'Asnières*. C'est en soi un remarquable document (voir ci-contre), englobant en une seule image ce que cinquante cartes postales représenteront après 1900. Il aide à comprendre la disposition des ponts sur la Seine qu'on verra souvent apparaître dans les travaux de Seurat, Signac, Bernard et Van Gogh. Il met clairement en évidence la différence entre le Clichy industriel avec ses usines, ses gazomètres et ses énormes portiques, et Asnières, plus paisible, sur la rive opposée. Il montre les berges de la Seine ainsi que les différentes îles.
Cette vue en diagonale de la Seine débute dans l'angle supérieur gauche avec l'île de la Grande Jatte et le pont Bineau. En allant vers l'aval, le premier ouvrage rencontré est le pont de chemin de fer, suivi du pont routier, ou pont d'Asnières. En descendant le cours de la Seine vers l'angle inférieur droit, on voit l'île Robinson et l'île des Ravageurs et on aperçoit l'amorce du pont de Clichy. Cette disposition est confirmée avec précision dans un plan d'Asnières de 1890 (voir ci-contre).
A partir des années 1830, «les environs de Paris» devient une formule courante dans les guides touristiques. Le terme apparaît même dans une critique de la dernière exposition impressionniste en 1886: en avril de cette année, Paul Adam écrit dans *La Revue contemporaine*: «Les environs de Paris, leurs cieux rayés par les cheminées d'usine, les arbres en ligne, les papillotements de l'eau fluviale, les berges lépreuses, … voilà ce que M. Signac aime peindre.» C'est surtout à Asnières et à Clichy qu'Adam fait ici référence.
En 1836, Asnières est un petit village de 451 âmes sur la rive gauche de la Seine, au nord-ouest de Paris. En 1886, sa population se monte à 14778 habitants. Le déclencheur de cet accroissement rapide est l'arrivée du chemin de fer en 1837. «On pourrait croire qu'Asnières est né d'hier», écrit Emile de Labédollière dans son *Histoire des Environs du Nouveau Paris* (1861). «Et, en effet, il n'a pris une place notable dans la vie parisienne que depuis qu'il est facile de s'y rendre en dix minutes et toutes les demi-heures [de la gare Saint-Lazare].» Il en découle trois évolutions importantes: parmi d'autres, des Parisiens viennent habiter Asnières; on organise des bals dans le parc Voyer d'Argenson du XVIIIe siècle et les restaurants prolifèrent, surtout en bord de Seine;

Plan d'Asnières de 1890, détail.
Archives municipales d'Asnières-sur-Seine

enfin, entre 1850 et 1870, Asnières devient le centre du canotage en Ile-de-France.
De nouvelles maisons sortent de terre, dans des styles originaux et déroutants, raillés en 1856 par Adolphe Joanne dans *Les Environs de Paris illustrés*: «A part ses régates, son école de natation et son bal, Asnières n'a rien d'intéressant ni même d'agréable; néanmoins les Parisiens paraissent s'en être épris, à en juger par le grand nombre d'habitations qu'ils y élèvent depuis quelques années, le long du chemin de fer. Ces habitations, plus prétentieuses que pittoresques, affectent toutes les formes et tous les styles d'architecture. Ici un jardin de quelques mètres carrés, possédant un jet d'eau dans une cuvette, des statues, un kiosque et une serre, s'appelle un jardin anglais. Là les façades des maisons sont élevées, les unes sur le modèle de l'Alhambra, les autres sur celui d'une villa d'Herculanum et de Pompeï, sur le patron en miniature d'un château féodal, d'un palais de la Renaissance ou d'un chalet alpestre.»

Photographie des ponts d'Asnières prise en ballon libre par le commandant Fribourg, le 10 septembre 1886.
Archives municipales d'Asnières-sur-Seine

Dans *Paris dans sa splendeur*, en 1861, Victor Fournel n'est guère élogieux pour Asnières: «On sait qu'Asnières représente à lui seul la nature pour une bonne partie des Parisiens. Il est force boutiquiers, commis, étudiants, petits rentiers, qui se croiraient déshonorés s'ils passaient un dimanche de la belle saison sans aller avaler la poussière de cet affreux village, y manger des goujons, s'y promener en bateau, et finir la journée dans le parc, au milieu des *délices de la danse.*»
Mais la même année, Emile de Labédollière écrit: «Asnières fut mis à la mode par les canotiers parisiens; mais l'on peut dire aussi que les canotiers parisiens furent mis à la mode par Asnières.» C'est une explosion de clubs, associations, courses de canots et régates: le Salon

Robert, photographie du pont du chemin de fer, Asnières, 1871. Bibliothèque nationale, Paris

et la presse illustrée, sérieuse ou satirique, intègrent des images du nouveau sport. Mais dès les années 1860, une compétition acharnée naît entre Argenteuil, Chatou et Bougival; après 1871, Asnières perd son premier rang de centre de canotage.
Cependant, une autre publication, *Les Environs de Paris*, voit le jour en 1886, un gros volume richement illustré dû à Louis Barron, inépuisable auteur d'essais plaisants sur la découverte de la France et de sa topographie. Les propos qu'il tient sur Asnières sont donc contemporains de la photographie aérienne de Fribourg et de la critique d'Adam: «Asnières, port national d'agrément, ville sainte du canotage, étale toutes ses séductions: ses cafés-restaurants, peints en couleurs claires, son casino, son château et ses embarcations au bord de la Seine, vis-à-vis Levallois et Clichy-la-Garenne, avec lesquels il forme un contraste violent.

»Il faut le voir, par une matinée ensoleillée du quai poudreux de Clichy, et par exemple – ce poste d'observation en vaut un autre – de la voûte même de l'égout collecteur. Ne craignez pas les émanations: cette voûte, où le regard se noie dans l'ombre mystérieuse et terrifiante d'un long boyau que l'on aperçoit sillonné en bas de rails et sur les côtés de tuyaux de fonte énormes, ne serait pas plus inodore quand, au lieu d'un fleuve d'eau putride, il en déboucherait un torrent de petit-lait. De cette rive desséchée, poudrée du charbon que les coltineurs y répandent en déchargeant les chalands, bordée de fabriques enduites de suie, de cabarets sang de bœuf, de masures où traînent des loques, Asnières produit une impression charmante: il paraît aussi gai, insouciant,

Carte postale, vers 1905.
Archives municipales d'Asnières-sur-Seine

paresseux et verdoyant que ses voisins d'en face sont arides, mornes, sombres et laborieux.
»La ville, observée de près, ne réalise pas absolument les riantes promesses de la perspective. C'est un lieu de villégiature assez banal. Cependant, par-ci par-là, des rues si bien ombragées de marronniers et de peupliers, si paisibles, si retirées qu'on les dirait transportées pierre à pierre d'une province lointaine, expliquent peut-être la préférence que les artistes lui accordent sur beaucoup de localités plus jolies des environs de Paris. Pendant la semaine, les hôtes d'Asnières se montrent volontiers par les rues; c'est un spectacle amusant, un mélange bariolé de gentlemen corrects, aux mentons rasés, évidemment comédiens; d'artistes barbus, coiffés d'immenses chapeaux en paratonnerre; de femmes délurées, en toilettes excentriques, puis de rares canotiers, aux chefs surmontés de casques en paille, et revêtus de flanelles

L'Illustration, janvier 1870. Bibliothèque nationale, Paris

et de vareuses rayées, selon l'étiquette du marin d'eau douce. Le dimanche, cette population fixe d'irréguliers s'accroît d'une bande de nomades congénères, bien résolus à s'amuser. Alors, canots, yoles, yachts, périssoires ancrés au rivage, sont détachés et bruyamment lancés sur l'eau par d'intrépides navigateurs des deux sexes qui partent aussitôt, pour la centième ou la millième fois, à la découverte de Suresnes, de Neuilly, de la Grande Jatte et de l'île des Ravageurs! … Des aristocratiques demeures de ce temps [du XVIIIe siècle], une seule, d'une ravissante élégance, est encore debout: c'est le château situé au milieu d'un parc, le long de la Seine et de l'île des Ravageurs. Dargenville l'attribuait à Mansard, mais l'édifice est plutôt dans le goût léger et gracieux, qui fut en architecture l'équivalent du style Pompadour. Il appartenait, en 1751, à René de Voyer d'Argenson, frère du châtelain de Neuilly. Des sculptures de Coustou, des camaïeux de Pierre, des tableaux de maîtres flamands le décoraient; il s'y donnait des fêtes splendides que le banquier Peixotto renouvela en 1806. Il est abandonné aujourd'hui, ses jardins dépecés sont en vente; on dit qu'il tombe en ruine, et cela nous fâche de penser qu'il ne restera bientôt plus rien d'une galante construction si au-dessus des prétentieuses bâtisses de notre temps.

»Un double pont jeté par-dessus l'île Robinson rejoint Clichy-la-Garenne dont les usines et les fabriques se profilent en masses vigoureuses sur les quais de la rive droite. Ici, en terrasses, l'usine à gaz arrondit ses gazomètres, pareils à des muids gigantesques. Ailleurs, un peu partout, prenant du champ, disséminés dans un vaste espace, s'élèvent les bâtiments enfumés, se dressent les cheminées des fabriques de céruse, de bougies, de produits chimiques, de cire, les verreries qui font de Clichy un gros bourg industriel.»

Carte postale, vers 1905.
Archives municipales d'Asnières-sur-Seine

Certains points nous échappent encore dans la vie de Van Gogh. Par exemple, nous ne savons pas vraiment ce qui a motivé sa décision de partir pour Arles en février 1888. Il avait vaguement envisagé de «partir dans le Sud» mais n'avait jamais mentionné spécifiquement Arles. De même, nous ne savons pas pourquoi il choisit de travailler de façon aussi importante à Asnières au printemps et à l'été 1887. On ne peut qu'émettre des hypothèses: D'abord, ce n'est pas grâce à la lecture des articles de Louis Barron, ni aucun des auteurs précédents des guides *Environs de Paris*.

Cela s'est peut-être fait par l'intermédiaire de Théo. Celui-ci travaille chez Boussod & Valadon, anciennement Goupil, marchands d'art mais aussi éditeurs qui impriment souvent des reproductions de tableaux et des périodiques illustrés en utilisant des techniques reconnues ou nouvelles. Depuis 1869, leurs grands ateliers d'imprimerie sont installés à Asnières, route de Courbevoie. Vincent lui-même visite peut-être ces imprimeries lorsqu'il est assistant à la galerie Goupil à Paris, en 1875-1876. Théo a certainement l'occasion de s'y rendre régulièrement pendant le séjour de deux ans de Vincent à Paris.

Au cours des premiers mois de 1887, on constate une grave détérioration de leur relation. Vincent parle de «partir à la campagne». Vers la mi-mars, Théo se plaint de ce que Vincent le rabaisse en permanence, et que la saleté et le désordre occasionnés par son frère ne rendent guère attrayant l'appartement du 54 de la rue Lepic. Exaspéré et fort contrarié, Théo souhaite que Vincent aille s'installer seul ailleurs. Mais vers fin avril 1887, ils sont réconciliés. Au début du printemps, il se pourrait bien que les deux frères soient partis visiter Asnières, même, comme nombre d'autres Parisiens, en simples promeneurs du dimanche.

En troisième lieu, si, au printemps 1887, Vincent veut suivre la tendance impressionniste et se met en quête de motifs autres que Montmartre, alors Asnières est une destination évidente, à 4 ou 5 kilomètres à pied seulement de l'appartement de la rue Lepic. Un tel parcours à pied lui est tout à fait habituel dans son travail. Il marchait à Nuenen; il le refera en Arles: Montmajour est pratiquement à la même distance d'Arles qu'Asnières de la rue Lepic.

Mais l'explication la plus répandue est que Van Gogh découvre Asnières grâce à Bernard et à Signac. Les familles des deux peintres habitent Asnières; tous deux peignent des motifs d'Asnières; début 1887, ils ont fait la connaissance de Van Gogh. La difficulté est qu'on ne retrouve aucun document de l'époque à ce sujet. Tout cela est supposé plus tard, vingt ans ou parfois près de quarante ans après. Des affirmations excessives et invérifiables sont lancées a posteriori par des commentateurs, adeptes de Bernard ou de Signac. Mais il faut bien se rendre à l'évidence qu'à l'époque où Van Gogh y a mené sa «campagne», les deux peintres étaient absents d'Asnières. D'avril à septembre 1887, Bernard est en Bretagne. Quant à Signac, il quitte Asnières le 23 mai pour Collioure, sa destination finale, et ne rentrera sur Paris qu'en novembre. Toute la question est de savoir combien de toiles Van Gogh a réalisées à Asnières avant le départ de Signac.

Quels sont les témoignages fournis par Van Gogh lui-même? Il nous laisse quelques traces frustrantes de son séjour de peintre à Asnières, hélas rien de précis et de certain. Par exemple, il écrit en juillet 1887 à Théo, alors parti pour de brèves vacances en Hollande: «Lorsque j'ai commencé à travailler à Asnières, j'avais beaucoup de toiles et Tanguy était très bon pour moi» (LT 461). On apprend donc qu'il a produit plusieurs toiles de motifs situés à Asnières et que c'est son marchand de couleurs habituel, Julien Tanguy (1825-1894), qui lui a fourni le matériel, plutôt que Tasset & Lhote. Mais il ne nous dit pas quand il a commencé à peindre à Asnières. D'un autre côté, dans une lettre de Théo à sa sœur Lies, datée du 15 mai 1887, figure le passage suivant: «Vincent travaille dur comme toujours et continue de progresser. Ses peintures deviennent plus légères, et il s'efforce vraiment d'y mettre plus de soleil.» Théo ferait-il allusion aux toiles de la Seine à Asnières, plutôt qu'aux motifs de Montmartre? C'est bien probable – auquel cas, début mai 1887, Van Gogh a déjà commencé sa série de peintures d'Asnières. Quelques semaines plus tard, sans doute en août 1887, Vincent écrit à sa sœur Wil en néerlandais: «Cet été tandis que je peignais des paysages à Asnières, j'y ai vu plus de couleur qu'auparavant» (W 1). C'est tout ce qu'il dit d'Asnières en 1887. Mais une fois en Arles, l'année suivante, il se souvient de son travail. Dans une lettre à Théo du début avril 1888, il écrit: «Je crois pouvoir t'assurer que ce que je fabrique ici est supérieur à la campagne d'Asnières au printemps dernier» (LT 473). De surcroît, dans une lettre plus tardive du 8 juillet 1888, où il discute de ses dettes envers Tanguy, il écrit: «Laisse à Tanguy l'étude qu'il a d'Asnières une berge de la Seine…» (LT 505).

On trouve aussi deux autres références, plus troublantes et plus révélatrices. La première concerne un plan que les deux frères avaient imaginé pour persuader le collègue hollandais de Théo à La Haye de prendre en dépôt des toiles impressionnistes. Ils décident d'y inclure une toile de Vincent. Comment choisir? Portrait ou nature morte? Une des nombreuses peintures de Montmartre? Ils en débattent un moment et finissent par proposer une petite toile du pont de Clichy à Asnières (exposée à Martigny, cat. n° 37). Vincent en fait même un croquis dans une lettre. Il envisage aussi deux autres toiles possibles, «les papillons ou le champ de coquelicots». Ces deux références mystérieuses s'identifient à deux autres peintures d'Asnières, respectivement F 310 et F 460. Par conséquent, Van Gogh ne songe pour le public hollandais qu'à des peintures d'Asnières, pas de Montmartre. Son premier choix est une toile relativement petite, *Le Pont de Clichy*. Pourquoi? Pensait-il qu'il s'agissait d'une des meilleures peintures de sa campagne d'Asnières? Ou estimait-il que son sujet, sa facture relativement simple et directe conviendraient mieux au public néerlandais? Il n'est pas toujours facile de saisir les motivations des peintres dans leur choix des toiles à exposer. Mais dans ce cas, *Le Pont de Clichy* (qui ira de fait à La Haye) est riche d'associations supplémentaires pour Van Gogh que l'on découvre en étudiant une de ses allusions à Asnières les plus révélatrices: dans une lettre, vers le 20 mai 1888 (voir pp. 132-133), Van Gogh raconte à Théo que son ami le peintre danois Mourier-Petersen quitte Arles pour Paris et qu'il apporte deux tableaux. Van Gogh poursuit en expliquant: «Veux-tu me faire un bien grand plaisir: Mon ami le Danois, qui part mardi pour Paris, te donnera deux petits tableaux – pas grand'chose – que j'aurais envie de donner à Mme la comtesse de La Boissière à Asnières. Elle reste Boulevard Voltaire au premier de la première maison au bout du pont de Clichy. Au rez-de-chaussée il y a le restaurant du père Perruchot. Voudrais-tu les lui porter en personne, disant que j'avais l'espérance de la revoir ce printemps, et que même ici je ne l'ai pas oubliée, je leur en ai donné deux petits l'année passée aussi, à elle et à sa fille. J'aurais espoir que tu ne regretterais pas de faire la connaissance de ces dames – ça c'est en somme *une famille*. La comtesse est loin d'être jeune, mais elle est d'abord comtesse, ensuite *une dame*, la fille idem.

»Et c'est logique que tu y ailles, puisque moi je ne puis être sûr que la famille reste au même endroit cette année (cependant elles y viennent depuis plusieurs années, et Perruchot doit connaître l'adresse en ville). C'est peut-être une illusion que je me fais, mais je ne puis m'empêcher d'y penser, et peut-être cela leur fera plaisir et à toi aussi, si tu les connais» (LT 489).

Ce passage, son récit le plus révélateur au sujet d'Asnières, soulève différentes questions. Van Gogh n'avait manifestement jamais parlé à Théo de cette amitié du printemps 1887 pour la comtesse de La Boissière. Ce n'est pas une grande surprise. Ce n'est qu'un exemple supplémentaire de son attitude de révélation différée. Souvent, Vincent ne confiait les questions d'ordre privé ou «difficile» à Théo que tardivement, les révélant des mois, voire un an plus tard. Pour preuve, certains aspects de sa relation avec la prostituée Sien, à La Haye, ne seront dévoilés et discutés qu'après la fin de leur liaison. Cette amitié d'Asnières et le fait qu'il ait offert à la comtesse deux petites toiles au printemps 1887 ne sont révélés qu'une année après. Vincent savait que son frère visitait Asnières de temps en temps (en dehors des passages professionnels aux imprimeries). De fait, Théo venait de s'y rendre récemment, début avril 1888, pour rendre visite à Bernard.

Fait intéressant, Van Gogh décrit la maison, la première à l'extrémité du pont de Clichy, dont le «père Perruchot» – Marcellin Perruchot, marchand de vins, né en 1836 à Voray, Haute-Saône – occupe le rez-de-chaussée, mais où la comtesse de La Boissière dispose au premier étage d'un appartement. C'est cette même bâtisse que l'on aperçoit sur la gauche dans *Le Pont de Clichy*, la toile choisie pour La Haye en avril 1888. Ce même bâtiment et son «jumeau» en face, de la fin des années 1850, figurent dans deux autres œuvres (cat. n° 36 et F 302). On les voit clairement aussi sur une carte postale vers 1905 (illustration ci-dessous). Il semble probable que Van Gogh passe plus de temps chez Perruchot qu'au Restaurant de la Sirène (cat. n°s 33-35), ne serait-ce qu'en raison de son amitié pour la comtesse et sa fille.

Vincent nous confie trois intéressants détails à leur sujet. Tout d'abord, la comtesse «est loin d'être jeune». Quel âge? Dans les années 1880, cela peut suggérer la trentaine plutôt que la cinquantaine. Deuxième chose: «Perruchot doit connaître son adresse en ville.» Dans ce contexte, «en ville» ne peut vouloir dire que Paris. Mais les tentatives pour retrouver son adresse parisienne dans le *Bottin* ou le *Tout-Paris* se sont soldées par un échec.

Carte postale, vers 1905. Collection RP

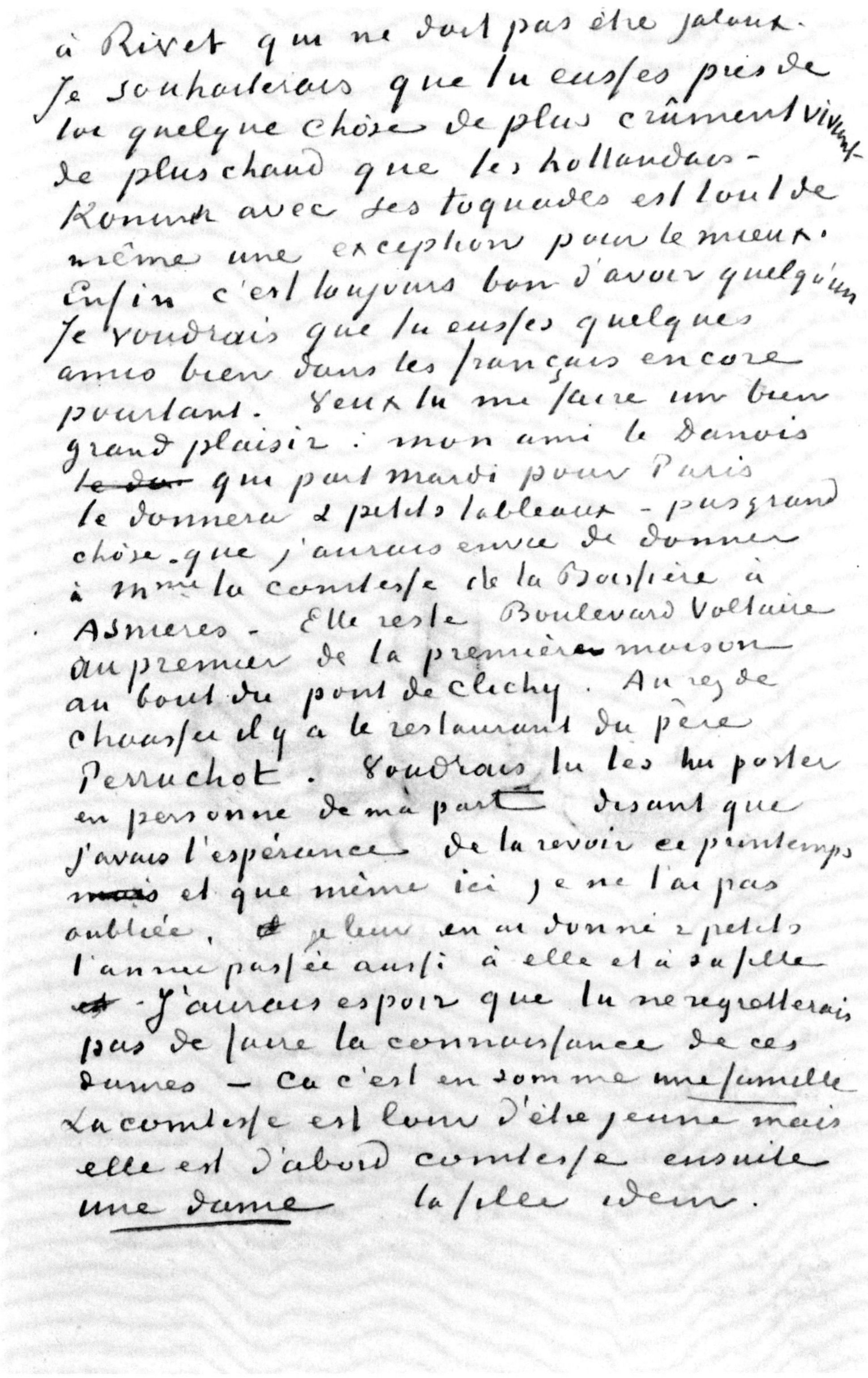
à Rivet qui ne doit pas être jaloux.
Je souhaiterais que tu eusses près de
toi quelque chose de plus crûment vivant
de plus chaud que les hollandais –
Koninck avec ses toquades est tout de
même une exception pour le mieux.
Enfin c'est toujours bon d'avoir quelqu'un
Je voudrais que tu eusses quelques
amis bien dans les français encore
pourtant. Veux tu me faire un bien
grand plaisir : mon ami le Danois
~~le dan~~ qui part mardi pour Paris
te donnera 2 petits tableaux – pas grand
chose – que j'aurais envie de donner
à Mme la comtesse de la Boissière à
Asnières – Elle reste Boulevard Voltaire
au premier de la première maison
au bout du pont de Clichy. Au rez de
chaussée il y a le restaurant du père
Perruchot. Voudrais tu les lui porter
en personne de ma part – disant que
j'avais l'espérance de la revoir ce printemps
~~mais~~ et que même ici je ne l'ai pas
oubliée, ~~et~~ je leur en ai donné 2 petits
l'année passée aussi à elle et à sa fille
~~et~~ – J'aurais espoir que tu ne regretterais
pas de faire la connaissance de ces
dames – Ça c'est en somme une famille
La comtesse est loin d'être jeune mais
elle est d'abord comtesse ensuite
une dame la fille idem.

Deux pages
d'une lettre à Théo,
vers le 20 mai 1888
(LT 489)
Van Gogh Museum
Amsterdam
(Vincent van Gogh
Foundation)

Et c'est logique que tu y alles puisque moi
je ne puis être sur que la famille reste
au même endroit cette année (cependant
elles y viennent depuis plusieurs années et
Perruchot doit connaître l'adresse en ville)
C'est peut être une illusion que je me
fais mais – je ne puis m'empêcher
d'y penser et peutêtre cela leur fera plaisir
et à toi aussi si tu les connais.
Ecoutes – je ferai tout mon possible
de t'envoyer de nouveaux dessins
pour Dordrecht
J'ai fait cette semaine deux natures
mortes.

une cafetière en fer emaillé bleu une tasse (à gauche) bleu
de roi et or un pot à lait carrelé bleu pale & blanc
une tasse – à droite blanche à dessins bleu & orangé sur
une assiette de terre jaune gris un pot en barbotine
ou majolique bleu avec dessins rouges verts bruns
enfin 2 oranges et 3 citrons la table est couverte
d'une draperie bleue le fond est jaune vert
donc 6 bleus differents et 4 ou 5 jaunes & oranges
L'autre nature morte est le pot de majolique avec des
fleurs sauvages

En troisième lieu, Van Gogh raconte que la comtesse et sa famille viennent à Asnières depuis plusieurs années. Sa véritable identité a échappé jusqu'à ce jour aux investigations. Heureusement, du fait de ses nombreux séjours à Asnières, on retrouve trace de la famille de la comtesse dans le recensement d'Asnières de 1886 *(Registre du dénombrement de population)*. Y est mentionnée, à l'adresse du 1 du boulevard de Clichy, avec Perruchot et sa famille (ainsi que quatre autres familles), la présence de:

> Eugène Levaillant de La Boissière, 45 ans, rentier, chef de famille
> Clara Levaillant de La Boissière, 29 ans, son épouse
> Eugénie Jeanne Levaillant de La Boissière, 12 ans, leur fille

On regrette que le recensement ne donne pas de renseignements sur le lieu de naissance ou d'origine, ou sur son nom de jeune fille, ce qui permettrait de retrouver un peu plus de l'histoire de cette famille. On sait que les Levaillant sont originaires de Normandie, d'une famille de «Gentilshommes Verriers» aux nombreuses branches dont l'origine remonte jusqu'au tout début du XVIe siècle. Pourquoi résident-ils à Asnières? Peut-être le comte, né en 1841, s'était-il entiché dans les années 1860 de canotage, la grande mode à Asnières? Il a manifestement épousé une très jeune femme, Clara, qui n'avait que 17 ou 18 ans à la naissance de sa fille. Ce qui nous semble étrange dans le recensement de 1886, c'est qu'ils ne sont accompagnés d'aucun domestique. La présence du restaurant de Perruchot au rez-de-chaussée l'explique peut-être, eux-mêmes louant un appartement au premier étage. D'après la lettre de Van Gogh, il est clair que Perruchot les connaissait bien: lui-même ou plutôt son personnel leur ont servi de domestiques.

Nous possédons au moins quelques données biographiques, si ténues soient-elles.

Une des passions récurrentes de Van Gogh est son admiration pour le couple mère-fille. Elle se manifeste déjà à Londres, quand il n'a qu'une vingtaine d'années, pour Mme Loyer et sa fille. Elle resurgit à Auvers, comme il le décrit dans une lettre à Théo (citation cat. n° 90). Et ici, en 1887 à Asnières, il trouve que la comtesse est «*une dame*, la fille idem». Son admiration pour la comtesse va-t-elle au-delà d'une simple amitié? Pourquoi ne mentionne-t-il pas le comte?

On a déjà tenté d'identifier la comtesse ou sa fille dans trois tableaux de la période d'Asnières: F 305, F 367 et F 368. Mais ce ne sont que des hypothèses. On ne sait pas ce qu'il est advenu des deux toiles que Van Gogh a offertes à la comtesse et à sa fille. Quant aux deux peintures d'Arles du printemps 1888, comme elles ne sont plus jamais mentionnées, il semble bien que Théo ne les a pas livrées aux La Boissière pour compléter leur collection. Peut-être que la famille avait déjà quitté Asnières cette année-là. Son nom n'apparaît plus dans les recensements d'Asnières de 1891 et 1896.

Les peintures d'Asnières de Van Gogh constituent une part considérable de sa production de 1887, davantage que Montmartre par exemple. Pour l'exposition de Martigny, nous avons choisi des vues de la Seine et des restaurants de la berge de façon à composer une sorte de frise du fleuve, allant du pont Bineau, au niveau de l'île de la Grande Jatte, au pont de Clichy (cat. n°s 29 à 40).

D'autres toiles d'Asnières comprennent les trois déjà citées, où apparaissent des figures féminines, ainsi que des vues du parc Voyer d'Argenson, une série de sous-bois, un champ de blé avec une alouette (F 310) et deux motifs industriels.

Au cours de l'été 1887, Van Gogh réalise une quarantaine de toiles d'Asnières (y compris la Grande Jatte et Clichy). En revanche, on ne retrouve rien dans les carnets de croquis qui nous restent et il n'existe que deux dessins, sans gouache comme dans ceux de Montmartre et des fortifications. L'un d'eux représente le Restaurant de la Sirène (cat. n° 33), l'autre une vue de la Seine, un voilier au premier plan, avec des notations de couleur comme s'il s'agissait d'une étude préparatoire à un tableau (voir p. 135). Mais la peinture n'a pas été retrouvée: si elle a vraiment existé, s'agirait-il d'une des deux toiles offertes à la comtesse?

Sans doute en août 1887, il est mis brusquement fin à la possibilité pour Van Gogh de peindre à l'extérieur. Dans son *Introduction aux lettres*, Johanna van Gogh mentionne le fait, mais sa signification ne suscite aucun commentaire. Il n'y a pas de paysages dans l'œuvre parisienne de Van Gogh *après* août 1887. On lui a interdit de peindre à l'extérieur, ainsi que le révèle Théo dans une lettre de février 1889 à sa fiancée Johanna (voir cat. n° 40). Reste à découvrir qui a lancé cette interdiction et pour quelles raisons. En tout état de cause, ce qu'il appelle sa «campagne» d'Asnières et aussi celle de Montmartre cessent certainement. Au cours de ses derniers mois à Paris, il ne peint que des portraits, des intérieurs et des natures mortes.

C'est à la peinture de la Seine et de ses rives que Van Gogh s'est le plus attaché. Cela apparaît à l'évidence dans l'inventaire des toiles en possession de Théo, réalisé par Emile Bernard et Andries Bonger. Ils en répertorient plus de 300. Sous l'intitulé Paris, trois présentent un intérêt particulier:

> n° 70 – La Grande Jatte (triptyque)
> n° 81 – Bord de Seine à Asnières (triptyque)
> n° 82 – Bord de Seine à Clichy (triptyque)

Chaque triptyque ponctuerait nettement la «frise» que nous avons créée. Van Gogh ne mentionne nulle part l'existence de ces triptyques. Néanmoins, Bonger fré-

quente beaucoup l'appartement de la rue Lepic et habite même avec Vincent pendant les vacances de Théo en Hollande en juillet 1887. C'est un témoin de première main qui a certainement entendu de la bouche de Van Gogh son souhait d'organiser en triptyques une partie des toiles d'Asnières. Bernard lui aussi est un ami proche de Vincent, comme le montre une photographie prise en octobre 1887, ou peut-être même en novembre, après la campagne du printemps et de l'été de Vincent et le retour à Asnières de Bernard venant de Bretagne.
L'inventaire énumère donc trois triptyques. Peut-on les identifier? En 1896, Johanna van Gogh les envoie à la galerie d'Ambroise Vollard pour les exposer. Correspondance et registres ne donnent aucune idée de l'arrangement, loin de là: je me propose de les étudier plus longuement dans un proche avenir. Mais, pour l'instant, je préfère ne pas m'aventurer dans l'identification du

Bateau de plaisance à Asnières
Eté 1887
Crayon
53,5×39,5 cm
Van Gogh Museum Amsterdam (Vincent van Gogh Foundation)

triptyque de la Grande Jatte. Cela dit, il se pourrait que certaines des toiles aujourd'hui intitulées *Le Parc Voyer d'Argenson* ou *Sous-bois* aient été peintes sur l'île de la Grande Jatte. Dans une préface de 1911 de Bernard, on lit une phrase significative, ignorée jusque-là des différents commentateurs: «Il devenait un hôte de l'Ile de la Grande Jatte, que Seurat illustrait déjà de ses recherches schématiques.» Il est peu vraisemblable que Bernard ait inventé cela.
Pour ce qui est des deux autres triptyques, celui d'Asnières est discuté sous le n° 31 du catalogue, dont nous suggérons qu'il était associé au n° 30 et à F 240. Celui de Clichy est commenté au n° 39 du catalogue; nous pensons qu'il était combiné au n° 38 et, éventuellement, à F 353. La présence de certaines de ces toiles à Martigny permettra peut-être d'éclaircir plus avant la question.
Ce concept de triptyque naît chez Van Gogh à Paris, après sa campagne d'Asnières de 1887. Aucune trace ne témoigne auparavant d'un tel projet appliqué à son œuvre. Mais il réapparaît en Arles, d'abord avec la série des vergers en fleurs au printemps, puis avec sa *Berceuse* flanquée de deux tableaux de tournesols.
Dans les triptyques d'Asnières et de Clichy, les trois pièces sont des paysages *horizontaux*. Par deux fois (voir cat. n°s 31 et 39), le tableau central seul est bordé d'un filet de peinture rouge, comme pour en souligner l'importance. Les deux panneaux latéraux n'ont pas ce cadre peint. La raison d'être de chacun des triptyques est topographique, chacun représentant un paysage particulier de la Seine: la Grande Jatte, le pont d'Asnières, le pont de Clichy. Il n'y a manifestement pas de tentative de la part de Van Gogh de procéder par contrastes ou harmonies de couleurs, ni nécessairement d'opposer un triptyque à un autre. Chacun, sans doute, est né de manière empirique, au fil du travail. Mais Van Gogh prend néanmoins soin d'utiliser pour les panneaux latéraux des toiles de format comparable, sinon identique. Si les triptyques d'Asnières s'appuient sur des toiles horizontales, ceux des vergers printaniers d'Arles sont bâtis autour d'un panneau central vertical, avec deux volets horizontaux. A nouveau, le jeu des couleurs et des effets décoratifs lui importe moins que l'unité de lieu, car la plupart du temps il s'agit de variations sur un même verger. Le panneau latéral d'un de ces trois triptyques est exposé à Martigny (cat. n° 45).
La troisième série de triptyques se compose de trois toiles *verticales*: au centre *La Berceuse*, de part et d'autre des tournesols. En 1889, Van Gogh pense en termes de symbolique et de complexité des couleurs. Ces toiles sont bien plus conçues comme une entité, l'expression d'une idée.
A partir de la période de Nuenen, Van Gogh songe souvent à tisser plus de liens entre ses œuvres. Il s'inspire

ainsi du concept de pendants: deux toiles se faisant écho, aux éléments de topographie ou de style soit opposés, soit comparables. Ou bien il imagine une série plus importante d'œuvres, comme la trentaine ou la cinquantaine de têtes réalisées à Nuenen (voir cat. nº 15); ou alors les trente tableaux, chacun au format toile de 30 (72×92 cm), qu'il a l'intention de peindre en 1888-1889 en Arles à titre de «décoration»; ou encore la douzaine de toiles de format double carré (50×100 cm) qu'il peint à Auvers (voir cat. nº 89). Entre les pendants et les groupes de douze, trente et cinquante œuvres s'insère la série des triptyques, initialement conçue à Asnières au cours du printemps et de l'été 1887.
Rassemblée par nos soins à Martigny, la «frise de la Seine», dont nous déplorons certains absents mais qui demeure la série la plus complète jamais réunie sur ce sujet, respecte la pensée de Van Gogh. Groupés avec les autres toiles du même motif, les triptyques forment effectivement une frise.
Ces peintures de la Seine constituent une illustration partielle d'une exploration plus large du thème «Van Gogh et l'eau» que sous-tend l'exposition de Martigny. La présentation s'ouvre avec un petit dessin d'un marais à Etten; la plus grande des toiles explore les reflets sur l'eau de la rivière autour d'un moulin à Nuenen; on découvrira vers la fin la merveilleuse gouache de l'Oise à Auvers. Entre ces œuvres viennent la «frise de la Seine» et les dessins et peintures du Rhône en Arles. Vincent entreprend ses travaux sur le motif du Rhône de façon moins systématique, avec moins d'esprit de suite, ne produisant au total que cinq toiles et trois dessins. Nous exposons les trois dessins, celui de Munich, celui de Rotterdam et celui de New York, chacun étant, dans sa propre veine, une interprétation magistrale du motif, chacun illustrant une réaction différente face à la puissance du fleuve, chacun dans son propre style. Malgré la diversité des formats, ils pourraient composer un triptyque (cat. nºs 49, 51, 69). Avec eux sont présentées deux des peintures du Rhône, *Le Pont de Trinquetaille* (cat. nº 59) et *Les Débardeurs* (cat. nº 70). Leur présence nous rappelle que le grand fleuve prend sa source non loin de Martigny…

Photographie d'Emile Bernard et de Vincent van Gogh (vu de dos), vers octobre 1887.
Van Gogh Museum Amsterdam (Vincent van Gogh Foundation)

Introduction

Dedication

Für G.R.P.

"My wife has been cajoler, censor, critic—and so much more. It is to her that I should like to dedicate this catalogue: Für G.R.P."
"Für G.R.P., enormous bouquets of sunflowers, Vincent's symbol of gratitude."

These dedications are self-explanatory: I made them in the two catalogues of the Van Gogh exhibitions that were organised for the Metropolitan Museum, New York in 1984 (Arles) and 1986 (Saint-Rémy and Auvers). My name stands alone as author; but in reality it should have been joined by that of my wife, Georgina Rosamond, otherwise known as Gina. Her input and her inspiration helped incalculably to realise those two catalogues. Yet, I was frequently asked, why the German, why "für G.R.P."?
The answer lies in Auvers-sur-Oise, in the churchyard where the graves of Vincent and Theo van Gogh can be found side by side. Often when visiting the graves we noticed a variety of offerings left by visitors, ranging from flowers (especially sunflowers), written notes, to bottles of sake. But on one particular visit, we were struck by a small bouquet of wild flowers, simply tied and simply placed on Van Gogh's grave, with the dedication: "für Vincent." It had a direct, uncomplicated, heartfelt, generous quality. Gina and I would often repeat it. It became a curious kind of talisman. And it remained our private symbol. It was easy for me to transfer its essential message from the context of Van Gogh's grave to that of *our* joint catalogues. The German tag is explained thus: it was for Gina. I reuse it here, sadly yet appropriately. Gina's stimulating presence continues, even despite her physical absence. We shared Van Gogh for more than forty years. Our commitment remains undivided: für G.R.P. (1932–97).

Every exhibition is an anthology, a series of choices that begins with an ideal list, but continues with modifications and losses dictated by the non-availability of certain works: owners unwilling to lend, paintings in too sensitive a condition to travel, or already promised to another exhibition. This Van Gogh exhibition has been no exception. However, refusals and disappointments have been compensated by the inclusion of works rarely seen in recent decades, others that have never before been seen in a Van Gogh exhibition, and yet others that constitute impressive partners or, more so, impressive groups.
These various categories can be illustrated among the 90 works that make up the present exhibition at Martigny.
Works never before seen in a Van Gogh exhibition include a head of a Nuenen peasant woman (cat. no. 15), and an early Dutch drawing from Liège (cat. no. 11).
Works unseen for decades include the two contrasting still lifes from Nuenen, painted in the autumn of 1885 (cat. nos. 21 and 22); the *Moored Boats* on the Seine (cat. no. 30); the *Apricot Trees in Blossom* from Arles (cat. no. 45); and the *Olive Orchard* from Saint-Rémy (cat. no. 78).
The exhibition also includes some impressive pairings. For example, the two still lifes already cited (cat. nos. 21 and 22); the early Arles painting, familiar to visitors to the Musée Rodin, can now be seen, for the first time, with its "pendant" (cat. nos. 41 and 42). Equally, the preparatory drawing and its related painting of a *Path through a Field with Willows* (cat. nos. 43 and 44) are brought together for the first time. Nor have the two gouaches of the garden of the asylum at Saint-Rémy (cat. nos. 76 and 77) ever been seen together; nor the two portraits of Roulin's children (cat. nos. 71 and 72). The stylistic and topographical differences between two spring landscapes of Arles, one of May 1888, the other of April 1889, can be confronted for the first time (cat. nos. 52 and 74).
But a significant feature of the exhibition is the group or small series of works that have been assembled at Martigny. From Arles, for example, a painting that Van Gogh made in the public garden of Place Lamartine is joined by the three related drawings (cat. nos. 64-67).

From Arles, too, a series of three drawings and two paintings explores Van Gogh's confrontations with the Rhône (cat. nos. 49, 51, 59, 69, 70). And from his stay in Paris, we have gathered an impressive number of paintings (with one drawing) showing his exploration of motifs of the Seine at Asnières (cat. nos. 28-39). This last phenomenon will be discussed at greater length in this Introduction.

Our view of Montmartre has come to be conditioned by its tarnished image of pleasure, its seamy low-life haunts, its dance-halls and cabarets. Such a view is perpetuated by historians of "La Belle Epoque," and biographers of Toulouse-Lautrec, Picasso, Utrillo, Modigliani. But an alternative view of Montmartre exists.

In 1886, the very year that Van Gogh and his brother Theo took an apartment at 54 rue Lepic, a society was founded that represented a growing consciousness of its past, of familiarisation and conservation. This was the *Société d'Histoire et d'Archéologie du XVIIIe arrondissement, Le Vieux Montmartre.* It was concerned with the "Stones of Montmartre," its monuments, its buildings, its streets.

During the next four years, from 1886 to 1890, *Le Vieux Montmartre* found its own photographer who left a vivid pictorial record of Montmartre. Yet since then, his true identity has been lost, and his achievement forgotten. Three of his photographs were illustrated in the catalogue of *Van Gogh à Paris* (Musée d'Orsay, 1988). But they were presented as anonymous artefacts.[1]

In effect, each photograph carried the monogram "HD."; and beneath the image a caption that always began with *Le Vieux Montmartre*, followed by title, number, and date (often a precise day). Such meticulous exactitude gave these instantaneous photographs a definite historical context. Their continuous numbering suggests that they were intended to be preserved in an album. Yet no such album exists, either in the Bibliothèque Nationale or in the Musée de Montmartre. The task of reconstructing such an album remains to be done. It would seem that the series ended on June 1, 1890 at no. 75.[2]

Who was "HD."? The society *Le Vieux Montmartre* launched a monthly bulletin. In no. 5, a report is given of "La première promenade" that took place on June 19, 1887. Oddly enough, the President, Félix Jahyer, made no reference to the photographer who accompanied the party. Only in a footnote (p. 11) that refers to the "maison de fous du docteur Blanche" in the Rue Norvins is the photographer's name revealed: "Deux photographies par M. H. Daudet, en vente à la Société." And more is revealed in the annual report of 1889–90: "Un artiste de valeur, notre confrère, M. Henri Daudet, dont les tableaux au Salon sont, chaque année, de plus en plus remarqués et qui met tous ses soins, vous le savez, à nous assurer la reproduction photographique des vues de l'arrondissement, a fort habilement dessiné le menu dont le sujet bien montmartrois a remporté tous les suffrages."

Henri Daudet (1847-1926) was born in Paris, son of Emile Daudet (1820–93), Commissaire de Police de la Ville de Paris, who retired to Asnières in the 1870s. Daudet himself followed his father's profession: in 1893, he was described as "sous-chef de bureau à la Préfecture de Police, Officier d'Académie."[3] He was therefore painter and photographer in his spare time. Yet he kept his three professions quite separate. As painter, his motifs at the Salon from 1886 to 1896 were exclusively of the Côtes-du-Nord, in the vicinity of Saint-Malo.[4] He has left no paintings of Asnières or Montmartre. As photographer, he remains—unless new evidence emerges—exclusively the photographer of *Le Vieux Montmartre.*

This digression on Henri Daudet (who incidentally was not related to one of Van Gogh's favourite French novelists, Alphonse Daudet) has its reason. Two of Daudet's photographs have close parallels with two of Van Gogh's paintings. Both these paintings date from July 1887. The first, now in the Stedelijk Museum, Amsterdam, is exhibited here at Martigny (cat. no. 25). And in juxtaposition to its illustration is a photograph taken by Daudet with its handwritten caption, *Le Vieux Montmartre – Le moulin Debray vu de la rue Caulaincourt, Instantané, 19 Juin 1887, n° 40.* The precise date is significant for *Le Vieux Montmartre.* On this day took place their first promenade when children from the "Ecoles du XVIIIe arrondissement" accompanied members of the Society on a historical and urban exploration of Montmartre. Hence, the figures in Daudet's photograph show some of these schoolchildren with some of the members. Compared to Van Gogh's painting, Daudet's photograph shows a slightly different viewpoint and a smaller area of la Butte.

Each, however, is a valuable historical document. Within a very short period, this part of la Butte was transformed into the Maquis, and the open, dispersed layout became cluttered and claustrophobic. Two photographs, neither by Daudet, one of 1893, the other of 1900 (see p. 124), show this rapid transformation. In 1904, the demolition of the Maquis began, to allow new streets (especially the Avenue Junot) and apartment buildings to be created. Today, the Daudet/Van Gogh view is not only utterly spoilt but also quite obscured from their vantage-point on the Rue Caulaincourt.

A second juxtaposition can be made, again with variations in viewpoint and *mise-en-page* (see painting on p. 122 and photograph on p. 123). But at right in both images is the Ferme Debray, of which Van Gogh made a separate painting (F 810).[5]

There is no evidence of any contact between Daudet and Van Gogh. Each, for different reasons, wished to record these views of Montmartre. Their images are valuable documents of a moment of balance when rural Montmartre was about to be radically transformed.

Daudet's œuvre has so far not revealed any photographs of the Moulin Debray, otherwise called Le Moulin de la Galette, in isolation. But two views of the Rue Lepic (see p. 18 of "A Brief Life," and opposite), the one taken with the street rising towards the mill, the other with a street descending towards it, add further images to the dossier of the Moulin Debray. Van Gogh painted the mill on at least six occasions: one of these, from Buenos Aires, is exhibited (cat. no. 24). To conclude this "alternative" and sober account of Montmartre, here are two comparisons, a photograph by Mireux of 1880 and a painting by Quinsac, *Au Moulin de la Galette*, shown at the Salon of 1887 (see p. 125).

Van Gogh's two large paintings of la Butte were not primarily conceived of as exhibition pictures. He spoke of them to Theo as possible decorations for Theo's eventual house in the country.[6] But when Theo brought up the question of sending pictures to the fourth exhibition of the *Salon des Indépendants* in spring 1888, Vincent suggested these two paintings: "Do as you think best about the exhibition of the Indépendants. What do you say to showing the two big landscapes of la Butte Montmartre? It is all more or less the same to me. I am counting rather more on this year's work" (LT 466, March *c*.3, 1888).

A week later, he was happy to accept Theo's suggestion of a third painting: "I quite approve of your exhibiting the 'Livres' with the Indépendants; its title ought to be 'Romans parisiens'" (LT 468, March 10, 1888). And some four days later Van Gogh added: "I am very glad that the pictures should go to the Indépendants" (LT 469, March *c*.14, 1888).

The three paintings were catalogued as:

658 – Romans parisiens (F 359)
659 – La Butte Montmartre (cat. no. 25)
660 – Derrière le Moulin de la Galette (F 316)

In effect, this was Van Gogh's first public showing in Paris. During his stay in Paris, pictures had been shown in Tanguy's window, at the Café du Tambourin, and at the Restaurant du Chalet. But none of these had incited critics to write about him. The first critical assessement of Van Gogh's work was made by Gustave Kahn in the *Revue indépendante* of April 1888. Kahn wrote: "Mr. Van Gogh paints large landscapes with vigour with little concern for values and accurate colour. Having a tapestry-like appearance, a mass of multicoloured books; this motif would do for a study, but cannot be a pretext for a picture."

Theo must have sent a copy, since on April 9 Van Gogh responded: "I think what Kahn said is very true, that I have not sufficiently considered values, but they'll be saying very different things in a little while—and no less true. It isn't possible to get values and colour. Th. Rousseau did it better than anyone else, and with the mixing of his colours, the darkening caused by time has increased and his pictures are now unrecognisable. You can't be at the pole and the equator at the same time. You must choose your own line, as I hope to do, and it will probably be colour" (LT 474).

Until now, Kahn's is the only known review of Van Gogh's submissions to the *Indépendants* of 1888. No other Paris newspaper or journal has yet been unearthed that cited Van Gogh. But as if to bring full circle our discussion of *Le Vieux Montmartre*, a journalist called Toussaint Martel, one of the 12 committee members of the Society, wrote a review of the *Indépendants* in a weekly newspaper, *Montmartre-La Chapelle*. His review was published a little later than Kahn's, in the issue of April 15-21, 1888. It is worth quoting what Martel said about the Neoimpressionists before he spoke of Van Gogh: "Let us now penetrate the sanctuary where dots—red, blue, yellow, violet—vibrate to blinding effect. First of all, let us admit to no *parti pris*, but we deem that the absolute in everything is a mistake, even when a theory is based on true and unquestionable principles. Therefore, we cannot accept easily that, in order to examine a painting, we should stand at an incredible distance, or risk seeing a work that is distressing, tedious, often coarse, akin to the large specks we see in tapestry or mosaic. This reserve being made, we shall point out the 'Grue à vapeur, Sous la lampe, Pommes, Bords de Seine à Alfortville,' by M. Dubois-Pillet; it is powerful, luminous and tightly drawn; by Signac, blond and transparent seascapes; by M. Luce, view of Paris from la Butte Montmartre, 'la rue Championnet, le Chaufleur' of a fine tonality; this is, unfortunately, rendered heavy by this incredible work by Seura [*sic*]: 'les Poseuses,' closely studied but lacking in suppleness. As to Mr. Van Gogh, he proceeds by hatchings. Although interesting, his view of la Butte Montmartre appears to lack solidity; as if there were some sort of landslide."

There is no evidence that Theo or Vincent were aware of this review. It is published here for the first time.[7]

On September 10, 1886, Commandant Fribourg, Chef de la Photographie du Service Géographique de l'Armée, passed over Asnières-sur-Seine in a balloon, and from an altitude of 600 metres took a photograph which he entitled *Les Ponts d'Asnières*.[8] In itself, it is a remarkable document, encompassing in one image what 50 *cartes postales* will represent in the years after 1900 (see p. 127).

It helps elucidate the layout of bridges over the Seine that will often appear in the work of Seurat, Signac, Bernard and Van Gogh; it highlights graphically the differences between an industrialised Clichy with its factories, gasometers and enormous gantry, and the more sedate Asnières on the opposite bank; it shows the banks of the Seine as well as the various islands on the river. The diagonalised view of the Seine begins towards the upper left with the Ile de la Grande Jatte and the Pont Bineau. Downstream, the first bridge is the railway bridge, followed by the road bridge (Pont d'Asnières). Further downstream, at the lower right, are the Ile Robinson and the Ile des Ravageurs, with the beginning of the Pont de Clichy just visible. The layout is confirmed in the detail of a plan of Asnières, dated 1890 (see p. 127).

"Les environs de Paris" became the much-used term in guide books from the 1830s onwards. It even crops up in a critic's review of the last Impressionist exhibition of 1886. Paul Adam wrote in *La Revue contemporaine* of April 1886: "The outskirts of Paris, skies crossed by the factory chimneys, trees in lines, twinkling river waters, leprose banks… this is what Mr. Signac loves to paint." Adam was talking mostly of Asnières and Clichy.

In 1836, Asnières was a small village on the left bank of the Seine, north-west of Paris. Its population was only 451. By 1886, it had grown to 14,778. The initial stimulus for the rapid growth was the coming of the railway in 1837. "On pourrait croire qu'Asnières est né hier," wrote Emile de Labédollière in his *Histoire des Environs du Nouveau Paris* (1861); "et, en effet, il n'a pas pris une place notable dans la vie parisienne que depuis qu'il est facile de s'y rendre en dix minutes et toutes les demi-heures [from the Gare Saint-Lazare]." Three developments followed: Parisians and others came to live in Asnières; balls were held in the grounds of the 18th-century Parc Voyer d'Argenson, and restaurants proliferated, mostly by the Seine; and from 1850 to 1870, Asnières became the centre of *canotage* in the Ile-de-France.

New houses sprang up in disconcertingly idiosyncratic styles, mocked by Adolphe Joanne in *Les Environs de Paris illustrés* of 1856. "Except for its regattas, its swimming-school and its ball, Asnières has nothing of interest nor even pleasant to offer; nevertheless, the Parisians seem besotted with the place, considering the great number of houses they have been building for some years along the railway line. More pretentious than picturesque, they are a hotchpotch of shapes and styles. Here, a few square yards of a garden, complete with a fountain in a bowl, statues, a kiosk and a glasshouse, is called an English garden. There, façades have risen,

Carte postale, vers 1905. Archives municipales d'Asnières-sur-Seine

modelled on the Alhambra (for some), on villas in Herculaneum or Pompeii (for others), or on the pattern of miniature medieval castles, Renaissance palaces or Alpine chalets."

Writing in 1861 in his *Paris dans sa splendeur*, Victor Fournel was not very complimentary on Asnières: "One knows that Asnières by itself symbolises Nature for a large number of Parisians. Droves of shopkeepers, office clerks, students and people with small private incomes would feel dishonoured if they spent one Sunday in the sunny season without flocking to this horrible little village to inhale the dust, eat gudgeon, go boating and end the day in the park amidst the *délices de la danse*."[9]

But in the same year, Emile de Labédollière wrote: "Asnières fut mis à la mode par les canotiers parisiens; mais l'on peut dire aussi que les canotiers parisiens furent mis à la mode par Asnières."[10] Clubs, societies, *rowing-matches*, regattas proliferated: the Salon and the illustrated press, both serious and satirical, admitted images of the new sport. Already in the 1860s, however, fierce competition arose from Argenteuil, Chatou and Bougival, and after 1871 Asnières lost its prime role as a centre of *canotage*.

Yet another publication on *Les Environs de Paris* appeared in 1886. This was a large and lavishly illustrated volume by Louis Barron, inveterate writer of leisurely essays on travel and topography in France. Barron's account of Asnières is therefore contemporary with Fribourg's aerial photograph and Adam's review. "Asnières, national harbour of leisure, holy town of boating, displays all its seductions: brightly painted cafés-restaurants, casino, chateau, and boats along the Seine, in brutal contrast with Levallois and Clichy-la-Garenne on the opposite bank. It must be seen on a sunny morning, from the dusty Clichy quay, standing, for example—this vantage-point being well worth another—under the vault of the main sewer. Do not fear emanations: this vaulting, where the eye burrows itself into the mysterious and terrifying shadows of a deep tunnel, where one discerns railway lines running along the bottom and huge cast-iron pipes along the sides, would not be more devoid of stench if, instead of a putrid water flow, it spouted floods of whey. From that dried-up bank, powdered with the coal dropped by stevedores unloading barges, lined with soot-covered mills, blood-red cabarets, hovels where human wrecks lie, Asnières produces a charming impression: it seems as cheerful, blithe, lazy and green as its neighbours opposite appear dry, drab, dark and laborious. On a closer look, the town does not totally keep the delightful promises of that prospect. It is a rather ordinary resort. However, here and there, streets so ravishingly shadowed by chestnut

Carte postale, vers 1905. Archives municipales d'Asnières-sur-Seine

and poplar trees, so peaceful, so secluded-looking one would think they had been moved stone by stone from a distant province, perhaps explain the preference artists give it over numerous prettier places around Paris. On weekdays, the inhabitants show up willingly on the streets; it is an amusing scene, a gaudy mix of well-behaved, closely shaved gentlemen, obviously actors; bearded artists, with huge hats resembling lightning conductors; pert women in eccentric garb; and rare boatmen, straw helmets on their heads, wearing cotton flannels and striped jackets as dictates the etiquette for fresh-water sailors. On Sundays, this fixed population of irregulars swells with a band of nomad fellow creatures, determined to have fun. Then dinghies, skiffs, yachts, canoes hitherto moored to the bank are untied and noisily pushed into the river by intrepid navigators of both sexes, who at once depart, for the umpteenth time, on a discovery of Suresnes, Neuilly, the Ile de la Grande Jatte and the Ile des Ravageurs! … Of aristocratic 18th-century mansions, there remains only one, a ravishingly elegant chateau in grounds along the river and the Ile des Ravageurs. Dargenville attributed it to Mansard, but the residence is more in the light and graceful taste that was the architectural equivalent of the Pompadour style; it belonged in 1751 to René de Voyer d'Argenson, brother of the squire of Neuilly. It was decorated with sculptures by Coustou, monochromes by Pierre and paintings by Flemish masters. Magnificent fêtes were given there, which the banker Peixotto revived in 1806. It is forsaken today, its gardens carved up for sale. People say it is falling into ruin, and we are sorry to think there soon will be nothing left of a gallant mansion, so superior to the pretentious buildings of our time. A twin bridge over the Ile Robinson reaches Clichy-la-Garenne, the factories and mills of which build up a vigorous and massive outline on the quays of the right bank. There, terraced gas-works erect their giant barrel-like gasometers. Scattered here and there, everywhere else, recessing on this vast spread of land, rise smoke-wrapped buildings and chimneys from the ceruse, candle, chemical, wax and glass factories that make Clichy a big industrial community."[11]

Certain imponderables remain in Van Gogh's life. We do not actually know why he decided to go to Arles in February 1888. He had talked generally of "going South," but he never specified Arles. Equally, we do not know why he chose to work so extensively in Asnières in the spring and summer of 1887. One can only suggest certain possibilities:

First, it was not through reading Louis Barron, or any of the earlier authors on *Les Environs de Paris*.

Secondly, it could have been through Theo. Theo worked for Boussod & Valadon, formerly Goupil, who were not only dealers in works of art, but also publishers, printing, often by new and improved techniques, reproductions after paintings as well as illustrated periodicals. Since 1869, their large printing works were situated in Asnières, on the Route de Courbevoie. Even Vincent himself may have visited when he was employed as assistant at the gallery of Goupil, Paris in 1875–6. Theo surely would have visited at intervals during Vincent's two-year stay in Paris.

There was clearly a severe deterioration of their relationship in the early months of 1887. Vincent talked of "going to the country." By mid-March Theo complained that Vincent was constantly belittling him, that because of Vincent's dirty and untidy habits, the apartment at 54 rue Lepic looked unattractive. Theo, exasperated and upset, hoped Vincent would go to live by himself. But towards the end of April 1887, reconciliation had taken place.[12] In the early spring, the two brothers could well have visited Asnières, even, like so many others, as Sunday sightseers.

Thirdly, if by the spring of 1887, he was intent on pursuing an Impressionist style and on finding an alternative to motifs in Montmartre, then Asnières was the nearest point. It was only four or five kilometres by foot from their apartment on the Rue Lepic. Such a walking distance was well within his normal working practice. It already happened in Nuenen; it would happen again in Arles, where the distance to Montmajour was much the same as that from the Rue Lepic to Asnières.

The most usual explanation, however, is that Van Gogh discovered Asnières thanks to Bernard and Signac. Each artist's family lived in Asnières; each artist painted Asnières subjects; each artist had met Van Gogh by early 1887. The problem is that there is no contemporary documentation. Everything is retrospective, 20 or even almost 40 years afterwards. Exaggerated and unverifiable claims have been made by later commentators, protagonists of either Bernard and Signac.[13] Yet the basic truth is that both artists were absent or largely absent from Asnières during Van Gogh's painting campaign.

Bernard was in Brittany from April to September 1887, Signac left on May 23, eventually for Collioure, and only returned to Paris in November 1887. The crucial question is how much painting Van Gogh had done in Asnières *before* Signac's departure?

What, then, is the evidence from Van Gogh himself? He leaves tantalising traces of his painterly passage through Asnières: Nothing is solid and specific. For example, he wrote in July 1887 to Theo, then on a short vacation in Holland, "when I began to work at Asnières I had plenty of canvases, and Tanguy was very good to me" (LT 461). This tells us that he had clearly produced several canvases of motifs at Asnières, and that all these canvases were supplied by the artist's colourman Julien Tanguy (1825–94), rather than Tasset & Lhote. But it does not tell us when he began painting at Asnières. On the other hand, a letter from Theo to his sister Lies, dated May 15, 1887, contains the following: "Vincent is working hard as always and keeps on progressing. His paintings are becoming lighter and he is trying very hard to put more sunlight into them."[14] Can Theo be referring to paintings of the Seine at Asnières, rather than motifs from Montmartre? It seems likely—in which case, Van Gogh had begun his series of paintings of Asnières by early May 1887. A few weeks later, probably in August 1887, Vincent wrote, in Dutch, to his sister Wil: "This summer when I was painting at Asnières, I saw there more colour than before" (W 1). That is all he says of Asnières in 1887. But from Arles the following year, he recalled his work there. In a letter to Theo of early April 1888, he wrote: "I think I can assure you that the work I'm doing here is better than is the Asnières campaign last spring" (LT 473).

And later, on July 8, 1888, in a letter discussing his debts to Tanguy, he wrote: "Leave Tanguy the study he has of Asnières, a bank of the Seine…" (LT 505).

There are, however, two more references, more intriguing and revealing. The first concerns a scheme that the two brothers had been concocting to persuade the Dutch counterpart of Theo in The Hague to take some Impressionist paintings on consignment. It was decided to include one painting by Van Gogh himself. How to arrive at a choice? Portrait or still life? One of the many paintings of Montmartre? All these choices were dismissed, and instead a small painting of the Pont de Clichy at Asnières was proposed. (It is now here at Martigny, see cat. no. 37.) He even made a sketch of it in the letter. He also added the possibility of two other paintings, "les papillons ou le champ de coquelicots." The two cryptic references can be translated into two further paintings of Asnières, respectively F 310 and F 460.[15] For a Dutch audience, then, Van Gogh thinks only of paintings from Asnières: nothing of Montmartre. A relatively small painting, *Pont de Clichy*, was his first choice. Why? Did he think this one of his best paintings from his Asnières campaign? Or did he feel that its imagery and its relatively simple and direct manner of painting would be best for a Dutch audience? Artists' choices for exhibitions are not always easy to follow. But in the instance, the *Pont de Clichy* (which did in fact go to The Hague) had further associations for Van Gogh than can be made clearer by looking at the most revealing of all his references to Asnières.

In his letter of May *c.*20, 1888 (see pp. 132–3), Van Gogh told Theo that his friend, the Danish artist Mourier-Petersen, was leaving Arles for Paris and that he was bringing two paintings with him. Van Gogh continued at length: "Would you do something which will give me great pleasure? My Danish friend who is leaving for Paris on Tuesday will give you two little pictures, nothing much, which I should like to give to Mme. la Comtesse de La Boissière at Asnières. She lives in the Boulevard Voltaire, on the first floor of the first house, at the end of the Pont de Clichy. 'Père' Perruchot's restaurant is on the ground floor.

"Would you care to take them there for me in person, and say that I had hoped to see her again in spring, and that even here I have not forgotten her; I gave them two little ones last year, her and her daughter.

"I hope that you will not regret making these ladies' acquaintance, for it is really *a family*. The Countess is far from being young, but she is countess first and then *a lady*, the daughter the same.

"And it would be wiser for you to go, since I cannot be sure that the family will stay at the same place this year (though they have been coming there for several years, and Perruchot should know their address in town). Perhaps it is an illusion of mine, but I cannot help thinking of it, and perhaps it would give pleasure both to them and to you if you meet them" (LT 489).

This passage, his most revealing on Asnières, raises several questions. Van Gogh had clearly never spoken to Theo of his friendship with the Comtesse de La Boissière in the spring of 1887. This should not come as to much a surprise. It is another instance of the phenomenon of the delayed revelation. Matters of a private or "difficult" nature were often held back from Theo at the time, and revealed months or even a year later. For instance, aspects of his relationship with Sien the prostitute in The Hague were only described and discussed *after* the affair ended. So, this friendship in Asnières, and the fact that he had given the Countess two small paintings the spring of 1887, was only revealed a year later. He knew that Theo visited Asnières from time to time (apart from "official" visits to the printing works). In fact, Theo had recently—in early April 1888—visited Bernard there.[16]

Interestingly, Van Gogh describes the house, the first at the end of the Pont de Clichy, where not only "Père" Perruchot—Marcellin Perruchot, marchand de vins, born in Voray, Haute-Saône, in 1836—occupied the ground floor, but where the Comtesse de La Boissière had an apartment on the first floor. This in fact is the building that can be seen on the left in that same painting, *Pont de Clichy*, that was destined for The Hague in April 1888. The same building and its "twin" opposite, dating from the late 1850s, can also be seen in two other paintings (cat. no. 36 and F 302). And they appear clearly in a *carte postale* of *c.*1905 (see p. 131). It seems probable that Van Gogh would have spent more time at Perruchot's than at the Restaurant de la Sirène (cat. nos. 33-35) if only because of his friendship with the Countess and her daughter.

He says three interesting things about them. First, that the Countess "is far from being young." So, what age? In contemporary terms of the 1880s, this could mean early thirties rather than early fifties. The second thing is that "Perruchot should know her address *en ville*." "En ville" can only mean Paris in this context. Yet attempts to trace her in the *Bottin* or in *Tout-Paris* have failed to reveal her address in Paris. Thirdly, Van Gogh tells that the Countess and her family have been coming to Asnières for several years.

Her real identity has so far eluded detection. But fortunately, because of their frequent stays in Asnières, the family of the Countess can be traced in the census (*Registre du dénombrement de population*) of 1886 at Asnières. There we read under 1 boulevard de Clichy, together with Perruchot and his family (as well as four other families), the presence of:

> Eugène Levaillant de la Boissière, 45 ans, rentier, chef de famille
> Clara Levaillant de la Boissière, 29 ans, son épouse
> Eugénie Jeanne Levaillant de la Boissière, 12 ans, leur fille[17]

Unfortunately, the census does not contain information on the place of birth or place of origin, or on her family name, which would trace more of the history of this family. It would seem that the family originated in Normandy, and can be traced there from the beginning of the 16th century "une famille de Gentilshommes Verriers" with many branches, including that of La Boissière.

The question of why Asnières poses itself. Was the Count perhaps, in the 1860s (he was born in 1841), attracted to *canotage*, then so much the fashion at Asnières? Clearly, he married a very young wife, Clara, whose daughter was born when she was only 17 or 18 years old. What is curious in the 1886 census is that no servant accompanies them. Perhaps that is explained by the presence of Perruchot's restaurant on the ground floor, they themselves leasing an apartment on the first floor. From Van Gogh's letter, it is clear that Perruchot knew them well and he and his staff must have acted as servants.

At least we now have some biographical data, however minimal.

One of Van Gogh's recurring passions was his admiration for a mother and daughter. It already manifested itself in London in his early twenties with his admiration for Mme. Loyer and her daughter. It recurs in Auvers, as he described in a letter to Theo (cited under cat. no. 90). And here, at Asnières in 1887, he found the Countess "*a lady*, the daughter the same." Was his admiration for the Countess more than just a friendly relationship? Why does he not cite the Count?

Already, some attempts have been made to identify the Countess and her daughter in three paintings of the Asnières period: F 305, F 367, and F 368.[18] But these are hypothetical. And we cannot say what happened to the two paintings that Van Gogh gave to the Countess and her daughter. Since they are never mentioned again, it seems that Theo probably did not deliver the two Arles paintings of spring 1888 to join the two already in their collection. Or that the family was no longer at Asnières that year. Their names do not appear in the censuses of Asnières of 1891 and 1896.

Van Gogh's paintings of Asnières constitute a considerable part of his production in 1887: more than Montmartre, for example. The views of the Seine and the adjoining restaurants have been selected for this exhibition at Martigny to create a kind of frieze of the river from the Pont Bineau on the Ile de la Grande Jatte to the Pont de Clichy (see cat. nos. 29-40).

Other paintings of Asnières included the three with female figures already cited, as well as views of the Parc Voyer d'Argenson, a sequence of *sous-bois* paintings, a wheatfield with lark (F 310) and two industrial subjects.[19]

In the summer of 1887 Van Gogh produced some 40 paintings of Asnières, including the Grande Jatte and Clichy. Yet nothing in his surviving sketchbooks, and only two drawings, with no gouaches, as he did of Montmartre and the fortifications. One drawing is of the Restaurant de la Sirène (cat. no. 33); the other is a view looking across the Seine with a sailing-boat in the foreground, annotated with colour notes as if it were a preparatory study for a painting (see p. 135). Yet no such painting has survived: if it did once exist, could it have been one of the two paintings given to the Countess?

Van Gogh's capacity to paint out-of-doors was brought to an abrupt halt, probably in August 1887. Although cited in the Johanna van Gogh's Introduction to the letters, its significance has gone unremarked.[20] There are no landscape paintings in Van Gogh's Paris œuvre *after* August 1887. He was forbidden to paint out-of-doors as Theo revealed in a letter to his fiancée Johanna in February 1889 (see cat. no. 40). Who actually made the interdiction and on what grounds remains to be discovered. Certainly, however, his campaign—as he himself called it—at Asnières, as well as Montmartre, ceased. During his last months in Paris, he painted only portraits, interiors, and still lifes.

It was the paintings of the Seine and its banks that meant most to Van Gogh. This is emphasised in the inventory made by Emile Bernard and Andries Bonger of the paintings in Theo's possession.[21] More than 300 paintings were listed. Under Paris, three items are of particular interest:

> nº 70 – La Grande Jatte (triptyque)
> nº 81 – Bord de Seine à Asnières (triptyque)
> nº 82 – Bord de Seine à Clichy (triptyque)

Each triptych would neatly divide the "frieze" we have created. Nowhere does Van Gogh speak of such a triptych. But Bonger was not only a frequent visitor to the apartment in the Rue Lepic, but also stayed with Vincent during Theo's absence in Holland in July 1887. He was a firsthand witness, who would have gathered from Van Gogh himself that he intended to arrange some of his Asnières paintings into triptychs. Bernard also was a close friend of Van Gogh's, as can be seen in the photograph taken in October or even November 1887—after Van Gogh's spring/summer campaign, and after Bernard's return to Asnières from Brittany.

Three triptychs, then, are listed in the inventory. Can they be identified? They were sent for exhibition by Johanna van Gogh to the gallery of Ambroise Vollard in Paris in 1896. Letters and stockbooks do not reveal the whole picture by any means. And I propose to write more fully on these problems in the near future. For the moment, I prefer not to hazard an identification of the Grande Jatte triptych. But it could well be that certain paintings, at present catalogued as the *Parc Voyer d'Argenson* or as *Sous-bois*, may have been taken on the Ile de la Grande Jatte. There is a significant sentence in Bernard's 1911 preface that has gone unheeded by later writers: "Il devenait un hôte de l'Ile de la Grande Jatte, que Seurat illustrait déjà de ses recherches schématiques."[22] Bernard is unlikely to have invented that.

As to the other two triptychs, that of Asnières is discussed under cat. no. 31, and the suggestion made that it consisted of cat. no. 30 and F 240. That of Clichy is discussed under cat. no. 39, and the suggestion made that it consisted of cat. no. 38 and possibly F 353. The presence of some of these pictures in Martigny may help to clarify the situation further.

Van Gogh's concept of a triptych was born in Paris, out of his campaign at Asnières in 1887. There is no evidence of an earlier application of triptych to his œuvre. But it does recur later in Arles, first in the spring series of orchards in blossom, and secondly with *La Berceuse*, flanked by the two paintings of sunflowers.

In the Asnières and Clichy triptychs, all three paintings are *horizontal* landscapes. In two instances (see cat. nos. 31 and 39) the central "panel" is given its own painted red border, as if to emphasise its importance. Flanking wings do not have such painted borders. The *raison d'être* of each triptych is topographical: each represents a specific part of the Seine—Grande Jatte, Pont d'Asnières, Pont de Clichy. There is evidently no attempt on Van Gogh's part to make colouristic contrasts or harmonies; nor necessarily to contrast one triptych with another. Each one probably grew empirically, in the course of working. He did, however, take care to have paintings of comparable, if not similar, size in the wings.

If the Asnières triptychs were based on horizontal canvases, those of the spring orchards in Arles were constructed on a vertical central panel, with two horizontal wings. Their colouristic and decorative interplay was still less important to him than their unity of place—for most frequently, they were variations on the same orchard. One wing of one of these three triptychs from Arles is exhibited at Martigny (see cat. no. 45).

The third series of triptychs was made up of three *vertical* canvases, *La Berceuse* in the centre, flanked by two paintings of sunflowers. By 1889 Van Gogh does think of symbolic overtones and colouristic complexities. They are conceived of much more as a total unity, expressing an idea.[23]

From Nuenen onwards, Van Gogh often thought of his work in developing relationships. These could vary from the concept of pendants (two paintings having either contrasting or comparable stylistic and topographical features). Or he could think of a much larger sequence of works, such as the 30 or 50 heads in Nuenen (see cat. no. 15) or the 30 paintings, each on a standard size of a "toile de 30" (72×92 cm) that he planned to make as a "décoration" in Arles in 1888–9; or the dozen double-square format (50×100 cm) paintings that he made in Auvers (see cat. no. 89). And between pendant and groups of 12, 30 or 50 works comes the sequence of triptychs, first conceived at Asnières in the spring and summer of 1887.

The "frieze of the Seine" that we have arranged here at Martigny (with some regrettable gaps, but nevertheless the fullest representation of the subject ever assembled) responds to Van Gogh's own thinking. The triptychs hung together, with the further relevant paintings of similar motifs, do become a frieze.

And these paintings of the Seine become part of a larger exploration of "Van Gogh and water," a theme that runs through this exhibition at Martigny. It opens with a small drawing of a marsh in Etten; its largest painting explores reflections in the river around a water-mill in Nuenen; and near its close, is the wonderful gouache of the Oise at Auvers. Between come the "frieze of the Seine" and the drawings and paintings of the Rhône at Arles. The Rhône works were undertaken less systematically and less consistently: they only amount to five paintings and three drawings. We have all three drawings, from Munich, Rotterdam and New York, each in its particular vein a masterly interpretation of the subject, each with its own reaction to the might of the Rhône, each realised in contrasting styles. Despite their disparate variety in size, these three drawings could be made into a triptych (cat. nos. 49, 51, 69). With them, are the two paintings of the Rhône, *The Trinquetaille Bridge* (cat. no. 59) and *The Stevedores in Arles* (cat. no. 70). Their presence reminds one that the source of the Rhône is to be found not too far from Martigny…

NOTES

[1] See Bogomila Welsh-Ovcharov, *Van Gogh à Paris*, Musée d'Orsay, 1988. Two photographs are reproduced twice as figs. 5 and 6, and figs. 51b and 52b. The third is reproduced as cat. no. 4, fig. a. In no instance is the photographer's name given, nor the titles he gave to each photograph.

[2] I am most grateful to Mme. Blandine Bouret, Archiviste, Musée de Montmartre, and her husband, Claude Bouret, Conservateur en chef, Cabinet des Estampes, Bibliothèque Nationale, for their unstinting help in locating these photographs. Possibly they were never made into an album. Those in the Bibliothèque Nationale were acquired as "un lot, 184 épreuves photographiques de Montmartre et des événements de Chine, 1900," accession no. 6392, February 19, 1902, with no indication of how many were by Daudet.

[3] Henri Daudet was described thus on the death certificate of his father, March 14, 1893 (Etat civil, Mairie d'Asnières-sur-Seine). I am most grateful to Mr. Pascal Deroche and Mme. Françoise Malartre of the Archives municipales d'Asnières.

[4] Daudet first exhibited at the Salon of 1877. Paintings of the Côtes-du-Nord dominated his submissions from 1886 to 1896.

[5] F 810 was long catalogued as an Auvers painting, but clearly represents the Ferme Debray. It belongs to a group of small paintings and drawings nearby the Ferme Debray that Van Gogh produced in the summer (July - early August) of 1887.

[6] See LT 462, where Van Gogh speaks of "ces grandes toiles longues" that will make "une décoration de salle à manger ou de maison de campagne."

[7] Toussaint Martel, "Aux Indépendants: suite et fin," *Montmartre-La Chapelle*, 2nd year, no. 59, April 15-21, 1888, p. 2. He also reviewed the *Salon des Indépendants* of 1889, where he cited Van Gogh among a group of artists "who have particularly attracted the attention of the public" (*Montmartre-La Chapelle*, 3rd year, no. 129, September 7-13, 1889, p. 2).

[8] On December 3, 1886, Commandant Fribourg presented six proofs of photographs he had taken "en ballon libre" on September 10, 1886. One of these was of *Les Ponts d'Asnières*. See the report ("Communication") in *Bulletin de la Société française de photographie*, 2nd series, Vol. 2, no. 12, December 1886, pp. 319-320. I am most grateful to Mr. Hugues Wilhelm for unearthing this information.

[9] Victor Fournel, "Etablissements de plaisirs," chapter VII, pp. 19-20, in *Paris dans sa splendeur*, Paris, 1861.

[10] Emile de Labédollière, *op. cit.*, p. 62.

[11] Louis Barron, *Les Environs de Paris*, Paris, 1886, pp. 38-40.

[12] For Theo's letters to various members of his family, written in the early months of 1887, see Hulsker, "What Theo really thought of Vincent," *Vincent*, Vol. III, no. 2, 1974, pp. 9-12.

[13] The ramifications of the Bernard/Van Gogh and Signac/Van Gogh relationships are too complex to follow in detail here. I plan to publish a critical examination of the evidence.

[14] See no. 12, *op. cit.*, p. 12.

[15] Van Gogh wrote of "les papillons ou le champ de coquelicots" (LT 471). The "butterflies" must be F 460; the "field of poppies" must be F 310, both of them painted at Asnières in 1887. He thought only of Asnières paintings as suitable for sending to Tersteeg in The Hague.

[16] That Theo visited Bernard in Asnières in early April 1888 is made clear by a reference in Vincent's letter to Theo of April 9, 1888 (LT 474): "C'est bien fait que tu aies été chez Bernard."

[17] I am most grateful to Mr. Pascal Deroche, Archiviste, Mairie d'Asnières-sur-Seine, for helping Hugues Wilhelm and myself to locate the family of La Boissière in the *Registre du dénombrement de population* of 1886 at Asnières.

[18] The possibilities are touched upon by Welsh-Ovcharov, Paris, 1988, p. 108.

[19] Views of the Parc Voyer d'Argenson include F 275, F 276, F 277, F 305 and F 314; the *sous-bois* paintings are F 270a, F 306-309, F 309a, F 315 and F 362; the two industrial subjects are F 317 and F 318.

[20] See the English edition of 1958, *The Complete Letters of Vincent van Gogh*, Vol. I, pp. XLVIII-XLIX.

[21] The inventory is accessioned as *Catalogue des œuvres de Vincent van Gogh* in the Van Gogh Museum Amsterdam (Vincent van Gogh Foundation) (inv. B 3055 v/1962). Its date is not firmly established: either September 1890, or after Theo's death, probably in February 1891.

[22] Emile Bernard, in *Préface*, p. 11, to *Lettres de Vincent van Gogh*, Paris, 1911.

[23] See the drawing of *La Berceuse/Sunflowers* triptych in Van Gogh's letter to Theo of May 22, 1889, LT 592.

Œuvres exposées

1
Marais aux nénuphars
Juin 1881
Crayon, plume et encre de Chine sur papier
23,5×31,4 cm
Virginia Museum of Fine Arts, Richmond, Etats-Unis,
Collection de M. et Mme Paul Mellon

2
Le Schenkweg et la gare de Rijnspoor
Janvier 1882
Crayon, plume et encre, aquarelle sur papier vélin
38×56 cm
Collection particulière

3
Paysage au soleil couchant
Août 1882
Huile sur toile
27,3×41,3 cm
Collection particulière

4
Raccommodeuses de filets dans les dunes
Août 1882
Huile sur papier monté sur panneau
42×62,5 cm
François Odermatt, Montréal, Canada

5
Salle d'attente
Septembre 1882
Aquarelle sur papier vergé
27,8×38 cm
Collection particulière

6
Vieillard de l'hospice, vu de dos
Octobre (?) 1882
Mine de plomb et craie noire
sur papier à aquarelle épais
50×27,5 cm
Collection Dr Peter Nathan, Zurich

7
Portrait du libraire Blok
Novembre 1882
Mine de plomb,
lavis de craie noire
et de craie blanche et aquarelle
sur papier vélin épais
(torchon)
38,4×26,2 cm
Collection particulière

8
Vieillard à la canne
Novembre 1882
Crayon lithographique noir
sur papier vélin,
impression à l'encre noire
avec légers rehauts de mine
de plomb dans le fond
47,5×25,5 cm
Bibliothèque d'Art
et d'Archéologie
(Fondation Jacques Doucet),
Paris

9
Homme bêchant
Novembre 1882
Crayon, pinceau et encre d'imprimerie, légers rehauts de mine de plomb, lavis gris sur papier vélin
43×36 cm
Bibliothèque d'Art et d'Archéologie (Fondation Jacques Doucet), Paris

10
At Eternity's Gate
(Au seuil de l'Eternité)
Novembre 1882
Lithographie, crayon,
pinceau et encre d'imprimerie
sur papier vélin
49×33,2 cm
Bibliothèque d'Art
et d'Archéologie
(Fondation Jacques Doucet),
Paris

11
Femme au bonnet
Janvier 1883
Mine de plomb, crayon lithographique noir
et aquarelle sur papier aquarelle
43,5×24 cm
Collection du Cabinet des estampes
et des dessins de la Ville de Liège

12
Le Feu des mauvaises herbes
Juillet 1883
Lithographie sur papier vélin avec rehauts de plume,
de mine de plomb et d'encre noire
15,5×26 cm
Bibliothèque d'Art et d'Archéologie
(Fondation Jacques Doucet), Paris

13
Toits de chaume
Avril 1884
Mine de plomb, plume et encre, rehauts de blanc sur papier vélin
31,2×45,3 cm
Tate Gallery, Londres,
Legs de C. Frank Stoop, 1933

14
Moulin à eau à Gennep
Novembre 1884
Huile sur toile montée sur panneau
85 × 151 cm
Collection Carmen Thyssen-Bornemisza

15
Tête de paysanne
Décembre 1884
Huile sur toile
43,5×37 cm
Courtesy Galerie Daniel Malingue, Paris

Dessin fait après le tableau
Décembre 1884
11,5×8 cm
Collection particulière

16
Le Vannier
Mars 1885
Huile sur toile
41×33 cm
Musée des
Beaux-Arts,
La Chaux-
de-Fonds,
Collection
R. et M. Junod

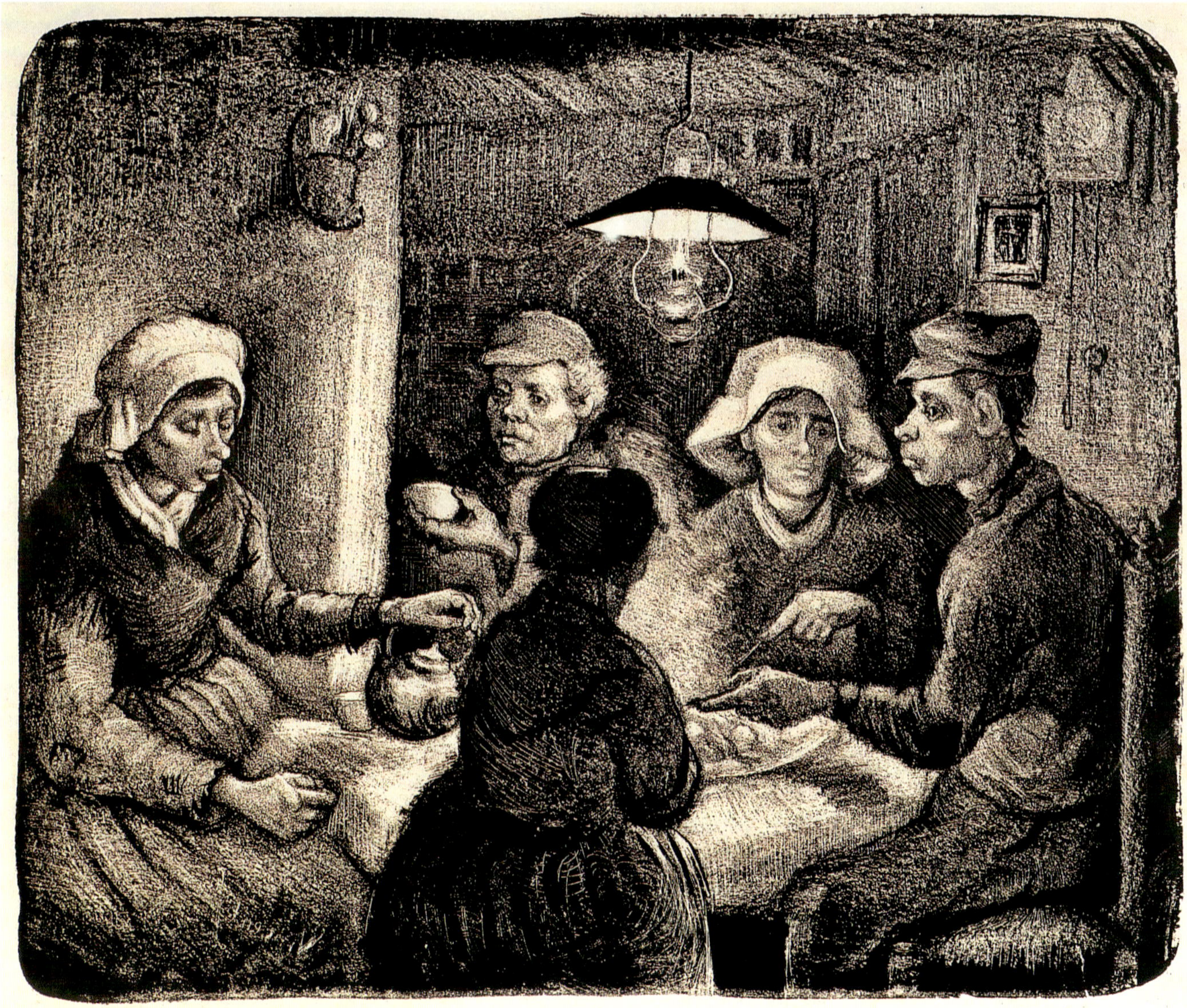

17
Les Mangeurs de pommes de terre
Avril 1885
Crayon, pinceau et encre lithographique sur papier vélin
26,5×32 cm
Museo Thyssen-Bornemisza, Madrid

18
Paysan assis (recto)
Paysan bêchant (verso)
Mai 1885
Craie noire sur papier vergé
33×19,5 cm
Collection particulière

19
La Chaumière
Juin-juillet 1885
Huile sur toile sur panneau
32×46 cm
Wallraf-Richartz-Museum, Cologne

20
Paysan à la faucille
Août 1885
Craie noire sur papier vergé
43×54 cm
Collection particulière

21
Nature morte: deux jarres et deux courges
Septembre 1885
Huile sur toile sur panneau
58×85 cm
Collection particulière, Suisse

22
Nature morte: choux, pommes de terre et agrumes
Octobre 1885
Huile sur toile
75×93 cm
Collection particulière

23
Vase aux glaïeuls rouges
Eté 1886
Huile sur toile
65×35 cm
Fondation Jean et Suzanne Planque,
Lausanne

24
Le Moulin de la Galette
Automne 1886
Huile sur toile
61×50 cm
Museo Nacional de Bellas Artes, Buenos Aires, Argentine

Photographie d'Henri Daudet. Musée de Montmartre

25
Jardins sur la butte Montmartre
Juillet 1887
Huile sur toile
96 × 120 cm
Stedelijk Museum, Amsterdam

26
Aux confins de Paris, près de Montmartre
Eté 1887
Crayon, plume et encre, pastel et gouache sur papier vergé
39,5×53,5 cm
Stedelijk Museum, Amsterdam

27
Les Fortifications
Eté 1887
Craie noire, aquarelle et gouache, rehauts de crayon sur papier vergé
39,5×53,5 cm
Whitworth Art Gallery, University of Manchester

28
La Seine et le pont de la Grande Jatte
Eté 1887
Huile sur toile
32×40,5 cm
Van Gogh Museum Amsterdam
(Vincent van Gogh Foundation)

29
Bords de la Seine
Eté 1887
Huile sur toile
32×46 cm
Van Gogh Museum Amsterdam
(Vincent van Gogh Foundation)

Carte postale, vers 1905

30
Canots amarrés
Eté 1887
Huile sur toile
52×65 cm
Collection particulière

Carte postale, vers 1905

31
Les Ponts d'Asnières
Eté 1887
Huile sur toile
52×65 cm
Fondation Collection E. G. Bührle, Zurich

32
Bateau de blanchisseuses sur la Seine
Eté 1887
Huile sur toile
19×27 cm
Virginia Museum of Fine Arts, Richmond, Etats-Unis,
Collection de M. et Mme Paul Mellon

33
Restaurant de la Sirène, Asnières
Eté 1887
Crayon et craie verte sur papier vergé
40×54 cm
Van Gogh Museum Amsterdam
(Vincent van Gogh Foundation)

ENVIRONS DE PARIS. — LE PONT D'ASNIÈRES. (Voir page 93.) — Dessin de M. Weber.

L'Illustration, 1869

Dessin de G. Fraipont dans *Les Environs de Paris*, de Louis Barron, 1886

34
Restaurant de la Sirène, Asnières
Eté 1887
Huile sur toile
51,5×64 cm
Ashmolean Museum, Oxford

Photographie anonyme, 1871. Collection particulière

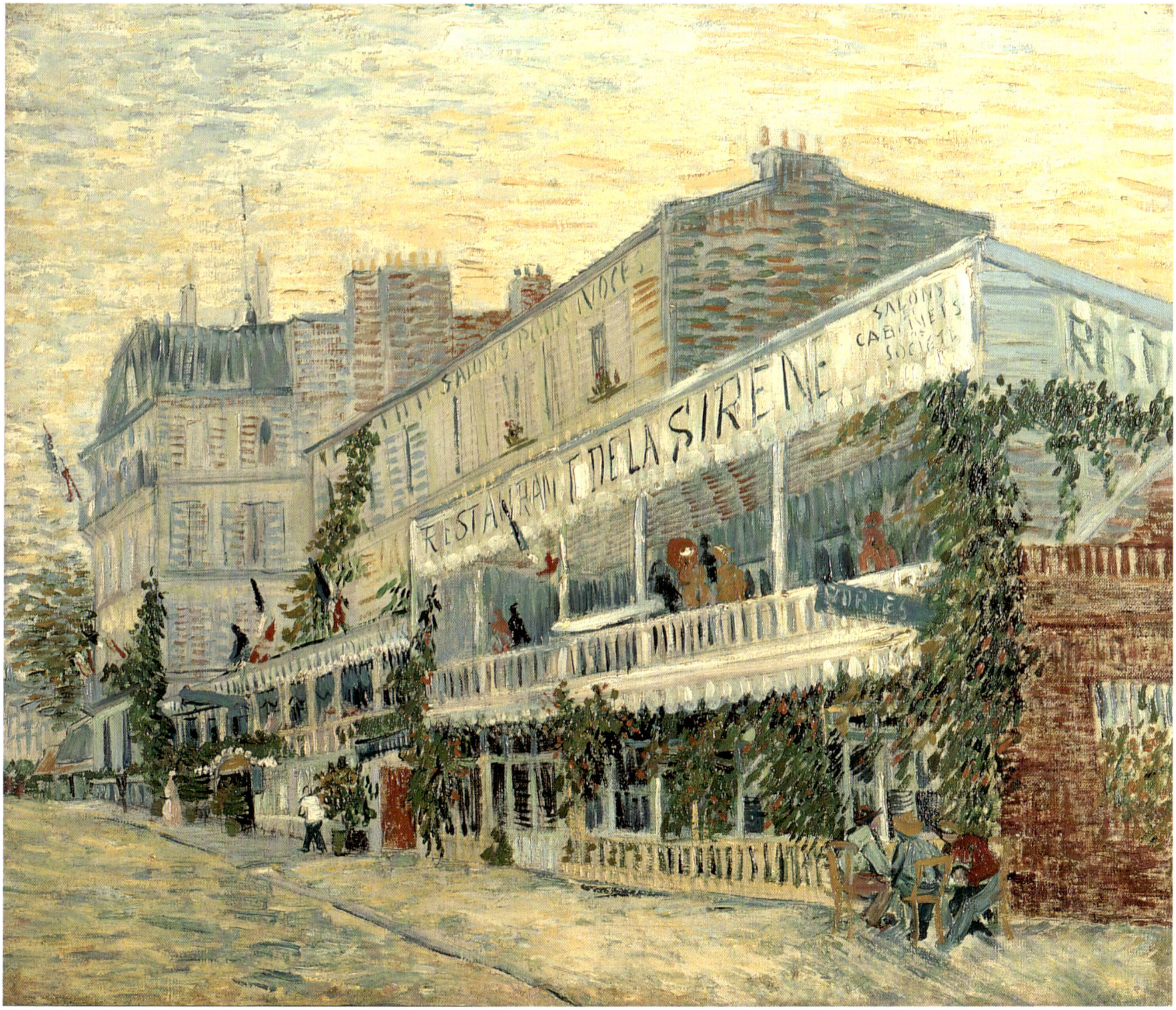

35
Restaurant de la Sirène, Asnières
Eté 1887
Huile sur toile
54,5×65,5 cm
Musée d'Orsay, Paris,
Legs Joseph Reinach, 1921

Photographie anonyme, 1878. Archives municipales d'Asnières

36
Bords de Seine, près du pont de Clichy
Eté 1887
Huile sur toile
37×45,5 cm
Stichting Collectie P. en N. de Boer, Amsterdam

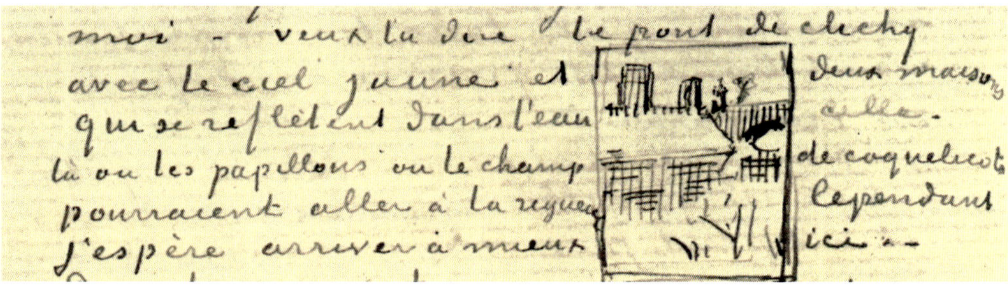
moi - veux tu dire le pont de clichy
avec le ciel jaune et deux maisons
qui se reflètent dans l'eau cela.
là ou les papillons ou le champ de coquelicots
pourraient aller à la reque cependant
j'espère arriver à mieux ici..

Détail de la lettre du 24 mars 1888 à Théo (LT 471, page 3).
Van Gogh Museum Amsterdam (Vincent van Gogh Foundation)

37
Le Pont de Clichy
Eté 1887
Huile sur toile
55×46 cm
Fine Arts
Collectors Ltd.

Carte postale, vers 1905. Collection Hugues Wilhelm

38
La Seine et le pont de Clichy
Eté 1887
Huile sur toile
50×60 cm
Dallas Museum of Art,
Don de M. et Mme Eugene McDermott
en mémoire d'Arthur Berger

39
Pêcheurs au printemps, pont de Clichy
Printemps 1887
Huile sur toile
49×58 cm
Art Institute of Chicago,
Don de Charles Deering McCormick,
Brooks McCormick et Roger McCormick, 1965

40
Route aux confins de Paris
Eté 1887
Huile sur toile
48×73 cm
Collection particulière

41
Allée de platanes, près de la gare
Mars 1888
Huile sur toile
46×49,5 cm
Musée Rodin, Paris

42
Le Canal de Vigueirat au pont de Gleize
Mars 1888
Huile sur toile
46×49 cm
Collection particulière

43
Prairie avec sentier et saules
Mars 1888
Crayon, plume et encre brune sur papier vélin
25,5×34 cm
Van Gogh Museum Amsterdam
(Vincent van Gogh Foundation)

44
Prairie avec sentier et saules
Avril 1888
Huile sur toile
31,5×38,5 cm
Collection particulière

45
Abricotiers en fleur
Avril 1888
Huile sur toile
54,5×65,5 cm
Collection particulière, Suisse

46
Parc au buisson taillé
Début mai 1888
Plume, plume de roseau et encre brune sur papier vélin
25,5×34,5 cm
Van Gogh Museum Amsterdam
(Vincent van Gogh Foundation)

47
La Route de Tarascon
Avril-mai 1888
Crayon, plume, plume de roseau et encre brune sur papier vélin
25,8×35 cm
Kunsthaus Zurich
Cabinet des estampes

48
Le Tronc
Avril-mai 1888
Plume de roseau et encre sur papier vélin
25,7×34,9 cm
Virginia Museum of Fine Arts, Richmond, Etats-Unis,
Collection de M. et Mme Paul Mellon

49
Vue du Rhône
Avril-mai 1888
Crayon, plume de roseau et encre sur papier vélin
22,5×34,5 cm
Staatliche Graphische Sammlung, Munich

50
La Roubine du Roi avec lavandières
Avril-mai 1888
Crayon, plume de roseau et encre sur papier vélin
22,5×34,5 cm
Staatliche Graphische Sammlung, Munich

Carte postale, vers 1905. Collection particulière

51
Bords du Rhône
Mai 1888
Crayon, plume, plume de roseau et encre violette sur papier vergé
39,2×61,1 cm
Museum Boymans-Van Beuningen, Rotterdam

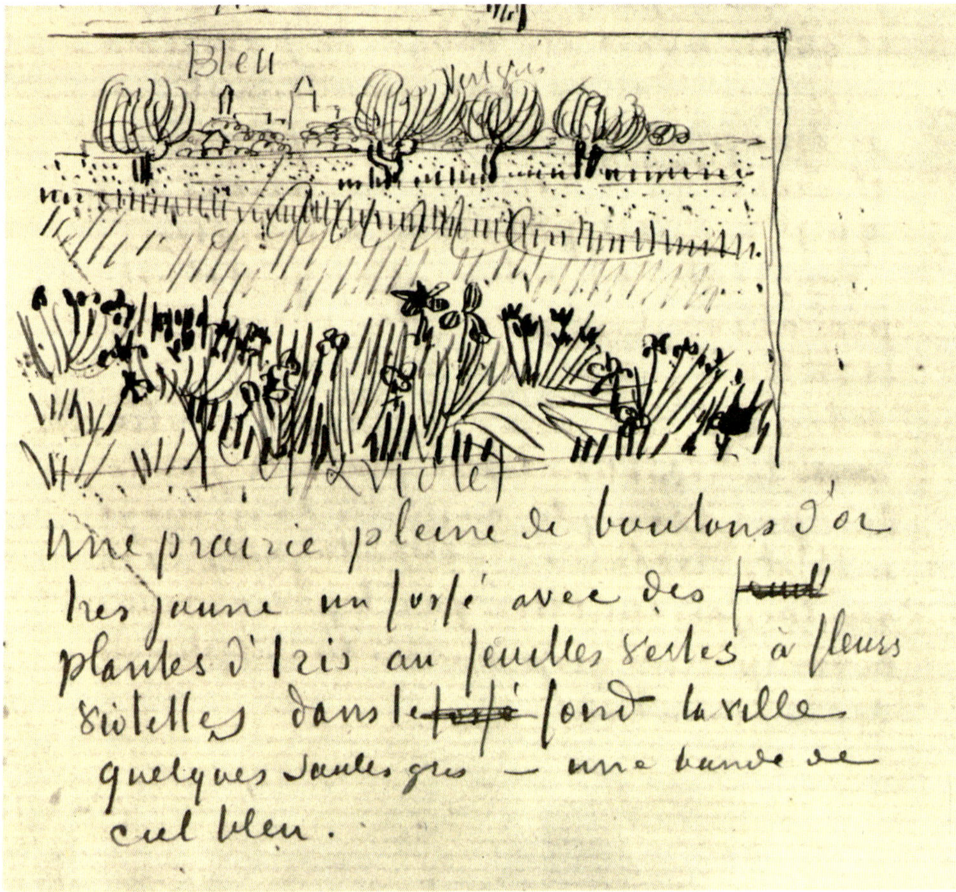

Croquis du tableau *Vue d'Arles avec iris et prairie* (LT 487), 12 mai 1888.
Van Gogh Museum Amsterdam (Vincent van Gogh Foundation)

52
Vue d'Arles avec iris et prairie
Mai 1888
Huile sur toile
54×65 cm
Van Gogh Museum Amsterdam
(Vincent van Gogh Foundation)

Le Pont de Langlois
Mi-juillet 1888
Crayon, plume de roseau et encre
24,1×31,7 cm
Los Angeles County Museum of Art,
Mr. and Mrs. George Gard De Sylva Collection
(non exposé)

53
Le Pont de Langlois
Mai 1888
Huile sur toile
49,5×64 cm
Wallraf-Richartz-Museum, Cologne

54
Cimetière de Saintes-Maries
Fin mai 1888
Crayon, plume de roseau et encre brune sur papier vergé
29,5×47,5 cm
Collection particulière

55
Barques de pêcheurs aux Saintes-Maries
Début août 1888
Crayon, plume de roseau, plume d'oie et encre noire sur papier vélin
24×31,5 cm
Musées Royaux des Beaux-Arts de Belgique, Bruxelles

56
Trois chaumières aux Saintes-Maries
Fin mai 1888
Crayon, plume de roseau et encre brune sur Ingres
30×47 cm
Van Gogh Museum Amsterdam
(Vincent van Gogh Foundation)

57
Mas blancs aux Saintes-Maries
Début juin 1888
Huile sur toile
33,5×41,5 cm
Kunsthaus Zurich,
Donation Walter Haefner

58
Fille aux cheveux ébouriffés
Juin 1888
Huile sur toile
35,5×24,5 cm
Musée des Beaux-Arts,
La Chaux-de-Fonds,
Collection R. et M. Junod

59
Le Pont de Trinquetaille
Juin 1888
Huile sur toile
65×81 cm
Collection particulière

60
Champ de blé, Arles
Juin 1888
Huile sur toile
50×61 cm
Stichting Collectie P. en N. de Boer, Amsterdam

61
Arles vu des champs de blé
Juin 1888
Huile sur toile
73×54 cm
Musée Rodin, Paris

62
Arles vu des champs de blé
31 juillet - 3 août 1888
Crayon, plume de roseau et encre brune sur papier vélin
31,5×23,5 cm
Richard Nagy, Dover Street Gallery, Londres

63
Les Meules
Mi-juillet 1888
Crayon et plume de roseau sur papier vélin
24×31,5 cm
Szépmüvészeti Múzeum, Budapest

Voici un motif nouveau. un coin de jardin avec
des buissons en boule et un arbre pleureur et
dans le fond des touffes de lauriers roses. Et le
gazon qu'on vient de faucher avec les
longues trainées de foin qui sèche au soleil
Un petit coin de ciel bleu vert dans le haut.

Croquis du tableau *Jardin à l'arbre pleureur* (LT 508).
Van Gogh Museum Amsterdam (Vincent van Gogh Foundation)

64
Jardin à l'arbre pleureur
Juillet 1888
Huile sur toile
60,5×73,5 cm
Collection particulière, Suisse

65
Jardin à l'arbre pleureur
Mi-juillet 1888
Crayon, plume de roseau et encre brune sur papier vélin
24,2×31,6 cm
Collection particulière

66
Jardin à l'arbre pleureur
Début août 1888
Crayon, plume de roseau et encre brune sur papier vélin
24,1×31,5 cm
The Menil Collection, Houston

67
Jardin à l'arbre pleureur
31 juillet - 3 août 1888
Crayon, plume de roseau et encre brune sur papier vélin
31,5×24,5 cm
Collection particulière

68
Les Oliviers: Montmajour
Juillet 1888
Crayon, plume de roseau, encre brune et noire sur papier Whatman
48×60 cm
Musée des Beaux-Arts de Tournai, Belgique,
Legs H.-E. van Cutsem

69
Bateaux de sable à quai
Août 1888
Crayon, plume de roseau et plume d'oie,
encre noire et encre brune sur papier Whatman
48×62,5 cm
Cooper-Hewitt, National Design Museum,
Smithsonian Institution, New York,
Don de Miss Edith Wetmore

70
Les Débardeurs
Novembre 1888
Huile sur toile
54×65 cm
Museo Thyssen-Bornemisza, Madrid

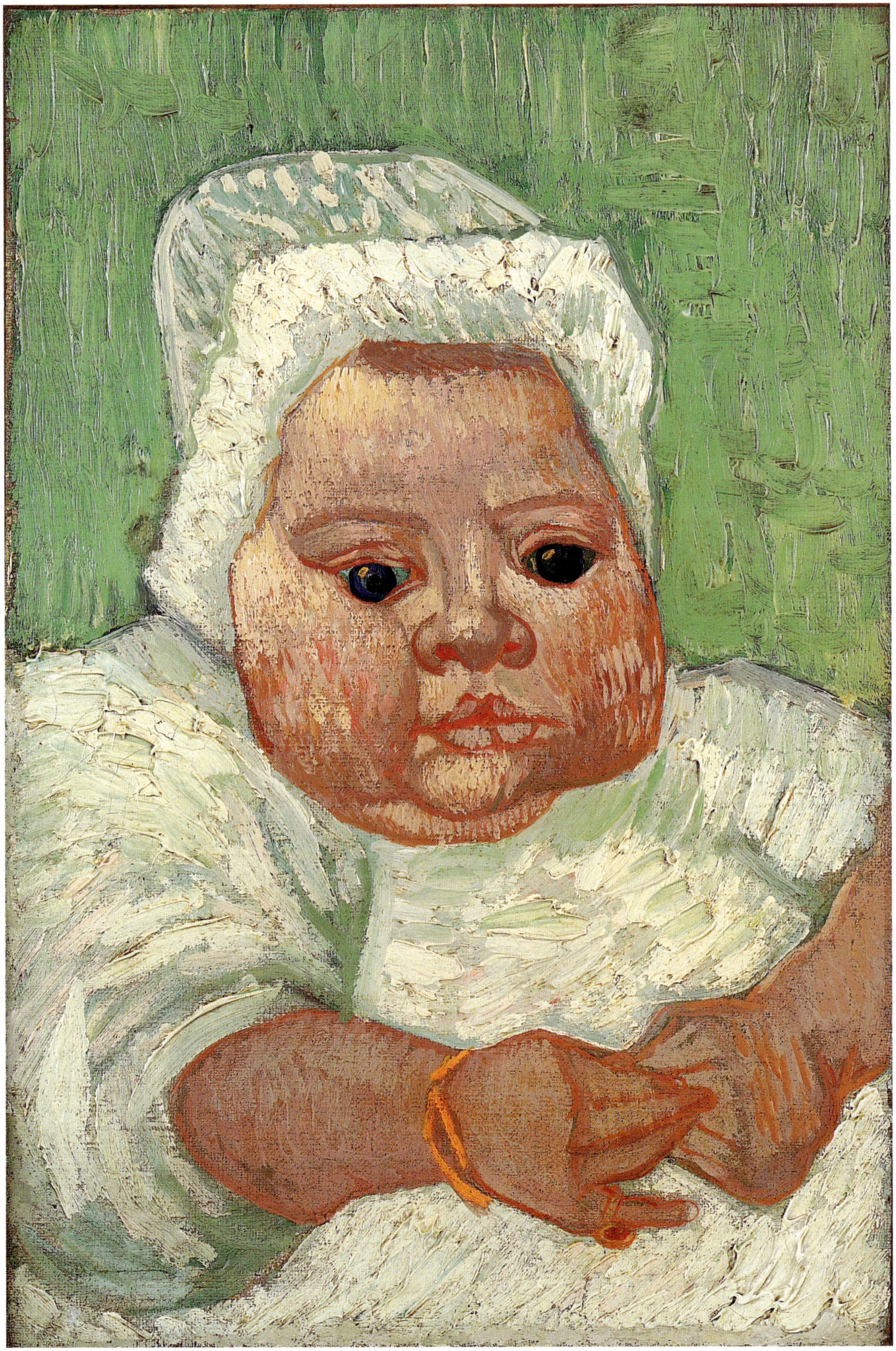

71
Le Bébé Marcelle Roulin
Décembre 1888
Huile sur toile
34,3 × 23,5 cm
Collection Louis et
Evelyn Franck

72
Portrait de Camille Roulin
Décembre 1888
Huile sur toile
3,5×54 cm
Museu de Arte de São Paulo, Assis Chateaubriand, Brésil

73
Nature morte aux harengs saurs
Janvier 1889
Huile sur toile
33×41 cm
Collection particulière

74
Prairies, Arles
Avril 1889
Huile sur toile
59,5×70 cm
Collection Louis et Evelyn Franck

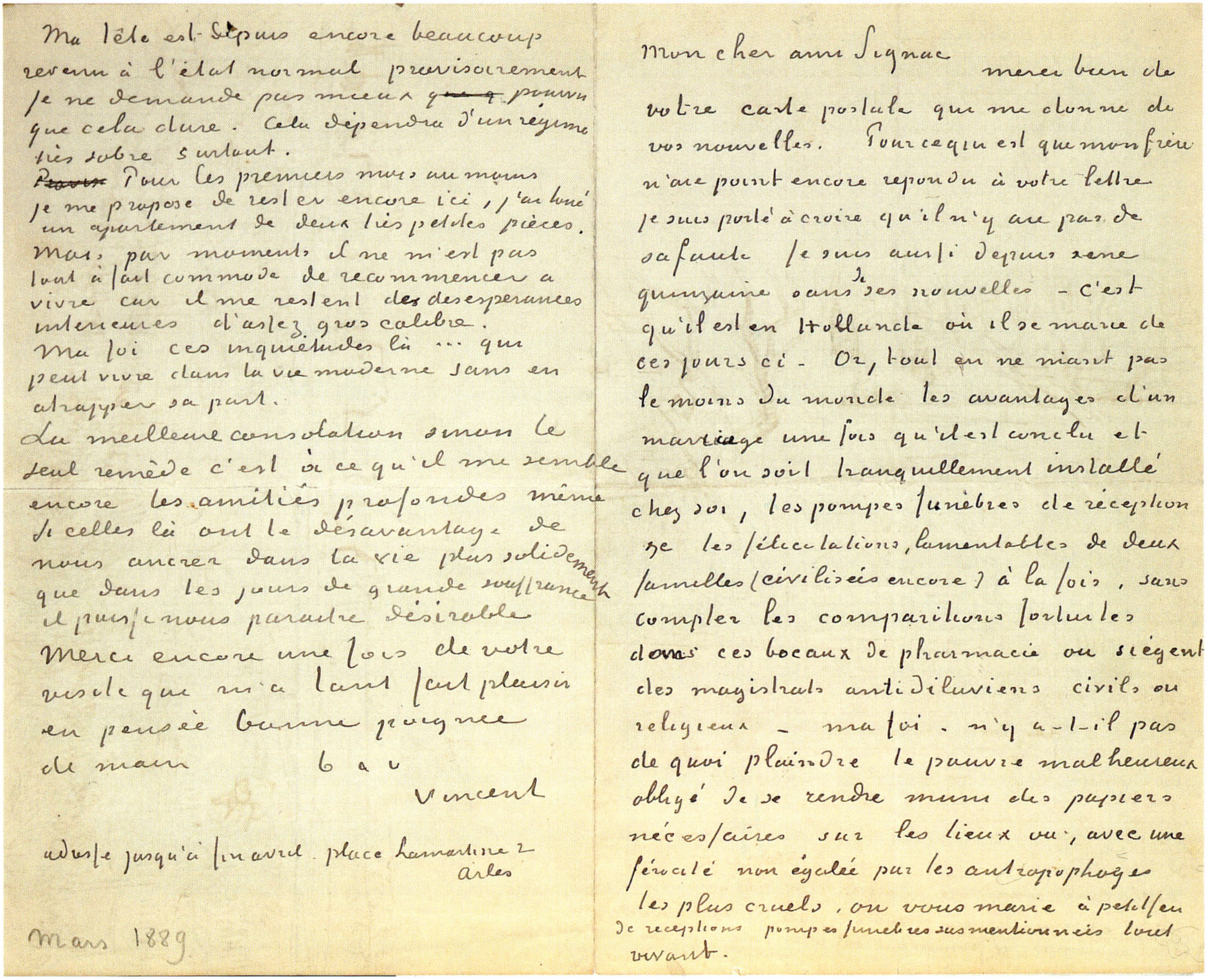

Mon cher ami Signac merci bien de
votre carte postale qui me donne de
vos nouvelles. Pour ce qui est que mon frère
n'aie point encore repondu à votre lettre
je suis porté à croire qu'il n'y aie pas de
sa faute je suis aussi depuis une
quinzaine sans de ses nouvelles – c'est
qu'il est en Hollande où il se marie de
ces jours ci – Or, tout en ne niant pas
le moins du monde les avantages d'un
mariage une fois qu'il est conclu et
que l'on soit tranquillement installé
chez soi, les pompes funèbres de réception
et les félicitations, lamentables de deux
familles (civilisées encore) à la fois, sans
compter les comparitions fortuites
dans ces bocaux de pharmacie où siègent
des magistrats antidiluviens civils ou
religieux – ma foi. n'y a-t-il pas
de quoi plaindre le pauvre malheureux
obligé de se rendre muni des papiers
nécessaires sur les lieux où, avec une
férocité non égalée par les antropophages
les plus cruels, on vous marie à petit feu
de réceptions pompes funèbres susmentionnées tout
vivant.

Ma tête est depuis encore beaucoup
revenu à l'état normal provisoirement
je ne demande pas mieux ~~que~~ pourvu
que cela dure. Cela dépendra d'un régime
très sobre surtout.
~~Pour~~ Pour les premiers mois au moins
je me propose de rester encore ici, j'ai loué
un appartement de deux très petites pièces.
Mais par moments il ne m'est pas
tout à fait commode de recommencer à
vivre car il me restent des desesperances
interieures d'assez gros calibre.
Ma foi ces inquiétudes là ... qui
peut vivre dans la vie moderne sans en
attrapper sa part.
La meilleure consolation sinon le
seul remède c'est à ce qu'il me semble
encore les amitiés profondes même
si celles là ont le désavantage de
nous ancrer dans la vie plus solidement
que dans les jours de grande souffrance
il puisse nous paraître désirable.
Merci encore une fois de votre
visite qui m'a tant fait plaisir
en pensée bonne poignée
de main t à v
Vincent

adresse jusqu'à fin avril. place Lamartine 2
Arles

Mars 1889

75
Lettre de Van Gogh à Paul Signac
10 avril 1889
Plume et encre brune
21×27 cm
Collection particulière

Je vous demeure bien obligé de votre si amicale et bienfaisante visite qui a considérablement contribué à me remonter le moral
Je vais bien maintenant et je travaille à l'hospice ou dans les environs.
Ainsi je viens de rapporter deux études de vergers.

En voici croquis hatif – le plus grand est une pauvre campagne verte à petits mas ligne bleue des alpines ciel blanc & bleu
Le devant des clos aux haies de roseaux ou de petits pechers sont en fleur – tout y est petit les jardins les champs les jardins les arbres même ces montagnes comme dans certains paysages japonais c'est pourquoi ce motif m'attirait
L'autre paysage est presque tout vert avec un peu de lilas et de gris – par un jour pluvieux
Bien aise de ce que vous dites que vous vous êtes fixé et serai désireux d'avoir encore de vos nouvelles comment le travail marche/, comment est le caractère de ces parages là.

76
Massif en fleurs
Mai 1889
Aquarelle
sur papier
61×47 cm
Collection
particulière

77
Le Jardin de l'asile
Mai 1889
Aquarelle sur papier
46,5×61,5 cm
Collection particulière

78
Oliviers
Septembre (?) 1889
Huile sur toile
53,5×64,5 cm
Collection particulière, Suisse

79
Le Parc de l'asile
Octobre 1889
Huile sur toile
65×49 cm
Collection
particulière

80
Banc de pierre et fontaine dans le parc de l'asile
Octobre-novembre 1889
Huile sur toile
39,5×47,5 cm
Museu de Arte de São Paulo, Assis Chateaubriand, Brésil

81
Une route à Saint-Rémy
Décembre 1889
Huile sur toile
32,2×40,5 cm
Kasama Nichido Museum of Art, Japon

82
La Fileuse, d'après Millet
Septembre 1889
Huile sur toile
40×25,5 cm
Collection Sara et
Moshe Mayer

83
Deux paysans bêchant
Mars-avril 1890
Huile sur toile
32×40,5 cm
Collection particulière

84
L'Arlésienne, portrait de Mme Ginoux
Début 1890
Huile sur toile
65×54,5 cm
Museu de Arte de São Paulo, Assis Chateaubriand
Brésil

85
L'Homme à la pipe, portrait du Dr Gachet
Juin 1890
Eau-forte sur papier vergé
18×15 cm
Collection Fondation Pierre Gianadda, Martigny

86
L'Oise à Auvers
Juin 1890
Crayon, pinceau et gouache sur papier Ingres rose
47,8×62,8 cm
Tate Gallery, Londres,
Legs de C. Frank Stoop, 1933

87
Ferme au fond du champ
Juin 1890
Craie noire et craie blanche, pastel bleu, plume de roseau et encre sur papier vergé bleu-gris passé
47,3×62,2 cm
The Art Institute of Chicago,
Legs de Kate L. Brewster

88
Vase avec fleurs et chardons
Juin 1890
Huile sur toile
41×34 cm
Collection particulière

89
Vue d'Auvers avec fermes
Juillet 1890
Huile sur toile
50,2×100,3 cm
Tate Gallery, Londres,
Legs de C. Frank Stoop, 1933

90
Femmes longeant les champs
Juillet 1890
Huile sur papier vergé monté sur toile
32×64 cm
Prêt du McNay Art Museum, San Antonio,
Legs de Marion Koogler McNay

Catalogue

NOTES EXPLICATIVES

Abréviations: Voir Bibliographie sélective, sous Catalogues raisonnés et Lettres.

Ordre: Essentiellement chronologique, avec toutefois des interruptions pour permettre de regrouper les œuvres comparables.

Dimensions: En centimètres, hauteur avant largeur.

Références: Les noms des auteurs cités peuvent être facilement trouvés dans la Bibliographie sélective.

1 **Marais aux nénuphars**

Juin 1881

Crayon, plume et encre de Chine sur papier

23,5×31,4 cm

Signé en bas à gauche: *Vincent*

F 845 H 7

Virginia Museum of Fine Arts, Richmond, Etats-Unis, Collection de M. et Mme Paul Mellon

Pendant toute sa période hollandaise, de juin 1881 à novembre 1885, Van Gogh reste toujours en contact avec son ami peintre Anton van Rappard (1858-1892). Van Rappard rend souvent visite à Van Gogh à Etten, à La Haye et à Nuenen. Ils échangent une correspondance suivie et fréquente: il reste cinquante-huit des lettres de Van Gogh, source précieuse pour l'étude de sa période hollandaise.

En juin 1881, Van Rappard vient voir Vincent à Etten. Vincent rapporte à Théo: «Je dois te dire que Rappard est venu passer ici une douzaine de jours. Il est maintenant reparti. Nous avons fait ensemble plusieurs excursions, entre autres dans la bruyère du côté de Seppe et au lieu appelé Passievaart, un grand marécage. Rappard a peint là-bas une grande étude (1 m sur 50 cm)... Pendant qu'il peignait, j'ai fait un dessin à la plume d'un autre coin du marécage où il y avait des nénuphars (près du chemin de Roozendael)... Je me suis borné jusqu'à présent à dessiner au crayon; j'ai ombré et achevé mes dessins à l'aide d'une plume de roseau, dont les traits sont plus épais» (LT 146).

Van Gogh a réalisé deux études de ce marais appelé Passievaart. La seconde, la plus grande (42,5×56,5 cm) aujourd'hui à la National Gallery of Canada, Ottawa (F 846), a sans doute été exécutée plus tardivement que ce dessin. Toutes deux montrent un Vincent aux prises avec le défi du paysage de plein air, capturant les détails de premier plan, cherchant à rendre l'impression de recul. Elles illustrent aussi son maniement de la plume de roseau, dont il saura user avec tant d'inventivité en Arles. Son travail achevé, Van Gogh dessine un cadre autour des bords du papier. C'est le seul de ses dessins d'Etten utilisant un tel procédé. Dans ce cas, il apporte une finition à ce qu'on pourrait appeler un dessin-cadeau: Vincent l'offrira à sa sœur Wil.

Ce paysage sans personnages doit avoir rappelé à Van Gogh *Chill October* de J. E. Millais, peinture qu'il avait beaucoup admirée quand il l'avait vue à Londres en 1876.

Malheureusement, la peinture de Van Rappard que mentionne Van Gogh dans sa lettre a disparu.

2 **Le Schenkweg et la gare de Rijnspoor**

Janvier 1882

Crayon, plume et encre, aquarelle sur papier vélin

38×56 cm

F 910 H 99

Collection particulière

De la fenêtre de sa chambre du 138 Schenkweg, où il s'installe le 1er janvier 1882, Van Gogh a une vue sur le Schenkweg et la gare de Rijnspoor. Il en fait un dessin paisible dans une lettre de mi-janvier 1882 (LT 170). Pendant ses premières semaines à La Haye, il utilise souvent l'aquarelle, surtout pour des études de modèle en intérieur (F 889, F 910a, F 946r, F 1033). Celle-ci et peut-être une autre beaucoup plus petite, *Vue de La Haye* (F 1680), sont les deux seules qui décrivent des vues en plein air. Mais d'autres ont pu être perdues ou détruites. Celle-ci a-t-elle vraiment été faite de sa fenêtre ou directement sur les lieux? Le point de vue indique qu'elle a sans doute été réalisée en extérieur. Van Gogh commence au crayon, poursuit à la plume et à l'encre, puis applique de larges rehauts d'aquarelle. Le personnage à la brouette s'appuie de toute évidence sur un type déjà étudié à Etten, mais les deux figures en marche seraient des créations nouvelles. Ces vues se retrouveront souvent dans son œuvre de La Haye, mais avec des modifications dans la composition (surtout après qu'il a changé d'adresse, en juillet 1882). En revanche, toutes ses compositions plus tardives seront toujours réalisées à partir de sa fenêtre (F 939, F 942, F 943, F 1022, F 1023).

3 **Paysage au soleil couchant**
Août 1882
Huile sur toile
27,3×41,3 cm
F 79 H 763
Collection particulière

La date et la localisation de ce petit paysage n'ont jamais été établies de manière certaine. On a émis l'hypothèse qu'il se situait à Nuenen, uniquement d'après une mention dans une lettre d'avril 1885: «Je suis occupé à un coucher de soleil tout rouge» (LT 402). Mais un examen approfondi de la peinture, sur les plans technique et historique, pratiqué en 1997 par Jean F. Rosston et le Dr Roland Dorn, établit que ce tableau fait partie des premiers essais sérieux de peinture à l'huile effectués par Van Gogh en août 1882 à La Haye. Dorn souligne la similarité de traitement avec trois peintures bien documentées d'août 1882 (F 2, F 2a et F 4). Il met aussi en avant que tous les paysages peints en 1885 à Nuenen ont tendance à être exécutés *alla prima*, en pratiquement une seule couche, alors que cette toile-ci montre les marques de plusieurs essais et de couches différentes, symptomatiques d'un artiste bataillant avec une technique encore peu familière.
Un soir au couchant, une rivière menant en diagonale à un groupe de bâtiments de ferme à droite et un petit moulin à l'extrême droite: Dorn juge ces éléments plus caractéristiques, sur le plan topographique, de La Haye et de ses environs que de Nuenen.

4 **Raccommodeuses de filets dans les dunes**
Août 1882
Huile sur papier monté sur panneau
42×62,5 cm
F 7 H 178
François Odermatt, Montréal, Canada

Cette peinture est parmi celles mentionnées par Van Gogh dans ses lettres de La Haye en août et septembre 1882. Il raconte sa réalisation dans une lettre à Théo du 20 août 1882 (LT 227): «… un motif que j'avais découvert à Scheveningen: un grand espace uni dans les dunes, le matin, après la pluie; l'herbe relativement est verte; on a étendu des filets en forme de cercles énormes, qui ont des tons profonds d'un gris rougeâtre, noirâtre ou verdâtre. Des femmes portant des coiffes blanches et des hommes – les uns assis, d'autres debout, d'autres encore déambulant – étendaient ou réparaient ces filets, et leurs étranges silhouettes noires se profilaient sur le sol sombre. Ce spectacle de la nature était aussi saisissant, aussi typiquement morne et austère que les plus belles œuvres de Millet, d'Israëls ou de De Groux qu'on puisse imaginer. Au-dessus de ce paysage, un simple ciel gris et une ligne claire à l'horizon. En dépit des averses, j'ai peint une étude sur une feuille de torchon huilé.» Le papier torchon est le nom qu'il donne au double Ingres à très gros grain (LT 222). Il existe aussi une étude à la plume d'une femme ramassant un filet (F 911v).

5 **Salle d'attente**
Septembre 1882
Aquarelle sur papier vergé
27,8×38 cm
F 909 H 94
Collection particulière

Cette petite aquarelle a toujours été datée de janvier 1882, c'est-à-dire du premier mois de Van Gogh à La Haye. Mais deux éléments remettent en cause cette datation. D'abord, la présence des pensionnaires de l'hospice parmi les personnages: Van Gogh n'a commencé à les utiliser comme modèles qu'en septembre 1882 (voir cat. n° 6). Ensuite, la présence de Sien et de son bébé, né le 2 juillet 1882. On a proposé divers titres pour cette composition: que se soit une «Salle d'attente de troisième classe» ou non, le fait est que Van Gogh avait demandé à ses modèles de se rendre à son second atelier sur le Schenkweg, loué en juillet 1882, où il a créé cette scène de salle d'attente. Les «orphelins» et Sien avec son bébé sont aussi réunis dans un décor de plein air – un banc de jardin public – dont on retrouve la trace en septembre 1882 (F 951).
Les visages sont des formes générales, sans traits particuliers; les mains aussi sont simplifiées; les touches d'aquarelle, rapides et directes, ont davantage une vie propre qu'une fonction descriptive.

6 **Vieillard de l'hospice, vu de dos**
Octobre (?) 1882
Mine de plomb et craie noire sur papier
à aquarelle épais
50×27,5 cm
Signé en bas à droite: *Vincent*
F 965 H 298
Collection Dr Peter Nathan, Zurich

Le modèle de ce dessin est un homme que Van Gogh a souvent représenté à partir de septembre 1882. Il apparaît dans une cinquantaine de dessins. En septembre 1882, Vincent raconte à Théo qu'«un homme de l'hospice» va venir poser pour lui (LT 233). Quelques jours plus tard, il informe Van Rappard: «Je suis très occupé à dessiner un ‹homme orphelin›, comme on appelle ici couramment les pensionnaires de l'hospice pour vieillards» (R 14). Et il joint une esquisse avec l'annotation «N° 199». Ce numéro a permis à Visser (1973) d'identifier l'homme comme Adrianus Jacobus Zuyderland (1810-1897), un des pensionnaires de la maison de retraite réformée d'Om en Bij, La Haye.
Les dessins des trois mois suivants montrent cet «orphelin» dans toutes sortes de poses et d'attitudes. Ils sont presque toujours tracés au crayon dur, sur du papier à aquarelle épais, parfois

quadrillé pour transfert. Quelquefois, comme ici, Vincent a passé du lait sur une partie du papier. La Faille et Hulsker l'ont tous deux reproduit inversé, mais l'édition Vollard de 1911 des lettres de Van Gogh à Bernard (pl. XXXIX) le présente correctement, sous le titre *Paysan hollandais.*

7 **Portrait du libraire Blok**

Novembre 1882
Mine de plomb, lavis de craie noire et de craie blanche et aquarelle sur papier vélin épais (torchon)
38,4×26,2 cm
F 993 H 254
Collection particulière

A l'époque où, à La Haye, Van Gogh suivait avec intransigeance l'apprentissage artistique qu'il s'était imposé, il était évidemment hors de question d'obtenir la commande d'un portrait. Ses modèles étaient les pensionnaires de l'hospice ou Sien et les membres de sa famille. Il n'entreprend pas non plus d'autoportrait durant cette période. Ce tableau est donc une exception; mais même là, il tient plus à la relation qui accepte de poser qu'à une œuvre de commande.

Dans une lettre à Théo du début novembre 1882 (LT 241), Vincent raconte: «Devine qui j'ai dessiné ce matin? Blok, le bouquiniste – pas David, mais le petit qui a sa boutique en plein vent au Binnenhof. J'aimerais beaucoup dessiner d'autres membres de cette famille, car ce sont des types authentiques. C'est extraordinairement difficile de décider à poser les types qu'on préférerait dessiner; en attendant, je me trouve bien de dessiner ceux qui acceptent de poser, mais sans perdre de vue ceux que je dessinerais si je pouvais disposer d'eux. Je me félicite d'avoir pu dessiner Blok, il me rappelle des souvenirs vieux de plusieurs années, et je me plais à croire qu'il reviendra un de ces dimanches matin.»

La véritable identité du modèle reste à établir. Il est clair que Van Gogh l'a invité dans son atelier. Son vœu de faire le portrait d'autres membres de la famille ne sera pas exaucé. C'est à la famille Blok que Vincent a acheté son importante collection de journaux illustrés, notamment *The Graphic.* On pourrait dire que ce portrait, réalisé à l'aide de plusieurs techniques sur papier torchon, se rattache à la série d'études «Les têtes des gens» regroupant des caractères et des métiers, et que Van Gogh admirait tout particulièrement dans le périodique anglais.

8 **Vieillard à la canne**

Novembre 1882
Crayon lithographique noir sur papier vélin, impression à l'encre noire avec légers rehauts de mine de plomb dans le fond
47,5×25,5 cm
Signé en bas à gauche: *Vincent*
F 1658 H 256 HP 1
Bibliothèque d'Art et d'Archéologie
(Fondation Jacques Doucet), Paris

Van Gogh a occasionnellement réalisé des gravures, au total dix seulement. Il commence en novembre 1882 à La Haye avec six lithographies; deux autres suivront en juillet 1883. En 1885, à Nuenen, il en fait une des *Mangeurs de pommes de terre.* Enfin, son unique eau-forte date de son séjour à Auvers-sur-Oise, en 1890.

Vincent a grandi à une époque où la gravure se multiplie à tout-va sous forme de reproductions dans les périodiques illustrés et les albums des marchands et éditeurs d'art. Il est en particulier très admiratif des gravures sur bois qui font leur apparition dans les périodiques anglais, surtout *The Graphic.* Il les collectionne avec passion à La Haye (chez le marchand juif Blok, voir cat. nº 7). On peut voir au Musée Van Gogh plus de 1400 de ces gravures sur bois dont beaucoup sont montées par lui sur un papier bleu-gris. On ne sera pas étonné d'apprendre qu'au cours de son séjour de vingt et un mois à La Haye, il mentionne souvent son désir de devenir illustrateur de la presse périodique ainsi que son souhait d'apporter l'art chez les gens. Ses six lithographies de novembre 1882 (dont trois sont exposées, cat. nºs 8-10) témoignent de ces ambitions.

Il utilise du papier transfert bon marché fait à la machine, acheté à la fabrique des imprimeries commerciales Smulders. *Vieillard à la canne,* la première d'une série de six, s'appuie sur un dessin de septembre 1882 (F 962) de l'«orphelin» Adrianus Zuyderland. On devine encore le quadrillage qui lui a servi à reporter l'image.

On en connaît quatre exemplaires: deux au Musée Van Gogh, un dans la collection Lessing F. Rosenwald de la National Gallery à Washington, et celui-ci.

9 **Homme bêchant**

Novembre 1882
Crayon, pinceau et encre d'imprimerie, légers rehauts de mine de plomb, lavis gris sur papier vélin
43×36 cm
Signé en bas à gauche: *Vincent f.*
Annoté à l'encre en bas à gauche: *Epreuve d'essai*
F 1656 H 262 HP 3
Bibliothèque d'Art et d'Archéologie
(Fondation Jacques Doucet), Paris

«J'ai fait douze poses différentes du bêcheur, et j'en cherche encore de meilleures. C'est un très bon modèle, un véritable vétéran du métier», écrit Van Gogh à Van Rappard en novembre 1882 (R 18). Seuls trois dessins nous sont parvenus sur les douze. Celui qui a servi d'étude préliminaire à cette lithographie fait partie des feuilles disparues.

Le 22 novembre 1882, Vincent envoie cette lithographie ainsi que *Vieillard buvant son café* (HP 7) à Théo. Il explique que certaines parties de la composition ont été effacées au moment du transfert et de l'impression. Mais néanmoins: «Je trouve que ces reproductions ont le cachet âpre et désinvolte que je recherche; cela me console plus ou moins de la perte de certaines vertus que possédaient les dessins» (LT 246). Pour les «améliorer», il les retravaille. Dans le cas de celle-ci, qu'il envoie

à Van Rappard, il ajoute des lavis gris et quelques traits de crayon: par exemple près de la lame de la bêche.
On en connaît quatre exemplaires: deux au Musée Van Gogh, un à la Staatsgalerie de Stuttgart, et celui-ci.

10 **At Eternity's Gate (Au seuil de l'Eternité)**
Novembre 1882
Lithographie, crayon, pinceau et encre d'imprimerie sur papier vélin
49×33,2 cm
Signé en bas à gauche: *Vincent*
F 1662 H 268 HP 5
Bibliothèque d'Art et d'Archéologie
(Fondation Jacques Doucet), Paris

Le 24 novembre 1882, Vincent écrit à Théo: «Hier et aujourd'hui, j'ai fait deux dessins d'un vieillard, assis, les coudes aux genoux et la tête dans les mains… Peut-être en ferai-je aussi une lithographie. Un vieil ouvrier comme ça, en costume de coton tout raccommodé, avec une tête chauve, comme c'est beau!» (LT 247). Trois jours plus tard, il se sert de l'un de ces dessins comme point de départ pour une lithographie (F 997). Et il ajoute: «J'ai tout vu: le report sur la pierre, la préparation de la pierre et l'impression. Et je vois mieux maintenant quelles retouches on peut encore apporter après coup» (LT 248).
Il existe sept exemplaires de cette lithographie. Seul celui envoyé à Van Rappard porte en anglais l'inscription «At Eternity's Gate». C'est un titre évocateur de Bunyan et de *La Case de l'oncle Tom* de Beecher-Stowe. Van Gogh en propose l'explication suivante à Théo: «Il me semble qu'il est du devoir d'un peintre d'essayer d'exprimer une idée dans son œuvre. Voici ce que j'ai voulu dire dans ce dessin-ci (mais je ne sais pas le dire aussi bien, d'une façon aussi frappante que la réalité, dont ce dessin n'est, pour ainsi dire, qu'un faible reflet dans un miroir terni): l'émotion inexprimable qu'exhale l'image d'un vieux bonhomme, assis sans bouger au coin de l'âtre, fournit, à mon sens, une des preuves les plus solides de l'existence de quelque chose là-haut à laquelle croyait Millet, c'est-à-dire l'existence d'un Dieu et d'une éternité. Quelque chose de précieux et de noble qui ne saurait être destiné aux vers. Israëls a su exprimer cela merveilleusement. La plus belle page de *La Case de l'oncle Tom* est peut-être celle où le pauvre esclave, sachant qu'il doit mourir, assis pour la dernière fois auprès de sa femme, se souvient de ces paroles:

‹Que le malheur, sombre déluge,
›Que des tempêtes de malheur,
›S'abattent sur moi, mon Refuge,
›Ma Paix, mon Tout, c'est Toi, Seigneur.›

»C'est tout simplement un fait – qui ne concerne point la théologie – que le plus pauvre bûcheron, cultivateur de bruyère ou mineur, connaît parfois des moments d'émotion et d'attendrissement qui lui font sentir l'existence d'un chez-soi éternel où il est attendu» (LT 248).
Quand, interné à Saint-Rémy, Van Gogh effectuera des copies de gravures de Delacroix, Millet, Doré et Rembrandt, il en fera aussi une de cette lithographie, la seule qu'il réalisera jamais à partir de sa propre création.

11 **Femme au bonnet**
Janvier 1883
Mine de plomb, crayon lithographique noir et aquarelle sur papier aquarelle
43,5×24 cm
F 1057a H 296
Collection du Cabinet des estampes et des dessins de la Ville de Liège

Aiguillonné en permanence par les gravures sur bois du *Graphic* qu'il commence à collectionner à La Haye en janvier 1882, Van Gogh cherche à imiter la série «Les têtes des gens» en créant aussi ce genre de caractères. De fin décembre 1882 à février 1883, il produit plus de vingt dessins de ses modèles habituels, les vieillards de l'hospice ainsi que Sien et sa famille. Il opte pour différentes techniques, combinant à des degrés divers crayon, crayon lithographique, encre d'imprimerie, aquarelle et gouache. Après ses expériences de lithogravure, il s'engoue pour l'emploi, dans ses dessins, du crayon lithographique. Le dessin de Liège appartient à cette série. Comme les autres, il s'appuie sur un solide papier aquarelle à gros grain, laissant parfois apparaître une partie du filigrane «Dambricourt Hallines 1877».
On a longtemps donné le titre *Tête de vieille femme hollandaise* au dessin de Liège. Il est vrai que le modèle apparaît plus âgé que Sien, née en 1848. Il s'agit presque certainement de sa mère, née en 1826, qui aurait alors eu 56 ans. En tout état de cause, c'est clairement le même modèle que celui d'un dessin très proche (F 1057, Musée de Groningue) où on la voit de face, et celui d'une étude à mi-corps, la tête de profil (F 1006, Musée Van Gogh). Dans les trois dessins, le modèle porte la même coiffe qui laisse voir une partie des cheveux.
Albert de Neuville (1864-1924), natif de Liège, a acheté le dessin en 1904 à Amsterdam, sans doute à la galerie C. M. Van Gogh. Il était «le rêveur, le poète, le bibliophile, l'amateur d'art» d'une famille d'industriels prospères. Cette œuvre, son seul Van Gogh, a été léguée au Musée de Liège en 1996. En 1997, le dessin a été traité pour conservation. C'est la première fois qu'il figure dans une exposition Van Gogh.

12 **Le Feu des mauvaises herbes**
Juillet 1883
Lithographie sur papier vélin avec rehauts de plume, de mine de plomb et d'encre noire
15,5×26 cm
Signé en bas à droite: *Vincent*
F 1660 H 377 HP 8
Bibliothèque d'Art et d'Archéologie
(Fondation Jacques Doucet), Paris

Le motif de cette lithographie apparaît à l'origine sur un croquis rapide dans une lettre à Théo de début juillet 1883. Mais les trois personnages sont dépeints sur un fond de cabanes en arrière-plan. Il existe une deuxième version à l'aquarelle de cette composition (20×37 cm, F 1035a), sans les cabanes cette fois. L'effet obtenu souligne les silhouettes dessinées en continu sur fond de ciel, une technique que lui a conseillé de

rechercher son ami le peintre Van de Weele quand il se trouve confronté à un motif complexe à plusieurs personnages, ici des hommes travaillant dans une carrière de sable. Van Gogh relate le commentaire de Van de Weele dans une lettre à Van Rappard de mi-juin 1883: «Voyons, dessinez plutôt ce bonhomme avec cette brouette sur la crête d'une digue, se détachant sur le ciel clair du soir. Comme ce serait beau, alors que, comme ça, ça hurle» (R 37). C'est ainsi que Vincent réalise sa lithographie.
En cet été 1883, il travaillait régulièrement en extérieur sur des sujets paysans. Sien l'accompagnait souvent pour servir de modèle: c'est elle qui est assise dans la brouette. Le vieillard de l'hospice posait fréquemment aussi: on le voit ici, tout comme, seul et plus en évidence, dans la lithographie qui fait pendant à celle-ci, *Jardinier près d'un pommier* (HP 7).
On en connaît quatre exemplaires: un au Musée Van Gogh, un au Musée Kröller-Müller, un dans une collection particulière et celui-ci, qui a été envoyé à Van Rappard, bien qu'il n'y soit pas fait allusion dans les lettres retrouvées. Comme pour les autres versions, le dessin, assez sec, a été rehaussé à la plume à l'encre noire.

13 **Toits de chaume**

Avril 1884
Mine de plomb, plume et encre, rehauts de blanc sur papier vélin
31,2×45,3 cm
F 1242 H 474
Tate Gallery, Londres,
Legs de C. Frank Stoop, 1933

Arrivé à Nuenen au début décembre 1883, Van Gogh va passer presque deux ans dans ce village du Brabant-Septentrional avant de partir pour Anvers en novembre 1885. Au cours de son séjour, il explore le village et ses environs à la recherche de motifs de paysages, certains à dessiner, d'autres à peindre. Il dessine une première série de paysages d'assez grand format (environ 40×54 cm) en mars 1884. Il envoie plusieurs de ceux-ci, notamment cinq à la plume, pour commentaire à Van Rappard: «J'en fais un rouleau pour les expédier. Ayez l'obligeance de les mettre dans le classeur avec les autres, et surtout, veillez à ce qu'ils ne soient pas froissés lorsque vous me les retournerez» (R 44).
En avril, Vincent envoie à Van Rappard un second lot de dessins, seulement trois cette fois. Il précise longuement à leur sujet: «Je vous ai encore envoyé trois dessins à la plume, ces jours-ci, ‹Le Ruisseau›, ‹Pins dans la fagne›, et ‹Toits de chaume›. Je pense que ces motifs auront l'heur de vous plaire. Pour ce qui est de l'exécution, il est évident que j'aurais préféré que mes coups de plume rendent mieux les contours, et que les effets qui constituent le ton des masses soient plus conformes au modèle. Pour ce qui est de l'assemblage des détails, je pense que vous concéderez que je n'ai pas négligé le modèle systématiquement, de propos délibéré; j'ai partout dû faire la part du feu afin d'obtenir un tant soit peu, en un temps relativement court, l'effet de la lumière et de l'ombre, l'âme de la nature à ce moment-là et l'aspect en gros. Car ces trois choses sont chacune un moment déterminé, qu'il est possible d'observer actuellement» (R 45).
Ces trois dessins sont F 1243, F 1249 et celui-ci. On notera avec intérêt comment, pour Van Gogh, un dessin combine trois objectifs: montrer les effets d'ombre et de lumière, saisir l'atmosphère d'une scène à un moment particulier et donner une impression d'ensemble. La localisation précise de ces trois maisons paysannes, aux environs de Nuenen, n'a pas encore été établie. Mais elles sont très similaires à celles figurant sur une grande toile (F 190).

14 **Moulin à eau à Gennep**

Novembre 1884
Huile sur toile montée sur panneau
85×151 cm
F 125 H 525
Collection Carmen Thyssen-Bornemisza

Van Gogh a peint une vingtaine de paysages observés autour de Nuenen. Au cours de ses pérégrinations, il découvre trois moulins différents, à Coll, Gennep et Opwetten, et peint chacun d'entre eux. Le moulin de Gennep est de loin la plus ambitieuse de ces toiles. Il y fait référence dans une lettre à Théo de novembre 1884: «Bien qu'il gèle assez fort, je travaille encore à l'extérieur, à une étude assez grande (plus d'un mètre) d'un vieux moulin à eau, à Gennep, au-delà d'Eindhoven. Je veux y mettre la dernière main sur place, mais ce sera certainement la dernière que je peindrai au-dehors cette année» (LT 385). Quelques jours plus tard, il informe Théo: «J'ai rapporté hier chez moi cette étude du moulin à eau de Gennep, à laquelle j'ai travaillé avec plaisir, et qui m'a fait faire, à Eindhoven, une nouvelle connaissance.» Cet ami est Anton Kerssemakers (1846-1924), tanneur et peintre amateur.
C'est la plus grande toile de chevalet peinte par Van Gogh pendant la période de Nuenen (la seule œuvre de format comparable est la décoration faite pour la salle à manger de l'orfèvre Hermans, 70×170 cm). Le fait que Van Gogh ait choisi de peindre en extérieur, au cours d'un novembre glacial, et sur une toile aussi grande, donne une idée de son niveau de confiance et d'ambition. Le ciel d'hiver, froid mais lumineux, offre un arrière-plan aux bâtiments à l'agencement pittoresque, dont le reflet sur la Dimmel est justement rendu. La manière est robuste et impérieuse; les couleurs demeurent conçues en termes de tonalités. Peu de temps après l'avoir achevé, Van Gogh écrit à Théo qu'il travaille à une aquarelle du moulin (LT 387): il l'a certainement réalisée en atelier (F 1144a) d'après cette toile, pratique à laquelle il recourra fréquemment en Arles et à Saint-Rémy.

15 **Tête de paysanne**

Décembre 1884
Huile sur toile
43,5×37 cm
F 146a H 565
Courtesy Galerie Daniel Malingue, Paris

Encouragé par une autre visite de Van Rappard en octobre 1884, Van Gogh est résolu à peindre au moins trente études de têtes de paysans. Fin février 1885, il a atteint son objectif. Mais il décide de poursuivre, portant la série à cinquante. Elles

ont presque toutes été retrouvées, la dernière datant de fin mai 1885.
L'idée n'était pas de faire des portraits, mais de rendre honnêtement des types paysans: «Visages rudes, plats, fronts bas, lèvres épaisses, pas de traits anguleux mais pleins, genre Millet» (LT 372). Coiffures et vêtements sont sans ornement. La présentation marie honnêteté et simplicité. Ces études de têtes, simples exercices picturaux, sont plus conçues en termes de tonalités que de notation de couleurs.
Toutes ne se réfèrent pas à une description dans une lettre, à un croquis tracé sur le papier à lettres ou à un dessin envoyé à part pour montrer son travail à Théo. Mais dans un message de fin décembre 1884, Van Gogh écrit qu'il va bientôt envoyer «… douze dessins à la plume, d'après des études de têtes» (LT 391). Comme l'un de ces dessins (F 1193) correspond sans conteste à cette peinture, et qu'il a été réalisé après elle, elle doit certainement avoir été achevée en décembre 1884.

16 **Le Vannier**
Mars 1885
Huile sur toile
41×33 cm
F 171 H 658
Musée des Beaux-Arts, La Chaux-de-Fonds,
Collection R. et M. Junod

Dans une lettre à Théo de début mars 1885 (LT 395), Van Gogh écrit: «En ce moment, je peins non seulement tant qu'il fait jour, mais même le soir à la lampe, dans les chaumières, alors que j'ai grand-peine à distinguer quelque chose sur ma palette. C'est afin de saisir, autant que faire se peut, quelque chose des effets caractéristiques de l'éclairage à la lumière, par exemple une grande ombre portée sur un mur.»
Quelque six peintures (reproduites fort à propos par Hulsker, H 653-658) présentent de semblables effets de lumière: quatre de femmes au travail dans une maison, balayant, cousant ou épluchant des légumes, et deux d'un homme assis, tressant un panier. Cette série de petites toiles (41×33 cm) a chaque fois pour objet un personnage en pied. Vincent s'y attelle comme à autant d'exercices sur un intérieur envahi d'ombres avec, dans chacune, l'ombre portée du personnage peint. Ces toiles seront suivies d'études de femmes dans le même genre d'intérieur, mais durant la journée, et vues à contre-jour (esquisses à la plume de LT 396). Etape par étape, Van Gogh se prépare à tous les cas de figure qu'un peintre peut rencontrer.

17 **Les Mangeurs de pommes de terre**
Avril 1885
Crayon, pinceau et encre lithographique
sur papier vélin
26,5×32 cm
Signé dans la pierre en bas à gauche et
imprimé à l'envers: *Vincent f.*
F 1661 H 737 HP 9
Museo Thyssen-Bornemisza, Madrid

Les Mangeurs de pommes de terre d'avril-mai 1885 est la première «œuvre maîtresse» de Van Gogh, son chef-d'œuvre au sens traditionnel, celui de l'aboutissement d'un apprentissage. On peut retracer sa genèse et son évolution à travers plusieurs dessins et peintures. A la mi-avril, il avait peint une seconde composition (F 78, Musée Kröller-Müller) et c'est à partir de cette version et non de la toile finale (F 82, Musée Van Gogh) qu'il décide de faire une lithographie. Il imagine qu'elle sera la première d'une série qu'il appelle «Les paysans chez eux» (LT 400). Il réalise cette lithographie aux imprimeries Gestel à Eindhoven. Le récit d'un témoin explique comment il a travaillé directement la pierre au crayon lithographique, entièrement de mémoire, et en frottant la surface, souvent de manière peu conventionnelle, avec le pouce et les doigts. C'est la première fois qu'il crée directement sur la pierre; cela explique pourquoi on retrouve, à l'impression, la composition inversée.
On ne connaît pas le nombre exact d'exemplaires de cette lithographie: le chiffre le plus probable serait entre vingt et cinquante; on en a retrouvé dix-sept. Il envoie une épreuve, bien sûr, à son ami Van Rappard, qui réagit vivement, traitant son travail de «pas sérieux» (R 51a), épinglant de nombreux défauts: «Pourquoi n'avez-vous pas étudié tous les mouvements? Tels quels, vos personnages posent. Cette petite main mignonne de la femme à l'arrière plan: comme elle manque de vérité! Et quel rapport y a-t-il entre la cafetière, la table et la main posée sur l'anse?» Profondément blessé, Van Gogh retourne sa lettre à Van Rappard. Ils correspondront encore quelquefois dans les mois qui suivent, mais leur amitié est morte.
Cette lithographie sera sa dernière expérience avec ce procédé. Vincent renonce au projet de la série «Les paysans chez eux». Il abandonne pour cinq ans la production de gravures; il ne s'y remettra qu'à Auvers, avec un portrait à l'eau-forte du Dr Gachet (cat. n° 85).

18 **Paysan assis** (recto)
Paysan bêchant (verso)
Mai 1885
Craie noire sur papier vergé
Filigrane: *Concordia res parvae crescunt*
33×19,5 cm
F 1201 H 778 et 779
Collection particulière

Ces deux études de paysans de Nuenen font partie d'une série d'au moins douze feuilles, toutes réalisées à la craie noire, sur le même papier à filigrane aux dimensions identiques, utilisé sur les deux faces. Ils se trouvent en grande majorité au Musée Kröller-Müller. Ils peuvent provenir d'un carnet de croquis. Certains représentent des têtes, mais la plupart sont des études en pied de paysans au travail ou, plus rarement, au repos, comme au recto de la présente feuille. Cette série commence en mai 1885. Van Gogh écrit dans une lettre (LT 414): «Je travaille dur et tous les jours aux dessins de personnages, mais il faut que j'en aie bien une centaine, peut-être même davantage, avant d'en avoir fini. Il s'agit pour moi de trouver autre chose que mes dessins anciens et de fixer le caractère des petits paysans, surtout de ceux d'ici. On va maintenant vers la moisson, et il faut que j'en fasse toute la campagne, et celle du blé, et l'arrachage des pommes de terre. C'est à ce moment-là qu'il est doublement difficile de trouver un modèle; et pourtant il le faut, car à mesure que le temps passe, je suis de plus en plus convaincu qu'on ne saurait être trop consciencieux, qu'on doit s'évertuer toujours, sans cesse, à ce que Daudet appelle (dans une page de lui sur «Les Rois en exil», dans *L'Histoire de mes livres*, que je viens de lire) ‹la chasse au modèle›.»

19 **La Chaumière**
Juin-juillet 1885
Huile sur toile sur panneau
32×46 cm
F 93 H 805
Wallraf-Richartz-Museum, Cologne

Aspirant sans relâche à devenir peintre de paysans dans le sillage de Millet, Van Gogh ne se contente pas de peindre les habitants de Nuenen dans leurs fermes, sous la lampe ou à contre-jour, têtes individuelles ou groupe familial mangeant des pommes de terre: il représente aussi les chaumières dans lesquelles ils vivent. Il peint la première début mai 1885, une grande toile (65×79 cm, F 83) à laquelle il donne un titre français, *La Chaumière*, pour l'envoyer à Théo à Paris (LT 411). Cette chaumière brabançonne traditionnelle, à façade en pierre et aux murs latéraux en terre, peut paraître un peu décrépie, mais elle lui fait penser à un nid de roitelet. Après cette première représentation d'habitation typique, Van Gogh va en produire toute une série, dix en tout, de formats différents, certaines montrant des tons plus clairs. Il explique à Théo, mi-juillet 1885: «J'ai tellement besoin, en ce moment, de toute ma journée, vu que je travaille à deux bonnes heures de chez moi. Il faut absolument que je peigne encore quelques-unes de ces belles chaumières en pleine bruyère. J'en ai quatre, maintenant, aussi grandes que les deux dernières que je t'ai envoyées, et quelques petites. Elles ne sont pas encore sèches, et j'ai encore à y faire chez moi quelques retouches» (LT 417).
Ce goût pour les chaumières lui restera pendant ses dernières années. Dans le cadre de cette exposition, on pourra mettre en parallèle celles des Saintes-Maries-de-la-Mer (cat. n°s 56 et 57) et celle d'Auvers-sur-Oise (cat. n° 89).

20 **Paysan à la faucille**
Août 1885
Craie noire sur papier vergé
43×54 cm
F 1320 H 867
Collection particulière

Comme nous l'avons vu (cat. n° 18), Van Gogh s'était donné le projet de dessiner cent figures de paysans. A la fin juin 1885, il commence à utiliser de plus grandes feuilles, du bon papier vergé portant en général le filigrane «TS&Z». Il dessine les paysans au travail, en train de bêcher, de planter et de récolter des légumes, des pommes de terre, des carottes et des betteraves. Au début août arrive la moisson. Théo doit lui rendre visite: «Comme on fauche le blé en ce moment, mon temps est pris, car tu sais que cela ne dure que quelques jours, et c'est un spectacle on ne peut plus beau» (LT 419).
Cette série de dessins de moisson se partage nettement entre, d'un côté, le moissonnage et le liage, et, de l'autre, des représentations de gerbes. Plusieurs dessins de moissonneurs font écho à celui-ci, reformant presque la séquence gestuelle du paysan (voir notamment F 1315 et F 1316). Ces dessins à la craie noire témoignent d'une aisance impressionnante, d'une mise en page hardie et d'un traitement extraordinairement sûr. C'est la première confrontation de Van Gogh avec le thème de la moisson et, à l'exception d'une toile (F 193), il le traite uniquement par des dessins. Pendant ses deux années à Paris, il n'aura pas l'occasion d'assister à la moisson. Mais en 1888 en Arles, il reprendra ce motif: on pourra établir une intéressante comparaison entre ce moissonneur de Nuenen et son équivalent provençal, sur la toile *La Moisson* du Musée Rodin (cat. n° 61).

21 **Nature morte: deux jarres et deux courges**
Septembre 1885
Huile sur toile sur panneau
58×85 cm
F 59 H 921
Collection particulière, Suisse

La nature morte ne figure que par intermittence dans les travaux hollandais de Van Gogh. Mais, en septembre 1885, il se lance dans une production délibérée. Vers la fin du mois, il écrit à Théo: «Ce que j'ai pour toi, ce sont de simples natures mortes: un panier avec des pommes de terre, des fruits, un chaudron de cuivre, etc., mais que j'ai faites exprès dans l'intention de modeler avec différentes couleurs…» (LT 424).
Ces «simples» natures mortes comprennent: trois toiles de pommes de terre dans un panier (F 100, F 107, F 116); deux de pommes, aussi dans un panier (F 99, F 101); une de poires (F 105); une d'un chaudron de cuivre et d'un pichet (F 551). C'est cette dernière qui présente des analogies avec ce tableau: le pichet posé à côté du chaudron est le même que celui que nous voyons sur la droite. Mais devant le chaudron et le pichet sont dispersées, au premier plan, des pommes de terre, alors que seules deux courges font ici contrepoids aux deux pichets. La composition devient une question subtile d'objets habilement appariés, se faisant écho, jouant des contrastes. Un second parallèle peut être établi car les deux courges figurent sur une autre nature morte (F 106). Cette fois, elles sont accompagnées de pommes, dans un panier et dispersées sur la table. Cette deuxième nature morte et le présent tableau sont de même format et pourraient avoir été conçus comme des pendants, bien que F 106 soit signé. Quoi qu'il en soit, dégagée de toute prétention et de tout superflu, cette toile demeure, dans sa sobriété, la plus frappante de toutes les natures mortes de l'automne 1885.

22 **Nature morte: choux, pommes de terre et agrumes**
Octobre 1885
Huile sur toile
75×93 cm
F 102 H 937
Collection particulière

Dans la série d'automne 1885, si la nature morte précédente (cat. n° 21) est la plus austère, la plus économe de moyens, celle-ci est la plus complexe, la plus prolixe, la plus baroque. On n'y trouve presque pas de zone «inoccupée», tant légumes, fruits et feuilles se répandent dans toutes les directions. Cette horreur du vide cache presque le panier de pommes de terre, repris de l'une des trois natures mortes aux pommes de terre (F 100). Peut-être cache-t-elle un dessus-de-table sur lequel Vincent aurait dispersé les éléments de sa composition, que complètent le paysage lointain et le ciel. Quelle que soit la disposition spatiale, c'est surtout un modeste hommage aux récoltes, une célébration mesurée de la générosité de l'automne, où choux, choux de Bruxelles, céleri et feuilles de coloquinte (ou de vigne?) viennent s'ajouter à la récolte de pommes de terre pour rappeler le passage imminent de l'automne à l'hiver: ces mêmes feuilles dénoteraient plutôt octobre que septembre. Ce positionnement dans le temps apparaît encore plus plausible si l'on admet que cette composition inhabituelle et cette maîtrise dans le traitement du tableau suivent la visite de trois jours de Van Gogh à Amsterdam, du 6 au 8 octobre. Pour la première fois depuis plus de deux ans, Vincent visite des galeries de peinture, notamment le Rijksmuseum récemment ouvert, avec ses Hals, ses Rembrandt et ses Ruysdael. De surcroît, on ne retrouve de chou que dans une seule des autres natures mortes d'automne (F 103). Or, il a récemment été soutenu que l'approche plus coloriste, moins tonale de cette petite nature morte (32,5×43 cm) date elle aussi d'octobre, après la visite à Amsterdam. Le tableau présenté ici est en revanche le plus grand de sa série de natures mortes d'automne, une toile de 30, comparable à l'une des dernières peintures de paysage de Vincent à Nuenen, *L'Allée des peupliers*, aujourd'hui au Musée Boymans-Van Beuningen à Rotterdam (F 45).
Cette peinture des ingrédients d'un pot-au-feu de paysan a un noble parcours. Le premier propriétaire dont on ait trace est un collectionneur néerlandais, peut-être le plus remarquable de la première génération des amateurs hollandais de l'œuvre de Van Gogh, L. C. Enthoven (1854-1920). Sa collection a été vendue aux enchères en 1920, et la nature morte a été achetée pour la collection Hahnloser, en Suisse. C'est la première fois depuis 1953 que cette toile est montrée dans une rétrospective Van Gogh.

23 **Vase aux glaïeuls rouges**
Eté 1886
Huile sur toile
65×35 cm
F 248b H 1150
Fondation Jean et Suzanne Planque, Lausanne

Pendant sa période hollandaise, Van Gogh ne peint que rarement des natures mortes de fleurs. Ce n'est qu'après son arrivée à Paris, en mars 1886, qu'il s'intéresse très sérieusement à la peinture de fleurs. Ces types de toiles étaient conçus comme des études de la couleur, et notamment du jeu des complémentaires, ainsi que des expériences quant à la touche. A Paris, Vincent découvre les peintures de Monticelli (1824-1886) et se sent très attiré par la technique riche et assurée, aux empâtements généreux, de cet artiste provençal.
Durant son premier été parisien, Vincent peint plus de vingt compositions florales, avec des fleurs différentes. Une part de ses intentions transparaît dans une lettre à Théo (qui se trouvait en congé en Hollande) d'août 1886: «Quant au travail, j'ai peint un pendant pour le bouquet qui se trouve dans ton appartement et, de plus, une tige de lis blancs – blanc, rose, vert – se profilant sur un fond noir, qui fait penser aux laques japonaises incrustées de nacre, que tu connais, et encore une petite tige de tigridis orange sur un fond bleu, un bouquet de dahlias violet sur un fond jaune, et des glaïeuls rouges dans un vase bleu sur un fond jaune clair» (LT 460).
Cette nature morte aux glaïeuls ne correspond pas à la description de la lettre. L'arrière-plan est sombre, et non jaune clair. Mais le choix du format étroit et en hauteur, qui souligne la verticalité essentielle des glaïeuls, est caractéristique de plusieurs natures mortes parisiennes.

24 **Le Moulin de la Galette**
Automne 1886
Huile sur toile
61×50 cm
F 348 H 1182
Museo Nacional de Bellas Artes, Buenos Aires,
Argentine

Le moulin de la Galette, le moulin de Blute-Fin, le moulin Debray étaient les différents noms donnés à l'un des trois moulins existant encore sur la butte Montmartre. Le tableau de Buenos Aires fait partie d'un groupe de six dans lesquels Van Gogh représente ce moulin, qui apparaît isolé et toujours sur une toile verticale. Ce ne sont pas de grandes toiles: quatre d'entre elles font 46×38 cm. Chacune montre un point de vue différent, comme si Van Gogh cherchait à traiter son sujet sous tous les angles possibles. Le tableau de Buenos Aires est la seule vue arrière du moulin, montrant ainsi l'échelle de meunier qui en permet l'accès. Au-delà s'étend un point de vue offrant aux spectateurs le vaste panorama de Paris. C'est aussi le seul des tableaux de moulins dans lequel Van Gogh introduit la figure des deux amoureux, un leitmotiv qu'on retrouvera plus tard en Arles.
La *facture* comme la palette suggèrent que le tableau a été peint à l'automne 1886. Les nombreuses photographies du moulin prises depuis les années 1880 témoignent de sa popularité. Et on pourra trouver un contraste piquant entre la toile de Van Gogh et celle de l'élève de Gérôme, P. Quinsac (1858-1929), exposée au Salon de 1887 sous le titre *Au Moulin de la Galette*.

25 Jardins sur la butte Montmartre

Juillet 1887
Huile sur toile
96×120 cm
F 350 H 1245
Stedelijk Museum, Amsterdam

En juillet 1887, Vincent écrit à Théo, en vacances en Hollande: «J'ai vu Tanguy hier, et il a mis dans la vitrine une toile que je viens de faire. J'en ai fait quatre depuis ton départ et j'en ai une grande en train. Je sais bien que ces grandes toiles longues sont de vente difficile, mais plus tard on verra qu'il y a du plein air et de la bonne humeur» (LT 462).

Cette grande toile est presque certainement *La Butte Montmartre*. De même que pour le moulin de Gennep de décembre 1884 (cat. nº 14), Van Gogh peint directement sur le lieu et ne fait pas de dessins préparatoires, comme pour certaines des peintures montrant différents aspects de la Butte en 1886. En juillet 1887, Vincent a assez confiance en son expérience des techniques impressionnistes et néo-impressionnistes pour s'attaquer à une toile aussi ambitieuse.

Un élément remarquable de cette grande toile est sa proche ressemblance avec une photographie prise le 19 juin 1887 par Henri Daudet. (Se rapporter à l'Introduction pour l'étude des photographies de Daudet et Le Vieux Montmartre.) On serait très tenté de conclure que Van Gogh a connu Daudet, et cette photographie en particulier. Mais cela reste peu probable. Le cliché de Daudet n'a pas été largement distribué; comme sa légende l'indique, il avait été pris pour la Société du Vieux Montmartre.

Au printemps 1888, le tableau de Van Gogh est exposé au Salon des Indépendants, avec son pendant (F 316) et une nature morte aux livres (F 359). C'est la première fois que Vincent participe à une exposition publique à Paris, exception faite de la vitrine de Tanguy.

A la fin des années 1880 et 1890, la Butte se couvre rapidement de ce qu'on appelle le maquis, des constructions provisoires bâties de manière anarchique. On peut observer cette évolution sur une série de photographies, culminant avec plusieurs cartes postales des années 1900-1904, et deux peintures de 1904 de Maximilien Luce (1858-1941). En 1904, on commence à raser le maquis: de nouvelles rues et des immeubles en bouleversent complètement l'aspect. Aujourd'hui, il est presque impossible d'apercevoir quoi que ce soit du motif de Van Gogh depuis la rue Caulaincourt. Cette toile est devenue un document historique du Vieux Montmartre.

26 Aux confins de Paris, près de Montmartre

Eté 1887
Crayon, plume et encre, pastel et gouache
sur papier vergé
39,5×53,5 cm
F 1410 H 1286
Stedelijk Museum, Amsterdam

Cette représentation se partage nettement entre, d'un côté, Le Vieux Montmartre, et, de l'autre, le développement urbain et industriel de Paris et de ses faubourgs à la fin du XIXᵉ siècle.

La moitié inférieure du dessin montre les vestiges d'une des industries traditionnelles de Montmartre, une carrière de pierre abandonnée, avec un bâtiment sans toiture et deux charrettes. On trouvait de nombreuses carrières de pierre à Montmartre et beaucoup de moulins. Mais ils étaient déjà en train de disparaître à la fin du XIXᵉ siècle.

Au-delà de la route bordée d'arbres et de barrières, se trouvent usines, cheminées et grands bâtiments. Le regard court sur le nord de Paris en direction de Saint-Denis et de Saint-Ouen. La composition, y compris la ligne lointaine des collines, ressemble beaucoup à celle d'une toile de Maximilien Luce, réalisée aussi en 1887 (Petit Palais, Genève). L'endroit exact où Van Gogh se tenait pour exécuter le dessin est toujours sujet à discussion. Mais ce qui est clair, c'est qu'il utilise différentes techniques, notamment la gouache, afin de produire une œuvre qui puisse se vendre, en substitut de peintures à l'huile. Il peut avoir été influencé par Camille Pissarro pour l'emploi de la gouache. Théo avait rencontré Pissarro début 1887, et avait commencé à exposer ses travaux à la galerie Boussod-Valadon en août. Parmi ceux-ci se trouvait une gouache à laquelle Pissarro avait travaillé dans le cadre d'une série, ce même été 1887.

27 Les Fortifications

Eté 1887
Craie noire, aquarelle et gouache, rehauts de crayon
sur papier vergé
39,5×53,5 cm
F 1403 H 1281
Whitworth Art Gallery, University of Manchester

Dans les années 1840, on élève autour de Paris un mur défensif d'environ 30 kilomètres de long, entouré d'un fossé profond, avec 94 bastions et 18 forts. Ces fortifications prennent vite le surnom de «fortifs». Leur efficacité en tant qu'ouvrage de défense est vivement remise en cause après la guerre de 1870; des militaires, tout comme des civils, demandent leur destruction. On cherchait surtout à supprimer la «zone», l'espace au-delà des murs, devenue le repaire notoire du crime et de la prostitution. Mais les «fortifs» offraient aussi une aire de promenade aux habitants des faubourgs.

Dans les années 1880, on voit apparaître les «fortifs» dans la littérature naturaliste, par exemple chez Maupassant et chez Huysmans. Elles figurent aussi dans la presse illustrée, dans quelques peintures du Salon, et, en bonne place, sur deux toiles de 1886 du peintre néo-impressionniste Charles Angrand. (Pour plus d'informations, voir Thomson, 1987.)

Van Gogh connaissait bien la porte d'Asnières et celle de Clichy, qui ponctuaient son trajet de quatre ou cinq kilomètres de Montmartre, rue Lepic, à Asnières. Les «fortifs» font donc partie de son paysage familier lorsqu'il décide, en été 1887, d'en faire trois dessins rehaussés de gouache et de différentes techniques. Tous représentent les «fortifs» près de la porte de Clichy. Il en fait trois études au crayon pour mettre en place la composition (SD 1719). Ses représentations des «fortifs» ne suggèrent en aucune manière la part d'ombre de la «zone»: les personnages en promenade évoquent plus une sortie du dimanche. Deux d'entre eux, couple d'époux ou d'amoureux, sont finement esquissés dans le dessin du Whitworth.

Ces trois gouaches ont certainement été conçues comme des substituts d'œuvres à l'huile, dans l'idée de les vendre. Avec le feuillet du Stedelijk (cat. n° 26), elles font écho à une série de gouaches peintes par Camille Pissarro, également durant l'été 1887.

28 **La Seine et le pont de la Grande Jatte**
Eté 1887
Huile sur toile
32×40,5 cm
F 304 H 1326
Van Gogh Museum Amsterdam
(Vincent van Gogh Foundation)

Les n°s 28 à 40 du catalogue couvrent la «campagne» de Van Gogh à Asnières au printemps et en été 1887. Dans l'Introduction sont développés le contexte et l'importance de son œuvre à Asnières. En bref, Vincent peint la Seine, ses berges, ses ponts et ses restaurants; il peint l'île de la Grande Jatte et le parc Voyer d'Argenson, et les usines de Clichy, à proximité.
Nous nous intéressons ici aux vues de la Seine. L'organisation du catalogue est fonction de la topographie, plus que de la saison ou du style de ces œuvres. Cette «frise de la Seine» commence en aval d'Asnières sur l'île de la Grande Jatte (cat. n° 28) et, de là, remonte le courant jusqu'au pont de Clichy (cat. n°s 29-39). Van Gogh ne s'est pas aventuré plus loin vers l'aval, sauf pour cette peinture de la Seine avec le pont de la Grande Jatte. La Grande Jatte figure de manière récurrente dans l'œuvre de Seurat de 1884 à 1886, avec les études dessinées et peintes qui ont préparé sa grande toile *Un dimanche après-midi à l'île de la Grande Jatte* (Art Institute, Chicago). Van Gogh a peut-être aussi peint d'autres vues de l'île de la Grande Jatte qui pourraient avoir été classées comme étant d'autres endroits; des recherches sont en cours à ce sujet. Quoi qu'il en soit, cette toile est la seule qui montre le pont construit dans les années 1870, appelé aussi pont Bineau. C'est un motif familier des impressionnistes: Monet, Renoir et Sisley avaient souvent peint, dans les années 1870, des vues comparables de ponts sur la Seine. Mais on ne peut déterminer combien de ces représentations ont été vues par Van Gogh. La réponse est certainement: très peu. Dans sa toile composée en diagonale, il crée la structure à partir de la couleur, de la lumière et des reflets. Une influence impressionniste certes, mais, globalement, une œuvre moins lumineuse et plus simplifiée que, par exemple, la peinture d'un motif comparable par Monet.

29 **Bords de la Seine**
Eté 1887
Huile sur toile
32×46 cm
F 293 H 1269
Van Gogh Museum Amsterdam
(Vincent van Gogh Foundation)

Dans cette petite toile il n'y a pas de repère topographique précis: ni pont, ni bâtiment important qui pourraient permettre de la situer. Mais il est clair qu'elle n'a pas été peinte à partir d'un pont surplombant la rivière, ni d'un bateau sur la Seine. Elle a certainement été réalisée sur une île (voir cat. n° 37). Cela pourrait être en aval d'Asnières, sur l'île de la Grande Jatte; mais tout aussi bien près du pont de Clichy, une vue à partir de l'île des Ravageurs (voir aussi cat. n° 37). Quel que soit le véritable site, le motif montre une facture d'inspiration pointilliste, comparable à certains des croquis de la Seine par Seurat (par exemple Paris, 1988, cat. n° 107). Mais il est aussi différent d'un Seurat au point de vue du style que *Le Pont de la Grande Jatte* (cat. n° 28) peut l'être d'un Monet. Van Gogh a pris ce qui l'intéressait, puis a adapté ses sources à ses besoins propres.

30 **Canots amarrés**
Eté 1887
Huile sur toile
52×65 cm
F 300 H 1275
Collection particulière

On peut situer le motif de cette peinture de façon convaincante par comparaison avec une œuvre de Signac de novembre 1885, *La Seine à Asnières: la Berge* (Paris, 1988, cat. n° 112), et avec plusieurs cartes postales du début du XXe siècle. *Canots amarrés* montre la Seine à Asnières juste en aval du pont du chemin de fer. Par rapport à Signac, Van Gogh a déplacé le point de vue, mettant hors champ les maisons de la rive d'Asnières, mais montrant au loin le sommet de l'île de la Grande Jatte et, sur la rive opposée, Levallois-Perret.
Cette peinture est, de toutes les vues de la Seine peintes par Van Gogh, la plus ouverte, ample, aérée, la plus en profondeur, la plus dominée par le ciel. La toile à l'apprêt commercial grège n'a pas été réentoilée. Sans se montrer trop doctrinaire, Van Gogh introduit les complémentaires orange-bleu et rouge-vert. Mais il emploie aussi beaucoup de rose, couleur qu'il utilise fréquemment dans ses paysages de 1887.

31 **Les Ponts d'Asnières**
Eté 1887
Huile sur toile
52×65 cm
F 301 H 1327
Fondation Collection E. G. Bührle, Zurich

En faisant tourner son chevalet de 180 degrés, quasiment au même endroit d'où il a peint les *Canots amarrés* (cat. n° 30), Van Gogh contemple un paysage radicalement différent. Disparues la vaste étendue de la rivière, la chaleur de l'été sur la Seine: le spectateur plonge dans le monde de la technique du XIXe siècle. Au premier plan, le pont du chemin de fer et ses solides piliers de maçonnerie; derrière, les arches plus élégantes du pont routier; et plus loin encore, sur la berge opposée, on aperçoit les faubourgs industriels de Clichy dont Van Gogh brosse en six coups de pinceau verticaux les immenses

portiques. Ces toiles illustrent deux facettes d'Asnières, en un contraste brutal. Pourtant, l'une doit son développement à l'autre. En reliant Asnières en 1837, le chemin de fer a contribué à en faire la première destination pour le canotage au nord de Paris, rang maintenu jusqu'à la guerre de 1870, après quoi Argenteuil, Chatou et Bougival ont commencé à prendre le relais.
Cependant, un lien tangible subsiste entre les deux tableaux. Dans l'angle inférieur droit de *Ponts à Asnières* flottent cinq barques: elles forment le départ de la rangée de canots amarrés qui se poursuit sur l'autre tableau. Et comme pour atténuer la présence écrasante des symboles de la puissance industrielle, Van Gogh ajoute une promeneuse à l'ombrelle rouge et un rameur sur la rivière.
Vincent commence par un dessin au crayon sur la toile pour tracer les grandes lignes de la composition; il se peut aussi qu'il ait utilisé son cadre perspectif (cat. n°s 41 et 42). Puis il travaille directement sur l'apprêt gris de la toile. Comme pour les *Canots amarrés*, on remarque le libre jeu des complémentaires: orange et bleu, jaune et bleu-violet. Pour terminer, Van Gogh ajoute au pinceau une bordure rouge, procédé de cadrage intérieur mettant en valeur l'existence propre du tableau. C'est aussi un indicateur de la valeur centrale de cette peinture: *Les Ponts d'Asnières* ont été conçus comme le panneau du milieu d'un triptyque intitulé *Bords de Seine à Asnières*. Un des panneaux latéraux était les *Canots amarrés*, l'autre était une deuxième vue des ponts, peinte cette fois plus en amont, le pont routier prenant l'avantage (F 240).
En 1896, les trois tableaux sont exposés à Paris à la galerie Vollard, et achetés par lui; en revanche, ils ne sont pas conservés ensemble comme un triptyque, mais vendus séparément. En 1901, lors de la fameuse exposition rétrospective de Van Gogh à la galerie Bernheim-Jeune à Paris, *Les Ponts d'Asnières* sont catalogués «n° 15 *Le Pont d'Asnières*, 1887, prêt de Bernheim-Jeune». Dans sa préface au catalogue, Julien Leclercq écrit: «C'est dans le courant de 1887 qu'il aborde franchement l'impressionnisme et passe à des paysages comme *Le Pont d'Asnières* (n° 15), où l'on voit que la question technique de la division minutieuse de la couleur, agitée par Seurat, ne l'a pas laissé indifférent, bien que cette méthode patiente ne convînt pas à son talent.»

32 **Bateau de blanchisseuses sur la Seine**
Eté 1887
Huile sur toile
19×27 cm
F 311 H 1325
Virginia Museum of Fine Arts, Richmond, Etats-Unis,
Collection de M. et Mme Paul Mellon

On a donné différents noms à cette petite toile. Mais le bateau étant un bateau-lavoir, on lui a attribué le titre de «Bateau de blanchisseuses» dans l'inventaire de 1890-1891 des œuvres de Van Gogh, sous le n° 63, avec la désignation de «toile de 3», ce qui correspond au format 19×27 cm. C'est une pochade exécutée à la hâte sur une toile de format standard, de taille identique à une étude d'une partie du *Restaurant de la Sirène* (F 321).
Grâce à un document conservé dans les Archives municipales d'Asnières, on peut établir que ce bateau-lavoir appartenait à M. Lebreton depuis mai 1885 et qu'à la suite de son décès il a été repris par sa veuve en février 1898. L'acte administratif retrouvé donne sa localisation précise: «Le bateau-lavoir stationnant sur la rive gauche de la Seine à Asnières à 150 m en aval du pont de Clichy.» Ce bateau mesurait 40 m de long et 6 m de large (Mme Lebreton eut l'autorisation de porter sa longueur à 44 m).
Ce bateau-lavoir était donc amarré entre les deux ponts routiers, mais plus près de celui de Clichy. Sur la rive opposée, on aperçoit les cheminées des usines de Clichy.
En considérant sa composition et sa disposition par rapport au motif, cette petite peinture peut être comparée au dessin du Rhône en Arles (cat. n° 69).

33 **Restaurant de la Sirène, Asnières**
Eté 1887
Crayon et craie verte sur papier vergé
40×54 cm
F 1408 H 1252
Van Gogh Museum Amsterdam
(Vincent van Gogh Foundation)

Au printemps et en été, les ponts routiers et ferroviaires qui enjambent la Seine amènent des foules de Parisiens à Asnières. De nombreux restaurants ouvrent sur les berges de la rivière. Van Gogh en a peint trois: le Restaurant de la Sirène, le Restaurant du «Père Perruchot» près du pont de Clichy et, un peu en amont du même pont, le Restaurant Rispal.
Le Restaurant de la Sirène accueille les visiteurs qui choisissent d'emprunter le pont routier pour venir à Asnières. Il apparaît sur beaucoup d'illustrations et de photographies des années 1869 à 1871, toujours vu de l'autre côté de la Seine. Mais dans ses trois versions, Vincent ne peint pas le fleuve qui coule juste derrière lui.
Ce dessin présente trois différences marquées avec la peinture (cat. n° 34). Pour le dessin, Van Gogh se tient davantage sur la droite de sorte que l'on voit une plus grande partie de la façade du bâtiment, filant sur la gauche. Ensuite, il n'y a pas de pente vers la droite. Enfin, on aperçoit une partie plus importante du rez-de-chaussée, et Vincent s'attache en plus à rendre les différentes inscriptions des façades.

34 **Restaurant de la Sirène, Asnières**
Eté 1887
Huile sur toile
51,5×64 cm
F 312 H 1253
Ashmolean Museum, Oxford

Un examen superficiel pourrait laisser penser que le dessin de ce restaurant (cat. n° 33) a servi d'étude préparatoire au tableau de l'Ashmolean Museum. Mais comme nous l'avons déjà indiqué, les différences entre les deux œuvres sont trop

nombreuses pour que ce soit le cas. Van Gogh a clairement effectué les deux œuvres indépendamment l'une de l'autre: le point de vue est au reste différent. Nous avons donc ici deux vues distinctes d'un même sujet.
En réalité, Vincent a planté son chevalet pratiquement à l'endroit (voir cat. n°s 30 et 31) d'où il a peint *Le Pont routier à Asnières* (F 240). Pour bâtir fermement sa composition, il utilise son cadre perspectif: on aperçoit encore, même à l'œil nu, les traces du rectangle et des diagonales croisées. On décèle aussi des traits de mine de plomb ou de crayon sous la peinture. Tous ces éléments confirment l'indépendance du tableau par rapport au dessin.
On a parfois intitulé cette œuvre *Le 14 Juillet*. Lorsque M. Aghion le prête en mars 1901 à la galerie Bernheim-Jeune à Paris pour l'exposition consacrée à Van Gogh, il porte le titre de *La Fête d'Asnières*. Seuls les drapeaux peuvent faire penser à une fête car la scène est, par ailleurs, étrangement figée et silencieuse, sans doute peinte au petit matin par une lumière assez faible et sous un ciel voilé, sans trace de bleu. Elle a été exécutée rapidement à petites touches expressives, sur un apprêt commercial gris, dont une bonne part reste visible.

35 **Restaurant de la Sirène, Asnières**
Eté 1887
Huile sur toile
54,5×65,5 cm
F 313 H 1251
Musée d'Orsay, Paris,
Legs Joseph Reinach, 1921

Comparée aux teintes voilées et à l'atmosphère impassible du tableau d'Oxford (cat. n° 34), cette version du Restaurant de la Sirène est mille fois plus animée: des clients en tenue d'été apportent vie aux drapeaux, aux feuillages et aux fleurs. (Van Gogh n'aurait-il pas créé avec l'un des trois hommes assis à l'extérieur un substitut d'autoportrait, vu de dos?) Ce contraste est dû en partie au changement radical du point de vue qui détourne l'attention du spectateur vers les différents bâtiments formant le Restaurant de la Sirène. La composition en diagonale a été préparée avec un soin minutieux au moyen d'abondantes notations préparatoires au crayon qui sont incomparablement plus nombreuses que dans la version de l'Ashmolean Museum. D'autre part, on ne trouve à l'œil nu aucune trace de l'emploi du cadre perspectif. Comme pour beaucoup d'autres paysages peints en 1887, Van Gogh utilise un jeu de complémentaires non conventionnel: le rouge et le vert pour les feuillages et les fleurs, le bleu et l'orange ailleurs. Mais ce jeu reste dominé par l'effet d'ensemble. En outre, à l'inverse du tableau d'Oxford, l'apprêt de la toile n'apparaît qu'en de très rares endroits. Cette facture plus travaillée, avec une touche plus systématique sur une partie de la surface, fait de la toile d'Orsay un des paysages de 1887 les plus impressionnistes de Van Gogh. C'est sans doute à ce tableau que Bernard fait référence en 1911, dans son Introduction aux lettres de Van Gogh, lorsqu'il mentionne «des restaurants pimpants aux stores multicolores, aux lauriers-roses».
Une photographie anonyme de 1871, sur laquelle les bâtiments portent des traces de la guerre et de la Commune, offre une même vue diagonale du restaurant.

36 **Bords de Seine, près du pont de Clichy**
Eté 1887
Huile sur toile
37×45,5 cm
F 291 H 1314
Stichting Collectie P. en N. de Boer, Amsterdam

Plus en amont, à l'endroit où le pont de Clichy rejoint la rive d'Asnières, se trouvait un restaurant plus cher au cœur de Vincent que «La Sirène». C'était l'établissement tenu par le «père» Perruchot. Dans le même bâtiment logeait, en résidente d'été, la comtesse de La Boissière (voir Introduction). La fascination de Van Gogh pour le pont de Clichy et le restaurant voisin s'est donc enrichie de l'amitié qu'il entretenait avec la comtesse et sa fille.
Le paysage de la Fondation De Boer a reçu jusqu'ici différents titres. Mais on peut le localiser avec précision quand on le compare à une photographie de 1878 montrant la rive de la Seine aux abords du pont de Clichy avec les deux bâtiments (dont l'un abrite le Restaurant du «père Perruchot») qui sont brossés schématiquement sur cette toile. Van Gogh tournait le dos à la Seine, les yeux levés vers la pente de la berge, et notait ce qui se trouvait devant lui. La peinture a été posée avec une légèreté inouïe sur la toile, dans un mélange de touches délicates; la palette reflète la plénitude de l'été.

37 **Le Pont de Clichy**
Eté 1887
Huile sur toile
55×46 cm
F 303 H 1323
Fine Arts Collectors Ltd.

Van Gogh peint une deuxième toile qui développe différemment le paysage de la Fondation De Boer, montrant une partie du pont de Clichy et les deux bâtiments attenants (F 302). Et il découvre une troisième vue: s'installant dans l'île voisine des Ravageurs (les roseaux, au premier plan, appartiennent à l'île), il montre bien plus en détail les deux mêmes bâtiments avec, sur la droite, une partie du pont.
En minimisant le nombre des couleurs, conservant essentiellement le contraste entre le bleu et l'orange ou le jaune, en réduisant le modelé à des contours vite esquissés et à des surfaces remplies à la hâte, Vincent crée une toile «d'atmosphère» évocatrice, où les reflets de l'eau servent, plus encore, à simplifier et aplanir l'image.
Il est intéressant de noter qu'au printemps 1888, quand Vincent et Théo essaient de convaincre Tersteeg, leur ancien patron de la galerie Goupil à La Haye, de prendre quelques

toiles impressionnistes pour les montrer à ses clients hollandais, Van Gogh choisit ce tableau particulier pour sa contribution à la cause. Comme il vit alors en Arles, il en fait même un croquis de mémoire dans une lettre à Théo (LT 471), en ajoutant: «Je ne trouverais pas mauvais que tu envoies à Tersteeg une étude de moi, veux-tu dire le pont de Clichy avec le ciel jaune et deux maisons qui se reflètent dans l'eau…»
Le 6 avril 1888, Théo l'inclut dans un lot de dix envoyé à Tersteeg, le reste se composant de toiles de Degas, Gauguin, Guillaumin, Lautrec, Monet, Pissarro et Sisley et deux tableaux de Monticelli. Un des Monticelli sera vendu, et le reste retourné à Paris. *Le Pont de Clichy* est la première des peintures françaises de Van Gogh exposée dans sa Hollande natale.

38 **La Seine et le pont de Clichy**
Eté 1887
Huile sur toile
50×60 cm
F 352 H 1321
Dallas Museum of Art,
Don de M. et Mme Eugene McDermott
en mémoire d'Arthur Berger

Inauguré en janvier 1870, le pont de Clichy-la-Garenne, pour lui donner son nom complet, a été endommagé pendant la guerre de 1870 et la Commune et restauré ensuite. Il est formé de trois arches élégantes, reliant Clichy à l'île Robinson, l'île Robinson à l'île des Ravageurs et cette dernière à la rive d'Asnières. C'est depuis l'une de ces îles, presque certainement celle des Ravageurs, la plus proche d'Asnières, que Van Gogh a peint le tableau conservé aujourd'hui à Dallas. On trouve bien entendu des précédents dans la peinture impressionniste des années 1870, par exemple *Le Pont de Chatou* par Monet en 1875 (Museo Nacional de Bellas Artes, Buenos Aires). Mais rien n'atteste que Vincent a pu voir cette toile particulière, ni d'autres œuvres comparables. Il semble avoir découvert le motif par lui-même, et s'en est servi pour un exercice de variation de la touche, du point généreux au haché énergique. La surface du tableau prend l'aspect d'un écran imaginaire d'où émergent finalement le pont et la rivière. On pourra comparer cette vue à une carte postale vers 1905.

39 **Pêcheurs au printemps, pont de Clichy**
Printemps 1887
Huile sur toile
49×58 cm
F 354 H 1270
Art Institute of Chicago,
Don de Charles Deering McCormick,
Brooks McCormick et Roger McCormick, 1965

Cette toile montre encore une autre vue du pont de Clichy et, tout comme le tableau de Dallas (cat. n° 38), doit avoir été peinte depuis l'île des Ravageurs, en regardant la rive d'Asnières. Si c'est le cas, alors Van Gogh accorde peu d'importance cette fois aux deux bâtiments qui dominent l'entrée d'Asnières par le pont (voir cat. n° 37). Mais d'autres soucis lui occupaient l'esprit: comment rendre «l'enveloppe» du plein air et lui trouver des équivalents de couleur. Il n'a jamais adopté la touche en forme de virgule des impressionnistes: il ne s'en approchera qu'avec ses hachures de taille irrégulière. De même, sa version impatiente de la touche pointilliste est appliquée de manière empirique. Il fait aussi preuve d'originalité en employant le procédé du cadre intérieur, déjà remarqué dans *Les Ponts d'Asnières* (cat. n° 31). Ici aussi, la place du tableau comme pièce centrale d'un triptyque est confirmée. On peut sérieusement considérer que la toile de Chicago, avec son bord peint en rouge, a également servi de panneau central pour un autre triptyque, cette fois du pont de Clichy. Le tableau de Dallas (cat. n° 38) pourrait bien en avoir constitué l'un des panneaux latéraux; l'autre pouvant être F 353.
Vollard achètera ces trois toiles à la fin des années 1890. Mais il faudrait approfondir les recherches avant de pouvoir apporter une réponse définitive à cette question des triptyques. C'est une idée qui sera reprise par Van Gogh avec la série d'Arles des vergers en fleurs (voir cat. n° 45).

40 **Route aux confins de Paris**
Eté 1887
Huile sur toile
48×73 cm
F 361 H 1260
Collection particulière

La localisation précise de ce paysage n'a pas été trouvée. Mais il semble probable qu'il se situe sur le chemin d'Asnières ou aux environs de cette ville. De tous les paysages de Van Gogh en 1887, c'est le plus résolument pointilliste, plus encore même que la grande toile *Le Parc Voyer d'Argenson* (F 314) avec laquelle on peut relever des analogies. Il montre l'influence de Seurat et de Signac, mais demeure typiquement «un Van Gogh». La figure de l'homme qui marche, dont on dit qu'il porte une pelle (mais ne serait-ce pas l'artiste lui-même, chargé de son attirail de peintre?), était à l'origine accompagnée d'un personnage féminin, dont on peut encore, même à l'œil nu, déceler la silhouette. On aurait alors affaire au peintre et son modèle, ou sa maîtresse, en chemin vers le motif.
Pendant l'été 1887, très certainement en août, on a interdit à Vincent de peindre à l'extérieur. Théo fait référence à cette interdiction dans une lettre du 14 février 1889 à sa fiancée Johanna Bonger, qui avait suggéré de faire revenir Vincent à Paris. Théo lui donne les raisons de son «… appréhension à l'idée de son retour. A Paris, il a vu des quantités de choses qu'il voulait peindre, mais on l'en a empêché à plusieurs reprises. Les modèles ne voulaient pas poser pour lui, on lui a interdit de travailler dans la rue à cause de son tempérament explosif, qui engendrait régulièrement des scènes…» C'est pour cela que les paysages disparaissent de l'œuvre parisien après août 1887: les six derniers mois de Vincent à Paris sont consacrés aux portraits, aux intérieurs et aux natures mortes.

41 **Allée de platanes, près de la gare**
Mars 1888
Huile sur toile
46×49,5 cm
F 398 H 1366
Musée Rodin, Paris

Comme il lui est interdit de peindre à l'extérieur à partir d'août 1887, Van Gogh consacre ses six derniers mois à Paris à des intérieurs, à des natures mortes et à des portraits. Arrivé en Arles le 20 février 1888, il a peu l'occasion de peindre en plein air à cause de chutes de neige inattendues et du froid persistant jusqu'au 10 mars. Ces premières semaines, il ne peint que deux paysages de neige (F 290, F 391).
A la mi-mars, il a déjà profité de l'amélioration du temps. Il raconte à Théo: «Pour ce qui est du travail, j'ai rapporté une toile de 15 aujourd'hui, c'est un pont-levis sur lequel passe une petite voiture, qui se profile sur un ciel bleu – la rivière bleue également, des berges orangées avec verdure, un groupe de laveuses aux caracos et bonnets bariolés. Puis un autre paysage avec un petit pont rustique et laveuses également. Enfin une allée de platanes près de la gare» (LT 469). Il a sans doute peint d'abord cette toile du Musée Rodin, dont le sujet se trouve plus proche de son hôtel. Elle montre une allée de platanes bordant une petite rue près de la place Lamartine, qu'enjambe, sur le pont de Lunel, la ligne locale de chemin de fer. Il ne s'agit pas de la ligne du PLM, qui apparaît sur une peinture plus tardive d'octobre 1888 (F 480).
Plus généralement, c'est une petite toile soigneusement composée, à la facture maîtrisée, pratiquement sans touches irrégulières ni empâtements. Aussi bien donne-t-elle l'image d'un artiste qui s'efforce de renouer avec la peinture de plein air. Pour se réhabituer, il utilise notamment son cadre perspectif. Dans la même lettre de mi-mars, il confie à Théo: «J'ai fait mes trois dernières études au moyen du cadre perspectif, que tu me connais. J'attache de l'importance à l'emploi du cadre, puisqu'il ne me semble pas improbable que dans un avenir peu éloigné plusieurs artistes s'en serviront, de même que les anciens peintres allemands et italiens sûrement, et je suis porté à croire pas moins les Flamands s'en s'ont servi» (LT 469).
Différents titres ont été donnés à cette peinture. Nous avons repris celui de Van Gogh dans sa lettre à Théo.

42 **Le Canal de Vigueirat au pont de Gleize**
Mars 1888
Huile sur toile
46×49 cm
F 396 H 1367
Collection particulière

Cette petite toile pourrait servir de pendant à celle du Musée Rodin (cat. n° 41): elles ont le même format et ont été réalisées à la suite l'une de l'autre, toutes deux au moyen du cadre perspectif. Elles ont été peintes d'une touche retenue; les empâtements sont quasiment inexistants. Cette approche prudente et contrôlée va de pair avec les efforts de Van Gogh pour recouvrer la santé, lentement, étape par étape.
Le canal de Vigueirat se trouve au sud de la ville d'Arles. Les deux cheminées qui fument à l'arrière-plan appartiennent aux vastes ateliers du PLM.

43 **Prairie avec sentier et saules**
Mars 1888
Crayon, plume et encre brune sur papier vélin
25,5×34 cm
Inscription en bas au centre: *Arles Mars 88*
F 1499 H 1372
Van Gogh Museum Amsterdam
(Vincent van Gogh Foundation)

44 **Prairie avec sentier et saules**
Avril 1888
Huile sur toile
31,5×38,5 cm
F 407 H 1402
Collection particulière

Vers le 7 mai 1888, Vincent écrit à Théo que parmi le rouleau de peintures qu'il envoie à Paris «... il y a un petit paysage avec une masure blanche, rouge, verte, et un cyprès à côté, cela tu en as le dessin et je l'ai peint chez moi entièrement. Cela te prouverait que de tous ces dessins je pourrais, si cela t'allait, faire de ces petits tableaux comme des crépons» (LT 484).
Le dessin (cat. n° 43) doit être l'un des premiers faits par Van Gogh en Arles, sans doute vers la fin mars. C'est le seul sur lequel une date est inscrite. C'est aussi l'une des rares fois où un dessin sert de base à une toile exécutée en atelier. Van Gogh se sert de son cadre perspectif (comme pour le n° 46 du catalogue) pour définir la composition et avant de compléter le dessin au crayon, à l'encre et à la plume. La peinture suit assez fidèlement le dessin, même si les proportions de la toile diffèrent légèrement de celles du dessin.
Il est difficile de situer précisément le motif, mais c'est un paysage caractéristique de la Crau, avec ses cyprès, ses saules têtards, et un petit mas que Van Gogh appelle masure.

45 **Abricotiers en fleur**
Avril 1888
Huile sur toile
54,5×65,5 cm
Signé en bas à droite: *Vincent*
F 556 H 1383
Collection particulière, Suisse

Cinq semaines après son arrivée en Arles, Van Gogh commence sa série de peintures des vergers en fleurs. Il travaille à ces toiles approximativement du 24 mars au 20 avril 1888 et en peint au total quatorze.
Ce tableau pourrait bien être le premier de la série: «Je viens de faire un bouquet d'abricotiers en fleur dans un petit verger vert frais», note-t-il le 24 mars (LT 471). Sinon, il pourrait s'agir du tableau mentionné dans une lettre du 9 avril: «J'ai un nouveau verger, qui est aussi bien que les pêchers roses, des abricotiers d'un rose très pâle» (LT 474). Ce sont ses seules références à des abricotiers; il mentionne par ailleurs pêchers, poiriers, pruniers et cerisiers. Pratiquement toutes ces toiles ont été peintes dans des vergers qui s'étendent au sud d'Arles. La cheminée qu'on aperçoit ici au loin réapparaît dans une version plus tardive, aujourd'hui à Edimbourg (F 553), ainsi que dans une peinture d'avril 1889 (cat. nº 74). En fait, au fur et à mesure que la série avance, Vincent commence à songer à des triptyques, qui se composeraient d'une toile verticale flanquée de deux peintures horizontales. Le choix des toiles verticales destinées à ce projet n'apparaît pas clairement, Van Gogh ne l'ayant jamais vraiment précisé, mais il semble évident que cette toile-ci et une autre de pruniers aujourd'hui à Edimbourg formaient les deux panneaux latéraux d'un triptyque. Elles sont de même format, montrent le même site avec cette cheminée en arrière-plan. Le tableau d'Edimbourg est signé à gauche et celui-ci à droite, ce qui reflète leurs places respectives dans le triptyque en projet.
Les vergers de Van Gogh illustrent sa réaction enthousiaste devant les couleurs limpides et l'atmosphère transparente d'un printemps provençal. Après le tourment d'un pénible hiver parisien, suivi en Arles de neige et de froid glacial, ils symbolisent la renaissance de l'artiste et sont comme une justification en images de sa vision du Japon par le biais du Midi.

46 **Parc au buisson taillé**
Début mai 1888
Plume, plume de roseau et encre brune sur papier vélin
25,5×34,5 cm
F 1421 H 1414
Van Gogh Museum Amsterdam
(Vincent van Gogh Foundation)

Le sujet est l'un des trois jardins qui longent les vestiges des murs fortifiés, côté sud de la place Lamartine. Comme pour le nº 43 du catalogue, Van Gogh s'est servi de son cadre perspectif. Mais on ne voit pas de traits de crayon: il a travaillé directement à la plume de roseau. Cependant, des variations dans la couleur de l'encre suggèrent que la branche coudée, proche d'un décor stylisé, qui traverse horizontalement le ciel, a été ajoutée plus tard, en atelier.
On retrouve fréquemment dans l'œuvre de Van Gogh le motif du buisson rond et duveteux: il figure dans une dizaine de peintures et de dessins, dont certains effectués sur des lettres. Les nºs 64 à 67 du catalogue en donnent quatre autres exemples.

47 **La Route de Tarascon**
Avril-mai 1888
Crayon, plume, plume de roseau et encre brune sur papier vélin
25,8×35 cm
F 1502 H 1492
Kunsthaus Zurich, Cabinet des estampes

Cette route, appelée à l'époque de Van Gogh avenue de Montmajour, était la voie de communication principale conduisant d'Arles à Tarascon. Vincent l'empruntera souvent à pied, notamment pour se rendre à l'abbaye de Montmajour. Ce pourrait être lui qui, symboliquement, arpente ce chemin. La figure du voyageur a été ajoutée en atelier. Elle en a remplacé une première, effacée par Van Gogh avant qu'il ne dessine la figure d'un homme marchant la plus énergique et la plus convaincante de son œuvre en Arles. On peut la comparer à l'artiste lui-même, peint sur la même route, lourdement chargé de son attirail de peintre, dans la toile intitulée *Le Peintre sur la route de Tarascon* (F 448), malheureusement détruite vers 1945, et qui a inspiré à Francis Bacon plusieurs variations dans les années 1950. Les traits de plume sont plus libres, la touche plus fébrile et saccadée que dans les deux dessins déjà présentés (cat. nºs 43 et 46).

48 **Le Tronc**
Avril-mai 1888
Plume de roseau et encre sur papier vélin
25,7×34,9 cm
F 1509 H 1494
Virginia Museum of Fine Arts, Richmond, Etats-Unis, Collection de M. et Mme Paul Mellon

On a souvent daté ce dessin de l'été 1888. Mais il appartient manifestement à une série réalisée par Van Gogh entre fin avril et début mai, à la technique comparable, sur des feuilles de papier vergé de format similaire (cat. nºs 46 et 47). On ajoutera que le motif est certainement pris sur la même avenue de Montmajour que le dessin de Zurich (cat. nº 47). Ce dessin pourrait être un pendant, une exploration nouvelle d'un tronçon de la même route.

49 **Vue du Rhône**
Avril-mai 1888
Crayon, plume de roseau et encre sur papier vélin
22,5×34,5 cm
F 1472 H 1404
Staatliche Graphische Sammlung, Munich

Voici le premier dessin du Rhône par Van Gogh. Il le regarde depuis la berge. Le point de vue choisi ne montre qu'une petite partie du mur de protection élevé après la terrible inondation de 1856. En revanche, et cela reste unique dans son œuvre, il donne à voir l'immensité du fleuve, comme c'est le cas à son estuaire situé à peu près à quarante kilomètres d'Arles. La puissance implacable du Rhône semble telle que même le pont métallique de Trinquetaille, construit en 1875, a l'air d'un jouet fragile. A la force des eaux s'ajoute celle du vent, le mistral dont l'action est visible dans le tracé des vagues et les nuages menaçants. Pour résumer, l'image du Rhône que donne l'œuvre est une évocation romantique de la puissance souveraine des éléments écrasant l'insignifiance humaine, symbolisée par le rameur solitaire dans sa barque. A cette représentation au romantisme tardif peuvent être associées, à juste titre, des affinités de style avec certains dessins à la plume de Delacroix.

50 **La Roubine du Roi avec lavandières**
Avril-mai 1888
Crayon, plume de roseau et encre sur papier vélin
22,5×34,5 cm
F 1473 H 1405
Staatliche Graphische Sammlung, Munich

Ce dessin est d'un style manifestement très proche de celui qui précède (cat. n° 49). Mais on est frappé par le contraste de l'atmosphère qui y règne. A la place du Rhône puissant et implacable et du mistral impétueux, on voit un canal artificiel et paisible, la Roubine du Roi, où des Arlésiennes lavent leur linge sur un ponton de bois spécialement aménagé. Derrière elles se dresse un fragile pont piétonnier de bois, d'allure presque chinoise. Cette représentation honnête de la vie quotidienne en Arles s'achève sur la cheminée de l'usine à gaz, qui écrase la tour et la flèche du couvent des Carmélites.
Plus tard, au mois de juin, Van Gogh revient à ce motif et réalise une peinture qui transforme l'aspect des «travaux quotidiens» du dessin dans un effet de l'espace hallucinant de ce soleil couchant (F 427). Il mentionne le dessin dans une lettre à Théo: «Te rappelles-tu dans les petits dessins un pont de bois avec lavoir, une vue de ville dans le fond? Je viens de peindre ce motif-là en grand format» (LT 504).

51 **Bords du Rhône**
Mai 1888
Crayon, plume, plume de roseau et encre violette sur papier vergé
39,2×61,1 cm
Filigrane dans un cadre: *AL PL Bas*
Annoté et signé en bas à gauche:
Bords du Rhône/Vincent
F 1472a H 1497a
Museum Boymans-Van Beuningen, Rotterdam

Bien plus paisible que le dessin de Munich (cat. n° 49), cette vue du Rhône offre une impression de détente à la tombée du jour: le soleil qui se couche, deux barques paisiblement amarrées côte à côte, un homme qui mène boire deux chevaux. Van Gogh est descendu sur la berge et dessine la longue courbe du mur de protection élevé après l'inondation catastrophique de 1856, avec à l'extrême gauche le point où la Roubine du Roi (cat. n° 50) débouche dans le Rhône. A l'époque des cartes postales, après 1900, ce paysage deviendra une vue traditionnelle du Rhône.
A l'origine, l'encre était d'un violet vif, mais elle s'est estompée et a viré au brun à cause du composant noix de galle/oxyde de fer. On retrouve des traces de cette première couleur sur les bords qui ont été protégés par le cadre. D'autres dessins ont été effectués avec la même technique, notamment une série de sept réalisée fin mai à Montmajour, et plusieurs lettres de cette période utilisent aussi cette encre violette.
Fin septembre 1888, Van Gogh peint *La Nuit étoilée sur le Rhône* (F 474; Musée d'Orsay), dans laquelle le fleuve est vu de plus haut, de la place Lamartine.

52 **Vue d'Arles avec iris et prairie**
Mai 1888
Huile sur toile
54×65 cm
F 409 H 1416
Van Gogh Museum Amsterdam
(Vincent van Gogh Foundation)

Après avoir terminé la dernière toile de la série des vergers, vers le 20 avril, Van Gogh travaille à une série de dessins pendant au moins deux semaines (cat. n°s 44, 47, 48). Plusieurs facteurs expliquent pourquoi il ne peint pas: une dispute de Vincent avec le propriétaire de l'hôtel, sa location à partir du 1er mai de la Maison Jaune, son désir d'acheter des meubles et la préparation d'une première caisse de toiles à expédier à Théo. Le 12 mai, il finit par écrire à Théo: «Maintenant j'ai deux nouvelles études comme ceci: tu en as un dessin déjà, d'une ferme au bord de la grande route dans les blés. Une prairie pleine de boutons d'or très jaunes, un fossé avec des plantes d'iris aux feuilles vertes à fleurs violettes, dans le fond la ville, quelques saules gris, une bande de ciel bleu. Si on ne coupe pas la prairie je voudrais refaire cette étude, car la donnée était bien belle, et j'ai eu du mal à trouver la composition. Une petite ville entourée d'une campagne entièrement fleurie de jaune et de violet, tu sais ce serait joliment un rêve japonais» (LT 487).
Quelques jours plus tard, il décrit cette vue d'Arles à Bernard: «De la ville elle-même on n'aperçoit que quelques toits rouges et une tour, le reste est caché par de la verdure de figuiers, cela tout au fond, et une bande étroite de ciel bleu dessus. La ville est entourée d'immenses prairies toutes fleuries d'innombrables boutons d'or – une mer jaune – ces prairies sont coupées sur le premier plan par un fossé rempli de fleurs d'iris violets. On a coupé l'herbe pendant que j'étais en train de peindre ce n'est donc qu'une étude et non un tableau fait, que j'avais l'intention d'en faire. Mais quel motif, hein! Cette mer jaune avec une barre d'iris violets, et au fond, la coquette petite ville aux jolies femmes!» (B 5)
Dans cette lettre à Théo, Van Gogh fait un croquis de la toile, mais il ne dit rien du dessin correspondant (F 1416) pour lequel il a utilisé son cadre perspectif. Les problèmes de composition auxquels il est confronté sont probablement liés, d'une

part, au premier plan, à l'intersection à angle droit du fossé et du champ, et, d'autre part, plus loin, après le troisième arbre à gauche, à l'apparence, à première vue, de l'alignement des saules sur un même axe.

53 Le Pont de Langlois
Mai 1888
Huile sur toile
49,5×64 cm
F 570 H 1421
Wallraf-Richartz-Museum, Cologne

Le pont de Langlois se trouve au sud d'Arles, sur le canal Arles-Bouc. Vincent le peint pour la première fois à la mi-mars (F 397), puis en réalise une deuxième version en atelier (F 571). Il en fait un dessin (F 1470) probablement fin avril. Dans une lettre de début avril (LT 473), il fait référence à l'une de ces représentations du pont basculant comme «une vieille chose, pas comme ce que je fais d'habitude». On affirme pourtant souvent que Van Gogh a peint et dessiné ce pont parce qu'il lui rappelait la Hollande.
Quand il reprend ce motif en mai, il le modifie en ajoutant des personnages issus de milieux différents: une lavandière, une Arlésienne avec une ombrelle et un fermier sur sa charrette. L'atmosphère limpide qu'on y trouve fait de ce tableau un bon exemple de «la peinture claire». Après l'avoir accroché au mur de l'atelier à la mi-juillet pour le faire sécher, Van Gogh en fait un dessin pour Bernard (F 1471).

54 Cimetière de Saintes-Maries
Fin mai 1888
Crayon, plume de roseau et encre brune
sur papier vergé
29,5×47,5 cm
Annoté en haut à gauche: *Cimetière de Stes Maries*
F 1479 H 1456
Collection particulière

Du 30 mai au 3 juin, Van Gogh visite les Saintes-Maries-de-la-Mer, petit village de pêcheurs sur la Méditerranée, mais aussi lieu de pèlerinage car c'est là que les trois Marie auraient débarqué avant de convertir la Provence au christianisme. Le pèlerinage annuel avait eu lieu à la Pentecôte (24-25 mai). Vincent était certainement au courant de l'événement car il a quitté Arles, distant de cinquante kilomètres, quelques jours plus tard par la diligence. Une fois sur place, il a peint deux petits paysages marins (F 415, F 417) et une vue du village (F 416). Il a également réalisé neuf dessins. Beaucoup montrent les chaumières typiques du lieu (cat. n° 56), d'autres les barques sur la plage (F 1428) et une vue du village (F 1439).
Sur ce dessin figurent quelques-unes de ces chaumières, mais simplement pour clore en arrière-plan la vue du cimetière, tout en profondeur. Il porte en haut à gauche l'annotation *Cimetière de Stes Maries*. Sept des neuf dessins ont été exécutés sur des feuilles d'une demi-page mesurant approximativement 30×47 cm. Aux Saintes-Maries, Van Gogh repousse toutes les contraintes, abandonne son cadre perspectif et dessine des traits rapides à l'encre et à la plume de roseau, faisant confiance à la célérité de sa main et de son œil, à l'instar, pense-t-il, des Japonais.

55 Barques de pêcheurs aux Saintes-Maries
Début août 1888
Crayon, plume de roseau, plume d'oie et encre noire
sur papier vélin
24×31,5 cm
Signé en bas à droite: *Vincent*
F 1430b H 1541
Musées Royaux des Beaux-Arts de Belgique, Bruxelles

Pendant son séjour aux Saintes-Maries-de-la-Mer (30 mai-3 juin 1888), Van Gogh peint deux petites toiles de barques de pêcheurs en mer. L'une d'entre elles (F 417) deviendra une de ses peintures favorites. Ce dessin, qui en reprend la composition, a une fonction bien spécifique, différente de celle du dessin qui précède. Il n'est pas réalisé sur le motif mais en atelier au début août, deux mois après la visite aux Saintes-Maries. Avant d'envoyer un lot de plus de trente toiles à Théo, Van Gogh les avait accrochées aux murs de l'atelier de la Maison Jaune pour les faire sécher. C'était à la mi-juillet. A cette même époque, il envoie à son jeune ami Emile Bernard quinze dessins d'après une sélection de tableaux. Fin juillet, il en fera douze autres pour John Russell. Et, quelques jours plus tard, il se propose d'en faire une douzaine pour Théo, mais au bout du compte il n'en fera que cinq, dont celui-ci.
Il explique à Théo: «Tu vas voir mieux alors ce qu'il y a dans les études peintes comme dessin. Je t'ai déjà dit que j'ai toujours à lutter contre le mistral, qui empêche absolument d'être le maître de sa touche…» (LT 518). Et il ajoute dans la lettre suivante: «Mais les études peintes manquent de netteté dans la touche. Raison de plus pourquoi j'ai senti le besoin de dessiner» (LT 519).
Ce dessin illustre bien cette recherche de précision. Van Gogh s'efforce de systématiser ses traits de plume par rapport aux envolées fougueuses du pinceau.

56 Trois chaumières aux Saintes-Maries
Fin mai 1888
Crayon, plume de roseau et encre brune sur Ingres
30×47 cm
F 1438 H 1448
Van Gogh Museum Amsterdam
(Vincent van Gogh Foundation)

On connaît deux versions dessinées de ce motif de trois chaumières aux Saintes-Maries. Une est plus soignée, d'une facture presque tendre (F 1440), alors que celle-ci, hâtive, plus brutale dans le maniement de la plume de roseau, reflète plutôt la désolation. Van Gogh lui-même qualifie ce groupe de dessins de «durs»; F 1436 en est un autre. Mais c'est ce dessin, et non la version soignée, qu'il va reprendre pour une étude peinte de ce sujet, exécutée dans l'atelier de la Maison Jaune après son retour des Saintes-Maries (cat. n° 57).

57 **Mas blancs aux Saintes-Maries**
Début juin 1888
Huile sur toile
33,5×41,5 cm
F 419 H 1465
Kunsthaus Zurich,
Donation Walter Haefner

Van Gogh a peint cette vue de mas aux Saintes-Maries après son retour en Arles, très probablement le 5 juin 1888. A cette date, il mentionne à Théo qu'il a deux toiles sur le chevalet (LT 494). Toutes deux (l'autre est F 420) représentent des chaumières aux Saintes-Maries et toutes deux reprennent des dessins «durs» que Van Gogh a rapportés de son voyage de cinq jours. Chacune est devenue un exercice d'atelier particulier dans lequel Vincent introduit les trois couples de couleurs complémentaires: le bleu et l'orange, le jaune et le violet, le rouge et le vert. Dans la présente toile, la rudesse du jeu sans concession des couleurs complémentaires est tempérée par l'emploi généreux de blanc (qui figure la chaux recouvrant les murs, tout comme les toits sont faits de roseaux, ceux-là mêmes que Van Gogh utilisait pour faire ses dessins).

58 **Fille aux cheveux ébouriffés**
Juin 1888
Huile sur toile
35,5×24,5 cm
F 535 H 1467
Musée des Beaux-Arts, La Chaux-de-Fonds,
Collection R. et M. Junod

Vers le 17 juin 1888, Van Gogh écrit en anglais à son ami John Russell. Il lui avoue: «… au lieu de continuer ma lettre, je me suis mis à dessiner à même le papier la tête de la fillette malpropre que j'ai aperçue, cet après-midi, tandis que j'étais en train de peindre une vue du fleuve avec un ciel jaune verdâtre. Cette gamine des rues, j'ai trouvé qu'elle avait vaguement un air de personnage florentin, une de ces têtes des tableaux de Monticelli; rêvant et dessinant, je griffonnais sur votre lettre. Je joins ce bout de griffonnage pour que vous puissiez juger de mes absences et que vous me pardonniez de n'avoir pas écrit plus tôt» (lettre 501a).
La fille que Van Gogh appelle «gamine des rues» figure sur la peinture du pont de Trinquetaille (cat. n° 59). C'est de toute évidence le même modèle que dans le tableau de La Chaux-de-Fonds. Quand on la compare au dessin de la lettre envoyée à Russell, la peinture montre bien ces mêmes cheveux ébouriffés, mais le motif décoratif des vêtements a été simplifié. Il n'y a aucune mention de cette toile dans les lettres de Van Gogh. Elle pourrait être une esquisse effectuée de mémoire en juin. Mais il n'est pas impossible que le peintre ait persuadé la «gamine» de poser pour lui à fin août. Payée d'avance pour une série de poses, elle ne serait pas revenue. Si cela était vrai, elle pourrait alors être le modèle qu'il décrit vers le 18 août dans une lettre à Emile Bernard comme «… la femme aux cheveux jaunes et le visage couleur de brique» (B 15).

59 **Le Pont de Trinquetaille**
Juin 1888
Huile sur toile
65×81 cm
F 426 H 1468
Collection particulière

Van Gogh fait allusion à trois reprises à cette peinture. La première fois dans une lettre à John Russell du dimanche 17 juin 1888, dans laquelle il mentionne la «gamine des rues» qu'il a aperçue «cet après-midi, tandis que j'étais en train de peindre une vue de la rivière avec un ciel jaune verdâtre» (lettre 501a).
Quelques jours plus tard, il écrit à Théo: «J'ai une vue du Rhône – le pont de Trinquetaille, où le ciel et le fleuve sont couleur d'absinthe, les quais d'un ton lilas, les personnages accoudés sur le parapet noirâtres, le pont de fer d'un bleu intense, avec dans le fond bleu une note orangé vive et une note vert véronèse intense. Encore un essai bien inachevé, mais enfin où je cherche quelque chose de plus navré et de plus navrant par conséquent» (LT 503).
Enfin, à la mi-août 1888, quand il joint la peinture à un lot de trente-six toiles que son ami le zouave Milliet emporte à Paris pour Théo, il écrit: «Il y a une vue du Rhône ou le ciel et l'eau sont d'une couleur d'absinthe, avec un pont bleu et des figures de voyous noires» (LT 524).
La lettre à Russell nous dit que Van Gogh a peint ce tableau dans l'après-midi. Et la figure de la «gamine des rues» apparaît au premier plan, ses cheveux ébouriffés (voir cat. n° 58) formant comme un halo autour de sa tête: elle ne porte manifestement pas de chapeau. Puisque la lettre à Russell a été rédigée un dimanche, Van Gogh nous offre alors une vue du Rhône et du pont de Trinquetaille un dimanche après-midi, avec des personnages en promenade – dont une femme à l'ombrelle – se délassant, ou naviguant sur la rivière. La toile devient l'étrange reflet, sorte d'équivalent provençal, d'*Un dimanche après-midi à l'île de la Grande Jatte* de Seurat (Art Institute, Chicago).
Mais il y a plus que cela: les notations colorées de Van Gogh et la puissance émotionnelle des images qu'il évoque placent cette toile bien au-delà de ses paysages de la Seine à Asnières, d'inspiration impressionniste et pointilliste. Ce que nous avons ici, c'est une toile préexpressionniste: comme dans *Le Cri* de Munch, l'arbitraire de la couleur et la fuite rapide de l'espace s'associent pour composer une image tout à fait déconcertante.

60 **Champ de blé, Arles**
Juin 1888
Huile sur toile
50×61 cm
F 564 H 1475
Stichting Collectie P. en N. de Boer, Amsterdam

Ce tableau d'un champ de blé est l'un des deux qui ont précédé l'extraordinaire explosion d'activité de la période des moissons; l'autre est la *Ferme en Provence* (F 565). Ces toiles sont sans doute au nombre des deux ou trois études mentionnées par Van Gogh dans une lettre à Théo du 12 juin (LT 496). Le motif, une partie de la Crau avec en arrière-plan la chaîne des Alpilles, reprend en la prolongeant la vue panoramique de la Crau, avec un haut bâtiment de ferme qui apparaît sur la peinture de cette période la plus célèbre de Van Gogh, *La Moisson* (F 412). Comme cette dernière toile avait déjà été commencée le 12 juin et que la moisson y est plus avancée, le présent tableau doit l'avoir précédée.

Le ciel présente ce bleu turquoise qui va finir par dominer beaucoup des paysages d'été de Van Gogh. Les touches constrastées de jaune, d'orange et de rouge brique des blés reproduisent le sentiment d'intensification des couleurs et d'extrême chaleur si souvent exprimé par Vincent dans ses lettres de juin à Théo. Comme pour les autres paysages de moisson, les arbres ont été ajoutés à la fin, souvent en bleu de Prusse.

On retrouve une partie du sujet dans une peinture d'avril 1889, *La Crau avec des pêchers en fleurs* (F 514), dont Van Gogh fait un croquis dans une lettre à Signac (cat. n° 75).

61 **Arles vu des champs de blé**

Juin 1888

Huile sur toile

73×54 cm

F 545 H 1477

Musée Rodin, Paris

Entre le 10 et le 24 juin, Van Gogh peint une dizaine de paysages de moisson, dont trois sur des toiles de 30 (F 412, F 425, F 465). La plupart d'entre eux montrent les champs de blé avec au fond la ville d'Arles. Pour F 465 et cette toile du Musée Rodin uniquement, le peintre regarde vers la ville et en évoque la silhouette.

En procédant ainsi, Vincent produit une image qui mêle de façon pittoresque l'ancien et le nouveau. En arrière-plan, on distingue la silhouette de quelques éléments de la ville romaine, notamment les arènes. On discerne aussi des bâtiments plus récents, dont quatre tours et flèches d'églises, et, vers le bord à droite, l'hôtel de ville. Avec le champ de blé, Van Gogh illustre le travail traditionnel du faucheur avec une figure de paysan qui rappelle le moissonneur de Nuenen (cat. n° 20). Nous avons ici la seule peinture de moisson dans laquelle le moissonneur prend autant d'importance.

Entre le faucheur et la ville ancienne figurent deux symboles de la révolution industrielle: à gauche, deux cheminées, celle des grands ateliers ferroviaires du PLM et celle de l'usine à gaz, et, arrivant sur la droite, un long train noir et sa locomotive crachant des volutes de fumée.

Ce tableau a autre chose d'unique: c'est le seul de format vertical. Van Gogh aurait-il eu le projet d'un triptyque, comme pour la série des vergers? C'est aussi la seule scène de moisson à partir de laquelle il fera trois dessins en juillet et août, pour Bernard (F 1491), Russell (cat. n° 62) et Théo (F 1492).

62 **Arles vu des champs de blé**

31 juillet - 3 août 1888

Crayon, plume de roseau et encre brune sur papier vélin

31,5×23,5 cm

Signé en bas à gauche: *Vincent*

F 1490 H 1529

Richard Nagy, Dover Street Gallery, Londres

Ce dessin est l'un des douze réalisés entre le 31 juillet et le 3 août 1888 et envoyés au peintre australien John Russell (1858-1931) qui vivait alors à Belle-Ile, en Bretagne. Van Gogh effectue ces dessins d'après des peintures qu'il a accrochées pour les faire sécher dans son atelier avant de les expédier à Théo. Il envoie un lot de quinze dessins à Bernard, une douzaine à Russell et cinq à Théo. Son but est de montrer le travail accompli. Mais c'est aussi un geste stratégique: vis-à-vis de Bernard, c'est pour l'inciter à lui envoyer en retour un lot de ses propres dessins; envers Russell, c'est pour le pousser à acheter une toile de Gauguin, afin que ce dernier puisse financer son voyage de Pont-Aven jusqu'en Arles. Le style des dessins expédiés à Bernard est plus libre et plus fougueux, mais la touche pointilliste n'y joue pas de rôle significatif, car Vincent sait que Bernard rejette totalement ce style que prônent Seurat et Signac. En revanche, avec John Russell, il n'y a pas de préjugé de ce genre, et les points peuvent librement envahir le ciel et les blés qui sont tous deux laissés vierges dans le dessin de Bernard. L'effet d'ensemble de ce traitement pointilliste de la surface entière est plus abstrait et plus décoratif.

En réalité, chacun des trois dessins, plus qu'une copie mécanique, devient une variation subtile sur le thème du tableau d'origine (cat. n° 61) et possède une identité et un caractère propres.

63 **Les Meules**

Mi-juillet 1888

Crayon et plume de roseau sur papier vélin

24×31,5 cm

F 1426 H 1514

Szépmüvészeti Múzeum, Budapest

Dans la semaine qui suit son retour des Saintes-Maries le dimanche 3 juin, Van Gogh découvre deux nouveaux motifs de paysages. L'un est une vue de la Crau jusqu'à l'abbaye de Montmajour, dont on aperçoit une partie sur le n° 60 du catalogue. L'autre est une vue de ce qu'il appelle un mas provençal typique, avec des meules de foin. Il en exécute rapidement à la suite: une peinture (F 565), un grand dessin à l'aquarelle (F 1425) et finalement une grande toile de 30 (F 425) qui servira de pendant à sa *Moisson* (F 412) de grand format.

Comme pour d'autres peintures terminées, Van Gogh les ôte de leur châssis et les accroche aux murs de l'atelier pour les faire sécher avant de les envoyer à Théo. A la mi-juillet, elles se trouvent sur ses murs. C'est à ce moment qu'il décide de faire quinze dessins d'après certaines de ces toiles à l'intention de Bernard, dont celui de Budapest. Comme pour tous les dessins du lot de Bernard, il est exécuté rapidement, à la hâte même. Les touches vibrantes de la plume de roseau, le rythme avec lequel il traite les meules semblent préfigurer des éléments du style de Vincent à Saint-Rémy. Par contraste, le dessin d'après la même peinture qu'il envoie à John Russell à Belle-Ile est d'une facture généralement bien plus maîtrisée, avec des touches pointillistes très présentes et un effet d'ensemble bien plus uniforme et décoratif.

64 **Jardin à l'arbre pleureur**
Juillet 1888
Huile sur toile
60,5×73,5 cm
F 428 H 1499
Collection particulière, Suisse

«Voici un motif nouveau», écrit Vincent à Théo vers le 5 juillet 1888. «Un coin de jardin avec des buissons en boule et un arbre pleureur, et dans le fond des touffes de lauriers-roses. Et le gazon que l'on vient de faucher avec de longues traînées de foin qui sèche au soleil, un petit coin de ciel bleu vert dans le haut» (LT 508). Le 31, il en fait une deuxième description à sa sœur Wil: «J'ai aussi un jardin sans fleurs, un herbage, plutôt, qui vient d'être fauché, très vert, avec le foin gris étalé en longues rangées. Un frêne pleureur, quelques cèdres et cyprès, les cèdres en forme de boules, jaunâtres, les cyprès hauts et droits, d'un vert bleu. Au fond, un laurier-rose et un petit bout de ciel bleu vert. Les ombres portées par les buissons sur l'herbe sont bleues» (W 5).
Il s'agit en fait de l'un des trois jardins publics de la place Lamartine, en face de la Maison Jaune. Van Gogh traversait souvent ces jardins quand il se rendait au bordel et il en a fait des dessins (cat. n° 46). Mais ce n'est qu'au début juillet qu'il en peint un tableau, après avoir collecté des observations quotidiennes. En outre, il pourrait bien avoir été séduit par la floraison des lauriers-roses.
Dans cette peinture de jardin, on devine Vincent en observation, à la recherche d'équivalences colorées, en quête d'une composition. Il ne procède pas consciemment à des associations, ni à des recherches de symboles. Il s'est déjà exprimé au sujet des jardins peints par Manet et Renoir, qu'il a vus à Paris. Et on pourrait en fin de compte qualifier cette toile d'impressionniste, par sa recherche de la touche expressive, son attention aux couleurs dans les zones d'ombre, son rendu d'une heure particulière du jour. Pour ce qui est de la composition, le premier plan et le centre laissés vides et tous les éléments repoussés vers les bords de la toile évoquent pour moi, de manière troublante, une scène de répétition de danse peinte par Degas. Mais Van Gogh fait basculer l'espace: il donne l'impression d'un terrain qui monte, et qui descend aussi brutalement, surtout dans la zone ambiguë peinte sous l'arbre pleureur à droite. Pourtant, il lui était impossible de trouver un point de vue en hauteur: ce jardin est d'une remarquable platitude. La seule explication que l'on puisse en donner, c'est qu'il a délibérément choisi de le représenter de cette manière déroutante. Dans toutes les autres représentations de cette partie du jardin public, du dessin de printemps déjà mentionné (cat. n° 48) à deux peintures d'automne (F 468 et F 1465 – ce dernier étant un dessin *d'après* la toile qui a été détruite), il donne une ligne d'horizon claire et ne laisse pas la moindre impression de pente, permettant au regard de circuler sur la toile à son aise.
Pour les dessins se rapportant à ce tableau, voir n°s 65 à 67.

65 **Jardin à l'arbre pleureur**
Mi-juillet 1888
Crayon, plume de roseau et encre brune
sur papier vélin
24,2×31,6 cm
Signé en bas à gauche: *Vincent*
F 1450 H 1509
Collection particulière

Ce dessin est l'un des quinze envoyés à Emile Bernard à la mi-juillet 1888, tous effectués à partir de toiles existantes, à l'instar du n° 64 de ce catalogue. Comme dans tout le lot expédié à Bernard, on constate une économie audacieuse de la touche et un effet général d'esquisse imprécise. Par rapport au tableau, Van Gogh met davantage l'accent sur le foin étalé pour sécher, donne une impression de recul plus grand, ajoute deux oiseaux dans le ciel et fait disparaître la zone ambiguë sous l'arbre aux branches tombantes.
C'est le seul des dessins prévus pour Bernard dont Vincent fait mention. En écho à des vers que lui a envoyés Bernard, il écrit: «Dans le croquis ‹Le Jardin› il y a peut-être quelque chose comme ‹Des tapis velus/De fleurs et verdures tissus› de Crivelli ou Virelli peu importe» (B 10).

66 **Jardin à l'arbre pleureur**
Début août 1888
Crayon, plume de roseau et encre brune
sur papier vélin
24,1×31,5 cm
F 1451 H 1545
The Menil Collection, Houston

Comme le dessin précédent, celui-ci s'inspire de la même peinture que Van Gogh a accrochée au mur de l'atelier pour la faire sécher (cat. n° 64). Mais il a été réalisé environ trois semaines après celui envoyé à Bernard et appartient à une série de cinq expédiés à Théo. Le contraste entre les deux dessins est particulièrement frappant. Celui destiné à Bernard est dessiné avec agilité et fougue, mais ses éléments sont distincts les uns des autres, et l'effet de recul relativement clair. Dans celui pour Théo, la composition est simplifiée, soulignant l'existence du sentier en haut à gauche et éliminant l'ambiguïté engendrée par la peinture sous l'arbre pleureur. Les traits de plume du fond, plus organisés, culminent dans le ciel en une myriade de points et passent par une série de rythmes stylisés qui s'opposent: graciles lignes verticales de l'arbre pleureur, écheveaux mêlés de l'herbe coupée et tracé curviligne des buissons de lauriers-roses. Il en résulte une tension palpable entre l'impression de recul et la représentation dans un espace à deux dimensions. Ce dessin, plus encore que celui destiné à Bernard, doit s'interpréter au premier chef comme une image plane et décorative.

67 **Jardin à l'arbre pleureur**
31 juillet - 3 août 1888
Crayon, plume de roseau et encre brune
sur papier vélin
31,5×24,5 cm
Signé vers le bas à gauche: *Vincent*
F 1449 H 1534
Collection particulière

C'est l'un des douze dessins effectués pour John Russell entre le 31 juillet et le 3 août 1888, tous d'après des toiles existantes. Mais celui-ci possède une valeur historique supplémentaire car il représente une peinture qui a disparu, et dont l'existence n'est pas confirmée par ailleurs, puisque Van Gogh n'y fait pas allusion dans ses lettres. D'après l'aspect de la pelouse et l'importance des fleurs au premier plan, il semblerait que le tableau vertical qui a disparu a précédé un pendant horizontal (cat. nº 64). Le motif est manifestement le même: à droite un arbre pleureur, à gauche des buissons arrondis, au fond des lauriers-roses, la composition laissant libres le premier plan et le centre du tableau. Excepté le changement de format, la différence essentielle entre les deux compositions est la direction des ombres, désignant des moments différents de la journée. Sinon, on y retrouve le style qui caractérise tous les autres dessins destinés à Russell (cat. nº 63).

68 **Les Oliviers: Montmajour**
Juillet 1888
Crayon, plume de roseau, encre brune et noire
sur papier Whatman
48×60 cm
Filigrane: *J. Whatman Turkey Mill 1879*
Signé en bas à gauche: *Vincent*
Ne figure pas dans F H addenda nº 3
Musée des Beaux-Arts de Tournai, Belgique,
Legs H.-E. van Cutsem

Début mars 1888, Van Gogh écrit à Théo: «J'ai fait plusieurs courses dans les environs, mais toujours il était par ce vent impossible de rien faire... Mais néanmoins j'ai vu de bien belles choses – une ruine d'abbaye sur une colline plantée de houx, de pins, d'oliviers gris. Nous attaquerons cela sous peu j'espère» (LT 467).
Il n'écrira rien de plus au sujet de cette «ruine d'abbaye» avant fin mai, moment où il écrit à Théo qu'il réalise une série de sept dessins de «vues prises sur une colline rocheuse» et deux «de la ruine qui couronne les rochers» (LT 490). Il ne donne pas encore de nom à cette abbaye en ruine, celle de Montmajour, qui se dresse, spectaculaire, au-dessus de la plaine de la Crau, à quelque cinq kilomètres au nord-est d'Arles. Peu de temps après, il ajoute un grand dessin (F 1452) aux sept premiers, exécutés sur une demi-feuille.
On constate ensuite une pause jusqu'au début juillet, où il commence à travailler à cinq grands dessins de Montmajour, ce qu'on pourra appeler sa seconde série de Montmajour. Tous les cinq ont été réalisés sur du papier Whatman de 1879. Il les a tous exécutés en trois étapes: il trace d'abord une esquisse rapide au crayon, poursuit à la plume et à l'encre brune, et termine avec des touches à la plume et à l'encre noire. L'essentiel de ce travail a certainement été réalisé sur le motif, mais des retouches en atelier ont dû suivre. C'est le cas avec cette étude d'oliviers sur une pente rocheuse, avec en arrière-plan une vue sur la Crau. De plusieurs manières, ce dessin sert de pendant au *Rocher avec des arbres* (F 1447). Tous deux présentent un système de signes comparable, bien que dans la feuille de Tournai ils soient moins heurtés et plus discrets, d'autant plus qu'il ne montre pas de hachures croisées. Mais dans les deux dessins, Vincent donne à ses arbres des contours flous et déchiquetés; le ciel reste vierge, excepté pour quelques oiseaux très brièvement suggérés.
En 1891, ce dessin a été présenté avec six autres à la huitième exposition des XX à Bruxelles sous le titre *Provence, Verger d'oliviers*. Il a été acheté par le célèbre collectionneur belge Henri-Emile van Cutsem. C'est l'un des tout premiers dessins de Van Gogh qui a été vendu. La collection Van Cutsem rassemblait des œuvres de Manet, Monet, Seurat et Toulouse-Lautrec. Après le décès du collectionneur, elle a été léguée à la ville de Tournai. En 1912, on a confié à l'architecte Horta, protagoniste de l'Art nouveau, la conception d'un nouveau musée qui ouvrira finalement en 1928.
Le dessin de Van Gogh, oublié, jamais publié, est demeuré inconnu en dehors de Tournai de 1891 jusqu'à 1984, année où il figure avec d'autres œuvres dans l'exposition *Van Gogh en Arles* au Metropolitan Museum de New York.

69 **Bateaux de sable à quai**
Août 1888
Crayon, plume de roseau et plume d'oie, encre noire
et encre brune sur papier Whatman
48×62,5 cm
Filigrane: *J. Whatman Turkey Mill 1879*
F 1462 H 1556
Cooper-Hewitt, National Design Museum,
Smithsonian Institution, New York,
Don de Miss Edith Wetmore

Dans deux dessins de mars-avril 1888, Van Gogh traite le motif du Grand Rhône, qui traverse Arles en un majestueux méandre (cat. nºs 49 et 51). Par contraste, sa peinture de mi-juin du pont de Trinquetaille (cat. nº 59) confère au fleuve une dimension plus humaine en se concentrant sur deux ouvrages créés assez récemment par l'homme pour domestiquer le Rhône: la grande digue construite en 1856 pour contenir les crues parfois catastrophiques du fleuve, et ce pont métallique de Trinquetaille, édifié en 1875 pour en assurer la traversée en permanence.
Mais, sans conteste, le chef-d'œuvre des dessins du Rhône, un des plus grands dessins de Van Gogh, est celui du Musée Cooper-Hewitt de New York. Vincent en décrit le motif dans une lettre de mi-août 1888: «Je travaille dans ce moment à une

étude comme ceci des bateaux vus d'en haut d'un quai, les deux bateaux sont d'un rose violacé, l'eau est très verte, pas de ciel, un drapeau tricolore au mat. Un ouvrier avec une brouette décharge du sable. J'en ai aussi un dessin» (LT 524). C'est l'époque où Van Gogh prépare trente-six toiles que Milliet doit emporter pour Théo: «J'ai ajouté à cet envoi un dessin du tableau que je travaille maintenant – les bateaux avec déchargeur de sable» (LT 528).
Ce grand dessin, de même importance que ceux de Montmajour (voir cat. nº 68), a donc été achevé avant le tableau (F 449). Trop de différences apparaissent entre les deux œuvres pour que le dessin soit considéré comme une étude préparatoire: en particulier le point de vue, l'heure du jour (on notera l'écart dans l'inclinaison des ombres autour des barques amarrées) et l'effet du mistral, apparent sur la toile mais pas sur le dessin (comme le montre le drapeau). On relève de surcroît des différences au niveau des barques, des figures des ouvriers et des pêcheurs. Enfin, le dessin montre une composition plus détaillée: on aperçoit des bâtiments dans l'angle supérieur gauche et le pont de Trinquetaille à l'arrière-plan. Il s'agit donc bien d'une œuvre indépendante, réalisée sur le grand format que Vincent choisissait lorsqu'il s'agissait d'une création majeure.

70 **Les Débardeurs**

Novembre 1888
Huile sur toile
54×65 cm
F 438 H 1571
Museo Thyssen-Bornemisza, Madrid

Avant même que Van Gogh réalise le dessin (cat. nº 69) et la pochade (F 449) des deux barques sur le Rhône, il écrit le 31 juillet 1888 à Théo: «J'ai vu un effet magnifique et très étrange ce soir. Un très grand bateau chargé de charbon sur le Rhône amarré au quai. Vu d'en haut il était tout luisant et humide d'une averse, l'eau était d'un blanc jaune et gris perle trouble, le ciel lilas et bande orangée au couchant, la ville violette. Sur le bateau de petits ouvriers bleus et blancs sales allaient et venaient portant la cargaison à terre. C'était de l'Hokusai pur. Il était trop tard pour le faire, mais un jour lorsqu'il reviendra ce bateau à charbon, il faudrait l'attaquer. C'est dans un chantier de chemin de fer que j'ai vu cet effet, c'est un endroit que je viens de trouver et où il y aura encore bien autre chose à faire» (LT 516).
Trois semaines plus tard, il écrit à nouveau: «J'ai revu aujourd'hui ce même bateau à charbon avec des ouvriers qui le déchargent, dont je t'ai déjà parlé, au même endroit des bateaux de sable dont j'ai envoyé un dessin. Ce serait un fameux motif» (LT 526).
Mais ce «fameux motif» demeure à l'état d'intention jusqu'en novembre, quand Van Gogh peint *Les Débardeurs*, ainsi qu'une variante plus grande sur une toile de 30 (F 437). Les deux toiles présentent néanmoins des différences majeures par rapport à ses descriptions des lettres du mois d'août: le point de vue est au niveau de l'eau, pas en hauteur; les ouvriers déchargent du sable plutôt que du charbon. On aperçoit en face le faubourg de Trinquetaille, avec un effet de soleil couchant. Van Gogh a certainement peint ces deux toiles de mémoire, «de chic», dans son atelier de la place Lamartine, car Gauguin l'avait convaincu de travailler à partir de son imagination. Mais elles sont indépendantes l'une de l'autre, surtout par rapport au temps: dans l'une le mistral souffle, pas dans l'autre, d'où le même genre de différences qu'entre le dessin du Musée Cooper-Hewitt et la pochade (voir cat. nº 69). Chacune, à sa façon, est exacte sur le plan topographique. Il est exclu que l'une ait été copiée sur l'autre: à plus forte raison, que la toile du Musée Thyssen-Bornemisza soit une copie de la version plus grande par une autre main. Le traitement du tableau, le choix de la palette, le rendu complet de la topographie du lieu et même l'écrasement des empâtements en certains endroits, dû au fait que la toile a été roulée ou emballée contre une autre (ce qui arrive fréquemment avec les peintures d'Arles de Van Gogh), tout cela démontre sans conteste son authenticité.

71 **Le Bébé Marcelle Roulin**

Décembre 1888
Huile sur toile
34,3×23,5 cm
F 441a H 1640
Collection Louis et Evelyn Franck

Marcelle Roulin est née le 31 juillet 1888. Son père, Joseph-Etienne Roulin (1841-1903), «entreposeur des postes» à la gare d'Arles, se lie d'amitié avec Van Gogh à cette époque. Il accepte de poser pour deux portraits (F 432, F 433). Trois semaines environ après la naissance de l'enfant, Van Gogh écrit à sa sœur Wil: «Si je puis obtenir de la mère et du père qu'ils me laissent faire, je ferai l'un de ces jours un bébé dans son berceau. Le père n'a pas voulu qu'on baptise l'enfant. C'est un révolutionnaire résolu; quand la famille a fait la moue, probablement à cause du repas de baptême, il a dit que le repas aurait lieu quand même, mais que, pour le baptême, il baptiserait le bébé lui-même; et il a entonné une effroyable Marseillaise et a nommé l'enfant Marcelle ‹comme la fille du brav' général Boulanger›, au grand scandale de la grand'mère du petit innocent et des autres membres de la famille» (W 6). Mais d'autres engagements l'empêchent de réaliser ce portrait de la petite Marcelle. Par-dessus tout, la préparation de la Maison Jaune pour la venue de Gauguin, et une campagne de «décoration», consistant à peindre une série de toiles, des tournesols, plusieurs vues d'Arles, destinées à orner cette même maison. Il ne revient en fait à ce projet qu'à fin novembre, cinq semaines environ après l'arrivée de Gauguin: il commence alors une série de portraits de toute la famille Roulin. Dans ce groupe de toiles de 15, Van Gogh représente Marcelle avec sa mère. Mais il semblerait que la toile plus petite que Vincent a choisie pour le portrait de Marcelle seule ait, elle aussi, été peinte en décembre. Il est intéressant de noter que Gauguin (qui a également peint un portrait de Mme Roulin) a fait deux études de la petite Marcelle sur un carnet de croquis qu'on peut aussi dater de décembre 1888. Marcelle Roulin devient donc, fait étonnant, le seul bébé à avoir été immortalisé pour la postérité par les deux peintres postimpressionnistes.

Il existe trois versions du portrait de Marcelle par Van Gogh. La première était destinée à la famille Roulin. Elle fait partie aujourd'hui de la collection Socindec. La deuxième était pour Théo et sa femme Jo: elle se trouve aujourd'hui au Musée Van Gogh à Amsterdam. La troisième était probablement pour Vincent, mais elle finira par se retrouver dans la collection d'un ami de Van Gogh, le peintre provençal Jules-Armand, et restera en Arles jusqu'aux années 1920. Elle se trouve aujourd'hui à la National Gallery of Art de Washington.

Vincent ajoute le portrait de Marcelle Roulin à un lot de peintures envoyé d'Arles à Théo en mai 1889. La femme de Théo, Jo, accueille cette peinture avec chaleur et compréhension: elle est elle-même déjà enceinte de deux mois. Elle écrit à Van Gogh: «Te souviens-tu du portrait du bébé Roulin que tu as envoyé à Théo? Tout le monde l'admire beaucoup et on m'a souvent demandé ‹Mais pourquoi avez-vous mis ce portrait à cet endroit si mal placé?› – C'est parce que, de ma place à table, j'ai une bonne vue des grands yeux bleus de l'enfant, de ses mignonnes petites mains et de ses joues potelées, et j'aime l'idée que le nôtre sera aussi robuste, aussi plein de santé et aussi beau que celui-ci et que son oncle fera son portrait aussi un jour!»

Le projet de peindre Marcelle dans son berceau n'a jamais vraiment vu le jour. On remarquera que la corde que tient Mme Roulin dans la série de cinq toiles intitulées *La Berceuse* est celle du berceau de Marcelle, que Van Gogh laisse à l'imagination le soin de représenter.

En dépit du souhait de Jo, Van Gogh ne peindra jamais son bébé, Vincent Willem, né le 31 janvier 1890. Van Gogh écrit le 4 juin 1890 d'Auvers-sur-Oise: «Alors je m'en fais une fête de faire les portraits de vous tous en plein air: le tien, celui de Jo et celui du petit» (LT 638).

Ce portrait de famille ne sera jamais peint. Ce n'est qu'avec Roulin et sa famille que Van Gogh réalise son souhait. Son portrait de la petite Marcelle demeure un témoignage de son honnêteté fondamentale en tant qu'artiste. Il évite avec talent toute flatterie et tout sentimentalisme excessifs, mais aussi tout réalisme exagéré, voire dénué de gentillesse, deux écueils extrêmes qui menacent tout peintre attaché à faire le portrait d'un bébé.

72 **Portrait de Camille Roulin**
Décembre 1888
Huile sur toile
63,5×54 cm
F 665 H 1879
Museu de Arte de São Paulo, Assis Chateaubriand, Brésil

Au début décembre 1888, Van Gogh annonce à Théo: «J'ai fait des portraits de toute une famille, celle du facteur dont j'ai déjà précédemment fait la tête – l'homme, la femme, le bébé, le jeune garçon et le fils de 16 ans, tous des types et bien français quoique cela ait l'air d'être des Russes. Toiles de 15. Cela tu sens combien je me sens dans mon élément et que cela me console jusqu'à un certain point de n'être pas un médecin. J'espère insister là-dessus et pouvoir obtenir des poses plus sérieuses, payables en portraits. Et si j'arrive à faire encore mieux toute cette famille là, j'aurai fait au moins une chose à mon goût et personnelle» (LT 560).

Dans ce portrait du plus jeune fils de Roulin, Camille (1877-1922), il brise les conventions du portrait représenté tête et épaules et du fond uniforme. En ajoutant son fauteuil à la composition, Van Gogh est en mesure d'obtenir une pose assise détendue du jeune garçon de 11 ans, qui porte très en avant la main droite. Van Gogh complique également l'arrière-plan en introduisant des bandes séparées de rouge et d'orange qui préfigurent le célèbre *Autoportrait à l'oreille coupée* de janvier 1889 (F 529). Le traitement de ce portrait diffère aussi notablement de ceux du père et du frère. Au lieu d'une exécution maîtrisée, fine, proche de la tache, avec de rares empâtements, on a une touche de pinceau plus urgente, plus crue, comme dictée par l'impatience qu'il sent chez le modèle. On retrouve ce style plus brutal dans *Madeleine Roulin avec son bébé* (F 491).

73 **Nature morte aux harengs saurs**
Janvier 1889
Huile sur toile
33×41 cm
F 510 H 1661
Collection particulière

Après son automutilation, Van Gogh est hospitalisé du 24 décembre 1888 au 7 janvier 1889. De retour à la Maison Jaune, il décide de se remettre à peindre sans délai et commence par «faire une ou deux natures mortes pour retrouver l'habitude de peindre» (LT 569).

L'une d'entre elles est certainement cette nature morte de deux harengs sur du papier, dans une assiette posée sur le siège paillé de sa chaise. En témoignent son format modeste, sa composition simple et sa palette restreinte, suggérant simplement le couple des complémentaires jaune-violet.

Le 23 mars 1889, Signac rend visite à Vincent, demeuré un mois en chambre isolée à l'hôpital. La Maison Jaune a été cadenassée par la police. Signac convainc les gendarmes de leur permettre d'entrer. En guise de remerciement, Van Gogh fait cadeau à Signac de cette nature morte, «… qui avait exaspéré les bons gendarmes de la ville d'Arles, parce que cela représentait deux harengs fumés, qu'on nomme gendarmes comme tu sais» (LT 581).

Vincent rappelle aussi à Théo qu'il a déjà peint à Paris «deux ou trois fois des natures mortes de harengs [F 283, F 285], et qu'il en a échangée une contre un tapis».

74 **Prairies, Arles**
Avril 1889
Huile sur toile
59,5×70 cm
F 575 H 1422
Collection Louis et Evelyn Franck

Après la visite de Signac des 23 et 24 mars 1889 (voir cat. nº 73), Van Gogh est en mesure de retourner à la Maison Jaune et de reprendre la peinture. Malheureusement, à fin mars, la floraison printanière des vergers, sujet de quatorze toiles en 1888, touche à sa fin. Vincent réussit néanmoins à produire

quatre peintures sur ce thème, dont deux qu'il dessine dans une lettre à Signac (cat. n° 75). Il trouve aussi d'autres sujets, comme celui du tableau de la collection Franck. C'est visiblement une scène de printemps: un champ de fleurs blanches et jaunes, boutons-d'or et grandes marguerites, avec des iris poussant dans les fossés et des alignements de saules. On connaît déjà ce motif, traité dans le tableau de mai 1888 (cat. n° 52), mais sans les éléments architecturaux visibles à l'arrière-plan. La saison est également confirmée par l'effet météorologique caractéristique de l'orage qui menace, poussé par le «vent marin», ce vent de sud-est qui souffle de la Méditerranée. Les gens du cru appellent ce phénomène, dont les effets se poursuivent jusqu'en avril, «temps de mars». Toujours en alerte, toujours sensible à ces variations du temps, Van Gogh capture cet effet de manière convaincante.
Si le vent vient du sud-est, alors le spectateur regarde en direction du nord ou du nord-ouest. Ce point est confirmé par la fumée sortant au loin de la cheminée, qui appartient à une petite usine proche du pont de Trinquetaille. On a là un élément pour la localisation du motif, plus à l'ouest que la prairie peinte en mai 1888 (cat. n° 52), mais nettement à la suite du même paysage.
Aucune de ces toiles du printemps 1889 n'était assez sèche pour être expédiée à Théo avant que Van Gogh ne quitte Arles le 8 mai. C'est pourquoi il retourne en Arles au début juillet pour emporter les toiles à Saint-Rémy. Dans la liste des six peintures d'Arles figure *Prairies, Arles* qui sera ensuite envoyée à Théo.
La présence dans l'exposition de ces deux tableaux de prairies au sud d'Arles, l'un de mai 1888 (cat. n° 52) et l'autre d'avril 1889 (collection Franck), nous permet leur comparaison, tant topographique que stylistique.

75 **Lettre de Van Gogh à Paul Signac**

10 avril 1889
Plume et encre brune
21×27 cm
LT 583b
Collection particulière

Van Gogh rencontre Paul Signac (1863-1935) à Paris en 1887. Les deux artistes ont peint à Asnières en avril-mai 1887. Quand, en mars 1889, Théo apprend que Signac prépare un voyage pour aller peindre à Cassis, petit port de Méditerranée, il lui demande de rendre visite à son frère en Arles. C'est ce que fait Signac les 23 et 24 mars. Il sort Vincent de l'hôpital et l'emmène à la Maison Jaune, où celui-ci lui fait don d'une nature morte avec des harengs (cat. n° 73). Signac lui envoie une carte postale de Cassis le 8 avril 1889 et Vincent lui répond par cette lettre des environs du 10 (la date «mars 1889» n'est pas de la main de Van Gogh). Signac lui répond cette fois par lettre le vendredi [12 avril] (LT 584a). Van Gogh ne répond pas, et leur correspondance s'interrompt.
Texte de la lettre:

Mon cher ami Signac,

Merci bien de votre carte postale qui me donne de vos nouvelles. Pour ce qui est que mon frère n'ait point encore répondu à votre lettre je suis porté à croire qu'il n'y a pas de sa faute. Je suis aussi depuis une quinzaine sans de ses nouvelles. C'est qu'il est en Hollande où il se marie de ces jours-ci. Or, tout en ne niant pas le moins du monde les avantages d'un mariage une fois qu'il est conclu et que l'on soit tranquillement installé chez soi, les pompes funèbres de réception avec les félicitations lamentables des deux familles (civilisées encore) à la fois, sans compter les comparutions fortuites dans ces bocaux de pharmacie où siègent des magistrats antédiluviens civils ou religieux – ma foi – n'y a-t-il pas de quoi plaindre le pauvre malheureux obligé de se rendre muni des papiers nécessaires sur les lieux où, avec une férocité non égalée par les anthropophages les plus cruels, on vous marie à petit feu de réceptions pompes funèbres susmentionnées tout vivant.
Je vous demeure bien obligé de votre si aimable et bienfaisante visite qui a considérablement contribué à me remonter le moral.
Je vais bien maintenant et je travaille à l'hospice ou dans les environs. Ainsi je viens de rapporter deux études de vergers. En voici croquis hâtif – le plus grand est une pauvre campagne verte à petit mas, ligne bleue des Alpines, ciel blanc et bleu. Le devant des clos aux haies de roseaux où de petits pêchers sont en fleur – tout y est petit*: les jardins, les champs, les jardins, les arbres, mêmes ces montagnes comme dans certains paysages japonais, c'est pourquoi ce motif m'attirait.*
L'autre paysage est presque tout vert avec un peu de lilas et de gris – par un jour pluvieux.
Bien aise de ce que vous dites que vous êtes fixé et serai désireux d'avoir encore de vos nouvelles, comment le travail marche-t-il, comment est le caractère de ces parages-là?
Ma tête est depuis encore beaucoup revenue à l'état normal, provisoirement. Je ne demande pas mieux pourvu que cela dure. Cela dépendra d'un régime très sobre surtout.
Pour les premiers mois au moins je me propose de rester encore ici, j'ai loué un appartement de deux très petites pièces.
Mais par moments il ne m'est pas tout à fait commode de recommencer à vivre car il me restent des désespérances intérieures d'assez gros calibre.
Ma foi ces inquiétudes-là… qui peut vivre dans la vie moderne sans en attraper sa part.
La meilleure consolation sinon le seul remède c'est à ce qu'il me semble encore les amitiés profondes même si celles-là ont le désavantage de nous ancrer dans la vie plus solidement que, dans les jours de grande souffrance, il puisse nous paraître désirable.
Merci encore une fois de votre visite qui m'a tant fait plaisir. En pensée bonne poignée de main.
b. à v. Vincent
Adresse jusqu'à fin avril: place Lamartine 2, Arles.

Mars 1889 [pas de la main de Vincent]

76 **Massif en fleurs**

Mai 1889
Aquarelle sur papier
61×47 cm
F 1526 H 1707
Collection particulière

«Depuis que je suis ici, le jardin désolé, planté de grands pins sous lesquels croît, haute et mal entretenue, une herbe entremêlée d'ivraies diverses, m'a suffi pour travailler et je ne suis pas encore sorti dehors [du domaine de l'asile]» (LT 592), écrit Vincent le 22 mai 1889, deux semaines après son arrivée à l'asile Saint-Paul-de-Mausole à Saint-Rémy.
Durant son séjour dans cet établissement, ce jardin, ou ce parc comme il l'appellera plus tard, devient un motif permanent de son travail. On met à sa disposition une pièce donnant sur le jardin, qui deviendra son atelier, tout à fait séparée de sa chambre, placée dans une autre aile et donnant sur un champ, avec le mur d'enceinte et les Alpilles en arrière-plan. Il passe son premier mois à travailler dans ce jardin, produisant quatre toiles de 30 dont les *Iris*, ainsi que onze grands dessins.
Ce dessin est l'un des deux (l'autre est F 1527) où Van Gogh montre une vue rapprochée de buissons fleuris, composant un motif qui couvre presque tout le tableau comme un écran. Des touches vibrantes et expressives en animent la surface. Les deux œuvres présentent un vif contraste avec les autres dessins, qui montrent une vision plus large du jardin (cat. nº 77).

77 **Le Jardin de l'asile**
Mai 1889
Aquarelle sur papier
46,5×61,5 cm
F 1536 H 1712
Collection particulière

Le jardin de l'asile se divisait en trois secteurs séparés par des murets de pierre, équipés de marches permettant aux pensionnaires de les franchir. Le premier niveau, longeant le bâtiment, avait une fontaine, des bancs de pierre, une allée en terrasses et des buissons fleuris. Le deuxième était dominé par des pins qui faisaient le lien avec le troisième, pratiquement livré aux caprices de la nature. Cette aquarelle montre les trois niveaux avec l'allée à degrés, comme on pouvait les voir au voisinage de l'entrée du bâtiment des hommes. Cette vue étendue offre un intéressant contraste avec l'aquarelle du buisson fleuri peint en gros plan (voir cat. nº 76).

78 **Oliviers**
Septembre (?) 1889
Huile sur toile
53,5×64,5 cm
F 711 H 1791
Collection particulière, Suisse

Pendant son séjour en Arles, Van Gogh a rarement peint ou dessiné des oliviers. Une des raisons en est la rareté des champs d'oliviers par comparaison avec les nombreux vergers d'arbres fruitiers dont il peignait avec passion la floraison. On voit cependant des oliviers sur le dessin de Montmajour (cat. nº 68). Au terme de son séjour en Arles, fin 1889, il écrit à Théo: «… le murmure d'un verger d'oliviers a quelque chose de très intime, d'immensément vieux. C'est trop beau pour que j'ose le peindre ou puisse le concevoir» (LT 587).
Mais, à Saint-Rémy, il peut sortir à pied du jardin de l'asile et se retrouver directement dans les champs d'oliviers. C'est pourquoi il n'est guère surprenant de le voir peindre au moins quinze toiles d'oliviers entre juin et décembre 1889. La date et la fonction de certaines de ces œuvres font toujours l'objet de débats d'experts. Cette toile en est un parfait exemple. On a dit qu'il s'agissait d'une version en réduction de la peinture du Musée Kröller-Müller (F 585), réalisée précisément à l'intention de sa mère et de sa sœur Wil. Mais sa composition est trop différente pour que cette hypothèse tienne. Sa date aussi est sujette à discussion. Est-ce une oliveraie en septembre ou faut-il la situer fin novembre-début décembre?
L'attention extrême que Vincent lui-même prêtait aux changements d'aspect des oliviers au fil des saisons est signalée dans l'un de ses derniers écrits. Il s'agit d'une lettre au peintre et critique d'art hollandais J. J. Isaäcson, écrite dans les premiers temps de son séjour à Auvers, où il exprime rétrospectivement ce qu'il pense avoir accompli à Saint-Rémy (LT 614a):
«Je voulais vous faire savoir que j'ai dans le Midi essayé de peindre quelques vergers d'oliviers. Vous n'ignorez pas les tableaux existants d'oliviers. Il me paraît probable que dans l'œuvre de Claude Monet et Renoir il doit y en avoir. Mais à part cela, et de cela que je suppose exister je n'en ai pourtant pas vu, à part cela ce qu'on fait des oliviers est bien peu de choses.
»Eh bien probablement le jour n'est pas loin où l'on peindra de toutes les façons l'olivier ainsi qu'on a peint depuis Daubigny et César de Cocq le pommier normand. L'effet du jour, celui du ciel fait qu'il y a à l'infini des motifs à tirer de l'olivier. Or moi j'ai cherché quelques effets d'opposition du feuillage changeant avec les tons du ciel. Parfois le tout est de bleu pur enveloppé à l'heure où l'arbre fleurit pâle et que les grosses mouches bleues, les cétoines émeraudes, les cigales enfin nombreuses volent alentour. Puis lorsque la verdure plus bronzée prend des tons plus mûrs le ciel resplendit et se raye de vert et d'orangé ou bien encore plus avant dans l'automne les feuilles prenant les tons violacés vaguement d'une figue mûre l'effet violet se manifestera en plein par les oppositions du grand soleil blanchissant dans un halo de citron clair et pâli. Parfois aussi après une averse j'ai vu tout le ciel coloré de rose et d'orangé clair ce qui donnait une valeur et une coloration exquise aux gris verts argentés. Là-dedans il y avait des femmes aussi roses qui faisaient la cueillette des fruits.»

79 **Le Parc de l'asile**
Octobre 1889
Huile sur toile
65×49 cm
F 640 H 1800
Collection particulière

Les vues automnales du jardin de l'asile par Van Gogh diffèrent de sa production du début de l'été (voir cat. nºs 76 et 77). Dans le premier groupe, réalisé surtout en mai et au début juin 1889, dominent dessins et aquarelles. Trois des quatre toiles de 30 sont des vues rapprochées d'iris, de lilas et de pins; une seulement (F 734) montre une partie du bâtiment des hommes. En revanche, la série d'automne est composée essentiellement de peintures. La façade du bâtiment des hommes apparaît sur la plupart d'entre elles, et les pins deviennent un motif significatif et récurrent. Ce changement se retrouve dans les lettres de Vincent: celles de mai-juin appellent le motif «jardin»; à partir d'octobre 1889, la référence devient «parc» et il tourne le dos au bâtiment des hommes. Ainsi, dans cette toile, les deux troncs de pins qui encadrent le cyprès dominent la composition. Comme dans plusieurs des dessins et aquarelles de mai, il montre l'aspect un peu sauvage de cette partie supérieure du «parc». Les marches de pierre et le muret voisin ont été rendus familiers par l'aquarelle de mai (cat. n° 77). Au-delà s'étend le mur d'enceinte de l'asile. Sur la droite, le tronc de pin noueux, tordu comme un serpent, témoigne de la force du mistral. (Plus tard, dans les années 1940, beaucoup de ces pins seront abattus par un mistral particulièrement violent.) Il existe une toile très proche de celle-ci, dans laquelle Van Gogh traite cette vue en diagonale (F 731).

80 **Banc de pierre et fontaine dans le parc de l'asile**
Octobre-novembre 1889
Huile sur toile
39,5×47,5 cm
F 732 H 1842
Museu de Arte de São Paulo, Assis Chateaubriand, Brésil

Le motif de cette petite toile de l'automne 1889 est vu du premier niveau du «parc». La fontaine ronde apparaît dans l'angle supérieur gauche du tableau. Cette même fontaine domine un des dessins les plus connus de Van Gogh à Saint-Rémy (F 1531), où il en fait l'élément principal du premier plan, mais où il permet au regard de s'étendre en incluant une partie de la façade du bâtiment des hommes et une vue en profondeur du «parc». Ici, au contraire, il ferme la petite toile, excluant la façade et toute vue dégagée. Il comprime le motif en supprimant le ciel et en se focalisant sur le plan rapproché des pins et des bancs de pierre, avec la fontaine ronde. Ce stratagème de composition lui vient des estampes japonaises et de certains impressionnistes, comme Degas, dont il s'est imprégné.

81 **Une route à Saint-Rémy**
Décembre 1889
Huile sur toile
32,2×40,5 cm
F 728 H 1875
Kasama Nichido Museum of Art, Japon

Peu de temps après son internement en mai 1889, Vincent écrit déjà: «... cependant le paysage de Saint-Rémy est très beau...» (LT 592), ajoutant qu'il espère le peindre. Dès le début juin, il commence à l'explorer, naturellement toujours accompagné et en ne s'éloignant jamais beaucoup de l'asile, découvrant les Alpilles, les mas typiques dans les collines, les cyprès, les pins, les oliviers. Cette petite toile montre un aperçu typique du paysage autour de Saint-Rémy avec, sur la gauche, des oliviers, une route conduisant à un mas, les Alpilles en arrière-plan. Ce motif peut en fait être situé dans le voisinage immédiat de l'asile.

82 **La Fileuse, d'après Millet**
Septembre 1889
Huile sur toile
40×25,5 cm
F 696 H 1786
Collection Sara et Moshe Mayer

Van Gogh a commencé sa carrière de peintre en copiant, entre autres, des œuvres de J.-F. Millet (1814-1875) et a toujours conservé une admiration sans faille pour le peintre des paysans. A Saint-Rémy, cette admiration s'exprime de manière tangible dans les vingt et une copies d'après Millet qu'il peint à partir de septembre 1889. Il les exécute pour différentes raisons, qu'il expose dans une lettre à Théo du 19 septembre: «Je peux t'assurer que cela m'intéresse énormément de faire des copies et que n'ayant pour le moment pas de modèle, cela fera que pourtant je ne perdrai pas de vue la figure. En outre cela me fera une décoration d'atelier pour moi ou un autre» (LT 607). Il compare les travaux de copie d'un peintre à une interprétation de Beethoven par un musicien et poursuit en écrivant: «Bon, moi surtout à présent étant malade, je cherche à faire quelque chose pour me consoler, pour mon propre plaisir. Je pose le blanc et le noir de Delacroix ou de Millet d'après eux devant moi comme motif. Et puis j'improvise de la couleur là-dessus, mais bien entendu pas tout à fait étant moi, mais cherchant des souvenirs de *leurs* tableaux, mais le souvenir, la vague consonance de couleurs qui sont dans le sentiment sinon justes – ça, c'est une interprétation à moi. Un tas de gens ne copient pas, un tas d'autres copient – moi je m'y suis mis par hasard et je trouve que cela apprend et surtout parfois console. Aussi alors mon pinceau va entre mes doigts comme serait un archet sur le violon et absolument pour le plaisir.»
Il peint *La Fileuse* en prenant pour modèle la dixième et dernière des eaux-fortes de Lavieille d'après *Les Travaux des champs* de Millet. En fait, Van Gogh les copie toutes les dix, inventant sa propre palette de couleurs, toujours sur des toiles de petit format. Dans son interprétation peinte de *La Fileuse*, il montre clairement le visage de la femme, et joue avec souplesse des complémentaires rouge-vert: du sol aux ombres de la chaise et du rouet, au vert de l'arrière-plan.

83 **Deux paysans bêchant**
Mars-avril 1890
Huile sur toile
32×40,5 cm
F 694 H 1922
Collection particulière

Le 22 février 1890, à l'asile de Saint-Rémy, Vincent subit sa quatrième «attaque», la plus violente et la plus longue: elle dure jusqu'à la fin avril. Durant ces deux mois, il n'écrira pas à Théo. Quand il reprend enfin la plume, le 29 avril (LT 629), il lui explique: «Etant malade, j'ai bien encore fait quelques petites toiles de tête..., des souvenirs du Nord.» En tout, il peint cinq toiles, toutes des souvenirs de Hollande et plus particulièrement de Nuenen, où des motifs de chaumières et de paysans en train de bêcher l'avaient longtemps intéressé. Trois des cinq peintures représentent des chaumières (F 673 à F 675) et deux des paysans au travail (F 694, F 695), dont ce tableau. Non seulement Van Gogh peint de mémoire pendant sa longue maladie, mais il fait aussi des dessins. Les poses des deux paysans en train de bêcher s'appuient clairement sur des figures qu'il a dessinées sur deux feuilles (F 1649 et F 1602v). On a parfois intitulé ces travaux «d'après Millet». Mais on ne retrouve pas la source directe de cette composition dans l'œuvre de Millet. Van Gogh a travaillé dans l'esprit de ce peintre.

84 **L'Arlésienne, portrait de Mme Ginoux**
Début 1890
Huile sur toile
65×54,5 cm
F 542 H 1894
Museu de Arte de São Paulo, Assis Chateaubriand, Brésil

Van Gogh s'inspire pour ce portrait d'un dessin de Mme Marie Ginoux par Gauguin, réalisé en novembre 1888 et laissé en Arles après le départ du peintre. C'est l'une des quatre copies encore existantes (les autres sont F 540, F 541 et F 543) qu'il a peintes à Saint-Rémy, presque certainement en janvier-février 1890. Durant cette période, Van Gogh mentionne brièvement ce portrait. Dans une lettre à sa sœur Wil, vers le 20 février, il raconte qu'il travaille à «... un portrait d'Arlésienne où je cherche une expression autre que celles des Parisiennes» (W 20). Et, lui écrivant d'Auvers quatre mois plus tard, il précise que Théo et Jo ont accroché un «nouveau portrait» de l'Arlésienne (F 543) dans leur appartement. Il en fait un croquis dans sa lettre (W 22).
La version de São Paulo, presque certainement la première de la série, montre une Mme Ginoux à l'expression particulièrement sérieuse; dans les trois autres, on aperçoit une ébauche de sourire. C'est aussi la plus proche de celle de Gauguin. Mi-juin, Vincent écrit avec enthousiasme à Gauguin: «Et cela me fait énormément plaisir que vous dites que le portrait d'Arlésienne, fondé rigoureusement sur votre dessin, vous a plu. J'ai cherché à être fidèle à votre dessin respectueusement et pourtant prenant la liberté d'interpréter par le moyen d'une couleur dans le caractère sobre et le style du dessin en question. C'est une synthèse d'Arlésiennes si vous voulez; comme les synthèses d'Arlésiennes sont rares, prenez cela comme œuvre de vous et de moi, comme résumé de nos mois de travail ensemble» (LT 643).
Sur la table devant Mme Ginoux se trouvent les traductions françaises de *La Case de l'oncle Tom*, de Harriet Beecher-Stowe, et des *Contes de Noël*, de Charles Dickens. Ces ouvrages font depuis longtemps partie de l'univers de Van Gogh. Juste avant de quitter Arles, il raconte à Wil, dans une lettre du 30 avril 1889: «J'ai relu avec une attention extrême ‹L'Oncle Tom› de Beecher Stowe, justement parce que c'est un livre de femme, écrit, dit-elle, en faisant la soupe pour ses enfants, et puis aussi avec une attention extrême les ‹Christmas Tales› *[sic]* de Ch. Dickens» (W 11). Vincent considère les deux livres comme des œuvres pleines d'humanité et de compassion. Il les fait figurer dans *L'Arlésienne* comme des talismans magiques pour l'amélioration de la santé de Mme Ginoux (1848-1911) qui souffre d'une ménopause difficile.

Van Gogh a fait deux fois le portrait de Marie Ginoux en Arles (F 488, F 489). Avec son époux Joseph Michel Ginoux (1836-1902) dont Vincent a aussi réalisé le portrait (F 533), elle tient le Café de la Gare, place Lamartine. Van Gogh y a séjourné durant l'été 1888. Il y a peint *Le Café de nuit* (F 463) et y a remisé ses meubles avant son départ pour Saint-Rémy. Quand il revient de l'asile en Arles, il essaie toujours de les revoir et il échange une correspondance avec eux.

85 **L'Homme à la pipe, portrait du Dr Gachet**
Juin 1890
Eau-forte sur papier vergé
18×15 cm
Daté sur la plaque en haut à droite: *25 mai 90*
F 1664 H 2028 HP 10-28
Collection Fondation Pierre Gianadda, Martigny

Le Dr Paul Ferdinand Gachet (1828-1909) était un médecin homéopathe, lui-même peintre et graveur, protecteur des artistes, assez excentrique, qui, à la demande de Pissarro, assurera un suivi médical de Van Gogh durant son séjour à Auvers. Il vit à Auvers depuis 1872 dans une maison déjà fréquentée par Cézanne, Pissarro et Guillaumin, et qui pourrait être pour Vincent une retraite hospitalière.
On sait que Van Gogh travaillait à un portrait du Dr Gachet début juin 1890 (F 753), car il le décrit dans une lettre (LT 638). Il en existe aussi une autre version (F 754; Musée d'Orsay). En revanche, ce portrait à l'eau-forte n'est pas mentionné. Tout ce dont on est sûr, c'est que vers la mi-juin, Van Gogh envoie des épreuves de la gravure à Théo, à Paris, et à Gauguin, en Bretagne (LT 642, LT 643). Dans sa réponse, le 23 juin, Théo la qualifie de «vraie gravure de peintre». En effet, elle ne montre pas l'approche conventionnelle du graveur et se différencie beaucoup des gravures exécutées par Gachet. Elle se rapproche nettement plus de l'un des propres dessins de Van Gogh, si on compare, par exemple, le traitement des éléments du jardin à l'arrière-plan.
Si l'on en croit les souvenirs bien plus tardifs du fils de Gachet, en 1928, cette eau-forte a été exécutée le 25 mai, dimanche de la Pentecôte. Pourtant, Van Gogh n'en fait pas mention et on ne la montre pas à Théo lors de sa visite à Auvers le dimanche 8 juin. Des doutes ont été exprimés au sujet de la date inscrite sur la plaque, ainsi que sur sa lecture: certains affirment qu'elle serait de la main de Gachet. On pourra néanmoins arguer que cette main hésitante illustre certainement les premiers efforts d'un initié pour rendre une inscription inversée. Comme il n'est fait aucune allusion à cette eau-forte avant la mi-juin, il semble tout à fait possible que la plaque ait été gravée le dimanche 25 mai, mais que les épreuves n'aient été tirées que le dimanche 15 juin, date à laquelle on aurait ajouté l'inscription. Immédiatement après, Van Gogh envoie ses épreuves à Théo et à Gauguin.
Van Heugten et Pabst recensent plus de 60 exemplaires de la gravure. Ils les classent en quatre groupes: 1) 14 tirés par Gachet et Van Gogh; 2) 6 tirés par Gachet seul, ou peut-être encore avec Van Gogh; 3) 13 tirés par Gachet seul; 4) 28 tirés par le fils de Gachet et/ou Eugène Delâtre. L'exemplaire de la Fondation Pierre Gianadda appartient au troisième groupe.

Le tirage de cette gravure a été expérimenté avec des couleurs différentes. Celle-ci fait partie d'une série imprimée en rouge (voir HP 7, 15, 23, 61).

86 **L'Oise à Auvers**
Juin 1890
Crayon, pinceau et gouache sur papier Ingres rose
47,8×62,8 cm
Filigrane: *AL* (dans l'ovale) *PL Bas*
F 1639 H 2023
Tate Gallery, Londres,
Legs de C. Frank Stoop, 1933

Dans l'œuvre de Charles François Daubigny (1817-1878), on trouve en abondance des vues de l'Oise à Auvers, alors qu'il n'a produit qu'occasionnellement des vues du village même et de ses environs. C'est le contraire pour Van Gogh. L'Oise n'apparaît que dans une seule peinture (F 798), dans deux petits dessins (F 1627 et F 1629) et dans la seule vue un peu étendue de la rivière qu'est la gouache de la Tate Gallery.
«Ici on est assez loin de Paris pour que ce soit la vraie campagne, écrit Vincent à Théo le 25 mai, mais combien néanmoins changé depuis Daubigny. Mais non pas changé d'une façon déplaisante, il y a beaucoup de villas et d'habitations diverses modernes et bourgeoises très souriantes, ensoleillées et fleuries. Cela dans une campagne presque grasse, juste à ce moment-ci du développement d'une société nouvelle dans la vieille, n'a rien de désagréable; il y a beaucoup de bien-être dans l'air. Un calme à la Puvis de Chavannes j'y vois ou crois y voir, pas d'usines, mais de la belle verdure en abondance et en bon» (LT 637). En fait, cette gouache combine passé et modernité. Des paysans aux champs, des vaches dans les prés, des peupliers au bord de la rivière, voici une vision idyllique de la «vraie campagne». Mais la modernité y fait irruption, avec le pont suspendu qui enjambe l'Oise, récemment inauguré le 22 décembre 1889, et, derrière, la grande cheminée d'usine qui fait écho à certaines vues de Pontoise par Pissarro en 1872-1873. En associant ces contrastes, paysage ancien et nouveau, agricole et industriel, vraie campagne et empiètement des temps modernes, Van Gogh illustre un aspect inhabituel de l'Oise qui aurait bien étonné Daubigny.

87 **Ferme au fond du champ**
Juin 1890
Craie noire et craie blanche, pastel bleu, plume de roseau et encre sur papier vergé bleu-gris passé
47,3×62,2 cm
Filigrane: *MBM*
F 1642 H 1994
The Art Institute of Chicago,
Legs de Kate L. Brewster

Une dizaine de dessins de Van Gogh à Auvers illustrent les travaux des champs. Le plus ambitieux de tous est peut-être ce grand dessin de Chicago. Sur le plan de la composition, il ressemble à *La Ferme du père Eloi* (F 1653), avec le paysan travaillant dans le champ et le groupe de bâtiments de ferme à l'arrière-plan. Mais plus que tout autre dessin sur les travaux des champs, celui de Chicago est exécuté avec une grande variété de techniques et de textures contrastées; il est également plus travaillé sur toute sa surface, y compris le ciel. C'est aussi un des derniers dessins qui montre un usage aussi étendu de la touche pointilliste; et ses rythmes fondamentaux, ainsi que les formes tortueuses du tout premier plan et l'emploi d'abréviations graphiques décoratives, lui confèrent un caractère hautement original.

88 **Vase avec fleurs et chardons**
Juin 1890
Huile sur toile
41×34 cm
F 599 H 2044
Collection particulière

Dans une lettre du 17 juin 1890, Vincent raconte à Théo qu'il travaille à «... un bouquet de plantes sauvages, des chardons, des épis, des feuilles différentes de verdure. L'une presque rouge, l'autre très verte, l'autre jaunissante» (LT 642). Le tableau qu'il décrit a en fait été peint sur un torchon de lin rayé de rouge, pas sur une toile normale (F 763). Avec lui, la nature morte de l'exposition possède en commun le dessus-de-table rond et le vase. Les lettres de Vincent n'y font pas allusion, mais elle doit très certainement avoir été peinte, comme l'autre, au mois de juin 1890. Van Gogh a bien dit à Théo que, chez le Dr Gachet, «pour arranger des fleurs ou des natures mortes, il y aurait toujours de quoi» (LT 638). Mais durant ses dix semaines à Auvers, il ne produira en fait que quelques natures mortes.

89 **Vue d'Auvers avec fermes**
Juillet 1890
Huile sur toile
50,2×100,3 cm
F 793 H 2114
Tate Gallery, Londres,
Legs de C. Frank Stoop, 1933

«Auvers est très beau, beaucoup de vieux chaumes entre autres, ce qui devient rare. ... réellement c'est gravement beau, c'est de la pleine campagne caractéristique et pittoresque», écrit Van Gogh à son arrivée à Auvers (LT 635). La chaumière est un thème récurrent dans son œuvre. Mais jamais elle n'apparaît aussi souvent qu'ici. Ce motif est un groupe de bâtiments de ferme du Valhermeil, à l'extrémité ouest du village, où se trouvaient la plupart des chaumières encore debout. Van Gogh n'ira pas peindre de motif plus à l'ouest, plus près de Pontoise. Aujourd'hui, le motif est pratiquement méconnaissable.
A l'arrière-plan, une ligne de collines, sans doute ajoutée par la suite, domine une mosaïque de champs qui s'élèvent dou-

cement, «jaune délicat, vert tendre délicat». Les arbres vert-noir ont été manifestement ajoutés à la fin. Dans l'angle inférieur gauche, les quatre grands tournesols font penser à des ajouts d'atelier.
Il est à vrai dire plus que probable que l'œuvre tout entière a été élaborée en atelier. On retrouve certaines de ces chaumières dans une petite peinture (F 806; Musée Van Gogh), étude effectuée indépendamment et non préparation pour le tableau de la Tate Gallery.
Van Gogh a choisi le format de cette peinture, «double carré» de 50×100 cm, pour une douzaine de toiles reflétant de nombreux aspects différents d'Auvers, toiles certainement destinées à servir de «décoration», une série de tableaux qui aurait sa propre raison d'être.

90 **Femmes longeant les champs**

Juillet 1890
Huile sur papier vergé monté sur toile
32×64 cm
F 819 H 2112
Prêt du McNay Art Museum, San Antonio,
Legs de Marion Koogler McNay

Dans une lettre à Théo de fin juin 1890, Van Gogh s'étend sur la différence entre art et nature, entre un tableau de Puvis de Chavannes et une promenade dans la campagne: «... dans les toilettes on voit des arrangements de couleurs claires bien jolies, si on pouvait avoir les personnes qu'on voit passer, pour faire leurs portraits, ce serait aussi joli que n'importe quelle époque du passé et même je trouve que souvent dans la nature il y a actuellement toute la grâce du tableau de Puvis ‹Entre l'art et la nature›. Ainsi je vis deux figures: la mère en robe carmin foncé, la fille en rose pâle avec un chapeau jaune sans ornement aucun, des figures très saines, campagnardes, surtout avec un visage très très rouge et des cheveux noirs et deux diamants dans les oreilles» (LT 645).
En un sens, cette frise ressemblant à une parure est la réponse de Van Gogh au *Inter artes et naturam* de Puvis de Chavannes: depuis qu'il l'a vu exposé à Paris, juste avant son départ pour Auvers, ce vaste décor destiné au Musée de Rouen hante son imagination. Dans une lettre à sa sœur Wil du 4 juin 1890, il l'a qualifié de «... superbe image... Les personnages sont vêtus de couleurs claires et on ne sait pas si c'est des costumes de maintenant ou bien des vêtements de l'antiquité» (W 22).
Dans sa peinture, Van Gogh associe un paysage d'Auvers, avec des champs de pommes de terre en fleur et des blés en herbe, et deux femmes en vêtements contemporains de «jolies couleurs claires». Mais il généralise les formes du paysage et simplifie la silhouette des deux figures, cernant la plus proche d'un contour large et plat évoquant Gauguin et Bernard. Et il modifie la couleur des vêtements par rapport à ceux observés dans la nature: la plus proche des deux femmes porte une robe bleue à pois orange, couleurs identiques à celles de la *Paysanne au chapeau de paille* (F 774).

Catalogue

EXPLANATORY NOTES

Abbreviations: See Selected Bibliography, under Catalogues raisonnés and Letters.

Arrangement: Essentially chronological; but occasionally broken by groupings of comparable works.

Dimensions: In centimetres, height before width.

References: The names of authors cited can easily be found in the Selected Bibliography.

1 **Marsh with Water Lilies**
June 1881
Pencil, pen and India ink on paper
23.5×31.4 cm
Signed lower left: *Vincent*
F 845 H 7
Virginia Museum of Fine Arts, Richmond, USA,
Collection of Mr. and Mrs. Paul Mellon

Throughout his Dutch period—from June 1881 to November 1885—Van Gogh remained in constant touch with his fellow-artist Anton van Rappard (1858–92). Van Rappard would often visit Van Gogh at Etten, in The Hague, and at Nuenen. And they exchange letters frequently and at length: some 58 of Van Gogh's letters survive, an essential source for the study of his Dutch period.
In June 1881, Van Rappard visited Van Gogh at Etten. Vincent reported to Theo: "You must know that Rappard has been here for about twelve days, and now he has gone... We took many long walks together—went, for instance, several times to the heath near Seppe, to the so-called Passievaart, a big marsh. There Rappard painted a large study (1 metre by 50 cm) ... While he was painting, I made a drawing in pen and ink of another spot in the marsh, where all the water lilies grow (near the road to Roozendael) ... Until now I have drawn exclusively in pencil accented and worked up with pen, sometimes a reed pen, which has a broader stroke" (LT 146). In fact, Van Gogh made two drawings of the marsh called Passievaart. The second and larger one (42.5×56.5 cm), now in the National Gallery of Canada, Ottawa (F 846), was probably done later than the present drawing. They show Vincent battling with the challenge of *plein air* landscape, capturing foreground detail and trying to convey recession. They also show his use of the reed pen, which he would later use so inventively at Arles. Having completed the drawing, Van Gogh then made a drawn frame round the edges of the sheet, the only one of his Etten drawings to show this device. In this instance, the device gave a finish to what might be called a presentation drawing: Vincent gave it to his sister Wil.
This unpeopled landscape must have reminded Van Gogh of J. E. Millais's *Chill October*, a painting he much admired when he saw it in London in 1876.
Unfortunately, Van Rappard's painting, cited in Van Gogh's letter, has not survived.

2 **The Schenkweg and the Rijnspoor Station**
January 1882
Pencil, pen and ink, watercolour on wove paper
38×56 cm
F 910 H 99
Private Collection

From the window of his room at 138 Schenkweg, where he moved in on January 1, 1882, Van Gogh had a view of the Schenkweg and the Rijnspoor railway station. He drew it quietly in a letter of mid-January 1882 (LT 170). During his first weeks in The Hague, he often used watercolour, mostly for studies of the model indoors (F 889, F 910a, F 946r, F 1033). The present watercolour and possibly a much smaller one, *View in The Hague* (F 1680), are the only two that show *plein air* views. Others, however, may have been lost or destroyed. Yet, was it actually done from his window or directly on the spot? The viewpoint suggests that it was probably done out-of-doors. Van Gogh began with pencil, continued with pen and ink, and then applied large washes of watercolour. The figure with the wheelbarrow is clearly based on a type already established in Etten, but the two walking figures seem to be new inventions. The view will often recur in his œuvre from The Hague, but with changes in composition (especially after he changed his address in July 1882). All these later compositions, however, are always done from his window (F 939, F 942, F 943, F 1022, F 1023).

3 Landscape at Sunset

August 1882
Oil on canvas
27.3×41.3 cm
F 79 H 763
Private Collection

The date and place of this small landscape painting have never been convincingly established. It has been hesitatingly placed in Nuenen, solely in a letter reference of April 1885: "I'm also working on a red sunset" (LT 402). But a thorough technical and art-historical examination of the painting, undertaken in 1997 by Jean F. Rosston and Dr. Roland Dorn, has established that the work belongs to Van Gogh's first serious attempts at oil-painting in August 1882 in The Hague. Dorn stresses its closeness in handling with the three documented paintings of August 1882 (F 2, F 2a, and F 4). He also emphasises that landscape paintings done at Nuenen in 1885 tend to be painted *alla prima*, in virtually one layer, whereas the present painting shows evidence of several attempts and several layers, symptomatic of an artist struggling with a relatively unfamiliar medium.

An evening at sunset, a river at right leading diagonally towards a cluster of farm buildings, with a small windmill visible at the far right, Dorn finds this topographically more characteristic of The Hague and its environs, than of Nuenen.

4 Women Mending Nets in the Dunes

August 1882
Oil on paper mounted on panel
42×62.5 cm
F 7 H 178
François Odermatt, Montreal, Canada

Among the paintings cited by Van Gogh in his letter from The Hague in August and September 1882, is the present one. He reported its completion in a letter to Theo of August 20, 1882 (LT 227). "I saw at Scheveningen a flat stretch in the morning after the rain. The grass was comparatively green, and the black nets were spread over it in enormous circles, giving the soil deep reddish-black and greenish-grey tones. On this sombre ground, women in white caps and men spreading or repairing the nets were sitting or standing, or walking around like dark fantastic ghosts. In nature it was as strikingly gloomy and serious as the most beautiful Millet, Israëls or De Groux one can imagine—over the landscape a simple grey sky with a light streak on the horizon. Despite showers of rain, I made a study of it on a sheet of oiled torchon." Torchon paper is what he called double Ingres with a very coarse grain (LT 222). A pen and ink study of a woman picking up a net exists (F 911v).

5 Waiting-room

September 1882
Watercolour on laid paper
27.8×38 cm
F 909 H 94
Private Collection

This small watercolour has always been dated to January 1882, that is to say during Van Gogh's first month in The Hague. Two factors, however, militate against such a dating. First, the presence of "orphan" men among the figures, and Van Gogh did not begin using them as models until September 1882 (see cat. no. 6). Secondly, the presence of Sien with her baby (born July 2, 1882). Titles have been proposed for this composition: whether a "Third-class Waiting-room" or not, the fact is that Van Gogh has summoned his models to his second studio on the Schenkweg that he took in July 1882 and created this waiting scene. Orphan men and Sien and her baby boy also figure together in an outdoor setting—a park bench, which can be documented to September 1882 (F 951).

Faces are generalised shapes without features; hands are also simplified; and the watercolour washes are swift and direct, often having a life of their own rather than serving a descriptive purpose.

6 Orphan Man Seen from Behind

October (?) 1882
Pencil and black chalk on heavy watercolour paper
50×27.5 cm
Signed lower right: *Vincent*
F 965 H 298
Dr. Peter Nathan Sammlung, Zurich

The model in the drawing is one that Van Gogh frequently used from September 1882 onwards. Some 50 or 60 sheets still exist in which he figures. In September 1882, Vincent told Theo that he would have "a man from the almshouse" to pose for him (LT 233). A few days later he told Van Rappard: "I am very busy working on drawings of a *weesman* ('orphan man'), as these almshousemen are called here" (R 14). And he enclosed a sketch with the annotation "N° 199." That number enabled Visser (1973) to identify the man as Adrianus Jacobus Zuyderland (1810–97), a resident of the Dutch Reformed Old People's Home in Om en Bij, The Hague.

Drawings of the following three months show this "orphan man" in a wide variety of poses and attitudes. They were almost always drawn with a hard pencil on heavy watercolour paper, sometimes squared up for transfer, sometimes, as in the present sheet, with milk spread over part of the sheet. The present drawing is reproduced in reverse by both de la Faille and Hulsker, but was shown correctly, as "Paysan hollandais," in the Vollard 1911 edition of Van Gogh's letters to Bernard (pl. XXXIX).

7 Portrait of the Bookseller Blok

November 1882
Pencil, black and white chalk (washed)
and watercolour on heavy wove paper (torchon)
38.4×26.2 cm
F 993 H 254
Private Collection

Portrait commissions were clearly out of the question while Van Gogh was rigorously conducting his self-imposed artistic apprenticeship in The Hague. His models were the orphan men and Sien and members of her family. Nor did he undertake any self-portraits at that period. There is one exception, but even that must come under the category of an acquaintance willing to sit, rather than a commissioned work.

Vincent reported to Theo in a letter of early November 1882 (LT 241): "Do you know whose portrait I drew this morning? Blok, the Jewish book dealer—not David, but the little one who has his stand on the Binnenhof. I wish I could draw more members of that family, for they are really good types. It's awfully difficult to get the types which one likes best; meanwhile I think I'm right in doing *those I can get*, without losing sight of those I should like to draw if only I could get them. I am very glad about Blok—he reminds me of things of many years ago. I hope he will come again some Sunday morning."

The real identity of the sitter has yet to be established. Clearly, Van Gogh invited him to his studio. His wish to do other members of the family was not realised. It was from this family that Vincent acquired his vast collection of illustrated journals, especially *The Graphic*. And this portrait, done in mixed media on torchon, could be said to belong to "The Heads of the People," a series of studies of types and professions that Van Gogh particularly admired in the English periodical.

8 **Orphan Man with a Stick**

November 1882

Black lithographic crayon on wove paper, printed in black ink with slight pencil touches in the background

47.5×25.5 cm

Signed lower left: *Vincent*

F 1658 H 256 HP 1

Bibliothèque d'Art et d'Archéologie

(Fondation Jacques Doucet), Paris

Van Gogh was an occasional printmaker. His total output numbers ten only. He began in The Hague in November 1882 with six lithographs; two others followed in July 1883. One lithograph of *Potato Eaters* was made in Nuenen in 1885. Finally, his own etching dates from his stay in Auvers-sur-Oise in 1890.

Vincent grew up with the widespread dissemination of reproductive prints in illustrated periodicals as well as in art dealers' and art publishers' portfolios. In particular, he was a great admirer of the wood-engravings that appeared in English periodicals, above all in *The Graphic*. He collected these avidly in The Hague (from the Jewish dealer, Blok: see cat. no. 7). More than 1,400 of these wood-engravings, many of them carefully mounted by Van Gogh on blue-grey paper, still exist in the Van Gogh Museum. It is hardly surprising that during his 21 months' stay in The Hague he often spoke of his wish to become an illustrator for the periodical press, and of his desire to bring art to the people. His six lithographs executed in November 1882 (of which three are included here, see cat. nos. 8-10) attest to those ambitions.

He worked on cheap, machine-made transfer paper acquired from the commercial printing works of Smulders. *Orphan Man with a Stick* is the first of the six. It is based on a drawing of September 1882 (F 962) of the "orphan man"—Adrianus Zuyderland. The squared-up grid used to transfer the image can still be detected.

Four impressions are known: two in the Van Gogh Museum, one in the Lessing J. Rosenwald Collection in the National Gallery, Washington, and the present one.

9 **Digger**

November 1882

Crayon, brush and autograph ink, lightly touched with pencil, grey wash, on wove paper

43×36 cm

Signed lower left: *Vincent f.*

Annotated in ink lower left: *Epreuve d'essai*

F 1656 H 262 HP 3

Bibliothèque d'Art et d'Archéologie

(Fondation Jacques Doucet), Paris

"I have drawn the digger in 12 different poses and I am still looking for better ones. He is a marvellously fine model, a true veteran digger," wrote Van Gogh to Van Rappard in November 1882 (R 18). Yet only three drawings of these 12 have survived. The one that served as the preliminary study for this lithograph is among these lost sheets.

The lithograph, together with *Orphan Man Drinking Coffee* (HP 7), was sent to Theo on November 22, 1882. Van Gogh explained that parts of the composition were partly lost in the transfer and the printing. Nonetheless, he thought "that there is something rough and audacious in these prints, and since that is what I was after it reconciles me a little to the loss of things that were in the drawing" (LT 246). To "improve" the impressions, he reworked them. In the case of the present one, which was sent to Van Rappard, he added grey washes and the occasional pencil line: for example, by the blade of the spade. Four impressions are known: two in the Van Gogh Museum, one in the Staatsgalerie, Stuttgart, and the present one.

10 **At Eternity's Gate**

November 1882

Crayon and brush in autographic ink on wove paper

49×33.2 cm

Signed lower left: *Vincent*

F 1662 H 268 HP 5

Bibliothèque d'Art et d'Archéologie

(Fondation Jacques Doucet), Paris

On November 24, 1882, Vincent wrote to Theo: "Today and yesterday I drew two figures of an old man sitting with his elbows on his knees and his head in his hands… Perhaps I will also make a lithograph of it. How beautiful such an old workman is, with his patched fustian clothes and his bald head" (LT 247). Three days later, he used one of these drawings as the *point de départ* for a lithograph (F 997). And he reported to Theo: "I have now seen everything done once: the transfer to the stone, preparing the stone and the actual printing.

And I have a better idea of what changes I can still make by retouching" (LT 248).
Seven impressions exist. The one sent to Van Rappard was inscribed in English "At Eternity's Gate." The other six are not. It is a title with reflections of Bunyan and Beecher Stowe's *Uncle Tom's Cabin*. Van Gogh offered the following explanation to Theo: "It seems to me that it is a painter's duty to try and put an idea into his work. In this print I have tried to express (although I cannot put it as beautifully or as strikingly as it is in reality, of which this is just a weak reflection in a dark mirror) what I believe to be one of the strongest proofs of the existence of 'quelque chose là-haut' that Millet believed in, that is to say the existence of a God and an eternity, certainly in the expression of a little old man like this, perhaps without him even being aware of it, when he sits so quietly in the corner by his hearth. Also something grand, something noble, that cannot be intended for the worms. Israëls has done it so very beautifully. Perhaps the most splendid passage in *Uncle Tom's Cabin* is the one where the poor slave, knowing that he must die, sits by his fire for the last time and recalls the words:

> Let cares like a wild deluge come,
> And storms of sorrow fall,
> May I but safely reach my home,
> My God, my heaven, my all.

This is far removed from all theology—simply the fact that the poorest little woodcutter, peasant on the heath or miner can have moments of emotion and a state of mind which give him a feeling of an eternal home which he is nearing" (LT 248).
When, in the asylum at Saint-Rémy, Van Gogh made copies after prints by Delacroix, Millet, Doré and Rembrandt he also made one after this lithograph, the sole copy after one of his own compositions.

11 **Woman in Bonnet**

January 1883
Pencil, black lithographic crayon and watercolour on watercolour paper
43.5×24 cm
F 1057a H 296
Collection du Cabinet des Estampes et des Dessins de la Ville de Liège

Constantly stimulated by his large collection of wood-engravings from *The Graphic* that he began assembling in The Hague in January 1882, Van Gogh sought to emulate the series "The Heads of the People" by creating his own equivalent. Between late December 1882 and February 1883, he produced more than 20 drawings from his usual models—the "orphan men" and Sien and her family. His chosen media were mixed, combining in differing degrees pencil, lithographic crayon, printer's ink, watercolour and gouache. In particular, after his experiments with lithography, he was excited by the use of black lithographic crayon in his drawings. The sheet from Liège belongs to this sequence, and like the rest is done on strong, rough-grained watercolour paper, sometimes with a part of the watermark "Dambricourt Hallines 1877" visible.
The title "Tête de vieille femme hollandaise" has long been given to the Liège drawing. And it surely shows a model older than Sien (born in 1848), almost certainly her mother (born in 1826), who could then have been 56 years old. At any rate, she is clearly the same model in a closely related drawing (F 1057; Groningen Museum) where she is seen frontally, as well as in a half-length study in which the head is seen in profile (F 1006; Van Gogh Museum). In all three drawings, the model wears the same bonnet that reveals part of her hair. The drawing was acquired in Amsterdam in 1904, possibly from the C. M. Van Gogh Gallery, by the Liège-born Albert de Neuville (1864-1924). He was "le rêveur, le poète, le bibliophile, l'amateur d'art" of a prosperous industrial family. This, his only Van Gogh purchase, was given to the museum in Liège in 1996. The drawing underwent conservation treatment in 1997. This is the first time it has been included in a Van Gogh exhibition.

12 **Burning Weeds**

July 1883
Pen and autographic ink, with pen and black ink on wove paper
15.5×26 cm
Signed lower right: *Vincent*
F 1660 H 377 HP 8
Bibliothèque d'Art et d'Archéologie (Fondation Jacques Doucet), Paris

The subject of this lithograph first appears in a rapid sketch in a letter to Theo of early July 1883. The three figures, however, are seen against huts in the background. A second composition exists in watercolour (20×37 cm, F 1035a), but without the huts. The result is to emphasise the silhouettes of the figures seen uninterruptedly against the sky, an effect that his artist-friend Van de Weele had advised him to seek when he was shown a complex multifigured design of men working in a sand pit. Van Gogh reported Van de Weele's response in a letter to Van Rappard of mid-June 1883: "Look here, just draw that one little fellow with his wheelbarrow on a little dike against the bright sky at sundown; how beautiful such a thing would be—now it is too turbulent" (R 37). It was thus that Vincent made his lithograph.
By that summer of 1883, he often worked out-of-doors on peasant subjects. Sien would accompany him to act as a model (it is she who sits in the wheelbarrow). And the "orphan man" would also pose—he figures here, and alone more prominently in the lithographic pendant to the present work, *Gardener by an Apple Tree* (HP 7).
Four impressions are known: one in the Van Gogh Museum, one in the Kröller-Müller Museum, one in a private collection, and the present one, which was sent to Van Rappard, though there is no mention of this in the surviving letters. As with the other impressions, the rather dry drawing has been heightened with pen and black ink.

13 Thatched Roofs

April 1884
Pencil, pen and ink heightened with white on wove paper
31.2×45.3 cm
F 1242 H 474
Tate Gallery, London,
Bequest of C. Frank Stoop, 1933

Arriving in Nuenen in early December 1883, Van Gogh was to spend almost two years in this Brabant village before departing for Antwerp in November 1885. During his stay, he explored the village and its environs for landscape motifs, some in drawings, some in paintings. His first series of fairly large (*c.*40×54 cm) landscape drawings was done in March 1884. Several of these, especially five pen-and-ink drawings, were sent to Van Rappard for his comments. "I sent them rolled up," he wrote (R 44), "but please put them in the portfolio along with the others, especially when you return them, in order to keep them as flat as possible."

A second batch, this time of only three drawings, was sent to Van Rappard in April. Van Gogh wrote at some length about them: "A few days ago I sent you three more pen-and-ink drawings, 'Little Ditch', 'Norway Pines in the Fen', 'Thatched Roofs'; I thought you would like the subjects. As for the execution, I should have wished with all my heart that the direction of the pen scratches had followed the forms more expressively, and that the forces which render the tone of the masses expressed their shape more clearly at the same time. I think you will admit that I did not systematically or intentionally neglect the composition of things, their shape, but I had to take a shot at it in a rough sort of way in order to render the effect of light and dark—the atmosphere of the scenery as it was at that moment—the general aspect—as well as I could. For at present one can see these three things together only at a special moment" (R 45).

The three drawings are F 1243, F 1249 and the present sheet. It is interesting to note how he sees drawings as a synthesis of three objectives: showing the effect of light and shadow, capturing the atmosphere of a scene at a particular moment, and conveying the overall aspect. The actual whereabouts in the environs of Nuenen of these thatched cottages has not been determined. But it seems probable that they are similar to those depicted in a large oil-painting (F 190).

14 Water-mill at Gennep

November 1884
Oil on canvas, mounted on panel
85×151 cm
F 125 H 525
Carmen Thyssen-Bornemisza Collection

Van Gogh made some 20 paintings of landscape motifs that he discovered in the environs of Nuenen. During his peregrinations, he came across three different water-mills at Coll, Gennep and Opwetten, and painted each of them. By far the most ambitious of these paintings is that of the water-mill at Gennep. He referred to the painting in a letter to Theo of November 1884: "Although it has been freezing here for the last few days, I continue to work outdoors on a large study (more than one metre) of an old water-mill at Gennep, on the other side of Eindhoven. I want to complete it working outdoors, but it will certainly be the best thing I'll paint in the open air this year" (LT 385). A few days later he informed Theo: "Yesterday I brought home the study of the Gennep water-mill that I painted with pleasure and that brought me a new friend in Eindhoven." This friend was the tanner and amateur artist Anton Kerssemakers (1846-1924).

This is the largest easel-painting done by Van Gogh during his Nuenen period (the only comparable work in size is the decoration he did for the dining-room of the goldsmith Hermans that measures 70×170 cm). That Van Gogh chose to paint out-of-doors on so large a canvas on glacial days in November shows the extent of his confidence and ambition. The cold yet luminous winter sky serves as a backdrop to the picturesquely placed buildings, whose reflections on the water of the Dimmel River are convincingly caught. The handling is robust and decisive; and the painting is still conceived in tonal terms. Shortly after finishing the painting, Van Gogh told Theo that he was working on a watercolour of the water-mill (LT 387). This watercolour (F 1144a) was surely done in the studio *after* the painting, a practice that would occur frequently in his work at Arles and Saint-Rémy.

15 Head of a Peasant Woman

December 1884
Oil on canvas
43.5×37 cm
F 146a H 565
Courtesy Galerie Daniel Malingue, Paris

Prompted by another visit from Van Rappard in October 1884, Van Gogh determined to paint at least 30 studies of peasant heads. By the end of February 1883, he had achieved his goal. But he decided to continue, increasing the series to one of 50 heads. Almost that number have survived, the last one dating from late May 1885.

These were not intended as portraits, but as peasant types honestly presented—"coarse, flat faces with low foreheads and thick lips, not sharp, but full and Millet-like" (LT 372). Cap and clothing are unadorned; and presentation is equally direct and uncomplicated. These studies of heads were painterly exercises, but conceived in tonal rather than colouristic terms.

Not every one can be documented from descriptions in letters, or drawings on the letter-paper itself, nor from drawings sent separately to show Theo what he had been doing. But in a letter of late December 1884 (LT 391) Van Gogh wrote that he was about to send "twelve small pen-and-ink drawings made after studies of heads." Since one of these drawings (F 1193) clearly corresponds to the present painting, and since it was done *after* the painting, then the painting itself must have been completed in December 1884.

16 **The Basket Maker**
March 1885
Oil on canvas
41×33 cm
F 171 H 658
Musée des Beaux-Arts, La Chaux-de-Fonds,
Collection R. et M. Junod

In a letter to Theo of early March 1885 (LT 395), Van Gogh wrote: "Just now I paint not only as long as there is daylight, but even in the evening by lamplight in the cottages, when I can hardly distinguish anything on my palette, in order to catch, if possible, something of the peculiar effects of artificial light in the evening, such as a large shadow cast on the wall." Some six paintings (conveniently reproduced together by Hulsker, H 653-658) show such evening effects, four of them with women at work in the cottage, sweeping, sewing, or peeling vegetables, and two with a man seated making a basket. Each shows a full-length figure on a sequence of small canvases (41×33 cm). They are exercises deliberately undertaken as studies of shadowed interiors, each one showing the figure's cast shadow. They were followed by studies of women also in a cottage interior, but during daylight and seen in *contre-jour* (pen sketches in LT 396). Step by step, Van Gogh was preparing himself for all painting eventualities.

17 **The Potato Eaters**
April 1885
Lithographic crayon and brush and ink on wove paper
26.5×32 cm
Signed on the stone at lower left,
printed in reverse: *Vincent f.*
F 1661 H 737 HP 9
Museo Thyssen-Bornemisza, Madrid

Van Gogh's first real "statement painting"—his masterpiece in the traditional sense of fulfilling his apprenticeship—was *The Potato Eaters* of April-May 1885. Its genesis and evolution can be followed in drawings and paintings. By mid-April, he had produced his second painted composition (F 78; Kröller-Müller Museum), and it was after this version and not the final composition (F 82; Van Gogh Museum) that he decided to make a lithograph. He thought this lithograph would be the first of a series of what he called "Les paysans chez eux" (LT 400). He worked on the lithograph at the Gestel printing works in Eindhoven. An eyewitness account tells how he worked directly on the stone with lithographic crayon, and did so completely from memory, and often unconventionally (e.g., rubbing the surface with thumb and fingers). This was the first time he had worked directly on the stone: hence, the composition is seen in reverse when printed.
The size of the edition is unclear: the most likely answer is between 20 and 50. Some 17 have survived. One proof was, of course, sent to his friend Van Rappard, who responded with a critical attack on the work that was "not serious" (R 51a), pointing to many shortcomings: "Why haven't you studied the movements? Now they look posed. The ladylike hand of the woman at the back—how untrue! And what is the relationship between the coffee kettle, the table and the hand lying on top of the handle?" Van Gogh was deeply hurt and returned the letter to Van Rappard. Although a few letters were exchanged the following months, the friendship was at an end. This turned out to be his last experiment in lithography. The plan to make a series of "Les paysans chez eux" was abandoned. Indeed, printmaking was abandoned for the next five years, only resurfacing in Auvers with the etched portrait of Dr. Gachet (see cat. no. 85).

18 **Seated Peasant** (*recto*)
Peasant Digging (*verso*)
May 1885
Black chalk on laid paper,
with watermark *Concordia res parvae crescunt*
33×19.5 cm
F 1201 H 778 and 779
Private Collection

These two studies of Nuenen peasants belong to a sequence of at least a dozen sheets, all drawn with black chalk on the same paper with the same watermark and the same dimensions, on both *recto* and *verso*. The vast majority of them are in the Kröller-Müller Museum. They may have formed part of a sketchbook. Some are of heads, but most of them are full-length studies of peasants at work, and, more rarely, at rest, as in the *recto* of the present sheet. The sequence began in May 1885. In a letter (LT 414), Van Gogh wrote: "Every day I work hard on drawing figures. But I must have a hundred of them, even more, before I am through. I want to find something different from my old drawings and to grasp the character of the peasants—especially those from this neighbourhood. And it is about harvest time, and then I must make a campaign both of corn reaping and potato digging. At that time it is twice as hard to get models, and yet it is necessary, for I become more and more convinced that one cannot be too conscientious, that one must always exert oneself on what Daudet calls (in 'L'Histoire de mes livres,' an article about *Les Rois en exil*, which I just read) 'the search for the model.'"

19 **Cottage**
June-July 1885
Oil on canvas on panel
32×46 cm
F 93 H 805
Wallraf-Richartz-Museum, Cologne

Constantly aspiring to be a painter of peasants in the wake of Millet, Van Gogh not only represented the peasants of Nuenen in their cottages, under lamplight or in *contre-jour*, as individual heads or as a family group eating potatoes, but he also painted the cottages they inhabited. The first was painted in early May 1885, a large painting (65×79 cm, F 83) to which he gave a French title, *La Chaumière*, when he sent it to Theo in Paris (LT 411). This characteristic Brabant cottage, with its thatched roof, its walls of stone (at the front) and the clay (at the sides), might be somewhat "decrepit," but nonetheless it reminds him of a wren's nest. From this first painting of a typical Brabant cottage, Van Gogh then continued with a whole series that eventually numbered ten. Formats differed; and some were lighter in tonality. Van Gogh explained to Theo in mid-July 1885 (LT 417): "Right now I need all my time, because I am working a full two hours from here. What I want is to have some more beautiful hovels far away on the heath. I have four now, as large as the two I last sent you, and a few smaller ones. They are not yet dry, and I think I shall give them the finishing touches in the studio." This predilection for the thatched cottage continued in his later years. In the context of the present exhibition, compare those at Saintes-Maries-de-la-Mer (see cat. nos. 56 and 57) and those at Auvers-sur-Oise (see cat. no. 89).

20 **Peasant with Sickle**

August 1885
Black chalk on wove paper
43×54 cm
F 1320 H 867
Private Collection

As we have seen (cat. no. 18), Van Gogh felt he had to make a hundred drawings of peasant figures. By late June 1885, he began using larger sheets of a good wove paper, usually with "TS&Z" watermark. He made many drawings of peasants at work—digging, planting, and collecting vegetables (potato, carrot, beetroot). By early August, the wheat harvest was at hand. Theo was due to visit him: "I'm rather busy, as they are reaping the wheat in the fields, for, as you know, this lasts only a few days, and it is one of the most beautiful things" (LT 419).

This series of the harvest drawings divides neatly into reaping and binding on the one hand and views of the stooks in the fields on the other. Among the reapers, several relate to the present drawing, almost establishing a sequence of poses as the reaper goes about his task (see especially F 1315 and F 1316). These black chalk drawings have a monumental ease, a bold *mise-en-page* and a supremely confident handling. They represent his first real confrontation with the motif of the harvest; and with one painted exception (F 193) carried out in drawings. During his two years in Paris, Van Gogh found no opportunity to observe the harvest. But in Arles in 1888, he returned to the motif: interestingly, one can compare this drawn reaper at Nuenen with his Provençal counterpart in the painting of *The Harvest* from the Musée Rodin (see cat. no. 61).

21 **Still Life with Two Jugs and Two Pumpkins**

September 1885
Oil on canvas on panel
58×85 cm
F 59 H 921
Private Collection, Switzerland

Still-life painting figured only intermittently in Van Gogh's Dutch œuvre. But a concerted period of activity began in September 1885. Towards the end of the month, Van Gogh reported to Theo: "The pictures I have for you [that he would like to send to Paris] are a few still lifes, a basket with potatoes in it, fruit, a brass cauldron, which I made especially with regard to the modelling with different colours..." (LT 424). These "few" still lifes included three of potatoes in a basket (F 100, F 107, F 116), two of apples also in a basket (F 99, F 101), one of pears (F 105), and one with a brass cauldron and jug (F 551). It is the last painting that has resemblances to the present one, in that the jug standing next to the cauldron is identical to the one seen at the right here. However, potatoes are spread in the foreground in front of the cauldron and the jug, whereas here there are just two pumpkins, balancing the two jugs. It becomes, therefore, a subtle affair of deftly arranged pairs, echoing and contrasting. But a further parallel exists, since the two pumpkins recur in another still life (F 106). There, they are shown with apples in a basket and spread over the table. Now, this still life (F 106) and the present one are of identical size, possibly conceived of as pendants, though F 106 is signed. However that may be, the present painting remains the most starkly simple of all those autumnal still lifes of 1885, unfussy and uncluttered.

22 **Still Life: Cabbages, Potatoes and Leaves**

October 1885
Oil on canvas
75×93 cm
F 102 H 937
Private Collection

If the previous still life (see cat. no. 21) is the most starkly economical of the autumn series of 1885, then the present one is the most complex, the most prolix, the most baroque. There is hardly an "unoccupied" area as vegetables, fruit and leaves spill over in all directions; the basket of potatoes, a hostage from one of three still lifes of potatoes (F 100), is almost hidden in this *horror vacui*; there is perhaps a hidden table-top on which the still-life elements are spread, with the distant landscape and sky completing the scene. However the spatial layout might be, this is essentially a harvest festival on a limited scale, a restricted celebration of autumn's plenty, where the potato harvest has been joined by cabbages, Brussels sprouts, celery and gourd leaves that remind one of the autumn's imminent passage into winter. Indeed, those leaves surely imply the date of October rather than September. And such a dating seems more than possible if one accepts that the unusual composition and the assured handling follow Van Gogh's three-day visit to Amsterdam (October 6-8). There, he saw galleries of paintings for the first time for more than two years, especially Hals, Rembrandt, and Ruysdael at the newly opened Rijksmuseum. Moreover, only one other autumn still life contains a cabbage (F 103); and it has recently been argued that the more colouristic, rather than the tonal, approach in this small still life (32.5×43 cm) points to a date in October, following the visit to Amsterdam. By contrast, the

present picture is on his largest canvas of the autumnal still-life series, a "toile de 30," comparable to one of Van Gogh's late Nuenen landscape paintings, *L'Allée des peupliers*, now in the Boymans-van Beuningen Museum, Rotterdam (F 45).
This still life—the ingredients for a peasant's *pot-au-feu*—has a distinguished pedigree. Its first recorded owner was a Dutch collector, perhaps the most outstanding of the first generation of Dutch collectors of Van Gogh's work—L. C. Enthoven (1854-1920). The collection was sold at auction in 1920, when the still life was acquired for the Hahnloser Collection in Switzerland. This is the first time that the painting has been included in an exhibition of Van Gogh's work since 1953.

23 **Vase with Red Gladioli**

Summer 1886
Oil on canvas
65×35 cm
F 248b H 1150
Fondation Jean et Suzanne Planque, Lausanne

During the Dutch period Van Gogh rarely painted still lifes of flowers. It was only after his arrival in Paris in March 1886 that he seriously began to concentrate on the painting of flowers. Such paintings were conceived of as exercises in colour, in particular the play of the complementary colours, as well as experiments in brushstrokes. He discovered the paintings of Monticelli (1824–86) in Paris, and the rich, confident, impastoed handling of the Provençal artist greatly attracted Van Gogh.
During his first summer in Paris, he produced more than 20 still lifes of a variety of different flowers. Something of his intentions is conveyed in a letter to Theo (who was on leave in Holland) of August 1886: "As for my work, I painted the pendant to those flowers which you have. A branch of white lilies—white, pink, green—against black, something like black Japanese lacquer inlaid with mother-of-pearl, which you know—then a bunch of orange tiger lilies against a blue background, then a bunch of dahlias, violet against a yellow background, and red gladioli in a blue vase against light yellow" (LT 460).
The present still life of gladioli does not correspond to the one described in the letter—the background is dark, not light yellow. But the choice of a narrow upright format, which emphasises the essential reality of gladioli, is characteristic of several Paris still lifes.

24 **Le Moulin de la Galette**

Autumn 1886
Oil on canvas
61×50 cm
F 348 H 1182
Museo Nacional de Bellas Artes, Buenos Aires, Argentina

Moulin de la Galette, or Moulin de Blute-Fin, or Moulin Debray—such were the various names given to one of the three surviving windmills on la Butte Montmartre. The painting from Buenos Aires is one of six in which Van Gogh chose to depict the windmill, seen in isolation, and always on a vertical format. None of them is large—indeed four of them are on canvases of 46×38 cm. The viewpoint differs in each of them, as if Van Gogh was consciously stalking the motif from as many angles as possible. The Buenos Aires painting is the only one that shows the mill from behind, so to say, with the winding staircase that enables visitors to enter. Beyond it is the *point de vue*, an additional means for visitors to see Paris as a spreading panorama. It is also the only one in which Van Gogh has introduced the figures of the two lovers, a leitmotiv that will recur later in Arles.
Facture and palette suggest a painting executed in the fall of 1886. The popularity of the windmill is shown in the many photographs that exist from the 1880s onwards. But a piquant contrast to Van Gogh's image is that by a pupil of Gérôme, P. Quinsac (1858-1929), that was shown at the Salon of 1887, under the title of *Au Moulin de la Galette*.

25 **La Butte Montmartre**

July 1887
Oil on canvas
96×120 cm
F 350 H 1245
Stedelijk Museum, Amsterdam

Van Gogh wrote to Theo (on vacation in Holland) in July 1887: "I saw Tanguy yesterday, and he had put a canvas I've just done in his window. I have done four since you left, and I am working on a big one. I know that these big long canvases are difficult to sell, but later on people will see that there is open air in them and good humans" (LT 462).
This "big" canvas is almost certainly *La Butte Montmartre*. Van Gogh painted his large canvas directly *sur le motif*, as he had done with the *Water-mill at Gennep* in November 1884 (see cat. no. 14). There are no preliminary drawings, as there were for some of the paintings he made of various parts of this motif in 1886. By July 1887, Van Gogh felt confident enough of his absorption of Impressionist and Neoimpressionist practices to take on such a challenging picture.
A remarkable feature of this large painting is the closeness of the motif to a photograph by Henri Daudet taken on June 19, 1887. (See Introduction for a discussion of Daudet's photographs and *Le Vieux Montmartre*.) The tantalising possibility that Van Gogh knew Daudet and this particular photograph suggests itself. But this seems unlikely. Daudet's photograph was not widely disseminated. It was made for the *Société du Vieux Montmartre*: its legend underlines this.
Van Gogh's painting was exhibited at the *Salon des Indépendants* in the spring of 1888, together with its pendant (F 316) and a still life of books (F 359). This was Van Gogh's first participation in a public exhibition in Paris, as distinct from showing in Tanguy's window.

The motif rapidly became the locale of the Maquis in the late 1880s and 1890s. Temporary structures were erected in a haphazard manner. Their growth can be observed in a sequence of photographs that culminated in several *cartes postales* of the years 1900–4, as well as in two paintings by Maximilien Luce (1858-1941), both of 1904. It was in 1904 that the destruction of the Maquis began: new streets and permanent structures completely changed the view. Today, it is quite impossible to see anything of Van Gogh's motif from the Rue Caulaincourt. It has become a historical document of *Le Vieux Montmartre*.

26 On the Outskirts of Paris, Near Montmartre

Summer 1887
Pencil, pen and ink, pastel and gouache on laid paper
39.5×53.5 cm
F 1410 H 1286
Stedelijk Museum, Amsterdam

This image divides neatly into *Le Vieux Montmartre* and the encroaching industrial and urban developments of late-19th-century Paris and its environs. In the lower half of the composition are the remains of one of Montmartre's traditional "industries"—an abandoned stone-quarry with a roofless building and two carts. Stone-quarries had been quite abundant in Montmartre, together with many windmills. But both were rapidly disappearing in the later 19th century.
Beyond the tree-lined and fenced route are factories, chimneys and large buildings. The view is to the north of Paris looking towards Saint-Denis and Saint-Ouen. It is very close, including the distant line of hills, to that in a painting by Maximilien Luce, also executed in 1887 (Petit Palais, Geneva). The precise spot where Van Gogh stood to make this image is still open to discussion. But what is clear is that he was utilising a mixed-media technique, especially with the inclusion of gouache, to produce saleable works as substitute oil-paintings. In this use of gouache, he may well have been influenced by the example of Camille Pissarro, whom Theo met in early 1887, and whose work Theo began to take for the Boussod & Valadon Gallery in August 1887. Among these was a gouache, one of a group that Pissarro worked on during this same summer of 1887.

27 The Fortifications

Summer 1887
Black chalk, watercolour and gouache,
heightened with pencil on laid paper
39.5×53.5 cm
F 1403 H 1281
The Whitworth Art Gallery, University of Manchester

In the 1840s, a defensive wall some 30 kilometres long, surrounded by a deep ditch, with 94 bastions and 18 forts, was erected around Paris. These fortifications quickly became known as "Les fortifs." Their effectiveness as a defensive system was severely criticised after the Franco-Prussian War, and pressures existed, both military and civil, to have them destroyed. In particular, there were objections to the "zone," the area beyond the wall, which became notorious for crime and prostitution. Yet "Les fortifs" also provided Sunday strolls for the suburban population.
By 1880, "Les fortifs" appeared in Naturalist literature: Maupassant and Huysmans, for instance. They also appeared in the illustrated press and in a few Salon paintings, and they were the vantage-point for two paintings of 1886 by the Neo-impressionist artist, Charles Angrand. (For a further discussion of all these elements, see Thomson, 1987.)
Van Gogh knew well both the Porte d'Asnières and the Porte de Clichy from his four or five kilometres' walk to Asnières from the Rue Lepic in Montmartre. "Les fortifs" therefore were familiar territory when, in the summer of 1887, he decided to make three gouache and mixed-media drawings of them. Each of these represented "Les fortifs" near the Porte de Clichy. He made use of pencil drawings (SD 1719) as compositional studies. In his representations of "Les fortifs" he gives no hint of the darker side of the "zone"; strolling figures suggested a Sunday perambulation. Two figures—a married couple or a pair of lovers—are gently suggested in the Whitworth drawing.
These three gouaches were surely conceived of as substitute oil-paintings and potentially saleable. And as with the Stedelijk sheet (see cat. no. 26), they respond to the example of Camille Pissarro's sequence of gouaches that were also painted in the summer of 1887.

28 The Seine with the Pont de la Grande Jatte

Summer 1887
Oil on canvas
32×40.5 cm
F 304 H 1326
Van Gogh Museum Amsterdam
(Vincent van Gogh Foundation)

Cat. nos. 28-40 cover Van Gogh's "campaign" at Asnières in the spring and summer of 1887. The context and significance of his œuvre at Asnières is discussed in the Introduction. Briefly, he painted the Seine, its banks, its bridges and its restaurants; he painted the Ile de la Grande Jatte and the Parc Voyer d'Argenson; and he painted factories at nearby Clichy. Here, we have concentrated on views of the Seine. The catalogue arrangement is topographical, rather than seasonal or stylistic. This "frieze of the Seine" begins downstream from Asnières to the Ile de la Grande Jatte (see cat. no. 28) and from there proceeds upstream to the Pont de Clichy (see cat. nos. 29-39).
This painting of the Seine with the Pont de la Grande Jatte is the furthest downstream that Van Gogh ventured. La Grande Jatte figures prominently in Seurat's œuvre from 1884 to 1886 with the studies, drawn and painted, that culminated in the large picture, *A Sunday Afternoon at the Grande Jatte* (The Art Institute, Chicago). Van Gogh may also have painted other views of the Ile de la Grande Jatte that are presently catalogued as elsewhere: researches continue on this topic. However

that may be, the present painting is the only one that shows the bridge, also known as the Pont Bineau, constructed in the 1870s. It is a familiar Impressionist motif—Monet, Renoir and Sisley had often painted comparable views of bridges on the Seine in the 1870s. But how many of these Van Gogh himself could have seen remains problematic. Very few is surely the answer. In his diagonalised composition, he observed structure through colour, light, and reflections. Impressionist influenced, yet overall less luminous and more simplified than, say, a painting of a comparable motif by Monet.

29 **Banks of the Seine**
Summer 1887
Oil on canvas
32×46 cm
F 293 H 1269
Van Gogh Museum Amsterdam
(Vincent van Gogh Foundation)

This small painting lacks a clear topographical indication: no bridge and no distinctive building that might help locate it. But it is clear that it was not taken from a bridge above looking down on the river, nor from a boat on the Seine. It was surely taken from an island on the Seine (see cat. no. 37). This could have been downstream from Asnières at the Ile de la Grande Jatte; but equally it could be near the Pont de Clichy, a view taken from the Ile des Ravageurs (again, like cat. no. 37). Whatever its true location, the motif shows a Pointillist-inspired painting, comparable to some of Seurat's *croquetons* of the Seine (e.g. Paris, 1988, cat. no. 107). Yet it is as different stylistically from a Seurat as the *Pont de la Grande Jatte* (see cat. no. 28) is from Monet. Van Gogh absorbed what he needed and adopted his sources to his own use.

30 **Moored Boats**
Summer 1887
Oil on canvas
52×65 cm
F 300 H 1275
Private Collection

The motif of this painting can be convincingly established by comparison with a painting by Signac of November 1885, *La Seine à Asnières: la Berge* (Paris, 1988, see cat. no. 112), as well as several *cartes postales* of the early 20th century. *Moored Boats* shows a stretch of the Seine at Asnières, immediately downstream from the railway bridge. Compared to Signac, Van Gogh has shifted his angle of vision, excluding the houses on the Asnières bank, but showing in the distance the top of the Ile de la Grande Jatte and the opposite bank of Levallois-Perret. The result is the most open, expansive, air-filled, deep-spaced, sky-dominant of all Van Gogh's paintings of the Seine. The canvas, with a commercially prepared beige colour, has not been relined. Without being dramatically scientific, Van Gogh has introduced orange-blue and red-green complementaries. But he also introduces a lot of pink, a colour that he frequently uses in his 1887 landscapes.

31 **Bridges at Asnières**
Summer 1887
Oil on canvas
52×65 cm
F 301 H 1327
Sammlung E. G. Bührle Stiftung, Zurich

Turning 180°, virtually on the same spot that he painted *Moored Boats* (see cat. no. 30), Van Gogh faced an entirely different vista. Instead of the open river and of dog days on the Seine, we are thrust into the world of 19th-century engineering. In the foreground, the railway bridge with its solid masonry supports; beyond it the more elegant spans of the road bridge; and beyond that, visible on the far bank, the industrial part of Clichy, where, in particular, Van Gogh has represented the large gantry by six vertical brushstrokes. The two paintings present two sides of Asnières, two sharp contrasts—yet the one grew up because of the other. The railway that reached Asnières in 1837 helped make it the first important centre of *canotage* to the north of Paris, a position it held until the Franco-Prussian War, after which Argenteuil, Chatou and Bougival began to supersede it.
Yet a tangible contact exists between the two paintings. In the lower right of *Bridges at Asnières* are five moored boats that represent the beginning of the line of moored boats that continues in that painting. And further to soften the overpowering engineering presence, Van Gogh has added a strolling woman with a red parasol and a sailor on the river.
Van Gogh began with a crayon drawing on the canvas to establish the major lines of the composition; and he may also have used his perspective frame (see cat. nos. 41, 42). He then worked directly on the commercially prepared grey canvas. As with *Moored Boats*, there is an undogmatic play of complementaries: orange and blue, yellow and blue/violet. Finally, Van Gogh added a painted red border, an inner framing device that emphasised the painting's separate existence. In addition, it acted as an indicator of the central importance of this painting. *Bridges at Asnières* was conceived of as the central part of a triptych under the title of *Bords de Seine à Asnières.* One of the wings was *Moored Boats*, the other was a companion view of the bridges, this time seen further upstream with the road bridge becoming the senior partner (F 240). The three paintings were shown at Vollard's gallery in Paris in 1896 and acquired by him, though they were not kept together as a triptych, but sold separately. In 1901, at the famous one-man show of Van Gogh's work held at the Bernheim-Jeune Gallery in Paris, *Bridges at Asnières* was shown as "N° 15 Le Pont d'Asnières, 1887," lent by Bernheim-Jeune. In his introduction to the catalogue, Julien Leclercq wrote: "It was in the course of 1887 that he adopted Impressionism openly and passed it on in such landscapes as the *Bridge at Asnières*, where one sees that the technical question of a minute division of colour, inspired by Seurat, did not leave him indifferent, even though this patient method did not suit his lively talent."

32 The Laundry Boat on the Seine
Summer 1887
Oil on canvas
19×27 cm
F 311 H 1325
Virginia Museum of Fine Arts, Richmond, USA,
Collection of Mr. and Mrs. Paul Mellon

This small painting has been given various titles. But the boat appears to be a laundry boat, and as such it was given the title of "Bateau de blanchisseuses" in the 1890–1 inventory of Van Gogh's work (as no. 63, and as "toile de 3," which corresponds to 19×27 cm). It is a quickly executed *pochade* on a standard-size canvas, identical in size to a study of a part of the Restaurant de la Sirène (F 321).

Thanks to a document in the Archives municipales d'Asnières, it can be established that the *bateau-lavoir* belonged to Mr. Lebreton since May 1885 and following his death was taken over by his widow in February 1898. The authority to continue is specific about its location: "Le bateau-lavoir stationnant sur la rive gauche de la Seine à Asnières à 150 m en aval du Pont de Clichy." The size was 40 metres by 6 (Mme. Lebreton intended lengthening it to 44 metres).

In other words, the *bateau-lavoir* was seated between the two road bridges, but nearer to the Pont de Clichy. On the opposite bank can be seen one of the factory chimneys of Clichy. Compositionally and spatially this small painting can be compared to the drawing of the Rhône at Arles (see cat. no. 69).

33 Restaurant de la Sirène, Asnières
Summer 1887
Pencil and green chalk on laid paper
40×54 cm
F 1408 H 1252
Van Gogh Museum Amsterdam
(Vincent van Gogh Foundation)

Rail and road bridges across the Seine brought flocks of Parisians to Asnières during the spring and summer. Many restaurants opened by the banks of the Seine. Van Gogh painted three of them: the Restaurant de la Sirène, the Restaurant of "Père" Perruchot close to the Pont de Clichy, and, slightly upstream from the Pont de Clichy, the Restaurant Rispal.

The Restaurant de la Sirène greeted the visitor who chose to arrive in Asnières by the road bridge. It can be seen in many illustrations and photographs in the period 1869 to 1871, the view always taken looking across the Seine. In his three versions, however, Van Gogh excluded the Seine: it is always just behind his back.

This drawing shows three clear differences from the painting (see cat. no. 34). Van Gogh's vantage-point is more to the right in the drawing, hence one sees more of the receding façade of the building at left. Secondly, there is no incline to the right in the drawing. Thirdly, much more can be seen of the ground storey. And Van Gogh is more persistent in registering the various words on the façades.

34 Restaurant de la Sirène, Asnières
Summer 1887
Oil on canvas
51.5×64 cm
F 312 H 1253
The Visitors of the Ashmolean Museum, Oxford

Superficially, it may appear that the drawing of this restaurant (see cat. no. 33) served as a preparatory study for the painting from the Ashmolean Museum. But as already indicated, there are too many differences between them for this to be so. Van Gogh clearly made both works independently from one another: even his vantage-point differs. They are therefore separate sightings of the same motif.

In fact, Van Gogh placed his easel almost on the same spot that he used for his painting of the *Road Bridge at Asnières* (see cat. nos. 30 and 31). In order to help fix the composition, Van Gogh used his perspective frame: clear traces exist, even to the naked eye, of the rectangle and the crossing diagonals. There is also some pencil or crayon under-drawing visible. All this established the painting's independence from the drawing.

This painting has sometimes been called "Le 14 Juillet." When shown in the one-man exhibition at the Bernheim-Jeune Gallery in Paris in March 1901, lent by Mr. Aghion, it was called "La Fête d'Asnières." Only the flags give a hint of a fête; otherwise, it is a curiously still, silent scene, probably painted in the very early morning, in a relatively dull light and under a subdued sky, without any blue. The painting was executed rapidly in small expressive touches over a commercially prepared grey ground, much of which is left visible.

35 Restaurant de la Sirène, Asnières
Summer 1887
Oil on canvas
54.5×65.5 cm
F 313 H 1251
Musée d'Orsay, Paris,
Legs Joseph Reinach, 1921

Compared to the subdued colouring and placid mood of the Ashmolean painting (see cat. no. 34), this version of the Restaurant de la Sirène is infinitely more animated: flags, foliage and flowers are joined by summer-attired clients. (Among the three men seated outside, has Van Gogh created a surrogate self-portrait, seen from behind?) In part, this contrast is caused by the radical change in viewpoint, concentrating the viewer's attention on the various buildings that made up the Restaurant de la Sirène. The diagonalised view was meticulously prepared with a wealth of pencil crayon under-drawings—infinitely more than in the Ashmolean version. On the other hand, there is no evidence to the naked eye of the use of the perspective frame. As in many other landscape paintings of 1887, Van Gogh has introduced an undogmatic play of complementaries: red and green of foliage and flowers, blue/orange elsewhere. But this is subsumed in the overall

effect: again, unlike the Ashmolean painting, there are very few places where the priming shows through. This more activated surface, in parts with more systematically applied brushstrokes, makes the Orsay version one of the most Impressionist of all Van Gogh's landscapes of 1887. It must have been this painting that Bernard referred to in his 1911 Introduction to Van Gogh's letters when he wrote of "des restaurants pimpants aux stores multicolores, aux lauriers roses."
An anonymous photograph, probably dating from the late 1860s or early 1870s, shows a comparable diagonalised view of the restaurant.

36 Banks of the Seine Near the Pont de Clichy

Summer 1887
Oil on canvas
37×45.5 cm
F 291 H 1314
Stichting Collectie P. en N. de Boer, Amsterdam

A restaurant that meant more to Van Gogh than "La Sirène" was one situated further upstream at the point where the Pont de Clichy touched the Asnières bank. This was the restaurant run by "Père" Perruchot. In the same building resided, as a holiday visitor, the Comtesse de La Boissière (see Introduction). Van Gogh's fascination with the Pont de Clichy and its adjoining restaurant was therefore more complicated by friendship with the Countess and her daughter.
Hitherto, various titles have been given to the landscape from the De Boer Foundation. But its location can be established by comparison with a photograph dating from 1878 that shows the bank of the Seine nearing towards the Pont de Clichy, with two buildings, one of them containing the Restaurant of "Père" Perruchot, that are rendered schematically in the present painting. Van Gogh has stood with his back to the Seine, looked up at the rising bank, and registered what was before him. The painting is exquisitely breathed on to the canvas, in a mixture of gentle strokes, and a palette that responds to summer's growth.

37 Pont de Clichy

Summer 1887
Oil on canvas
55×46 cm
F 303 H 1323
Fine Arts Collectors Ltd.

Van Gogh made a second painting that develops the view differently from the De Boer painting, showing part of the Pont de Clichy as well as the two adjoining buildings (F 302). He also found a third view. Setting himself up on the neighbouring Ile des Ravageurs (the foreground's reeds belong to the island), he shows the same two buildings much more fully, with a part of the bridge at right.
Using a minimum colour—essentially the blue and yellow-orange contrast—and the minimum of modelling with the most cursory outlines and rapid infilling of spaces, Van Gogh created an evocative "mood" painting in which the reflections in the river help further to simplify and flatten the image.
Interestingly, when, in the spring of 1888, he and Theo were trying to persuade their erstwhile boss in The Hague gallery of Goupil, Tersteeg, to take some Impressionist paintings to show to his Dutch clients, this painting was specifically chosen by Van Gogh as his contribution to the cause. He even made a sketch of it from memory (for by now he was living in Arles) in a letter to Theo (LT 471), adding, "It would not be a bad idea for you to send Tersteeg one of my studies: would you say the bridge at Clichy with the yellow sky and two houses reflected in the water?" (See *Letters*, Vol. II, p. 536.)
And on April 6, 1888, Theo included the painting among a group of ten that were sent to Tersteeg—the rest consisted of two by Monticelli, one each by Degas, Gauguin, Guillaumin, Lautrec, Monet, Pissarro and Sisley. One Monticelli was sold; the rest returned to Paris. The *Pont de Clichy* was the first of Van Gogh's French paintings to be available for showing in his native Holland.

38 The Seine River with the Pont de Clichy

Summer 1887
Oil on canvas
50×60 cm
F 352 H 1321
Dallas Museum of Art,
Gift of Mr. and Mrs. Eugene McDermott
in memory of Arthur Berger

The Pont de Clichy-la-Garenne, to give its full title, was inaugurated in January 1870, damaged during the Franco-Prussian War and the Commune, and subsequently restored. It consisted of three elegant spans, jumping from Clichy to the Ile Robinson, from the Ile Robinson to the Ile des Ravageurs, from where the third span took it to the Asnières bank. It was from one of these islands, almost certainly that of des Ravageurs, the nearer to Asnières, that Van Gogh painted the picture now in Dallas. There are, of course, precedents in Impressionist painting of the 1870s, for instance Monet's *Pont de Chatou* of 1875 (Museo Nacional de Bellas Artes, Buenos Aires). But there is no proof that Van Gogh could have seen this particular Monet or other comparable works. It would seem that Van Gogh found the motif from himself, and used it as an exercise in variegated brushstrokes, from the large dot to insistent hatching. The picture surface becomes a virtual screen, through which both bridge and water finally emerge.

39 Fishing in Spring, Pont de Clichy

Spring 1887
Oil on canvas
49×58 cm
F 354 H 1270
The Art Institute, Chicago,
Gift of Charles Deering McCormick,
Brooks McCormick and Roger McCormick, 1965

This painting shows yet another view of the Pont de Clichy, and it too, like the Dallas version (see cat. no. 38), must have been taken from the Ile des Ravageurs, looking at the Asnières bank of the Seine. If so, Van Gogh has for once given little prominence to the two buildings that dominated the entrance to Asnières from the bridge itself (see cat. no. 37). But other matters preoccupied him: how to render the *plein air* "enveloppe" and how to find colouristic equivalents. He never adopted the Impressionist comma stroke—the nearest he came to it was the hatched strokes of no regular size. And equally his version of the Pointillist dot was empirically and impatiently applied. He was also idiosyncratic in his use of the lines-framing device, already noted in *Bridges at Asnières* (see cat. no. 31). There, it also confirmed the painting's place as the central part of a triptych. And it seems fairly certain that the Chicago painting, with its painted red frame, also served as the centre-piece to another triptych, this time of the Pont de Clichy. The painting from Dallas (see cat. no. 38) could well have been one of the wings of the triptych; the other may have been F 353. All three of these paintings were acquired by Vollard in the later 1890s. However, more research is needed before a final answer can be given on the make-up of these triptychs. It was a notion that Van Gogh would take up again with his series of blossoming orchards in Arles (see cat. no. 45).

40 **Road on the Outskirts of Paris**

Summer 1887
Oil on canvas
48×73 cm
F 361 H 1260
Private Collection

The precise location of this landscape has not been determined. But it seems likely to be *en route* to Asnières, or in the town's environs. Of all Van Gogh's 1887 landscapes, this is the most determinedly Pointillist, more so even than the large painting, *Le Parc Voyer d'Argenson* (F 314), with which there are certain analogies. It shows the influence of Seurat and Signac, yet remains idiosyncratically a "Van Gogh." The walking male figure, said to be carrying a spade—yet could it be the artist himself with his painting equipment?—was initially accompanied by a female figure, whose forms can still be detected even with the naked eye. It then becomes the artist and model (or mistress) *en route* to the motif.
Sometime in the summer of 1887, probably in August, Van Gogh was forbidden to paint outdoors. This interdiction was referred to by Theo in a letter of February 14, 1889 to his fiancée, Johanna Bonger, who has suggested that Vincent should come to Paris. Theo gives his reasons why he is "worried about him coming here. In Paris he saw masses of things that he wanted to paint, but time and again he was prevented from doing so. Models didn't want to pose for him, he was forbidden to sit and work in the street and because of his volatile disposition this repeatedly led to scenes…" Certainly, in his Paris œuvre, landscapes cease after August 1887: during his last six months in Paris, he concentrated on portraits, interiors, and still lifes.

41 **Alley of Plane Trees Near the Station**

March 1888
Oil on canvas
46×49.5 cm
F 398 H 1366
Musée Rodin, Paris

Forbidden to paint outdoors from August 1887, Van Gogh concentrated on interiors, still lifes and portraits during his last six months in Paris. Arriving in Arles on February 20, 1888, he found little opportunity for painting outdoors because of the unexpected falls of snow and persistent low temperatures that continued until March 10. Only two snowscapes were painted during the first weeks (F 290, F 391).
But in mid-March, he had taken advantage of the improvement of the weather. He reported to Theo: "As for my work, I brought back a size 15 canvas today. It is a drawbridge with a little cart going over it, outlined against a blue sky—the river blue as well, the banks orange-coloured with green grass and a group of women washing linen in smocks and multicoloured caps. And another landscape with a little country bridge and more women washing linen. Also an avenue of plane trees near the station" (LT 469).
He probably did the Musée Rodin painting first: it was closest to his hotel. It actually depicts an avenue of plane trees adjacent to a small street near the Place Lamartine, over which ran the local railroad line across the Pont de Lunel. It was not the PLM line that he actually showed in a later painting of October 1888 (F 480).
By and large, this is a small, carefully constructed, controlled painting, with virtually no irregular touches or areas of impasto. Rather, it is witness to an artist who is striving to re-initiate himself into *plein air* painting. As part of his re-acclimatisation, he relied on the use of his perspective frame. He told Theo in the same letter of mid-March: "I made my last three studies with the perspective frame I told you about. I attach some importance to the use of the frame because it seems not unlikely to me that in the near future many artists will make use of it, as the old German and Italian painters certainly did, and, as I am inclined to think, the Flemish too" (LT 469).
Several titles have been given to this painting. Here, we have mentioned the one Van Gogh himself used in his letter to Theo.

42 **The Canal de Vigueirat with the Pont de Gleize**

March 1888
Oil on canvas
46×49 cm
F 396 H 1367
Private Collection

This small painting acts as a pair to that from the Musée Rodin (see cat. no. 41). They share the same format; they were done one after the other; they were executed with the aid of the perspective frame; and they show a relatively restrained handling, with areas of impasto virtually non-existent. This cautious and controlled approach went hand in hand with Van Gogh's attempt to recover his health, slowly and stage by stage.

The Canal de Vigueirat was to the south of the city of Arles. The two smoking chimneys in the background belonged to the extensive workshops of the PLM.

43 Path Through a Field with Willows
March 1888
Pencil, pen and brown ink on wove paper
25.5×34 cm
Inscribed lower centre: *Arles Mars 88*
F 1499 H 1372
Van Gogh Museum Amsterdam
(Vincent van Gogh Foundation)

44 Path Through a Field with Willows
April 1888
Oil on canvas
31.5×38.5 cm
F 407 H 1402
Private Collection

About May 7, 1888, Van Gogh told Theo that included in the batch of paintings he was dispatching to Paris was "a little landscape with a hovel, white, red, and green, and a cypress beside it; you have the drawing of it, and I did the whole painting of it at home. This will show you that, if you like, I can make little pictures like the Japanese prints of all these drawings" (LT 484).

The drawing (see cat. no. 43) must be one of the first that Van Gogh did in Arles, probably towards the end of March. (It is the only one to have an inscribed date.) And it is a rare instance of using a drawing as the basis for a painting executed in the studio. Van Gogh used his perspective frame (as he did also in cat. no. 46) to fix the composition, and worked up the pencil drawing with pen and ink. The painting follows the drawing with comparative faithfulness, even though the proportion of the canvas differs slightly from that of the paper.

The motif is difficult to locate precisely, but it shows a characteristic slice of the Crau landscape, with its cypresses, pollard willows and a small *mas*, or farmhouse, which Van Gogh called a *masure*, or hovel.

45 Apricot Trees in Blossom
April 1888
Oil on canvas
54.5×65.5 cm
Signed lower right: *Vincent*
F 556 H 1383
Private Collection, Switzerland

Five weeks after arriving in Arles, Van Gogh began his series of paintings of orchards in blossom. From around March 24 to April 20, 1888, he worked on these paintings, eventually producing 14 of them.

The present canvas of apricot trees could well be the first one: "I have just finished a group of apricot trees in bloom in a little orchard of fresh green," he wrote on March 24 (LT 471). Otherwise, it could be the painting cited in a letter of April 9: "I have another orchard, as good as the pink peach trees, apricot trees of a very pale pink" (LT 474). These are the only references to apricot trees: he also cites peach, pear, plum and cherry. Virtually all the paintings were done in orchards that lay to the south of Arles. In the present one, the chimney stack seen in the distance recurs in a related version, now in Edinburgh (F 553), as well as in a painting of April 1889 (see cat. no. 74). In fact, as the series progressed, Van Gogh began to think in terms of triptychs, with a vertical painting flanked by two horizontal ones. It is not always clear which vertical one fitted into the system of proposed triptychs (since Van Gogh never clearly specified so); but it seems clear that the present painting and the one of plum trees now in Edinburgh were the two outer wings of the triptych. They are the same size; they show the same area, with the same chimney in the background; and the Edinburgh painting is signed at left, and the present one at right, reflecting their respective place in the proposed triptych.

Van Gogh's orchard paintings represented his joyous response to the limpid colours and pellucid atmosphere of a Provençal spring. And after the death of a miserable Paris winter—followed by snow and freezing temperatures in Arles—they symbolised his own rebirth. Pictorially, they vindicated his vision of Japan in the South.

46 Public Garden with Clipped Bush
Early May 1888
Pen, reed pen and brown ink on wove paper
25.5×34.5 cm
F 1421 H 1414
Van Gogh Museum Amsterdam
(Vincent van Gogh Foundation)

The motif is taken from one of the three gardens that adjoined the remains of the fortified wall on the south side of the Place Lamartine. Like cat. no. 43, it was done with the help of his perspective frame. But there are no signs of the use of pencil: Van Gogh worked directly with the reed pen. However, changes in the colour of the ink suggest that the angular and almost decoratively stylised branch that runs horizontally across the sky was added later in the studio.

The feathery round bush recurs very frequently in Van Gogh's œuvre—some ten paintings and drawings (including drawings done in letters) exist. For four other examples, see cat. nos. 64-67.

47 The Road to Tarascon
April-May 1888
Pencil, pen, reed pen and brown ink
on wove paper
25.8×35 cm
F 1502 H 1492
Kunsthaus Zürich, Kupferstichkabinett

This road, known in Van Gogh's day as the Avenue de Montmajour, was the main route out of Arles towards Tarascon. It was one that Van Gogh would tread frequently, especially *en route* to the Abbey of Montmajour. In fact, it could be he who symbolically walks this road. This walking figure was added in the studio. It replaced an earlier attempt that was scraped out before Van Gogh realised what was his most determined, brisk, and convincing walking figure in the Arles œuvre. It can be compared to the artist, seen on the same road, heavily laden with his painting equipment, in the regrettably destroyed (*c.*1945) painting, *The Painter on the Road to Tarascon* (F 448), an image that inspired several variations by Francis Bacon in the 1950s. The strokes of the pen are freer, in their agitated and angular touches, than the two drawings already discussed (see cat. nos. 43 and 46).

48 **A Trunk of a Tree**
April-May 1888
Reed pen and ink on wove paper
25.7×34.9 cm
F 1509 H 1494
Virginia Museum of Fine Arts, Richmond, USA,
Collection of Mr. and Mrs. Paul Mellon

This sheet has frequently been dated to the summer of 1888. But it clearly belongs to the sequence of drawings that Van Gogh made in late April - early May: comparable technique and similar-sized wove paper to the others (see cat. nos. 46 and 47). Moreover, the motif is surely taken on the same Avenue de Montmajour as the Zurich drawing (see cat. no. 47). Indeed, the present sheet acts as a kind of pendant, an alternative exploration of a part of the same route.

49 **View of the Rhône**
April-May 1888
Pencil, reed pen and ink on wove paper
22.5×34.5 cm
F 1472 H 1404
Staatliche Graphische Sammlung, Munich

This is Van Gogh's first drawing of the Rhône. He has viewed it at riverbank level, and his chosen viewpoint shows little of the protective wall that was constructed after the disastrous flooding of 1856. Instead—and for the only occasion in his œuvre—it provides a view of the Rhône's immensity as it nears its estuary some 40 kilometres away. Such is the immensity of the river's implacable force that even the iron Trinquetaille Bridge, built in 1875, looks frail and toy-like. And to the force of the water has been added that of the wind, the mistral's action conveyed in the wave patterns as well as the ominous clouds. In brief, the image of the Rhône as projected here is a belated Romantic evocation of the mighty power of the natural elements pitted against the puniness of man, symbolised by the lone rower in the boat. To this belated Romantic image can be added, appropriately, stylistic affinities with some of Delacroix's pen drawings.

50 **View of La Roubine du Roi with Washerwomen**
April-May 1888
Pencil, reed pen and ink on wove paper
22.5×34.5 cm
F 1473 H 1405
Staatliche Graphische Sammlung, Munich

This sheet is clearly stylistically very close to the previous drawing (see cat. no. 49). But its mood is strikingly different. Instead of the terrible implacability of Rhône and mistral in harness, we move to a quiet, man-made canal called La Roubine du Roi (the King's Canal), on which the Arlésiennes wash their clothes on a specially constructed wooden platform. Beyond them is a fragile, almost Chinese-like wooden footbridge. This honest representation of a workaday Arles is closed off by the dominating chimney of the town's gasworks that dwarfs the tower and spire of the Convent of the Carmélites.
Later, in June, Van Gogh returned to the motif and produced a painting that transforms the workaday aspect of the drawing into a spatial hallucinatory evening effect (F 427). Writing to Theo, Van Gogh recalled the drawing: "Do you remember among the little drawings a wooden bridge with a washing place, and a view of the town in the distance? I have just painted that subject in a large size" (LT 504).

51 **Bank of the Rhône, Arles**
May 1888
Pencil, pen, reed pen and violet ink on laid paper
39.2×61.1 cm
Watermark, in a sash: *AL PL Bas*
Inscribed and signed lower left:
Bords du Rhône / Vincent
F 1472a H 1497a
Museum Boymans-van Beuningen, Rotterdam

This is a far more placid view of the Rhône than the Munich drawing (see cat. no. 49). There is a sense of *détente* at the close of the day: the sun is setting in the west, the two boats lie idly tethered, and a man waters the two horses. Van Gogh descended to riverbank level, showing us the slow curve of the protective wall that was erected after the disastrous flooding of 1856, with, at the far left, the point where the Roubine du Roi (see cat. no. 50) debouches into the Rhône. In the era of tourist postcards after 1900 this became the standard view of the Rhône.
Originally, the ink was a bright violet, but with its iron-gall content it has discoloured to brown. Only the edges of the sheet, always protected by the mount, still show evidence of this violet ink. Other sheets also had this violet ink, especially a group of seven drawings done at Montmajour in late May. Several letters of this period also have this same violet ink. In late September 1888, Van Gogh painted *The Starry Night* (F 474; Musée d'Orsay), where the Rhône River is viewed higher up from the Place Lamartine itself.

52 View of Arles with Irises and Meadows

May 1888
Oil on canvas
54×65 cm
F 409 H 1416
Van Gogh Museum Amsterdam
(Vincent van Gogh Foundation)

Since finishing the last of the orchard series around April 20, Van Gogh worked on a sequence of drawings for at least two weeks (see cat. nos. 44, 47, 48). Several factors accounted for this period of non-painting: a dispute with his hotel owner, his renting of the Yellow House (from May 1), his wish to buy furniture, and the preparation of the first batch of paintings to send to Theo. Eventually, on May 12, he told Theo: "Just now I have done two new studies like these: you have a drawing of one of them already, a farm by the high road among cornfields. A meadow full of very yellow buttercups, a ditch with irises, green leaves and purple flowers, the town in the background, some grey willows, and a strip of blue sky. If the meadow does not get mowed, I'd like to do this study again, for the subject was very beautiful, and I had some difficulty getting the composition. A little town surrounded by fields all covered with yellow and purple flowers; exactly—can't you see it?—like a Japanese dream" (LT 487).

A few days later, he described this view of Arles to Bernard: "Of the town itself one sees only some red roofs and a tower, the rest is hidden by the green foliage of fig trees, far away in the background, and a narrow strip of blue sky above it. The town is surrounded by immense meadows all abloom with countless buttercups—a sea of yellow—in the foreground these meadows are divided by a ditch full of violet irises. They are mowing the grass while I was painting, so it is only a study and not the finished picture that I had intended to do. But what a subject, eh! That sea of yellow with a band of violet irises and in the background that coquettish little town of the pretty women!" (B 5)

Van Gogh included a sketch of the painting in his letter to Theo, but did not refer to a related drawing (F 1416) for which he used his perspective frame. The compositional difficulties may be related to the right-angled turn of the ditch and field, after the third tree from the left: at first sight the willows appear to be aligned on the same axis.

53 The Langlois Bridge

May 1888
Oil on canvas
49.5×64 cm
F 570 H 1421
Wallraf-Richartz-Museum, Cologne

The Langlois Bridge was situated by the south of Arles on the Arles–Bouc canal. He first painted it in mid-March (F 397) and produced a second version in the studio (F 571). He made a drawing (F 1470), he referred to one of these drawbridge pictures as "an old thing, not like what I generally do." Yet it is frequently asserted that Van Gogh painted and drew these drawbridges because they reminded him of Holland.

In taking up the motif again in May, he varied the offering by the addition of contrasting social types—a washerwoman, an Arlésienne with a parasol, and a farmer in a carriage. And there is an atmospheric limpidity that makes the picture a good example of "la peinture claire." Van Gogh made a drawing after the painting for Bernard when he had nailed it to his studio wall for ease of drying in mid-July (F 1471).

54 The Cemetery at Saintes-Maries

Late May 1888
Pencil, reed pen and brown ink on laid paper
29.5×47.5 cm
Inscribed upper left: *Cimetière de Stes Maries*
F 1479 H 1456
Private Collection

From May 30 to June 3, Van Gogh visited Saintes-Maries-de-la-Mer, a small fishing village in the Mediterranean, as well as a place of pilgrimage because of the legend that the three Marys landed there and converted Provence to Christianity. That annual pilgrimage took place at Whitsuntide (May 24-25). Van Gogh was clearly made conscious of this event; and he himself left Arles a few days later by diligence, 50 kilometres away. While there, he painted two small seascapes (F 415, F 417) and a view of the village (F 416). In addition, he made nine drawings. Many of these depicted the distinctive cottages (see cat. no. 56); others the boats on the beach (F 1428) and a view of the village (F 1439).

The present drawing shows some of these characteristic cottages, but closing off the deeply plunging recession in the cemetery. The sheet is inscribed upper left, *Cimetière de Stes Maries.* Seven of the nine drawings are on half-page sheets measuring approximately 30×47 cm. At Saintes-Maries, Van Gogh threw off all restraints, abandoned the use of his perspective frame, and worked rapidly with reed pen and ink, relying on the speed of hand and eye, emulating, he thought, the Japanese.

55 Fishing-boats at Saintes-Maries

Early August 1888
Pencil, reed pen, quill and black ink on wove paper
Signed lower right: *Vincent*
F 1430b H 1541
Musées Royaux des Beaux-Arts de Belgique, Brussels

Van Gogh made two small paintings of fishing-boats at sea during his five-day stay at Saintes-Maries-de-la-Mer (May 30 - June 3, 1888). One of these (F 417) became one of his favourite paintings. This drawing, showing the painting's composition, had a quite specific function, different from the previous sheet. It was not made on the spot, but drawn in the studio in early August, two months after his visit to Saintes-Maries.

Before sending a batch of more than 30 paintings to Theo in Paris, Van Gogh had nailed them to the studio walls of the Yellow House to dry. This was in mid-July. And it was then that he sent his young friend Emile Bernard 15 drawings after selected paintings. In late July, he produced a further 12 drawings for his friend John Russell. And a few days later, he proposed doing a dozen for Theo. In the event, he only finished five.
He explained to Theo: "You will see better what there is in the painted studies in the way of drawing. I have already told you that I always have to fight against the mistral, which makes it absolutely impossible to be master of your stroke" (LT 518). And he added in the following letter: "The painted studies lack clearness of touch. That is another reason why I felt it necessary to draw them" (LT 519).
This drawing displays this search for clarity as Van Gogh tries to systematise the strokes of the pen *vis-à-vis* the more impetuous strokes of the brush.

56 **Three Cottages at Saintes-Maries**

Late May 1888
Pencil, reed pen and brown ink
30×47 cm
F 1438 H 1448
Van Gogh Museum Amsterdam
(Vincent van Gogh Foundation)

There are two drawn versions of this motif of three thatched cottages at Saintes-Maries. One is more *soigné*, almost tender in mood (F 1440), whereas the present one is cursory and almost brutal in its use of the reed pen, while the mood is more of desolation. Van Gogh himself referred to the "harsh" group of drawings: another is F 1436. Yet it was this drawing, not the *soigné* version, that Van Gogh used as the starting-point for a painted study of the same motif, executed in the studio of the Yellow House after his return to Arles from Saintes-Maries (see cat. no. 57).

57 **White Cottages at Saintes-Maries**

Early June 1888
Oil on canvas
33.5×41.5 cm
F 419 H 1465
Kunsthaus Zürich,
Walter Haefner Schenkung

Van Gogh painted this view of the cottages at Saintes-Maries after his return to Arles, most probably on June 5, 1888. It was in a letter of that date (LT 494) that he told Theo he had two canvases on the easel. Both were of Saintes-Maries cottages; both were based on "harsh" drawings that Van Gogh had brought back from his five-day sojourn (the other is F 420). Each painting became a distinctive studio exercise, in which Van Gogh introduced the three pairs of the complementary colours: blue and orange, yellow and violet, red and green. In the present painting, the harshness of the unadulterated play of the complementary colours is softened by a liberal use of white (which "represents" the actual whitewash, just as the roofs were made of reeds that Van Gogh used in the drawings).

58 **Girl with Ruffled Hair**

June 1888
Oil on canvas
35.5×24.5 cm
F 535 H 1467
Musée des Beaux-Arts, La Chaux-de-Fonds,
Collection R. et M. Junod

About June 17, 1888, Van Gogh was writing a letter in English to his friend John Russell. He confessed: "Instead of continuing the letter I began to draw on the very paper the head of a dirty girl I saw this afternoon whilst I was painting a view of the river with a greenish yellow sky. This dirty 'mudlark' I thought yet had a vague Florentine sort of figure like the heads in the Monticelli pictures, and reasoning and drawing this wise I worked on the letter I was writing to you. I enclose the slip of scribbling that you may judge of my abstractions, and forgive my not writing before as such" (letter 501a).
The young girl that Van Gogh called the "mudlark" appears in the painting of the Trinquetaille Bridge (see cat. no. 59). And she is clearly the same model in the painting from La Chaux-de-Fonds. Compared, however, to the letter-drawing of her he sent to Russell, the painting shows her with the same ruffled hair, but the decorative pattern in her costume has been simplified. The painting is undocumented in Van Gogh's letters. It could be a memory sketch done in June. But it is also possible that Van Gogh persuaded the "mudlark" to sit for him in late August, when, paid for in advance for a series of sittings, she failed to return. If that is true, she could be the model referred to as "the woman with yellow hair and a sunburned brick red face" in a letter to Emile Bernard of about August 18 (B 15).

59 **The Trinquetaille Bridge**

June 1888
Oil on canvas
65×81 cm
F 426 H 1468
Private Collection

Van Gogh referred to this painting on three occasions. The first was in a letter to John Russell on Sunday June 17, 1888, in which he referred to the "mudlark" he had seen "this afternoon whilst I was painting a view of the river with a greenish yellow sky" (letter 501a). A few days later he wrote to Theo: "I have a view of the Rhône—the iron bridge at Trinquetaille—in which the sky and the river are the colour of the absinthe;

the quays, a shade of lilac; the figures leaning on their elbows on the parapet, blackish; the iron bridge, an intense blue, with a note of vivid orange in the blue background, and a note of intense malachite green. Another very crude effort, and yet I am trying to get at something utterly heart-broken and therefore utterly heart-breaking" (LT 503).
Finally, in mid-August 1888, when he included the painting in a batch of 36 canvases that his friend, the Zouave Milliet, was taking to Theo in Paris, he wrote: "There is a view of the Rhône in which the sky and the water are the colour of the absinthe, with a blue bridge and figures of little black urchins" (LT 524). The Russell letter tells us that Van Gogh painted it in the afternoon. And the figure of the "mudlark" appears in the foreground, her ruffled hair (see cat. no. 58) like a halo round her head—she definitely does not wear a hat. Since the Russell letter was written on a Sunday, then Van Gogh has given us a view of the Rhône and the Trinquetaille Bridge on a Sunday afternoon, with figures walking (including a woman with a parasol), relaxing, or sailing on the river. The painting becomes a curious reflection, a Provençal equivalent, of Seurat's *A Sunday Afternoon at the Grande Jatte* (The Art Institute, Chicago). But it is more: Van Gogh's colour descriptions and the emotive images he evokes place the painting well beyond his Impressionist and Pointillist-inspired landscapes of the Seine at Asnières. This is a proto-Expressionist painting where, as in Munch's *The Cry*, arbitrary colour and a rapidly receding space combine to create a wholly disconcerting image.

60 **Wheatfield, Arles**
June 1888
Oil on canvas
50×61 cm
F 564 H 1475
Stichting Collectie P. en N. de Boer, Amsterdam

This painting of a wheatfield is one of the two that preceded the astonishing outburst of activity during the harvest period: the other is a *Farmhouse in Provence* (F 565). Both paintings are probably among the two or three studies that Van Gogh mentioned in a letter to Theo of June 12 (LT 496). The chosen motif shows a part of the Crau with the line of the Alpilles in the background. As such, it overlaps—and indeed extends—the panoramic view of the Crau, with its tall farmhouse, that was shown in Van Gogh's most famous picture of the harvest (F 412). Since this last painting—known as *La Moisson*—was already begun by June 12, and the harvesting is more in advance there, the present painting must have preceded it. The sky has that turquoise blue that came to dominate many of the summer landscapes. The contrasting brushstrokes of yellow, orange and brick red in the standing wheat convey the impression of heightened colour and intense heat that Van Gogh often described in his letters to Theo. As in the other harvest landscapes, the trees, often in Prussian blue, were added last. A part of this motif can be seen in a painting of April 1889, *La Crau with Peach Trees in Bloom* (F 514) that Van Gogh sketched in a letter to Signac (see cat. no. 75).

61 **Arles: View from the Wheatfields**
June 1888
Oil on canvas
73×54 cm
F 545 H 1477
Musée Rodin, Paris

Between June 10 and 24, Van Gogh painted some ten landscapes of the harvest, three of them on size 30 canvases (F 412, F 425, F 465). The vast majority show views of the wheatfields looking away from Arles. Only in F 465 and the present canvas from the Musée Rodin does Van Gogh face the town and show something of its silhouette.
In so doing, Van Gogh produced an image with a piquant mixture of the old and the new. In that background silhouette can be discerned elements of the Roman town of Arles, especially its arena. Later buildings can also be discerned, including four church towers and spires, and, towards the right edge, the Town Hall. In the wheatfield itself, Van Gogh shows us the traditional act of reaping in a figure of a peasant that reminds one of the reaper from Nuenen (see cat. no. 20). In effect, this is the only harvest painting where the reaper is shown so prominently.
Between the reaper and the ancient town lie two symbols of 19th-century industrial development. To the left, two chimneys—one of the large PLM railway works, the other of the gasworks. And entering the scene from the right, a long black train and engine with billowing clouds of smoke.
This painting has a further claim to uniqueness: it is the only one with a vertical format. Was Van Gogh toying with the idea of a triptych, as he had done with his orchard series? It is also the only harvest scene to have had three drawings made after it in July-August for Bernard (F 1491), Russell (see cat. no. 62), and Theo (F 1492).

62 **Arles: View from the Wheatfields**
July 31 - August 3, 1888
Pencil, reed pen and brown ink on wove paper
31.5×23.5 cm
Signed lower left: *Vincent*
F 1490 H 1529
Richard Nagy, Dover St. Gallery, London

This drawing was one of the 12 made between July 31 and August 3, 1888 and sent to John Russell, the Australian artist (1858-1931), then living at Belle-Ile, Brittany. These drawings were made after canvases that Van Gogh had pinned up to dry in his studio before sending them to Theo. He sent a set to Bernard (15 drawings), a dozen to Russell, and five to Theo. His objective was to show what he had been doing; but additionally, it was a political ploy, in Bernard's case to provoke him into sending a batch of his drawings, in Russell's case to cajole him into buying a painting by Gauguin that would enable the latter to travel from Pont-Aven to Arles. Stylistically, the set to Bernard are freer and more impetuous in drawing—and rarely use the Pointillist dot as a significant element, because

Van Gogh knew that Bernard had rejected completely the Pointillist art of Seurat and Signac. But with John Russell there was no such prejudice. Therefore, the dot can invade the sky and the wheat, both of which had been left blank in the drawing sent to Bernard. The overall effect is more abstract and decorative in this all-over working of the surface.
Each of these three drawings becomes in effect a subtle variation on the parent painting (see cat. no. 61) rather than a mechanical copy. Each has its own identity and its own character.

63 **Haystacks**
Mid-July 1888
Pencil and reed pen on wove paper
24×31.5 cm
F 1426 H 1514
Szépmüvészeti Múzeum, Budapest

Within the week following his return to Arles from Saintes-Maries on Sunday June 3, Van Gogh discovered two new landscape motifs. One was a view across the Crau to the Abbey of Montmajour, a small part of which can be seen in cat. no. 60. The other was a view of what he called a typical Provençal *mas* with haystacks, of which he made in fairly rapid succession a painting (F 565), a large watercolour drawing (F 1425) and finally a large size 30 canvas (F 425), which served as a pendant to the large *Moisson* (F 412).
As with other completed paintings, Van Gogh took them from their stretchers and pinned them up in his studio to dry before sending them to Theo. This was done by mid-July. It was then that he decided to make 15 drawings after selected paintings to send to Bernard. The drawing from Budapest is one of those. As with all the drawings in the Bernard set, it is done rapidly and even cursorily. Indeed, the vibrant strokes of the reed pen and the rhythmic works in the haystacks appear to foretell elements of Van Gogh's Saint-Rémy style. By contrast, the drawing after the same painting that was sent to John Russell in Belle-Ile is much more systematically controlled in its touch, with the Pointillist dot much in evidence, and the overall effect much more flat and decorative.

64 **Garden with Weeping Tree**
July 1888
Oil on canvas
60.5×73.5 cm
F 428 H 1499
Private Collection, Switzerland

"Here is a new subject," Van Gogh wrote to Theo about July 5, 1888. "A corner of a garden with clipped shrubs and a weeping tree, and in the background some clumps of oleanders. And the lawn just cut with long trails of hay drying in the sun, and a little corner of blue-green sky at the top" (LT 508). And on July 31, he gave a further description to his sister Wil: "I have also got a garden without flowers, that is to say a lawn, newly mown, bright green with the grey hay spread in long streaks. A weeping ash and a number of cedars and cypresses, the cedars yellowish and spherical in form, the cypresses rising high into the air, blue-green. At the back, oleander and a patch of green-blue sky. The blue shadows of the shrubs on the grass" (W 5).
In effect, the motif shows one of the three public gardens in the Place Lamartine, opposite the Yellow House. Van Gogh often walked through these gardens *en route* to the brothels; and he made drawings of them (see cat. no. 46). But he left painting the gardens until early July, allowing his daily observations to accumulate. In addition, however, he could well have been seduced by the flowering oleander bushes.
In this painting of the garden, he is observing, searching for colouristic equivalents, composing. There are no consciously sought associative or symbolic overtones. He talked of gardens painted by Manet and Renoir that he had seen in Paris. And by and large, this painting could be called Impressionist, searching for expressive brushstrokes, observing colour in the shadows, recording a specific time of day. In composition, with its empty foreground and empty centre, with everything pushed to the edges, it bears an uncanny resemblance to one of Degas's dance rehearsal scenes. But Van Gogh has tipped up the space; given the impression of rising ground and also of a sudden falling away, especially in the ambiguous passage of paint beneath the weeping tree at right. Yet it was quite impossible for him to find a high viewpoint: these gardens were distinguished by their flatness. The only conclusion is that he made a quite conscious decision to represent it in this somewhat disconcerting manner. In all other representations of this part of the public garden, from the spring drawing already mentioned (see cat. no. 48) to two painted autumnal views (F 468 and F 1465, the last a drawing *after* the painting, which has been destroyed), he provided a clear horizon line, gave not the slightest impression of rising ground, and allowed the viewer to walk around in comparative ease.
For drawings related to this painting, see cat. nos. 65-67.

65 **Garden with Weeping Tree**
Mid-July 1888
Pencil, reed pen and brown ink on wove paper
24.2×31.6 cm
Signed lower left: *Vincent*
F 1450 H 1509
Private Collection

This drawing was one of 15 sent to Emile Bernard in mid-July 1888, all of them made after existing paintings—in this instance, see cat. no. 64. As in all sets sent to Bernard, there is a daring economy in the pen strokes and an overall loose sketchiness. Compared to the painting, Van Gogh makes more of the strewn hay left to dry, gives a greater sense of recession, adds two birds in the sky, and removes the ambiguous element beneath the weeping tree.
This is the only one of the Bernard-intended drawings that is actually mentioned by Van Gogh. Responding to some verses sent to him by Bernard, he wrote: "In the sketch 'The Garden' perhaps there is something like 'Des tapis velus / De fleurs et verdures tissus' [Shaggy carpets woven of flowers and greenery], by Crivelli or Virelli, it doesn't matter much which" (B 10).

66 **Garden with Weeping Tree**
Early August 1888
Pencil, reed pen and brown ink on wove paper
24.1×31.5 cm
F 1451 H 1545
The Menil Collection, Houston

Like the previous drawing, this one was made after the same painting that Van Gogh had pinned to his studio wall to dry (see cat. no. 64). But this sheet was drawn some three weeks later than the one sent to Bernard, and it was sent as part of a set of five to Theo in Paris. The contrast between the two drawings is quite startling. That to Bernard was drawn quickly and impetuously, yet elements were separated and recession was relatively legible. In this one to Theo, the composition is clarified, emphasising the existence of the path at upper left, and removing the ambiguity that existed in the painting beneath the weeping tree. The pen strokes are more organised beneath, culminating in a plethora of dots in the sky via a series of contrasting stylised rhythms, from the thin vertical lines in the weeping tree, and the interlaced skeins of cut grass, to the curvilinear patterning of the oleander bushes. The result is a marked tension between spatial recession and a two-dimensional surface. More than the Bernard drawing, it has to be read primarily as a flat, decorative image.

67 **Garden with Weeping Tree**
July 31 - August 3, 1888
Pencil, reed pen and brown ink on wove paper
31.5×24.5 cm
Signed towards lower left: *Vincent*
F 1449 H 1534
Private Collection

This sheet is one of the 12 drawn for John Russell between July 31 and August 3, 1888, all of them done after existing paintings. However, this drawing is of additional historical value since it shows a painted composition that no longer exists. Nor was there any other record of its existence, since Van Gogh never mentioned it in his letters. From the state of the garden and the prominence of the flowers in the foreground, it would seem that the lost upright painting preceded its horizontal pendant (see cat. no. 64). The motif is clearly the same—weeping tree at right, round bushes at left, oleanders in the background, with compositionally an empty foreground and middle. Apart from the change in format, the main difference between the two compositions is the fall of the shadows whose direction implies another time of day. Otherwise, as drawing, it shows the characteristic features of the "Russell style" (see cat. no. 63).

68 **Olive Trees: Montmajour**
July 1888
Pencil, reed pen, brown and black ink
on Whatman paper
48×60 cm
Watermark: *J. Whatman Turkey Mill 1879*
Signed lower left: *Vincent*
Not in F H *addenda* no. 3
Musée des Beaux-Arts de Tournai, Belgium,
Legs H.-E. van Cutsem

In early March 1888, Van Gogh wrote to Theo: "I have been for several walks in the country hereabouts but it is quite impossible to do anything in this wind... I have seen lots of beautiful things—a ruined abbey on a hill covered with holly, pines, and grey olives. We'll have to try that soon, I hope" (LT 467). Nothing more is said of the "ruined abbey on a hill" until late May, when he told Theo he was doing a series of seven drawings of "views taken from a rocky hillslope" and two of "the ruin that crowns the rocks" (LT 490). He still has not named the ruined abbey, which was that of Montmajour that rises dramatically from the plain of the Crau, some five kilometres north-east of Arles. Shortly afterwards, he added a large drawing to the seven half-page ones (F 1452). Then there was a gap until early July, when he began working on five large drawings of Montmajour—what might be called the second Montmajour series.
Each of the five was drawn on Whatman paper dated 1879; each followed a three-part procedure. He began with a rapid pencil underlay, continued with pen and brown ink, and finished with touches in pen and black ink. Most of this was probably done *sur le motif*, but some study retouchings must have taken place. So it was with the present study of olive trees on a rocky slope, with a view across the Crau beyond. In several ways, it serves as a pendant to *Rock with Trees* (F 1447). Both have a similar system of signs, though in the Tournai sheet they are gentler and more discreet, the more so as there is no cross-hatching. In both, however, the trees are given loose, ragged edges, and the sky is left untouched, apart from a few cursorily suggested birds.
This drawing was exhibited (with six others) at the eighth exhibition of *Les XX* in Brussels in 1891, catalogued as *Provence, Verger d'Oliviers*. It was bought by the famous Belgian collector, Henri-Emile van Cutsem, one of the very first of Van Gogh's drawings to be sold. The Van Cutsem Collection contained works by Manet, Monet, Seurat, and Toulouse-Lautrec. After the collector's death, it was bequeathed to the City of Tournai. In 1912, Horta, the Art Nouveau architect, was commissioned to design a new museum which finally opened in 1928.
Until 1984, the Van Gogh drawing lay unrecognised outside Tournai, forgotten and unpublished. It was shown for the first time since 1891 with other works by Van Gogh in the exhibition *Van Gogh in Arles*, at the Metropolitan Museum, New York.

69 **Quay with Men Unloading Sand Barges**
August 1888
Pencil, reed and quill pens and black and brown ink
on Whatman paper
48×62.5 cm

Watermark: *J. Whatman Turkey Mill 1879*
F 1462 H 1556
Cooper-Hewitt, National Design Museum,
Smithsonian Institution, New York,
Gift of Miss Edith Wetmore

Two drawings from March-April 1888 showed Van Gogh tackling the motif of Le Grand Rhône as it flowed in a majestic curve through Arles (see cat. nos. 49 and 51). By contrast, his mid-June painting of the Trinquetaille Bridge (see cat. no. 59) gave the river a more human dimension, in the sense that it concentrated on two fairly recent man-made efforts to cope with the Rhône, the large embankment built in 1856 in an attempt to control the river's potentially catastrophic flooding, and the iron Trinquetaille Bridge itself, constructed in 1875 to ensure a permanent crossing of the river.

But undoubtedly the masterpiece of Van Gogh's drawings of the Rhône—and one of his greatest drawings—is this sheet from the Cooper-Hewitt Museum, New York. Van Gogh described the motif in a letter of mid-August 1888: "Just now I am writing on a study like this [sketch], of boats seen from the quay above, the two boats are pink tinged with violet, the water is bright green, no sky, a tricolour flag on the mast. A workman with a wheelbarrow is unloading sand. I also have a drawing of it" (LT 524).

It was the moment that Van Gogh was packing 36 canvases for Milliet to take to Theo: "I have added to this package a drawing of a picture which I am working on now—the boats with the man unloading sand" (LT 528).

This large drawing—equivalent to the five large ones of Montmajour (see cat. no. 68)—was therefore completed before the painting (F 449). They are too many differences between the two works for the drawing to be thought of as a preparatory study. In particular, the viewpoint, the time of day, note the differences in the angle of the shadows round the moored boats—and the effect of the mistral present in the painting, but not in the drawing—witness the flag. Additionally, there are differences between the boats, the workmen's figures and the fishermen. Finally, the drawing is more detailed in its *mise-en-page*: one can see buildings at the upper left as well as the Trinquetaille Bridge in the background. In short, the drawing was made independently, using the large format that Van Gogh chose when it was a question of making an important composition.

70 **The Stevedores in Arles**
November 1888
Oil on canvas
54×65 cm
F 438 H 1571
Museo Thyssen-Bornemisza, Madrid

Even before Van Gogh did the drawing (see cat. no. 69) and the *pochade* (F 449) of the two boats seen on the Rhône, he had written to Theo on July 31, 1888: "I saw a magnificent and strange effect this evening. A very big boat loaded with coal on the Rhône, moored to the quay. Seen from above it was all shining and wet with a shower; the water was yellowish-white and coloured pearl grey; the sky, lilac, with an orange streak in the west; the town, violet. On the boat some poor workmen in dirty blue and white came and went carrying the cargo on shore. It was pure Hokusai. It was too late to do it, but one day, when that coal boat comes back, I must give it a try. I saw it in a railway coalyard, a spot I have just found, and where there will be plenty of other things to do" (LT 516). Three weeks later, he wrote again: "I saw again today the same coal boat with the workmen unloading it that I told you about before, at the same place as the boats loaded with sand which I sent to you the drawing of. It would be a splendid subject" (LT 526).

But this "fameux motif" remained an idea until November, when Van Gogh painted *The Stevedores in Arles* as well as a larger version, a size 30 canvas (F 437). However, the two paintings showed important differences from the written descriptions of August. Both present the view at river level, not from above; and the workmen unload sand rather than coal. Opposite can be seen the *faubourg* of Trinquetaille, with a sunset effect.

Both paintings were surely executed in the studio of the Place Lamartine, from memory, "de chic," as Gauguin persuaded Van Gogh to work from the imagination. Yet each is independent of the other, in the prevailing weather above all, where mistral is present in one and not in the other—similar to the difference between the Cooper-Hewitt drawing and the *pochade* (see cat. no. 69). Each, in its own way, is topographically correct. There can be no question of one being copied from the other; and least of all of the Thyssen painting being a copy by another hand after the larger version. Its handling, its palette, its complete comprehension of the local topography, and even the flattening of parts of the impasto caused by rolling the canvas or packing it against another (something that can often be seen in his Arles paintings), all attest to its utter authenticity.

71 **The Baby Marcelle Roulin**
December 1888
Oil on canvas
34.3×23.5 cm
F 441a H 1640
Collection Louis et Evelyn Franck

Marcelle Roulin was born on July 31, 1888. Her father, Joseph-Etienne Roulin (1841-1903), an "entreposeur des postes" at the Arles railway station, became friendly with Van Gogh at this time, and also agreed to sit to him for two portraits (F 432, F 433). Some three weeks after the baby's birth, Van Gogh wrote to his sister Wil: "If I can get permission from the mother and the father, one of these days, I'll do a baby in its cradle. The father didn't want the child to be christened. He's a stout revolutionary. When the family pulled a face, probably because of the christening meal, he said that there would be a meal all the same, but that, as far as the christening was concerned, he

would christen the baby himself if need be; and he started up a horrible Marseillaise and called the child Marcelle 'like the daughter of good old Boulanger' to the great scandal of the little innocent's grandmother and the other members of the family" (W 6).
But other commitments, above all the preparations of the Yellow House for Gauguin's arrival and a concerted campaign of what he called "décoration," a series of paintings from sunflowers to views of Arles destined to hang in the Yellow House, prevented him from realising any portraits of the Baby Marcelle. In fact, he did not return to the notion until late November, some five weeks after Gauguin's arrival, when he began a series of portraits of the whole Roulin family. In this series of size 15 canvases, Van Gogh represented Marcelle with her mother. But it would appear that the smaller canvas that Van Gogh chose for a portrait of Marcelle alone was also done in December. Interestingly, Gauguin (who also painted a portrait of Mme. Roulin) made two sketches of the Baby Marcelle on a notebook page that can also be dated to December 1888. So, incredibly, Marcelle Roulin is the only baby to have been recorded for posterity by both Postimpressionist artists.
There are three versions of the portrait of Marcelle by Van Gogh. The first of these was for the Roulin family; this is the version now in the Socindec Collection. The second was for Theo and his wife Jo: this version is now in the Van Gogh Museum, Amsterdam. The third was probably for him, but eventually it found its way into the collection of a local artist-friend, Jules-Armand, and remained in Arles until the 1920s. It is now in the National Gallery of Art, Washington D.C.
When Van Gogh included the portrait of Marcelle Roulin in the batch of paintings he sent Theo from Arles in May 1889, it produced a warm and understanding response from Theo's wife, Jo, who was herself already two months pregnant. She wrote to Van Gogh: "Do you remember the portrait of the Roulin baby that you sent to Theo? Everybody admires it a lot and I've often been asked, 'But why did you put the portrait in that out-of-the-way corner?'—It's because from my place at table I have a good view of the child's big, blue eyes and pretty little hands and chubby cheeks and I like that ours will be as strong, as healthy and as beautiful as that one: and that his uncle will do his portrait too, one day!"
Van Gogh's notion of painting Marcelle in her cradle never actually materialised. In actual fact, the cord held by her mother in the sequence of five paintings called *La Berceuse* is that of Marcelle's cradle, the representation of which Van Gogh has left to our imagination.
Nor, despite Jo's wish, did Van Gogh ever paint her own baby, born Vincent Willem on January 31, 1890. Van Gogh wrote from Auvers-sur-Oise on June 4, 1890: "Well, I'm really looking forward to painting the portraits of you all in the open air; yours, Jo's and the little one's" (LT 638). Such a family portrait was never realised. Only with Roulin and his family did Van Gogh accomplish his wish. And his portrait of the Baby Marcelle rests as a testimony to his essential honesty as an artist. He skilfully avoids excessive flattery and over-sweet sentimentality on the one hand; an exaggerated and even unkind realism on the other. Such are the extreme pitfalls that beset any artist painting a portrait of a baby.

72 **Portrait of Camille Roulin**
December 1888
Oil on canvas
63.5×54 cm
F 665 H 1879
Museu de Arte de São Paulo, Assis Chateaubriand, Brazil

In early December 1888, Van Gogh announced to Theo: "I have made portraits of *a whole family*, that of the postman whose head I had done previously—the man, his wife, the baby, the little boy, and soon the sixteen [*sic*], all characters are very French, though the first has the look of a Russian. Size 15 canvas. You know how I feel about this, how I feel in my element, and that it consoles me up to a certain point for not being a doctor. I hope to get on with this and to be able to get more careful posing, paid for by the portraits. And if I manage to do this *whole family* better still, at least I shall have done something to my liking and something individual" (LT 560).
In this portrait of Roulin's younger son, Camille (1877-1922), the head-and-shoulders convention and one-colour background are broken. By introducing his armchair into the composition, Van Gogh was able to set up a casually seated pose with the 11-year-old Camille displaying prominently his right hand. And Van Gogh complicated the background by introducing separate bands of red and orange that prefigure the famous *Self-Portrait with Bandaged Ear and Pipe* of January 1889 (F 529). The handling, too, differs notably from that in the portraits of the boy's father and brother. Instead of a controlled, thin, and almost stained quality, with only occasional touches of impasto, the brush's passage is more urgent and cruder, as if dictated by the sitter's potential restlessness. This more brutal style also characterises *Madeleine Roulin with Baby* (F 491).

73 **Still Life with Herrings**
January 1889
Oil on canvas
33×41 cm
F 510 H 1661
Private Collection

Following his self-mutilation, Van Gogh was hospitalised from December 24, 1888 to January 7, 1889. Once back in the Yellow House, he resolved to start painting without delay, beginning by "doing one or two still lifes so as to get back into the habit of painting" (LT 569). One of these was almost certainly this still life of two herrings lying on paper, on a plate placed on the rush seat of his chair. Its modest scale, simple *mise-en-page*, and restricted palette (with a hint of complementary pair of yellow and violet), all suggest this.
On March 23, 1889, Signac visited Van Gogh at the hospital, where he had been in solitary confinement for a month, the Yellow House having been locked by the police. Signac persuaded the police to allow the two artists to enter the Yellow House. As a token of thanks, Van Gogh gave Signac this still life, "which... annoyed the good gendarmes of the town of

Arles, because it represented two smoked herrings, and as you know, they, the gendarmes, are called that" (LT 581). Van Gogh also reminded Theo that he had painted still lifes of herrings "two or three times in Paris [F 283, F 285], and exchanged one of them for a carpet."

74 **Meadows, Arles**
April 1889
Oil on canvas
59.5×70 cm
F 575 H 1422
Collection Louis et Evelyn Franck

Following Signac's visit on March 23-24, 1889 (see cat. no. 73), Van Gogh was able to return to the Yellow House to resume his painting. Unfortunately, by the end of March, the spring blossom in the orchards, the subject of some 14 paintings in 1888, was already fading. But Van Gogh managed to produce four paintings of orchards, two of which he drew in his letter to Signac (see cat. no. 75). However, he found other motifs, including that of the Franck painting. This is clearly a spring scene: a field of yellow and white flowers, buttercups and large daisies, with irises growing by the ditches, and lines of willow trees. All this is familiar from the painting of May 1888 (see cat. no. 52)—without, however, the identifiable architectural features in the background. The season is also confirmed by the very typical weather effect—a storm is threatening from the "vent marin," the wind coming from the Mediterranean in a south-easterly direction. Locals speak of such effects: "It's March weather," effects that spill over into April. Van Gogh, ever alert and sensitive to varying weather conditions, has convincingly captured that effect.
If the wind comes from the south-east, then we are looking north, or north-west. This is confirmed by the smoke blowing from the distant chimney belonging to a small factory near the Trinquetaille Bridge. It therefore helps to establish the motif's location, more to the west of the meadow shown in the May 1888 painting (see cat. no. 52), but clearly a continuation of the same kind of terrain.
None of these spring paintings of 1889 was sufficiently dry to send to Theo before Van Gogh left Arles on May 8. He therefore returned to Arles in early July, took the paintings to Saint-Rémy, and among the list of six from Arles was *Prairies, Arles*. It was then sent to Theo in Paris.
The presence in this exhibition of the two paintings of meadows to the south of Arles, one of May 1888 (see cat. no. 52) and the Franck painting of April 1889, enables one to compare them both topographically and stylistically.

75 **Letter from Van Gogh to Paul Signac**
April 10, 1889
Pen and brown ink
21×27 cm
LT 583b
Private Collection

Van Gogh met Paul Signac (1863-1935) in Paris in 1887. The two artists painted at Asnières in April-May 1887. When, in March 1889, Theo learned that Signac was travelling to Cassis, a small Mediterranean port, to paint, he asked him to call on his brother in Arles. Signac did so on March 23-24. He took Van Gogh from the hospital to the Yellow House, where he was given a still life of herrings (see cat. no. 73). Signac sent a postcard from Cassis, dated April 8, 1889. Van Gogh replied with the present letter about April 10 (the date "Mars 1889" is not in Van Gogh's hand). Signac replied on Friday (April 12), this time by letter (LT 584a). Van Gogh did not answer, and exchange of letters ceased.

The translation of the letter reads thus:

My dear friend Signac,
Many thanks for your postcard and the information it contained. As to my brother's not having replied to your letter, I am inclined to think that it is hardly his fault. I myself have not heard from him for a fortnight. The fact is that he is in Holland, where he is getting married one of these days.
Well, look here, without denying the least bit in the world the advantages of marriage, once it has been contracted, and of being quietly settled down in one's own home, when I think of the obsequial pomp of the reception and the lamentable congratulations on the part of the two families (still in a state of civilisation), not to mention the fortuitous appearances in those chemist's jars where the antediluvian civil and religious magistrates are kept—goodness gracious—mustn't one pity the poor wretch who is obliged, after having provided himself with the necessary documents, to repair to a locality, where, with a ferocity unequalled by the cruelest cannibals, he is married alive at a slow-fire reception and the aforesaid funeral pomp.
I remain greatly obliged to you for your friendly and beneficial visit, which contributed considerably to raising of my spirits.
At present I am well, and I work at the sanatorium and its environs. I have just come back with two studies of orchards. Here is a crude sketch of them—the big one is a poor landscape with little cottages, blue skyline of the Alpine foothills, sky white and blue. The foreground, patches of land surrounded by cane hedges, where small peach trees are in bloom—everything is small *there, the gardens, the fields, the orchards, and the trees, even the mountains, as in certain Japanese landscapes, which is the reason why the subject attracted me.*
The other landscape is nearly all green with a little lilac and grey—on a rainy day.
I was very pleased to hear that you have settled down now, and I am longing for news about progress of your work and about the character of the seaside scenery there.
Since your visit my head has just about returned to its normal state, and for the time being I desire nothing better than that this will last. Above all it will depend on a very sober way of living.
I intend to stay here for the next few months at least; I have rented an apartment consisting of two very small rooms.
But at times it is not easy for me to take up living again, for there remain inner seizures of despair of a pretty large calibre. My God, those anxieties—who can live in the modern world without catching his share of them? The best consolation, if not

the best remedy, is to be found in deep friendships, even though they have the disadvantage of anchoring us more firmly in life than would seem desirable in the days of our great sufferings. Once more many thanks for your visit, which gave me so much pleasure. A hearty handshake in thought,

Yours sincerely, Vincent.

Address until the end of April:
Place Lamartine 2, Arles.

March 1889 [Not in Van Gogh's hand]

76 **Flowering Shrubs**
May 1889
Watercolour on paper
61×47 cm
F 1526 H 1707
Private Collection

"Since I have been here, the deserted garden, planted with large pines beneath which the grass grows tall and unkempt and mixed with various weeds, has supplied for my work, and I have not yet gone outside [the asylum grounds]," Van Gogh wrote on May 22, 1889, two weeks after his arrival at the asylum of Saint-Paul-de-Mausole in Saint-Rémy.
This garden—or park, as he tended to call it later—became a continuous motif for his work throughout his year's stay in the asylum. It was here that he was given a room overlooking the garden that became his studio, quite separate from his bedroom which was in another wing that overlooked a field with an enclosing wall and the Alpilles beyond. He spent his first month working in this garden, producing four size 30 canvases, including *Irises*, as well as 11 large drawings.
The present drawing is one of two (the other is F 1527) in which Van Gogh creates an all-over pattern or screen of flowering shrubs seen in close-up. Vibrant and expressive strokes enliven the surface. The pair act as a sharp contrast to other drawings where the garden is seen in more spacious terms (see cat. no. 77).

77 **The Garden of the Asylum**
May 1889
Watercolour on paper
46.5×61.5 cm
F 1536 H 1712
Private Collection

The asylum garden was divided into three areas, separated by low stone walls with stone steps to allow inmates to walk through the garden. The first level, immediately adjacent to the building, contained a fountain, stone seats, terraced path and flowering bushes. The second level was dominated by pines, which continued into the third level where nature was allowed to run relatively wild. The present watercolour shows the three levels, with the stepped path, as seen not far from the entrance to the men's building. This spacious view makes a piquant contrast to the watercolour of the flowering shrub seen in close-up (see cat. no. 76).

78 **Olive Orchard**
September (?) 1889
Oil on canvas
53.5×64.5 cm
F 711 H 1791
Private Collection, Switzerland

During his stay in Arles, Van Gogh rarely painted or drew olive trees. One reason was the relative absence of olive orchards compared to the many orchards of fruit whose blossom he had painted obsessively. Olive trees can be seen in the drawing of Montmajour (see cat. no. 68). Towards the end of this stay in Arles, in late 1889, he wrote to Theo: "The rustle of an olive grove has something very secret in it, and immensely old. It is too beautiful for us to dare to paint it or to be able to imagine it" (LT 587).
In Saint-Rémy, however, he could walk out of the asylum grounds directly into olive orchards. It is hardly surprising therefore that between June and December 1889 he produced at least 15 paintings of olive orchards. There is still scholarly disagreement about the date and function of some of these paintings. This is highlighted in the present version. It has been said to be a reduced version of the painting in the Kröller-Müller Museum (F 585), done specifically for his mother and his sister Wil. But its composition differs too much for this hypothesis to be sustainable. Its date is also open to discussion. Is it a September olive orchard or one of the late November-early December?
That Van Gogh himself was acutely aware of changes in the appearance of the olive trees as the seasons changed is made clear in one of his first prose passages. This occurs in a letter to the Dutch artist and art critic J. J. Isaäcson, written in the early days of Van Gogh's stay in Auvers, when he looks back retrospectively at what he felt he had achieved in Saint-Rémy (LT 614a): "In the South, I have tried to paint some olive groves. You surely know the existing pictures of olive trees. It seems probable to me that there are such in Monet's and Renoir's work. But apart from this, I have not seen anything of the work I suppose to exist—apart from this, not much has been made of olive trees. Well, probably the day is not far off when they will paint olive trees in all kinds of ways, just as they paint the Dutch willows and pollard willows, just as they have painted the Norman apple tree ever since Daubigny and César de Cock. The effect of daylight, of the sky, makes it possible to extract an infinity of subjects from the olive tree. Now, I on my part sought contrasting effects in the foliage, changing with the hues of the sky. At times the whole is a pure all-overpervading blue, namely when the tree bears its pale flowers, and big blue flies, emerald rose beetles and cicadas in great numbers are hovering around it. Then, as the bronzed leaves are getting riper in tone, the sky is brilliant and radiant with green and orange, or, more often even, in autumn, when the

leaves acquire something of the violet tinges of the ripe fig, the violet effect will manifest itself vividly through the contrasts, with the large sun taking on a white tint within a halo of clear and pale citron yellow. At times, after a shower, I have also seen the whole sky coloured pink and bright orange, which gave an exquisite value and colouring to the silvery grey-green. And in the midst of that there were women, likewise pink, gathering fruits."

79 **Park of the Asylum**
October 1889
Oil on canvas
65×49 cm
F 640 H 1800
Private Collection

Van Gogh's autumn views of the asylum garden differ from his early summer views (see cat. nos. 76, 77). The first series, mostly done in May and early June 1889, is dominated by drawings and watercolours. Three of the four size 30 canvases are close-up of irises, lilacs, and pine trees; only one (F 734) includes a part of the men's wing. By contrast, the autumn series is dominated by paintings. The façade of the men's wing appears in most of them, and the pine trees become a significant and recurring motif. The change is also reflected in Van Gogh's letters: those of May-June called this area "garden"; those from October 1889 onwards refer to it as "park," turning his back on the men's building. Thus, in the present canvas, the trunks of two pine trees, with a cypress between them, dominate the composition. Like several of the May drawings and watercolours, the image conveys something of the unkempt nature of the upper level of the "park." The stone steps and adjoining low stone wall are already familiar from the May watercolour (see cat. no. 77). Beyond them is the enclosing wall of the asylum. The snake-like pine trunk at right bears witness to the power of the mistral. (Later, in the 1940s, many of these pine trees were blown down by a particularly violent mistral.) A closely related painting exists in which Van Gogh diagonalises the view (F 731).

80 **Stone Bench and Fountain in the Asylum Garden**
October-November 1889
Oil on canvas
39.5×47.5 cm
F 732 H 1842
Museu de Arte de São Paulo, Assis Chateaubriand, Brazil

This small canvas, dating from the autumn of 1889, shows a motif taken from the first level of the "park," with the round fountain seen towards the upper left of the composition. This same fountain dominated one of Van Gogh's best known drawings from Saint-Rémy (F 1531). In that drawing he used the fountain as the dominant foreground feature, but allowed the view to open up by including a part of the façade of the men's wing together with a deep view of the "park." By contrast, he shuts out distant views and excludes the façade in this small painting. He compresses the view, excluding the sky and concentrating on a close-up of pine trees, stone benches, as well as the round fountain. It is a compositional gambit that he had imbibed from Japanese prints and from certain Impressionist artists such as Degas.

81 **A Path at Saint-Rémy**
December 1889
Oil on canvas
32.2×40.5 cm
F 728 H 1875
Kasama Nichido Museum of Art, Japan

Already in May 1889, soon after his arrival at the asylum, Van Gogh wrote: "The country round Saint-Rémy is very beautiful" (LT 592), adding that he hoped to paint it. From early June, he began exploring it—always accompanied, of course, and never too far from the asylum—discovering the Alpilles, the characteristic *mas* in the hills, the cypresses and pines and the olive trees. This small painting depicts such a slice of the Saint-Rémy landscape, with olive trees at left, a path leading to a *mas*, and the Alpilles in the background. The motif, in fact, can be located just outside the asylum.

82 **The Spinner, after Millet**
September 1889
Oil on canvas
40×25.5 cm
F 696 H 1786
Sara and Moshe Mayer Collection

Van Gogh began his artistic career by copying—among others—works of J.-F. Millet (1814–75), and he never wavered in his profound admiration for the French painter of peasants. In Saint-Rémy, that admiration was tangibly expressed in the 21 painted copies after Millet that Van Gogh made from September 1889 onwards. They were done for several reasons, as he explained in a letter of September 19 to Theo: "I can assure you that making copies interests me enormously, and it means that I shall not lose sight of the figure, even though I have no models at the moment. Besides, this will make a studio decoration for me or someone else" (LT 607). He compares a painter making copies to a musician interpreting Beethoven. And he continues: "I am ill at present; I am trying to do something to console myself, for my own pleasure. I let the black and white by Delacroix and Millet or something made after their work pose for me as a subject. And then I improvise colour on it, not, you understand, altogether myself, but searching for memories of *their* pictures—but the memory, 'the vague consonance of colours which are at least right in feeling'—that is my own interpretation. Many people do not copy, many others do—I started on it accidentally, and I find that it teaches me things, and above all it sometimes gives me consolation. And then my brush goes between my fingers as a bow would on the violin, and absolutely for my own pleasure."

The Spinner was painted after the tenth and last of Lavieille's etchings after Millet's *Les Travaux des champs*. In fact, Van Gogh copied all ten of them, inventing his own colour schemes, and always working on small canvases. In his painted interpretation of *The Spinner*, Van Gogh made the spinner's face clearly visible, and he plays unassertively on the red-green complementaries from floor to shadows of chair and spinning-wheel to the green in the background.

83 **Two Diggers**
March-April 1890
Oil on canvas
32×40.5 cm
F 694 H 1922
Private Collection

Van Gogh suffered his fourth and most severe and long-lasting "attack" in the asylum of Saint-Rémy on February 22, 1890: it lasted until the end of April. During those two months, he never wrote to Theo. When at last he did write on April 29 (LT 629), he explained: "While I was ill I nevertheless did some little canvases from memory… Memories of the North." In all, he made five paintings, all of them recollections of Holland, more specifically of Nuenen, where images of thatched cottages and peasants digging had preoccupied him. Three of the five paintings are of thatched cottages (F 673-F 675), and two of peasants at work (F 694, F 695). One of the latter is the present painting. Not only did Van Gogh paint "from memory" during his long illness, he also made drawings. The poses of the two digging peasants are clearly based on figures that he drew on two sheets (F 1649 and F 1602v). This composition has sometimes been entitled "after Millet." But there is no direct source in Millet's œuvre. Rather Van Gogh has worked in the spirit of Millet.

84 **L'Arlésienne: Portrait of Mme. Ginoux**
Early 1890
Oil on canvas
65×54.5 cm
F 542 H 1894
Museu de Arte de São Paulo, Assis Chateaubriand, Brazil

Van Gogh based this portrait on a drawing by Gauguin of Mme. Marie Ginoux which was done in November 1888 and left behind in Arles after Gauguin's departure. It is one of four surviving copies (the others are F 540, F 541 and F 543) that were painted in Saint-Rémy, almost certainly in January-February 1890. During that period, Van Gogh made one brief reference to the portrait. Writing to his sister Wil about February 20, he told her he was working on "a portrait of an Arlésienne, in which I am after another expression than that of the Parisiennes" (W 20). And four months later, writing from Auvers, he told her that Theo and Jo had a "new portrait" of the Arlésienne (F 543) in their apartment. He made a sketch of it in his letter (W 22).

The São Paulo version, almost certainly the first of the group, shows Mme. Ginoux at her most serious; in the others there is the suggestion of a smile. And it is the closest (1890) to Gauguin's drawing. Van Gogh wrote enthusiastically to Gauguin in mid-June: "It gives me enormous pleasure when you say the Arlésienne portrait, which was based on your drawing, is to your liking. I tried to be religiously faithful to your drawing, while nevertheless taking the liberty of interpreting through the medium of colour the sober character and the style of the drawing in question. It is a synthesis of the Arlésiennes, if you like; as syntheses of the Arlésiennes are rare, take this as a work belonging to you and me as the summary of work together" (LT 643).

The two books on the table before Mme. Ginoux are, in French translation, Harriet Beecher Stowe's *Uncle Tom's Cabin* and Charles Dickens's *Christmas Books*. They had long been familiar to Van Gogh. Just before leaving Arles he had told Wil, in a letter of April 30, 1889: "I have reread 'Uncle's Tom Cabin' by Beecher Stowe with *extreme attention*, for the very reason that it is a book written by a woman, written, as she tells us, while she was making soup for the children—and after that, also with extreme attention, Charles Dickens's 'Christmas Tales' [*sic*]" (W 11). Both books were seen by Van Gogh as humanitarian, caring, and sympathetic. He included them in *L'Arlésienne* as magical talismans for the restoration of the health of Mme. Ginoux, who was suffering from a difficult menopause. Marie Ginoux (1848-1911) was twice painted by Van Gogh in Arles (F 488, F 489). She and her husband Joseph Michel Ginoux (1836-1902), whose portrait Van Gogh also painted (F 533), ran the Café de la Gare in the Place Lamartine. Van Gogh stayed there during the summer of 1888, painted *The Night Café* (F 463), and stored his furniture there when he left for Saint-Rémy. On his visits to Arles from the asylum, he always tried to meet them; and exchanged letters.

85 **Portrait of Dr. Gachet: L'Homme à la pipe**
June 1890
Etching on laid paper
18×15 cm
Dated in the plate, upper right: *25 Mai 90*
F 1664 H 2028 HP 10-28
Collection Fondation Pierre Gianadda, Martigny

Dr. Paul Ferdinand Gachet (1828-1909) was a homoeopathic doctor, painter and printmaker, patron of artists, eccentric, who, at Pissarro's request, undertook to keep a medical eye on Van Gogh during his sojourn at Auvers. Gachet had lived in Auvers since 1872 in a house that was familiar to Cézanne, Pissarro and Guillaumin, and that would be a hospitable retreat for Van Gogh.

It is known that Van Gogh was working on a portrait of Dr. Gachet in early June 1890 (F 753), since it is described in a letter (LT 638). A second version also exists (F 754; Musée d'Orsay). By contrast, this etched portrait was not cited in a letter. All that is certain is that about the middle of June, Van Gogh sent proofs of the etching to Theo in Paris and to Gauguin in Brittany (LT 642, LT 643). In his response of June 23, Theo called it "a real painter's etching." Certainly, it does not show the conventional etcher's approach, and is quite different from any of Gachet's own etchings. It is much more akin to one of Van Gogh's own drawings: compare, for example, the treatment of the garden elements in the background.

According to the much later (1928) memoir of Gachet's son, the etching was made on Sunday May 25 (Pentecost). Yet Van Gogh made no mention of it, nor was it shown to Theo when he visited Auvers on Sunday June 8. Doubts have been expressed about the inscribed date (and differences, too, about its reading), and assertions made that it is in Gachet's hand. Yet again this hesitant manner surely bespeaks the first attempt of an initiate to cope with a reversed inscription. Since there is no mention of the etching before mid-June, it seems wholly possible that the plate was etched on Sunday May 25 but proofs were not taken until Sunday June 15, when the inscription was added. Immediately afterwards, Van Gogh sent proofs to Theo and Gauguin.

More than 60 impressions have been traced by Van Heugten and Pabst. They have divided these into four groups: (i) 14 pulled by Gachet and Van Gogh; (ii) 6 pulled by Gachet alone or possibly still with Van Gogh; (iii) 13 pulled by Gachet alone; (iv) 28 pulled by Gachet *fils* and/or Eugène Delâtre. The impression in the collection of the Fondation Pierre Gianadda belongs to the third group. Various experiments were made in using different colours for the printing. This is one of several printed in red (see HP 7, 15, 23, 61).

86 **The Oise at Auvers**

June 1890
Pencil, brush and gouache on pink Ingres paper
47.8×62.8 cm
Watermark: *AL* (in oval) *PL Bas*
F 1639 H 2023
Tate Gallery, London,
Bequest of C. Frank Stoop, 1933

Views of River Oise at Auvers figured prominently in the work of Charles François Daubigny (1817–78), whereas landscapes of the village itself and its environs were only produced occasionally. The opposite is true of Van Gogh. The Oise figures in only one painting (F 798) and two small drawings (F 1627 and F 1629). But the only extensive view of the river is to be found in the Tate Gallery's gouache.

"Here one is far enough from Paris for it to be the real country," Van Gogh wrote to Theo on May 25, "but nevertheless how changed it is since Daubigny. But not changed in an unpleasant way; there are many cottages and various modern middle-class dwellings very radiant and sunny and covered with flowers. This in an almost lush country, just at the moment when a new society is developing in the old, is not at all unpleasing; there is so much well-being in the air. I see, or think I see, in it a quiet like a Puvis de Chavannes, no factories, but lovely, well-kept greenery in abundance" (LT 637). In fact, the Tate gouache combines old and new, peasants at work, cattle in the fields, poplars by the river; an idyll of the "real country." But there are modern intrusions. The suspension bridge over the Oise had only recently been inaugurated, on December 22, 1889; and beyond it is a large factory chimney, reminiscent of some of Pissarro's views of Pontoise of 1872–3. In these contrasts of old and new, agrarian and industrial, true country and encroaching modern advances, Van Gogh presents an unusual aspect of the Oise and one that would have surprised Daubigny.

87 **Farmhouse in a Field**

June 1890
Black and white chalks, blue pastel, reed pen and ink on faded blue-grey laid paper
47.3×62.2 cm
Watermark: *MBM*
F 1642 H 1994
The Art Institute, Chicago,
Bequest of Kate L. Brewster

Some ten of Van Gogh's drawings from Auvers illustrate the labours of the field. Perhaps the most ambitious is this large drawing from Chicago. Compositionally, it is akin to the *Farm of Père Eloi* (F 1653) with the peasant at work in the field and a cluster of farm buildings in the background. But more than any other of the drawings of the labours of the field, the Chicago sheet is realised in a great variety of media and contrasting textures, and is more worked all over, including the sky. It is also the most extensively dotted of the late drawings; and its organic rhythms, such as the jigsaw shapes in the immediate foreground, and its use of a decorative graphic shorthand also give it a highly individual character.

88 **Vase with Flowers and Thistles**

June 1890
Oil on canvas
41×34 cm
F 599 H 2044
Private Collection

In a letter of June 17, 1890, Van Gogh told Theo he was working on "a bunch of wild plants, thistles, ears of wheat, and sprays of different kinds of leaves—the one almost red, the other bright green, the third turning yellow" (LT 642). The work he described was in fact painted on a red-striped linen towel, not on normal canvas (F 763). The present still life shares the same rounded table-top and the same vase. Although it was not mentioned in Van Gogh's letters, it must have been painted at the same period in June 1890 as the documented still life. Although Van Gogh told Theo that at

Dr. Gachet's house "there is always something for arranging flowers in or for still life" (LT 638), he actually produced few still lifes during his ten weeks in Auvers.

89 **Farms Near Auvers**
July 1890
Oil on canvas
50.2×100.3 cm
F 793 H 2114
Tate Gallery, London,
Bequest of C. Frank Stoop, 1933

"Auvers is very beautiful, among other things a lot of old thatched roofs, which are getting rare... really it is profoundly beautiful, it is real country, characteristic and picturesque," Van Gogh wrote on his arrival in Auvers (LT 635). Thatched cottages inevitably appeared in his œuvre. But never so extensively as here. The motif was taken from a series of farm buildings at the western extremity of the village, in Valhermeil, where most of the surviving thatched cottages were to be found. This was the furthest west—the nearest to Pontoise—that Van Gogh worked. Today the motif is virtually unrecognisable.

In the background, a patchwork of rising fields, "delicate yellow, delicate soft green," is topped by a line of hills that was probably added at a late stage. Certainly, the green-black trees were added last. The four large sunflowers at the lower left suggest contrived studio additions.

Indeed, it is more than likely that the entire composition was evolved in the studio. Some of the cottages can be seen in a small painting (F 806; Van Gogh Museum), which is an independently observed study and not a preparation for the Tate painting.

The format of the Tate painting—a double square, 50×100 cm—was one that Van Gogh chose for a dozen compositions that reflected many varying aspects of Auvers; and which were surely intended as a "décoration," a suite of paintings that would have its own *raison d'être.*

90 **Women Crossing in the Fields**
July 1890
Oil on laid paper, mounted on canvas
32×64 cm
F 819 H 2112
Courtesy of the McNay Art Museum, San Antonio,
Bequest of Marion Koogler McNay

In a letter to Theo of late June 1890, Van Gogh discoursed on the contrast between art and nature, and between a painting by Puvis de Chavannes and a walk in the country. "In clothes you see combinations of very pretty light colours; if you could make the people you see walking past pose and do their portraits, it would be as pretty as any period whatever in the past, and I even think that often in nature there is actually all the grace of a picture by Puvis, *Between Art and Nature.* For instance, yesterday I saw two figures: the mother in a gown of deep carmine, the daughter in pale pink with a yellow hat without any ornament, very healthy country faces, browned by fresh air, burned by the sun; the mother especially had a very red face and black hair and two diamonds in her ears" (LT 645).

In a sense, this jewel-like frieze is Van Gogh's answer to Puvis de Chavannes's *Inter artes et naturam.* This large decoration, destined for the museum at Rouen, haunted his imagination from the moment he saw it exhibited in Paris just before he left for Auvers. He called it "a superb picture" in a letter to his sister Wil on June 4, 1890: "The figures of the persons are dressed in bright colours, and one cannot tell whether they are costumes of today or, on the other hand, clothing of antiquity" (W 22).

In his own composition, Van Gogh combines Auvers scenery, with flowering potato plants and green wheat, and two women in modern clothes of "pretty light colours."

But he generalises the landscape forms and simplifies the modelling of the two figures, enclosing the nearer one in a single planar contour reminiscent of Gauguin and Bernard. He has also changed the colours of the clothes from those he observed in nature: the nearer of the two women wears a dress of identical colours, orange spots on blue, to that of the figure in *Peasant Woman with Straw Hat* (F 774).

Bibliographie sélective
Selected Bibliography

La littérature et les expositions consacrées à Van Gogh sont devenues innombrables. Les références sélectionnées ici ont été celles utilisées pour ce catalogue ou sont relatives aux œuvres exposées.

The literature and exhibitions on Van Gogh have reached enormous proportions. References to both here are confined to those publications that have been useful or relevant to the works exhibited.

Catalogues raisonnés

F Faille J.-B. de la, *The Works of Vincent van Gogh: His Paintings and Drawings*, New York, 1970

H Hulsker, J., *The Complete Van Gogh: Paintings, Drawings, Sketches*, Oxford and New York, 1980

HP Heugten, Sjraar van, and Pabst, Fieke, *The Graphic Work of Vincent van Gogh*, Cahier Vincent, no. 6, Zwolle, 1995

Heugten, Sjraar van, *Vincent van Gogh, Drawings*, Vol. 1: *The Early Years 1880-1883*, Amsterdam, Van Gogh Museum, 1996

Heugten, Sjraar van, *Vincent van Gogh, Drawings*, Vol. 2: *The Nuenen Years 1883-1885*, Amsterdam, Van Gogh Museum, 1997

Tilborgh, Louis van, and Vellekoop, Marije, *Vincent van Gogh, Paintings*, Vol. 1: *The Dutch Period 1881-1885*, Amsterdam, Van Gogh Museum, 1999

Lettres
Letters

Lettres de Vincent van Gogh à Emile Bernard, éditées par Emile Bernard, Paris, 1911, Editions Ambroise Vollard

The Complete Letters of Vincent van Gogh, 3 vol., introduction by V. W. van Gogh, preface and Memoir by Johanna van Gogh-Bonger, London and New York, 1958

Correspondance complète de Vincent van Gogh, 3 vol., traduction de M. Beerblock et L. Reelandt, introduction et notes de Georges Charensol, Paris, 1960

Abréviations utilisées / *Abbreviations used*

LT: Lettre à Théo / *Letter to Theo*
W: Lettre à sa sœur Wil / *Letter to his sister Wil*
R: Lettre à Anton van Rappard / *Letter to Anton van Rappard*
B: Lettre à Emile Bernard / *Letter to Emile Bernard*
T: Lettre de Théo à Vincent / *Letter from Theo to Vincent*

Letters of Vincent van Gogh, 1886-1890: A Facsimile Edition, preface by Jean Leymarie, introduction by V. W. van Gogh, London, 1977

Karagheusian, Artemis, *Vincent van Gogh's Letters Written in French: Differences between the Printed Versions and the Manuscripts*, New York, 1984

Crimpen, Han van, *Brief Happiness, The Correspondence of Theo van Gogh to Jo Bonger*, Amsterdam, Van Gogh Museum, 1999

Etudes biographiques et stylistiques
Stylistic and biographical studies

Brouwer, Ton de, *Van Gogh en Nuenen*, Venlo, 1984
Cachin, Françoise, *Paul Signac*, Paris, 1971
Coquiot, Gustave, *Vincent van Gogh*, Paris, 1923
Distel, Anne, *Un ami de Cézanne et Van Gogh: le Dr Gachet*, Paris, 1999
Dorn, Roland, *Decoration, Vincent van Gogh Werkreihe für das Gelbe Haus in Arles*, Zurich and New York, 1990
Dorn, Roland, *et al.*, *Vincent van Gogh and the Modern Movement 1890-1914*, Essen, Amsterdam, 1990-1991

Dorn, Roland, *et al.*, *Van Gogh und die Haager Schule*, Vienna, 1996
Fénéon, Félix, *Œuvres plus que complètes*, 2 vol., Paris et Genève, 1970
Feilchenfeldt, Walter, *Vincent van Gogh and Paul Cassirer, Berlin, The reception of Van Gogh in Germany from 1901 to 1914*, Cahier Vincent, no. 2, Zwolle, 1988
Heenk, Elisabeth Nicoline, *Vincent van Gogh's Drawings. An analysis of their production and uses*, thesis, London, Courtauld Institute, 1995
Herbert, Robert L., *Impressionism: Art, Leisure and Parisian Society*, London, 1998
Hulsker, Jan, "What Theo really thought of Vincent," *Vincent*, Vol. III, no. 2, 1974, pp. 2-28
Kahn, Gustave, "Peinture: Exposition des Indépendants," *La Revue indépendante*, vol. VIII, n° 18, avril 1888, pp. 160-164
Leighton, John, and Thomson, Richard, *Seurat and the Bathers*, National Gallery, London, 1997
Leprohon, Pierre, *Vincent van Gogh*, Cannes, 1972
Leymarie, Jean, *Vincent van Gogh*, Genève, 1977
Orton, Fred, "Vincent's Interest in Japanese Prints: Vincent van Gogh in Paris, 1886-87," *Vincent*, Vol. I, no. 3, 1971, pp. 2-12
Pickvance, Ronald, "The new De La Faille," *The Burlington Magazine*, Vol. 115, 1973, pp. 174-180
Pickvance, Ronald, *English Influences on Vincent van Gogh*, Nottingham, 1974
Pickvance, Ronald, *Van Gogh in Arles*, New York, The Metropolitan Museum of Art, 1984
Pickvance, Ronald, *Van Gogh in Saint-Rémy and Auvers*, New York, The Metropolitan Museum of Art, 1986-1987
Pickvance, Ronald, *Van Gogh et Arles, exposition du centenaire*, Arles, 1989
Pickvance, Ronald, *A Great Artist is Dead: Letters of Condolence on the Death of Vincent van Gogh*, Cahier Vincent, no. 4, Zwolle, 1992
Rewald, John, "Theo van Gogh, Goupil and the Impressionists," *Gazette des Beaux-Arts*, vol. LXXXI, janv.-fév. 1973, pp. 1-108; reprinted *in*: *Studies in Post-Impressionism*, London, 1986, pp. 7-115
Rewald, John, *Histoire de l'Impressionnisme*, Paris, 1986
Rewald, John, *Le Post-Impressionnisme: de Van Gogh à Gauguin*, Paris, 1961
Roskill, Mark, *Van Gogh, Gauguin and the Impressionist Circle*, New York and London, 1970
Roskill, Mark, "Van Gogh's 'Blue cart' and his creative process," *Oud Holland*, 81, 1966, pp. 3-19
Roskill, Mark, "Van Gogh's Exchange of Work with Emile Bernard in 1888," *Oud Holland*, 86, 1971, pp. 142-179
Tellegen, Annet, "Vincent en Gauguin," *Museum Journal*, Vol. XI, no. 1-2, 1966, pp. 42-44
Thomson, Richard, "Van Gogh in Paris, The fortifications drawings of 1887," *Jong Holland*, Vol. 3, no. 3, 1987, pp. 14-25
Tilborgh, Louis van, *Van Gogh & Millet*, Amsterdam, Van Gogh Museum, 1988-1989
Tralbaut, Marc-Edo, *Van Gogh, le mal aimé*, Lausanne, 1969
Uitert, Evert van, Tilborgh, Louis van, Heugten, Sjraar van, *Vincent van Gogh, Paintings*, Amsterdam, 1990
Van der Wolk, Johannes, *De Schetsboeken van Vincent van Gogh*, Amsterdam, 1986
Van der Wolk, Johannes, Pickvance, Ronald, Pey, E. B. F., *Vincent van Gogh: Drawings*, Otterlo, 1990
Visser, W. J. A., "Vincent van Gogh en 's Gravenhage," *in*: *Geschiedkundige Vereniging die Haghe, Jaarboek*, 1973, pp. 1-125
Welsh-Ovcharov, Bogomila, *The Early Works of Charles Angrand and his Contact with Van Gogh*, Utrecht & The Hague, 1971
Welsh-Ovcharov, Bogomila, *Vincent van Gogh and the Birth of Cloisonism*, Toronto and Amsterdam, 1981
Welsh-Ovcharov, Bogomila, *Van Gogh à Paris*, Paris, Musée d'Orsay, 1988
Zemel, Carol, *The Formation of a Legend, Van Gogh Criticism, 1890-1920*, Ann Arbor, 1980

Asnières-sur-Seine:

Barron, Louis, *Les Environs de Paris*, Paris, 1886
Fournel, Victor, "Etablissements de plaisirs," ch. VII, *in*: *Paris dans sa splendeur*, Paris, 1861
Joanne, Adolphe, *Les Environs de Paris illustrés*, Paris, 1856
Labédollière, Emile de, *Histoire des Environs du Nouveau Paris*, Paris, 1861
Périer, Edmé, *Notes sur la Ville d'Asnières*, Asnières, 1890

Nous tenons à témoigner notre gratitude aux Amis de la Fondation et aux généreux donateurs qui, par leur contribution, nous permettent la mise sur pied de notre programme de concerts et d'expositions.

Nous remercions tout particulièrement:

La Commune de Martigny
L'Etat du Valais

Banque Cantonale du Valais
Banque Edouard Constant
Les Caves Orsat SA, Martigny
Champagne Moët et Chandon
Les Chemins de fer fédéraux suisses
CSS Assurance
Edipresse Imprimeries Réunies Lausanne s.a.
Groupe Mutuel, Martigny
Mme H. M.-B., Berne
M. J. J. et Mme A. La B., Belgique
Journal Le Temps
Loterie Romande
Mme Brigitte Mavromichalis, Martigny
Nestlé SA, Vevey
UBS SA
Le Nouvelliste et Feuille d'Avis du Valais, Sion
Rentenanstalt Swiss Life
Swissair
Touring Club Suisse Valais
Le Tunnel du Grand-Saint-Bernard

ainsi que:

Credit Suisse Private Banking

La Fondation Pierre Gianadda

Temple de Platine à Fr. 5000.–

Alpwater, eau minérale naturelle, Saxon
Burrus Charles et Bernadette, Boncourt
Caves Orsat SA, Martigny
Distillerie Louis Morand et Cie, Martigny
Expositions Natural Le Coultre SA, Genève
Genevoise Assurances, Genève
Gras Savoye, Neuilly-sur-Seine
Henniez SA, eaux minérales, Henniez
Hôtel des Bains de Saillon
Hôtel du Parc SA, Martigny
Hôtel La Porte d'Octodure, Martigny-Croix
La Mobilière, Assurances & prévoyance, Martigny
Le Gourmet, Hôtel du Forum, Martigny
Marti P. Holding SA, Martigny
Meditec, Dubuis Jacquy, Bercher
Nardin Pierre-Antoine, Le Locle
Pour-cent culturel Migros
Provins Valais, Sion
Salomon Jean-Marc, Annecy, France
SGA, Kurt Domig, Sion
Société de Développement, Martigny
Veuthey & Cie SA, Martigny

Chapiteau d'Or à Fr. 1000.–

Abriel Aline, Martigny
Air Kanal SA, Martigny
Air-Confort, Buchard Olivier, Martigny
Allianz Assurances, Martigny
Anken P.-A., directeur pour la Suisse romande de la Nationale Suisse Assurances, Genève
Ascenseurs Schindler SA, Lausanne, succursale de Sion
Bachmann Roger, Cheseaux-Noréaz
Bâloise Assurances, Boulnoix Jean-Michel, agence de Martigny
Barbier Marie-Christine, Villars
Berrut G. et J., Hôtel Bedford, Paris
Betondrance SA, Martigny
Bétrisey Edouard, gypserie-peinture-vitrerie, Martigny
Billieux SA, Martigny
Bobst SA, Lausanne
Bonhôte Anne, journaliste, Anières
Bugnon Gérald, Verbier
Bugnon Gérald, Verbier
Cappi-Marcoz SA, agence en douane, Martigny
CART - La Compagnie des Arts, Lonay
Caves Orsat SA, Martigny
CF&C, Corporate Finance SA, Staübli Jürg, Genève
Charles Lucienne, Epalinges
Christie's SA, Genève
Conforti Monique, Erval SA, Martigny
Conforti Roger SA, Martigny
Constantin Martial, Vernayaz
Coop Valais, Châteauneuf-Conthey
Corboud Gérard, Blonay
Couchepin Jean-Jules, Martigny
Couchepin Pascal, Conseiller fédéral
Cretton Georges-André, Photo-Express, Martigny
Mme D. A., Martigny
Decarte Meubles, J.-D. Descartes, Saxon
D'Ormesson André, Paris
Ducrey Guy, Martigny
Dumas-Hermes Thierry et Odile, Genève
F.-P. M., France
Favre SA, transports internationaux, Martigny
Fidag SA, fiduciaire, Martigny
Fondation du Grand-Théâtre de Genève, Guy Demole, Genève
Fournier Daniel, agencements d'intérieurs, Martigny
Galerie Latour, Martigny
Gandur Jean-Claude, Tannay
Gianadda François et Sakkas Yannis, avocats et notaires, Martigny
Gianadda Mariella, Martigny
Givel Jean-Claude, Lonay
Givel Roger, Lonay
Glassey SA, matériel industriel électro-technique, Martigny
Grand René & Fils s.à r.l., Martigny
Grande Dixence SA, Sion
Grieu Maryvonne, Bussigny
Gross Christophe, Allianz Assurances, Martigny
Hôtel-restaurant Transalpin, Martigny
Imprimerie Cassaz-Montfort, Martigny
Imprimerie Montfort, Jean-Jacques Pahud, Monthey
Kaufman Katherine, Chamonix, France
La Plâtrière SA, Sion
La Poste Suisse, Car postal Valais-Romand - Haut-Léman, Anne-Marie de Andrea, Sion
Lagonico Pierre et Carmela, Cully
Lambrecht Barbara, Clarens
Les pharmacies de la Gare, Centrale, de la Poste, Lauber, Vouilloz et Zurcher, Martigny
Levy James et Mireille, Lausanne
Leyvraz Jacques, Agence Michaud & Burkhard, Lausanne
Lonfat Raymond et Amely, Crans-sur-Sierre
Losinger Holding SA, Jacky Gillmann, Berne
Luyet Michel, électricité, Martigny
M. K. G., Suisse
Manor AG, Bâle
Marcie-Rivière Jean-Pierre, Paris, France
Massimi-Darbellay Jacques et Lilette, Martigny
Matériaux Buser & Cie SA, Martigny
Mayer Hermann, Gstaad
Morand Mireille, Martigny
Moret Serge & Fils, primeurs, Martigny
Nicod Bernard SA, Lausanne
Noetzli Rodolphe, Neuchâtel
Nordmann Monique, Vandœuvres
Nouvelles Imprimeries Pillet SA, M. Schwéry, Martigny
Odier Patrick, Lombard Odier & Cie, Genève
Odier Patrick, Lombard Odier & Cie, Genève
Optigal SA, Martigny, Lausanne
Orgamol SA, fabrication de produits chimiques, Evionnaz
PAM SA, Martigny, Sion, Eyholz
Piaget Yves G.
Pot Philippe et Janine, Mollie-Margot
Publicitas Valais
Restaurant Les Touristes, Frédéric Faibella et Maria Peralta-Faibella, Martigny
Reynard Jacques et Consorts, stores, Savièse
Rossa Jean-Michel, chauffage et sanitaire, Martigny
Rügländer Elsbeth et Pierre, Lucerne
Rykiel Sonia, Paris, France
Saudan Les Boutiques, Martigny
Schnyder Erika, Küsnacht
Secura Assurances, Bron Joseph, Martigny
Secura Assurances, Bron Joseph, Martigny
Sellier Patrick et Homayra, Nyon
Téléverbier SA, Verbier
Torrione Jean-Pierre, Rizerie du Simplon, Martigny
Touring Info Service SA, Genève
Tunnel du Grand-Saint-Bernard
Varnoux Gisèle, La Tour-de-Peilz
Vocat Olivier, avocat-notaire, Martigny
VS Etanchéité 2000 SA, étanchéité-asphaltage, Sion
Weber & Broutin, Berra Bernard, Martigny
Winterthur Assurances, Vincent Mussler, Lausanne
Zurcher Jean-Marc, dentiste, Martigny
Zurich Compagnie d'Assurances, Pierre Voutaz, Martigny
Zwissig Victor & Armand SA, transports, Sierre

Stèle d'Argent à Fr. 500.–

AGF / PHENIX, Jean-Bernard Pitteloud, Sion
Alpina Assurances, J.-M. Broccard, Martigny
Alvarez de Miranda Hélène, Chêne-Bougeries

Ambassade de la Principauté de Monaco, Berne
Amis du Musée des Beaux-Arts de Nancy, Charoy Catherine, Nancy, France
Amon Albert, Lausanne
Arcusi Jacques, Vacqueyras, France
Arsidi Victor, Ruvigliana
Artedition R. + E. Reiter, Hinwil
Association Culturelle, Les Amis de Daisy Bacca, pianiste, Ollon
Association du Personnel Enseignant Primaire et Enfantine de Martigny
Atelier Jeca, Catherine Vaucher-Cattin, Carouge
Auberge du Vieux-Stand, Helmut Schneider, Martigny
Auzan Elizabeth, Fribourg
B. A., Riehen
Barthe Christophe, Commugny
Bernheim Catherine, Genève
Boucherie de la Place, José Riesco, Martigny-Bourg
Boucherie Peter Nessier, Münster
Bourcart J.-P., IDEAC SA, Ecublens
Bourgeoisie de Martigny
Boutique Cédrine, Martigny
Bruchez SA, électricité, Martigny
Bugnon Gérald, Verbier
Burgener Emmanuel, médecin dentiste, Martigny
Café Moccador SA, Louis Chabbey, Martigny
Cavé Jacques, Martigny
Cellier du Manoir, vinothèque, Martigny
Centre du Parc, Martigny
Chambovey André, menuiserie, Martigny
Chappaz Claude, avocat et notaire, Martigny
Chaudet Marianne, Chexbres
Chavaz Denis, architecte, Sion
Chevron Jean-Jacques, Bogis-Bossey
Chopard Brigitte, CB Porcelaine, Moudon
Cipag SA, Puidoux-Gare
Claivaz Willy, Haute-Nendaz
Classe 1935, Martigny
CNW, Chatton, Noël, Widmer & Partners SA, Genève
Couchepin Bernard, avocat et notaire, Martigny
Couchepin Olivier, Branson
Crans-Montana Tourisme, Crans-Montana
Darbellay Michel, atelier photo, Martigny
De Haller Yves E., Pully
De Montmollin Violaine, Neuchâtel
De Saint Blanquat Evelyne, Villars
Debiopharm SA, Mauvernay Rolland-Yves, Lausanne
Del Don Gemma, Gorduno
Delaloye Gaby & Fils SA, Delaloye Jean-Pierre, Ardon
Deneef Jacques, Bruxelles
Derveloy Gérald, Martigny
Edipresse SA, Direction générale, Lausanne
Egger Heinz, Zurich
Electro-Technique du Rhône SA., ETR, moteurs électriques, Martigny
En souvenir d'Edouard et de Berthe Anderhub-Zimmermann, Krienz/Lucerne
Entreprise Dénériaz SA, génie civil, béton armé, charpentes, Sion
Etrasa, entreprise de travaux SA, Martigny
Feldschlösschen AG, E. Albrecht, Sion
Fischer Edouard-Henri, Rolle
Franc Robert, Martigny
Galerie Daniel Malingue, Paris
Gastaldo Yvan, boulangerie, Martigny
Georg Waechter Memorial Foundation, Genève
Gerberding Horst F. W., La Tour-de-Peilz
Gétaz Romang SA, Vevey
Givel Edouard et Jacqueline, Anières
Goldschmidt Léo et Anne-Marie, Val-d'Illiez
Grand Gabriel et Chantal, Vernayaz
Grandchamp Claude, Martigny
Grimm Walter, Wallisellen
Hahnloser Bernhard et Mania, Berne
HCB, Ciments et Bétons, Holderbank, Eclépens
Héritier & Cie, bâtiments et travaux publics, Sion
Hôtel du Rhône, Genève
Hôtel du Rhône, Otto Kuonen, Martigny
Huber Suzanne, Genève
Hug Hans-Jürg, Küsnacht
IMD, Tille Richard, Yens
Inoxa Perolo et Cie, Centre Magro, Uvrier
Kaufman Karen, Zermatt
Kearney-Stevens Kevin et Shirley, Charmey
La Mobilière, Assurances & prévoyance, Martigny
Lacchini Luigi, Lafin Spa, Crémone, Italie
Lacrouts Roger et Monica, Genève
Lambercy Jean-Luc, appareils ménagers, Martigny
Lemonnier Pierre, Lens
Levy Evelyn, Jouxtens
Lion's Club Sion, Valais romand
Lüscher Monique, Clarens
Luy Hannelore, médecin, Martigny
Magnin Gabriel et Maryvonne, Sion
Maillard Alain, Lausanne
Manz Privacy Hotels, Manz-Lurje Ljuba, Zoug
Masson Louis et Nicolette, Pully
Maus Bertrand, Genève
Meldem Energie SA, Meldem René, Martigny
Meyer François et Hélène, Montreux
Michellod Gilbert et Fils, Monthey
Möbel-Transport AG, Zurich
Morard Jacques-Antoine, Genève
Moreillon Marie-Rose, Genève
Moret Samuel, atelier de décoration, Martigny
Municipalité de Salvan
Murisier Enseignes, Centre Commedor, Martigny
Neuwerth & Cie SA, ascenseurs, monte-charge, Ardon
No Comment, Gianadda Laurent, Martigny
Nordmann Serge et Annick, Vésenaz
Nunes Eduardo et Isabel, Martigny
Nydegger Simone-Hélène, Lausanne
Odier Patrick, Lombard Odier & Cie, Genève
Pache Jean-Michel, Vernayaz
Pâtisserie La Louve, Martigny
Peppler Wilhelm, Collonge-Bellerive
Perolo Raymond, Restorex, Uvrier-Sion
Perrin Albert et Simone, Martigny
Pfister Paul, Bülach
Picard-Billi Bianca, Chevreuse, France
Piota SA, combustibles, Martigny
Pivarski Georges et Liouba, Paris
Primatrust SA, Philippe Reiser, Genève
Restaurant Sur-le-Scex, Werner Ammann, Martigny-Croix
Restaurant Le Bourg-Ville, Martigny
Restaurant Le Pont de Brent, Gérard Rabaey, Brent
Reverdin Laurence, Collex-Bossy
Rhône-Color SA, Sion
Ribet André, professeur en médecine, Verbier
Ribordy Guido, Martigny
Ribordy Jacques-Louis, avocat et notaire, Martigny
Rochat Catherine, Pully
Romerio Arnaldo, Verbier
Rouxel Pierre, Meyrin
Salmon Pharma, Salmon-Klaus Peter et Annick, Bâle
Salvadori Giovanna, Bergame, Italie
Schellenberg Anne, Oetwil am See
Schneider Eulalie, Genève
Schroder J. Henry Banque SA, Luc Denis, Genève
Sellerie Grandchamp, Grandchamp Claude, Martigny
Société des Vieux-Stelliens Vaudois, Lausanne
SOS Surveillance, Glassey SA, Martigny
Taverne de la Tour, Martigny
TCM Accessoires, Cavada Tullio, Martigny
Tissières Bernard, Martigny
Tripet-Ruchti Jacqueline, Hauterive
Troillet SA, transports, Martigny
Van Saanen Paul, praticien en médecine générale, La Tour-de-Peilz
Varrin SA, plâtrerie-peinture, Prilly

Vêtement Monsieur, Martigny
Vilstrup Dorthe, Crans-sur-Sierre
Visuel de Communication, Dayer Michel, Martigny
Vocat Colette, Martigny
von Tscharner Catharina, Gryon
Vuilloud Pierre-Maurice, médecin dentiste, Monthey
Wartmann Karl, Thônex
Yerlès Cécile, Martigny
Yerlès Fernande, Martigny
Zwahlen & Mayr SA, charpente métallique, Aigle

Colonne de Bronze à Fr. 250.–

A. Varone SA, vitrerie, Martigny
Adoc Nettoyage Entretien s.à r.l., C.-G. Jaquemet, Le Landeron
Aebi Edith H., Aebi Atelier de l'Etain, Saxon
Aebischer Jean-Pierre, Bienne
Aepli André & Fils, tableaux électriques, Dorénaz
Air-Glaciers SA, transports aériens, Sion
Airola Guignand Joëlle
Alesia SA, atelier de précision pour l'industrie automobile, Martigny
Alksnis Karlis, Genève
Allemann-Krieger A., Saint-Légier
Allisson Jean-Jacques, Yverdon-les-Bains
Amherd Jean, Mase
Amrein Franz, Genève
Andenmatten Arthur, Genève
Andenmatten Michel et Stéphane, bureau d'ingénieurs SA, Sion
Andenmatten Roland, Martigny
Anonyme, Genève
Anonyme, Lausanne
Anonyme, Le Mont-sur-Lausanne
Anonyme, Martigny
Antonioli Claude-A., médecin dentiste, Genève
Ardin-Scheibli Maria-Pia, Gingins
Argi Maurice, commerçant, Pully
Arts et Vie, résidence de loisirs, Samoens, France
AS Ascenseurs SA, Châtel-Saint-Denis
Assal Patrick, médecin dentiste, Lausanne
Atib SA, bureau technique, Martigny
Avoyer Pierre-Alain, Ravoire
B. M.-H., Sierre
Bachelard Jocelyne, Nyon
Bacou Roseline, Villeneuve-lès-Avignon
Badoux Jean-René, Martigny
Baier Nelly, Stein am Rhein
Baitman Elena, Bâle
Ballenegger Marcel, Lausanne
Balmer André et Friedy, Küsnacht
Balmer Jean-Claude, Epautheyres
Balzan & Immer étanchéité SA, Lausanne
Bamberger Béatrice, Neuchâtel
Banderet Georges, revêtements de sols, nettoyages, Martigny
Banque Paribas (Suisse) SA, Genève
Barbier-Reusen André et Carla, Saint-Pierre-de-Clages
Barcelona Christiane, Les Plans-sur-Bex
Bareiss Gerd, Onex
Barillaro Luciano, Consul Général d'Italie, Lausanne
Bartholdi Paul et Irène, Nyon
Baruh Micheline, Cologny
Baudry Gérard, Grand-Lancy
Baverstock Sylvia, Versoix
Baylé Alain, pharmacien, Paris, France
Beaufils Jacques, Paris, France
Beaujolin Katharina, Saint-Sulpice
Beck Henri et Jeannine, Pully
Belet Louis-Ph., Vendlincourt
Belgrand Jacques, Belmont
Bellini Bruna, Bergame, Italie
Bellini E. Milena, Arzier
Bellon Jean-Daniel, Ravoire
Bellosta Carlo, Briga Novarese, Italie
Benczi Françoise, Zurich
Bender Emmanuel SA, paysagistes et Garden-Center, Martigny
Bender Yvon, serrurerie, Martigny
Beney Jean-Michel, Venthône
Berclaz Fernand, Randogne
Berclaz Jean-Paul, Sierre
Berguerand Anne, Martigny
Berlie Jacques, Miex
Bernasconi Giancarlo, Agno
Berne Jacques et Annick, Le Havre, France
Berthoud Jackie, Genève
Bertrand Catherine, Genève
Bessero Marianne, Martigny
Billaud Sophie, Renens
Bircher Carole, Verbier
Bischof Louis et Jeannette, Muntelier
Bischofberger Irmgard, Chêne-Bourg
Blanc Jacky, Monthey
Blaser André et Marie-Jeanne, Prangins
Bloch Raymond C. et Monique, médecin dentiste, Berne
Blum Jean et Tatiana, Gstaad
Boccoz Michele, Genève
Bohner Rudolf, Münchenbuchsee
Boissier Marie-Françoise, Verbier
Boissonnas Jacques et Sonia, Thônex
Bolinger Jean-Marc, Lausanne
Bollin Dorothée, Martigny
Bonvin Roger, architecte, Martigny
Bonvin Venance, Lens
Bordet Gaston, Besançon, France
Bordoni Silvia, Association Farmacista, Lugano
Boreux Gaston, Genève
Borloz Claude-Alain, Verbier
Boucherie Valésia, Michel Pysarevitch, Martigny
Bourban Narcisse, ingénieur, Haute-Nendaz
Bourgeois Huguette, Genève
Bovier Josiane, Clarens
BP Suisse SA, BP Strato
Brandt Yvonne, Evilard
Brenner Joseph, Les Diablerets
Bretz Carlo et Roberta, Martigny
Brochon Michel, Lutry
Broekman-van der Linden Queenie, Hilversum, Pays-Bas
Brünisholz Lynda, Vevey
Brunner + Partner, Albert Brunner, Biel-Benken
Buchs Jean-Gérard, Haute-Nendaz
Bureau Technique Moret SA, Martigny
Burki Marcel, Lausanne
Burrus Yvane, Crans
Buser Niklaus et Michelle, Le Bry
Butler Angela, Genève
C. J., Lyon, France
Café-restaurant de Plan-Cerisier, Terrettaz Roger, Martigny-Croix
Caille Suzanne, Prangins
Campanini Claude, cabinet médical FMH, La Chaux-de-Fonds
Campeanu Maria, Vétroz
Camporini Yolande, Bossey, France
Cand Jean-François, Yverdon-les-Bains
Canonica Margrit, Pully
Carbonnelle Paule et Victor, Tournai
Cardana Cristiano, Verbania-Pallanza, Italie
Carenini Plinio, Bellinzone
Carron Anita, Coutellerie Carron, Martigny
Carron Josiane, Fully
Cart Madeleine, Besançon, France
Cartier Jacqueline, Genève
Cattori Giuseppe, avocat et notaire, Locarno
Cavallero Yolande, Vandœuvres
Caveau des Ursulines, Dorsaz Gérard, Martigny-Bourg
Centre Jean Franco, Chamonix, France
Cerez Jean-Pierre et Gisèle, Chancy
Cert SA, Martigny
Chabbey et Voillat, architectes, Martigny
Chable Daniel et Laurence, Chexbres
Chanton Josef-Marie et Marlis, Viège
Chapatte Francis, Grandvaux
Chapon Jean, médecin, Triors, France
Chappot SA, solutions informatiques, Martigny
Charton Pierre-André, Les Diablerets
Charvet Jacques, Dampierre, France
Chatillon Françoise, Laconnex
Chaussures Alpina SA, Martigny
Chavaillaz Roberto, Corcelles-près-Concise

Chevalley-Vouilloz Annette, Onex
Cidel SA, Jean-Pierre Girard, Lutry
Citroen Olga, Villars-sur-Ollon
Cligman Léon, Paris
Clivaz Fabienne, Genève
Clivaz Marlyse, Chermignon-Dessus
Closuit Jean-Marie, avocat et notaire, Martigny
Closuit Léonard, Martigny
Collège de Bagnes, Le Châble
Collombin Gabriel, Les Granges
Colomb Geneviève et Gérard, Bex
Comba Ina, Nyon
Commune de Bagnes, Le Châble
Commune de Martigny-Combe
Compagnies de Chemins de Fer, Martigny-Châtelard, Martigny-Orsières
Comptoir Suisse, Lausanne
Comte Philippe, entrepreneur, Genève
Coninco SA, Vevey
Constantin Jean-Claude, pépinière et jardinerie, Martigny
Constantin Nadia, Montana
Coppey Charles-Albert et Christian, bureau d'architecture, Martigny
Copt Aloys, Martigny
Copt Marius-Pascal, avocat et notaire, Martigny
Couchepin François, Lausanne
Cousin Roger, Fleurier
Cravino Luigi, Frassinello, Italie
Crettaz Arsène, Auxilia Caisse-maladie et Allianz, Martigny
Crettenand Dominique, vitrerie-encadrements, Riddes
Crettex Bernard, droguerie-herboristerie, Martigny
Crettex Germaine, Petit-Lancy
Crettex Reber Evelyne, Sous-Préfet du District de Sion, Sion
Cretton Bernard, Monthey
Crot Eric, médecin dentiste, Yverdon
Cuennet Marina, Echallens
Cuenod & Payot SA, entreprise de génie civil et bâtiment, Lausanne
Cunningham-Reid Helene, Gstaad
Cusani Josy, Martigny
Cuypers Marc et Maret Roland, bureau d'ingénieurs, Martigny
D. G, Neuilly-sur-Seine, France
Dallèves Anaïs, Salins
Dapples-Chable Françoise, Boudry
Darbellay Jean-Paul, architecte, Martigny
Darbellay Roland, Martigny
Davis David E., Lyndhurst, USA
De Buman Jean-Luc et Marie-Danièle, Epalinges
De Haller Emmanuel B., Thalwil
De Kalbermatten Isabelle, Salvan
De Mercurio Edith, Lonay
De Muralt André et Sabine, Monnaz
De Steiger Catherine, Oberrieden
De Torrenté Bernard, Sion
De Traz Cécile, Martigny
De Tscharner Nelly, Aubonne
Décaillet Charles-Henri, Troistorrents
Decker-Albasini Pierrette, Thônex
Defago Daniel, Veyras
Delacretaz Bernard, Lausanne
Delamuraz Carole, Lausanne
Delaneau SA, Malabard Rémy, Genève
Delcò Maria Luisa, Ruvigliana
Della Torre Carla, Arzo
Deller Maurice, Mollie-Margot
Demierre Mireille, Martigny
Denis Paulette, Genève
Deruaz Anne, Cologny
Desbois Gérard, Saint-Louis, France
Diacon Philippe, Clarens
Diener-Carton Robert, Montreux
Diethelm Roger, Carbona SA, Sion
Dirac Georges-Albert, Martigny
Donette Levillayer Monique, Orléans, France
Dorsaz François, bureau technique, Martigny
Dorsaz Pierre, architecte, Verbier
Dovat Viviane, Cointrin
Doy Jacques et Nella, Anières
Dr Cuendet J.-F., professeur honoraire FMH ophtalmologie, Pully
Dr Heinz-Peter Tscholl, Gams
Dreyfus Pierre et Patricia, Bâle
Driancourt Catherine, Genève
Droz Marthe, Sion
Ducrey Jacques, médecin, Martigny
Dumollard Danièle, Gex
Duplirex, L'Espace Bureautique SA, Martigny
Durand Dominique, Paris, France
Duriaux André, Genève
Eberhard Michael et Gunda, Chamoson
Eckert Jean-François, Les Marécottes
Ecol'Arts, Giroud Nicole, Martigny
Editions Scriptoria, Lyon, France
Egger Erwin, Elvia Assurances, Fribourg
Eggimann Jean-Claude, consultant en droit, Ballens
Ehrbar Ernest, Lausanne
Ehrsam Jean-Pierre, Aigle
Eicher Peter, Paderborn, Allemagne
Elalouf Alain, Le Mont-sur-Lausanne
Electricité d'Emosson SA, Martigny
Electro-Industriel SA, Martigny
Emonet Joseph SA, commerce de fers, Martigny
Emonet Philippe, médecin, Martigny
Engammare Jacqueline, Ollon
Entreprise Gay SA, Gay Gérard, Choëx
Etienne Régis, Dardilly, France
Evreinow Alexandra, Sion
Falciola Jean-Claude, Genève
Falkenburger Paul, Grimisuat
Fallou Pierre-Marie, Artenay
Fanchamps Nadine, Zermatt
Farage Vincent, Fribourg
Farine Serge, architecte, Delémont
Fauquex Arlette, Genève
Faure Isabelle, Lausanne
Favre Myriam, Genève
Favre Roland R., Stallikon
Favre Sieglinde, Chesières
Favre-Crettaz Luciana, Riddes
Favre-Emonet Jean-Bernard et Michelle, Sion
Febex SA, Brunner Paul, Bex
Feiereisen Josette, Bulle
Ferrari Olivier, Jongny
Ferrari Pierre, Martigny
Ficasion, matériel incendie, Anne-Brigitte Balet Nicolas, Riddes
Fiduciaire Duc-Sarrasin & Cie SA, Martigny
Fiechter Michèle, Conches
Filliez Bernard, Martigny
Fischer Alain, Cortaillod
Fischer Hans-Jürgen, médecin-chef, Alle
Fixap SA, entretien d'immeubles, Monthey
Foire du Valais, Martigny
Fondazione Orchidea, Regazzoni Mauro, Riazzino
Fontan Tessaur Serge, Montana
Fortini Christiane, La Rippe
Fournier Patricia, Genève
Frachebourg Jean-Louis, Sion
Franzetti Fabrice, architecte, Martigny
Franzetti Joseph, architecte, membre de la SIA, Martigny
Fumex Bernard, Evian, France
Furrer Jean-François, Chêne-Bougeries
Fustinoni Andrea, Lausanne
Gagneux Eliane, Bâle
Gaillard Herrera Pérez María Luz, Martigny
Galerie du Rhône SA, Pierre-Alain Crettenand, Sion
Galerie Laforêt, Weibel Silvia, Verbier
Garage Auto Bob, Buthey Philippe, Martigny
Garage Olympic, A. Antille, Martigny
Garage Transalpin, Roland Pont, Martigny-Croix
Garance Gabriel, Meyrin
Gaspoz Pierre, Ostermundigen
Gaucher Elisabeth, Paris, France
Gaudin Georges, Sion
Gay Daniel, Genève
Gebhard Charles, Küsnacht
Gebruers Frédéric, Carouge
Gedon Jacques, Martigny
Geiser Clinton E., Blonay
Geissbuhler Frédéric, Auvernier
Genoud Antoine, Sion
Genton Etienne, Monthey

Georg Jean-William, Grandson
Geuss Joan et William, Nyon
Gianadda Géraldine, Martigny
Gianadda Gilberte, Martigny
Gianella-Berry Marietta, Zumikon
Gibbs Sandra, Mont-sur-Rolle
Giclo s.à r.l., peinture, Martigny
Gilliéron Michel, Thielle-Wavre
Gips-Union SA, Martigny
Girod Dominique, Genève
Giroud Léon, transports et terrassements, Martigny
Giroud Pierre, Martigny
Gisler Marianne, Sion
Glenz Marie-Thérèse, Sion
Gloor Mario, Genève
Golay Brigitte et André, Martigny
Golaz Edmond, Genève
Gontard-Delvermoz Anne-Marie, St-Didier-au-Mont-d'Or
Gonvers Serge, Vétroz
González Manuel, Villars-sur-Glâne
Goyon-Segura Danièle, Evian, France
Graf Max, Bâle
Gram SA, René Beck, Villeneuve
Grandguillaume Pierre et Cécile, Grandson
Grandjean Claude, Le Mont-sur-Lausanne
Granges Jean-Claude, Tea-room Les Arcades, Fully
Grasso Carlo, peintre, Calizzano, Italie
Grimler Pierre, Fonds de prévoyance, Chêne-Bourg
Gudefin Philippe, Verbier
Guelat Laurent, Martigny
Guex Electricité, concessionnaire Bosch, Martigny
Guex Pascal, Martigny
Guex-Crosier Jean, Martigny
Guggenheim Josi, Zurich
Guigoz Françoise, Vex
Guinchard Jean-Marc, Genève
Guinnard Fabienne, Prilly
Günther Alfred, Filisur
Gurtner Sylvie, Chavannes-de-Bogis
Haechler Peter et Inge, Attalens
Haenny Rodolphe, Lausanne
Halperin Noemi, Genève
Hart-Albertini Karen, Verbier
Hauser Aude, Versoix
Henchoz Michel, Aïre
Henneberger Christiane, Lausanne
Herrli Walter, Seewen
Hervé Jacques et Evelyne, Maurecourt, France
Heyd Pascale, Genève
Hintermeister James, Lutry
Holmes Inez, Ferney-Voltaire, France
Hôtel Beau-Site, Vock Jonathan, Morgins
Hôtel Bristol, Verbier
Hôtel de la Poste, Famille Claivaz, Martigny
Hôtel de Ravoire, Ravoire
Hôtel Eden, Barras Patrick, Crans-sur-Sierre
Hôtel-Club Sunways, Marie-Christine et Marc Laurant, Champex
Hôtel-restaurant du Catogne, Famille Favez, La Douay, Orsières
Hottelier Jacqueline, Plan-les-Ouates
Hübscher Manuela, Collex
Huet Marika, Versoix
Humbert Madeline, Le Vaud
Hummel Charles, ancien ambassadeur, Saxon
IBC, Courtier en assurances, Lloyd's agree
Impresa di Pittura, Cossi Attilio, Ascona
Imprimerie Schmid SA, Sion
INGESCO SA, Air Center, Vernier
Invernizzi Fausto, Quartino
Iori Ressorts SA, Charrat
Irisarri Marie-Elisabeth, Genève
Jaccard Francis, physiothérapie, Martigny
Jaccard Jacqueline, Chêne-Bougeries
Jaccard Marc, Morges
Jackson Marie-Christine, Lausanne
Jacquérioz Alexis, vins du Valais, Martigny
Jallut SA, peinture et vernis, Bussigny
James Roundell Ltd, Jocelyne Keller, Genève
Jan Gloria, Lausanne
Jaques Chantal, Lausanne
Jaquet Albert et Isabelle, Clarens
Jawlensky Angelica, Minusio
Jeanneret Claude, Fiduciaire de Malagnou SA, Genève
Jegerlehner-Oettli Silvia, Moudon
Joly Marie-Laure, Riedikon
Joris Françoise, Agence du Lac, Champex
Jovanovic Jovan et Vukica, Genève
Jules Rey SA, Crans
Kaiser Peter et Erica, Saint-Légier
Kapsopoulos Théophanis, chef d'orchestre, Fribourg
Kaufmann Peter G., Pully
Kegel Sabine, Winkel B., Bülach
Kerstin Karbe, Petit-Lancy
Kilp Winfried et Angelika
Kindler Philippe et Anne-Marie, La Conversion
King Lina, Vésenaz
Klaus André, Arweg SA, Epalinges
Kleiner Max, Staufen
Kocher Sylvaine, Pully
Koeppel Catherine, Fully
Krafft Pierre, Lutry
Krattinger Gilbert, Gryon
Krayenbühl Thomas, Oberrieden
Kuendig Bluette, Cormoret
Kuonen Claude, Success Communications SA, Pully
Kurmann Jean-Paul, Monthey
Kwong Ming, restaurants chinois, Martigny et Lausanne
La Genevoise, Quinodoz Guy, agent général, Sion
La Semeuse, Marc Bloch, La Chaux-de-Fonds
Labet François, Vougeot, France
Lacroix Rolande, Gryon
Lambert Magaly, Monthey
Langraf Madeleine, Vevey
Lanthemann Bernard et Claudine, Cournillens
Lanzoni Rinaldo, Genève
Latour Claude, La Conversion
Lefebvre Dibon Sophie, Genève
Lejeune Jean-François, Bellevaux, France
Lendi Beat, cabinet médical, Prilly
Léonard Gary, Ravoire
Leonardon Dominique, Zurich
Les Frères Ausoni SA, Lausanne, Montreux, Villars
Lévy Guy, médecin, directeur de la CRS, Fribourg
Lévy May, Lausanne
Lewis-Einhorn Rose N., Begnins
Liechti Rolf et Sylvia, Berne
Linsig-Marti Elsa, Val-d'Illiez
Locher-Frey Anna-Vera, Spiegel b. Bern
Locht Jean-Louis, Veyras
Lonero Pimpi, Rome
Lonfat Juliane, Martigny
Lorenz Claudine et Musso Florian, Sion
Loretan Barthélemy, L'Atelier de Saillon, Saillon
Lucchesi Serenella, Monaco
Lucchini & Fils, fabrique de peinture, Genève
Lugon Bernard, médecin dentiste, Martigny
Lüscher Bernhard et Marianne, Winterthur
Lustenberger-Zumbühl Werner et Annelies, Littau
M. F., Sion
Machado Sousa Botelho Fernando Manuel, Vila Real, Portugal
Maier Walter, Roche
Maison Fardel, Martigny
Malard Raoul et Brigitte, Martigny
Mamon Delia, Verbier
Marbach-Alzate Sofia, Oftringen
Marchand Yves-Olivier, Onex
Marchetti Jean-Charles, Monthey
Marin Bernard, Martigny
Martin André-Pierre, Divonne-les-Bains, France
Martin Isabelle, artisane, Apples
Martin Nicole, Paris, France
Marty Béatrice, Sion
Massard Rita, Martigny
Masson André, avocat et notaire, Martigny

Masson Freddy, Martigny
Maurer Willy et Jacqueline, Riehen
Maurer Yolande, Martigny
Mayor Philippe et Thérèse, Lully
Mechta Nasria-Myriam, Association Les enfants de personne, Sion
Méga SA, traitement de béton et sols sans joints, Martigny
Menétrey-Henchoz Jacques et Christiane, Porsel
Méribé, service d'entretien d'ascenseurs et monte-charge, Riddes
Méric Marie-Noëlle, Verpillières-sur-Ource, France
Merz Otto, pasteur, Uitikon
Mestdjian Marie Amahid, Genève
Métrailler Mario, Martigny
Métral Raymond, Ravoire
Métral Raymonde, conseillère en voyages «Free Lance», Martigny
Mettler Alfred, Möhlin
Meyer Caline, Montreux
Meyer Daniel, La Tour-de-Peilz
Meyer Francis et Germaine, La Tour-de-Peilz
Meyer Urs, Founex
Miauton Pierre-Alex, ingénieur agronome, Bassins
Michellod Guy, chauffage et sanitaire, Martigny
Misteli Yvette Rachel, Neuchâtel
Mittelheisser Marguerite, Illzach, France
Moillen Monique, Martigny
Mollard André, Genève
Momméja Bernard, Genève
Monnard Christian et Gabrielle, Martigny-Croix
Monnet Bernard, Martigny
Monnet Gertrude, Genève
Montfort Evelyne, Hauterive
Monti Philippe, Sion
Morand Mathilde, Genève
Moret Georges, Martigny
Morosani Steiner Edith, Zurich
Mosch Silvio, isolations, Martigny
Moser Jean-Pierre, créations publicitaires, Lutry
Mosimann Delia, Genève
Mouthon Anne-Marie, Neuchâtel
Müller Christophe et Anne-Rose, Berne
Murith Renée, Villars-sur-Glâne
Murith-Descloux Jean et Christine, Fribourg
Nagovsky Tatiana, Genève
Nickel-Darbellay Liliane, Vernayaz
Nicollerat Combustibles, Martigny
Noir Dominique, Monthey
Noisard Marie-Thérèse, Moutier
Noordenbos-Huber Marianne, Eindhoven, Pays-Bas
Nosetti Orlando, Gudo
Novarina Philippe, Versoix
Novati Manuela, Peschiera Borromeo, Italie
Novel Jean-François, Genève
Obrist Reto, médecin, Sierre
Odier Jacques, Genève
Oertli Barbara, Genève
Oggier Denise, Zurich
OLF SA, Corminbœuf
Olsburgh Nelly et John, Pully
Ott Pierre-Alain, médecin dentiste, Genève
Paccolat Fabienne, Martigny
Pages Frank, Art Galerie, Baden-Baden, Allemagne
Panigas Magda, Hôtel-restaurant-pizzeria de la Douane, Martigny
Papilloud Jean-Claude, CREACTIF, Martigny
Parchet Maria, Clarens
Pâris-Hamelin Annette, Boulogne, France
Pasquier André, médecin, Saxon
Pasquier Jean et Bernadette, Martigny
Pasquier Noël, Paris, France
Paul François, Ollon
Pefferkorn Jean-Paul et Michèle, Limoges, France
Pegurri Simone, Lausanne
Pellaud Charly, Restaurant La Boveyre, Epinassey
Pellaud Jean-Charles et Marie-Christine, Presinge
Pellaud René, Martigny
Pellouchoud Janine, Martigny
Pépinières Bollin, arbres fruitiers et d'ornement, Martigny
Perréard Patrick, Genève
Perret Alain, Vercorin
Perrin Bernard, Boudry
Perrin Charly, relieur-encadreur, Martigny
Perroton Eric, Satigny
Petite Jacques et Marie-Françoise, Martigny
Petit-Tahier Jacqueline, Beaune, France
Pfändler Simone, La Chaux-de-Fonds
Pfister Germaine, Ayer
Pfyffer Marie-Christine, Neuchâtel
Phenix Assurances, Lausanne
Philippin Bernard, Transports Emosson-Barberine, Finhaut
Phillips Monique, Lausanne
Pignat Daniel, Plan-Cerisier, Martigny-Croix
Pilet Jean-Marie, historien d'art, Lausanne
Pillet Georges, Martigny
Pilloud Adelaïde, Marchissy
Pitteloud Anne-Lise, Sion
Pittet Pierre, Vichères
Piubellini Gérard, Lausanne
Plaut Anita, Genève
Polli et Cie SA, Martigny
Poncet Gilbert, Genève
Portianucha Alex, photographe, Genève
Pralong Jean, bureau d'ingénieurs civils, Saint-Martin
Praz Bernadette, Sion
Preisig Heinz, Photo Studio, Sion
Préperier Michel, Le Châble
Probst Elena, Lisbonne, Portugal
Prof. Dr Magnenat Pierre, Lausanne
Publicité PM Calandra s.à r.l., Peseux
Pufke Siegfried, médecin, Menden
Puippe Janine, Ostermundigen
Putallaz Mizette, Martigny
Radvila Andreas, Mollens
Raggenbass-Couchepin René et Florence, Martigny
Rappaport Sylvain, Paris, France
Rausis Maurice, Martigny
Raymond Jean, Chernex
Reber Guy, Genève
Rebord Mario, Martigny
Régie Bersier & Cie, Philippe et Wiebke, Les Acacias
Reichenbach Myriam, secrétaire, Sion
Reiss Janice, Chêne-Bougeries
Reisser André, Berne
Remy Michel, Bulle
Renck Yvette, Monthey
Renout Marie-Thérèse et Pierre, Murist
Rentenanstalt Swiss Life, Clerc Jean-Michel, Martigny
Reverdin Claude, Genève
Reymond-Rivier Berthe, Jouxtens-Mezery
Reynaud-Guinand Christiane, Vanves, France
Richard Hélène, Sierre
Richard Hubert, Paris, France
Richiger Jean, Produits Kodak et Duracell, Chamblon
Ricklefs Rolf, Ayent-Fortunoz
Rieder Systems SA, Lutry
Ritou Jean et Hélène, Paris, France
Ritter Ernest et Albina, Lausanne
Riva Charles et Liselotte, Grimisuat
Rivier Françoise, Aïre
Robert André, Neuchâtel
Robinson-Svoboda Madeleine, Montreux
Roduit et Michellod, appareils ménagers, Martigny
Roduit Georges, fournitures industrielles bureau et appartement, Martigny
Rondi-Schnydrig Marie-Thérèse, Pfäffikon
Roos Susy, médecin, Gerzensee
Rossetti Etienne, ingénieur EPFL, La Tour-de-Peilz
Roth Elisabeth, Genève
Rouiller Jean-Marie, Martigny
Rouiller P.-L. et Saudan P., architectes, Martigny
Roulin Charles, Genève

Roux Roland, Pully
Ruchat René Armand Louis, Versoix
Rudaz Roger et Hertha, Monthey
Rybicki Jean-Noël, luthier, Sion
S. J., Genolier
S.I.P. Sécurité SA, Vernayaz
Saeger Harvy, architecte, Berne
Saint-Denis Marc, Nancy, France
Salamin Electricité, Martigny
Sandoz François et Isabelle, Chamoson
Sarrasin Olivier, Saint-Maurice
Satta Ignazia, Rome, Italie
Saudan Georges, Martigny
Saur Christoph, Heidenheim, Allemagne
Sauret Huguette, Tassin, France
Sauthier Edmond et Michèle, Martigny
Sauthier Marie-Claude, Riddes
Sauty Irène, Genève
Sauty Marie, Denens
Savary Danièle, Bulle
Schaller Dominique, Arare, Genève
Scharf Anne, infirmière, La Tour-de-Peilz
Schaub Elisabeth, Chavannes-de-Bogis
Scheidegger Frédéric, Martigny
Schelker Markus, Oberwil
Schellenberg Marie-Claire, Sion
Schelling Ursula, Saint-Sulpice
Scheurer Gérard, Aigle
Schiller Hans, neurologue FMH, Zurich
Schlup Hansrudolf et Juliette, Môtier
Schmid Bernard, MOM Consulting SA, Martigny
Schmidt Jürgen, Wiesbaden, Allemagne
Schmutz Aloys, Conthey
Schneider Déménagements SA, Lausanne
Schneider Rémi et Sylvie, Martigny
Schober Bruno, Ascona
Scholer Urs, Blonay
Scholz Charlott, Zurich
Schulthess Maschinen SA, Lausanne et Chalais
Schweiger Ian, Founex
Schweizer Mariann, Berne
Secretan Pierre, Lausanne
Semadeni Madeleine, Montreux
Serex Jacques, Nationale Suisse Assurances, Montreux
Simonetta Anne-Lise, Ravoire
Sitbon Diana, Vessy
Smith Hector, Montreux
Société d'Electricité, Martigny-Bourg
Société des Cafetiers de la Ville de Martigny
Sola Didact, Martigny
Solari-Bozzi Paolo, Zollikon
Soulier Jacqueline, Genève
Sousi Gérard, Président d'Art et Droit, Lyon, France
Stahli Georges, Collonge-Bellerive
Stalder Mireille, Meyrin
Stamm Roger, Oberwil
Steeg François, Crans-sur-Sierre
Stefanini Giuliana, Bernex
Stelling Nicolas, médecin dentiste, Genève
Stephan SA, constructions métalliques, Givisiez
Stettler Martine, Martigny
Stocker Michel, Portalban
Stoll Lorenzo, Montreux
Stone Jennifer, Ferney-Voltaire, France
Stricker Marie-Claude, Vevey
Strohhecker Pierre, Gland
Strub To et Irina, Filmstudio 2S, Thoune
Strübin Peter, Viège
Stucki Nicoletta, Carona
Stucky de Quay Jacqueline, Verbier
Suchet Dominique, Toussieux, France
Sulzer Infra Romandie SA, Lausanne
Suter Herbert, Au Grizzly, Grand-Saconnex
Tabin Marie-Claire, Sierre
Taillandier René, Paris, France
Tartrifuge SA, A. Calderari, Ecublens
Testard Georges et Véronique, Nyon
Thermojoints s.à r.l., Lausanne
Thieme Werner, Bonn, Allemagne
Thomann Pierrette, Chernex
Thommen Hanna, Füllinsdorf
Tiemstra Johanna et Gabriel, Mayens-de-Riddes
Tissières André, médecin dentiste, Martigny
Tobias Annie, Clarmont
Tonascia Pompeo, Ascona
Töndury-Diebold Claudia, Wollerau
Tonossi Michel, Sierre
Tornay Paul-René, Le Bioley-Salvan
Torrigiotti Michel, Schernelz
Torrione Joseph, Sion
Torsa Etablissements SA, Sierre
Touzet Dominique, Verbier
Trachsel Ernst et Liselotte, Münchenbuchsee
Transelectro Sion SA
Triebold Pierre, médecin dentiste, Martigny
Troillet Jacques, institut de physiothérapie, Martigny
Tschan Therese, médecin, Laufen
Türler A. W., Genève
Ucova, Sion
Udressy Ginette, Monthey
Udriot Ernest, Martigny
Udriot-Suard Françoise, Monthey
Unverricht Arlette, Bussigny
Vallotton Electricité, Martigny
Varenne Daniel, galeriste, Genève
Venetz Annie-Moria, psychologue, Sion
Vernaz Nathalie, Monthey
Vetsch Rose-Marie, Renens
Viansone SA, R. + G. Dafflon et J. Noverraz, Meyrin
Videsa SA, Sion
Viglino Pierrette, Riddes
Vincent Georges, Lausanne
Vion Josette, Berne
Viotto-Sorenti M.-Cristina, Courmayeur, Italie
Vogel Pierre et Liline, Saint-Légier
Voillat François, Eaunes, France
Voirol Denis, Val-d'Illiez
Von der Weid Hélène, Villars-sur-Glâne
Von Muralt F. Peter, Zurich
Von Orelli Jacques et Barbara, Gunten
Vuillaume R. SA, Robert Vuillaume, Genève-Châtelaine
Vuilleumier Denise, Genève
Wachsmuth Anne-Marie, Genève
Waegeli Gilbert et Pierrette, Meinier
Walewski Alexandre, Verbier
Walewski-Colonna Marguerite, Verbier
Walser Othmar, Fully
Wasem Marie-Carmen, Sion
Weisbrod Joséphine, Coinsins
Wenger Fredy, Ecublens
Werner Nelly, Pfaffhausen
Weymuth Bruno, Bremgarten
Widmer Karl s.à r.l., tissus d'ameublement, Killwangen
Wild Anne-Marie, Les Mosses
Winterthur Assurances, Vouilloz Philippe, Martigny
Wohlwend Chantal, Grand-Lancy
Wolff H. et de Werra X. SA, courtiers en vins, Sion
Wurfbain Elisabeth, Haute-Nendaz
Wyss Gérald, Chêne-Bougeries
Zanetti-Minikus Guido, Füllinsdorf
Zanzi Luigi, professeur, Varèse, Italie
Zbinden Yves et Corinne, La Neirigue
Zeender Martine, Founex
Zehnder Margrit, Beat et David, Hinterkappelen
Zengaffinen Walter, Sierre
Zettler SA, technique de sécurité, Le Mont-sur-Lausanne
Zufferey Marguerite, Sierre
Zumstein Monique, Aigle
Zumstein Véronique, Saint-Sulpice
Zumtobel SA, luminaires, Romanel-sur-Lausanne
Zürcher Manfred, médecin, Hilterfingen
Zwingli Jürg, Echallens

Table des matières
Contents

Crédits photographiques

Ashmolean Museum, Oxford
Musées Royaux des Beaux-Arts de Belgique
Foto Jozsa, Musée des Beaux-Arts, Budapest
Fotostudio Werren & Obrist, Zurich
Photographie Jacqueline Hyde
© Van Gogh Museum Amsterdam (Vincent van Gogh Foundation)
© Hickey-Robertson, Houston, Texas
© 2000, The Art Institute of Chicago
Cooper-Hewitt, National Design Museum, Smithsonian Institution/
Art Ressource, New York
© Georges-André Cretton, Martigny
© Roland Dreyfus, Paris
© Heinz Preisig, Sion
© Reto Rodolfo Pedrini, Zurich
© 2000, Kunsthaus Zurich
© Peter Lauri, Photographie, Berne
© Studio Ferrazzini Bouchet Photographies, Genève
Ann Hutchinson
© Virginia Museum of Fine Arts
Katherine Wetzel
© Virginia Museum of Fine Arts
© Musée Rodin, Jean de Calan
© Stedelijk Museum, Amsterdam
© Rheinisches Bildarchiv, Köln
© Paolo Begotti, Fotografo, Milano

Edités par la Fondation Pierre Gianadda, Martigny

Paul Klee, 1980, par André Kuenzi (épuisé)
Picasso, estampes 1904-1972, 1981, par André Kuenzi (épuisé)
Art japonais dans les collections suisses, 1982, par E. Kondo et J.-M. Gard (épuisé)
Goya dans les collections suisses, 1982, par Pierre Gassier (épuisé)
Manguin parmi les Fauves, 1983, par Pierre Gassier
La Fondation Pierre Gianadda, 1983, par C. de Ceballos et F. Wiblé
Rodin, 1984, par Pierre Gassier
Bernard Cathelin, 1985, par Sylvio Acatos (épuisé)
Paul Klee, 1985, par André Kuenzi
Isabelle Tabin-Darbellay, 1985 (épuisé)
Alberto Giacometti, 1986, par André Kuenzi
Alberto Giacometti, 1986, photographies Marcel Imsand, texte Pierre Schneider
Egon Schiele, 1986, par Serge Sabarsky (épuisé)
Gustav Klimt, 1986, par Serge Sabarsky (épuisé)
Serge Poliakoff, 1987, par Dora Vallier (épuisé)
Toulouse-Lautrec, 1987, par Pierre Gassier
Paul Delvaux, 1987
Trésors du Musée de São Paulo, 1988:
  Ire partie: *de Raphaël à Corot*, par Ettore Camesasca
  IIe partie: *de Manet à Picasso*, par Ettore Camesasca
Le Musée de l'automobile de la Fondation Pierre Gianadda, 1988, par Ernest Schmid
Jules Bissier, 1989, par André Kuenzi
Hans Erni, Vie et mythologie, 1989
Henry Moore, 1989, par David Mitchinson
Louis Soutter, 1990, par André Kuenzi et Annette Ferrari (épuisé)
Fernando Botero, 1990
Modigliani, 1990, par Daniel Marchesseau
Camille Claudel, 1990, par Nicole Barbier
Chagall en Russie, 1991, par Christina Burrus
Sculpture suisse en plein air, 1991, par André Kuenzi, Annette Ferrari et Marcel Joray
Hodler, peintre de l'histoire suisse, 1991, par Jura Brüschweiler
Mizette Putallaz, 1991
Franco Franchi, 1991 (épuisé)
De Goya à Matisse, estampes du Fonds Jacques Doucet, 1992, par Pierre Gassier
Georges Braque, 1992, par Jean-Louis Prat
Ben Nicholson, 1992, par Jeremy Lewison
Georges Borgeaud, 1993

Jean Dubuffet, 1993, par Daniel Marchesseau
Edgar Degas, 1993, par Ronald Pickvance
Marie Laurencin, 1993, par Daniel Marchesseau
Rodin, dessins et aquarelles, 1994, par Claudie Judrin
De Matisse à Picasso, Collection J. et N. Gelman, 1994, par William S. Lieberman
Egon Schiele, 1995, par Serge Sabarsky
Nicolas de Staël, 1995, par Jean-Louis Prat
Suzanne Valadon, 1996, par Daniel Marchesseau
Edouard Manet, 1996, par Ronald Pickvance
Michel Favre, 1996
Les Amusés de l'Automobile, 1996, par Pef
Raoul Dufy, 1997, par Didier Schulmann
Joan Miró, 1997, par Jean-Louis Prat
Icônes russes, Galerie nationale Tretiakov, Moscou, 1997, par Ekaterina L. Selezneva
Diego Rivera et Frida Kahlo, 1998, par Christina Burrus
Collection Louis et Evelyn Franck, 1998
Gauguin, 1998, par Ronald Pickvance
Hans Erni, rétrospective, 1998, par Andres Furger
Turner et les Alpes, 1999, par David Blayney Brown
Pierre Bonnard, 1999, par Jean-Louis Prat
Sam Szafran, 1999, par Jean Clair
Kandinsky et la Russie, 2000, par Lidia Romachkova
Bicentenaire du passage des Alpes par Bonaparte 1800-2000, par Frédéric Künzi
Vincent van Gogh, 2000, par Ronald Pickvance

Coédités par la Fondation Pierre Gianadda

Ferdinand Hodler, élève de Ferdinand Sommer, 1983, par Jura Brüschweiler (épuisé)
Gaston Chaissac, 1986
Picasso linograveur, 1988, par Danièle Giraudy
Le peintre et l'affiche, 1989, par Jean-Louis Capitaine (épuisé)
Calima, Colombie précolombienne, 1991, par Marie-Claude Morand (épuisé)
Albert Chavaz, 1994, par Marie-Claude Morand
Larionov-Gontcharova, 1995, par Jessica Boissel

A paraître

Les Saints russes, Icônes, Galerie nationale Tretiakov, Moscou, 2000, par Lidia I. Iovleva
Picasso et la mythologie, 2001, par Jean Clair
La sculpture à la Fondation Pierre Gianadda, par André Kuenzi

Commissaire de l'exposition

Ronald Pickvance

Organisation de l'exposition

Ronald Pickvance
Léonard Gianadda
Madeleine Michellod
Stéphanie Boisset

Catalogue

Réalisation et documentation:	Ronald Pickvance
Traductions:	Dominique Darbois Clous Hugues Wilhelm
Editeur:	Fondation Pierre Gianadda, 1920 Martigny, Suisse Tél. +41 27 722 39 78 Fax +41 27 722 31 63 http://www.gianadda.ch e-mail: info@gianadda.ch
Maquette:	Nelly Hofmann, IRL
Composition, photolitho et impression:	Edipresse Imprimeries Réunies Lausanne s.a., 2000
Couverture:	Van Gogh, *Le Pont de Langlois*, mai 1888, Wallraf-Richartz-Museum, Cologne

ISBN broché 2-88443-060-1
ISBN relié 2-88443-061-X